「子どものデザイン」の実践（第６章）

学校教育課程における「子どものデザイン」プログラム

『なんのあな？どんなあな？』

生活の中で見つけた「あな」は、友人によって意味が変換される。

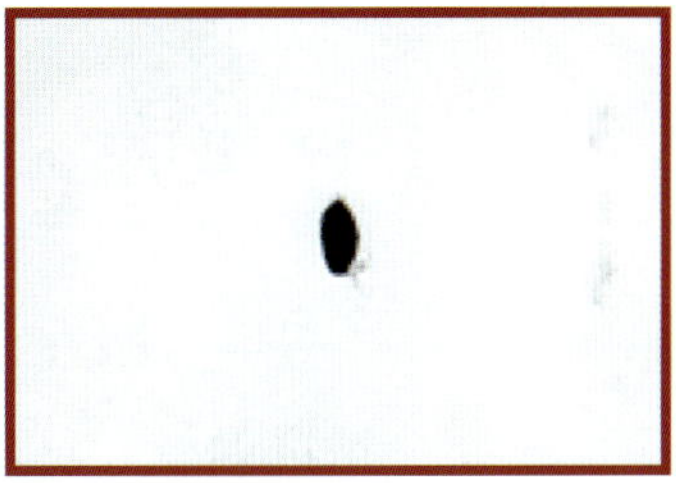

越境空間における「子どものデザイン」プログラム

巡回型造形ワークショップ

『アートツール・キャラバン』

つくりだされているもの

形、色、イメージ、関係、場…

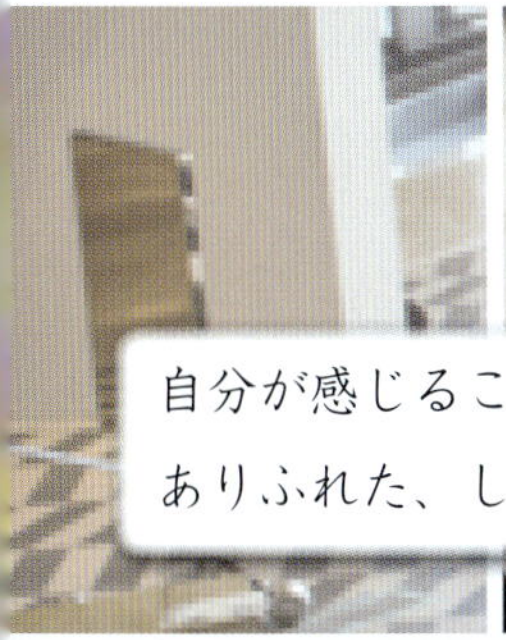

自分が感じることに自信を持つ
ありふれた、しかし新鮮な生活

家庭・地域における「子どものデザイン」プログラム

『造形によるコミュニケーションゲーム：カタビンゴ』

① 参加者共通のカタチを配布
② 「マスター」を一人決める
③ 「マスター」はそのカタチをみて想像して表現
④ 参加者は「マスター」の想像を予想して表現
⑤ 参加者が予想した表現を参加者全員で鑑賞
⑥ 「マスター」が想像した表現を発表
⑦ このゲームで共有された関係性とは？

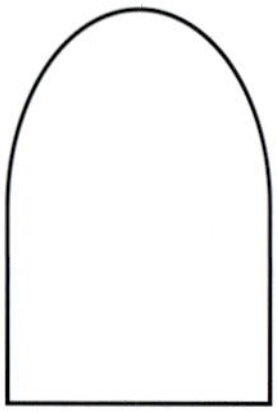

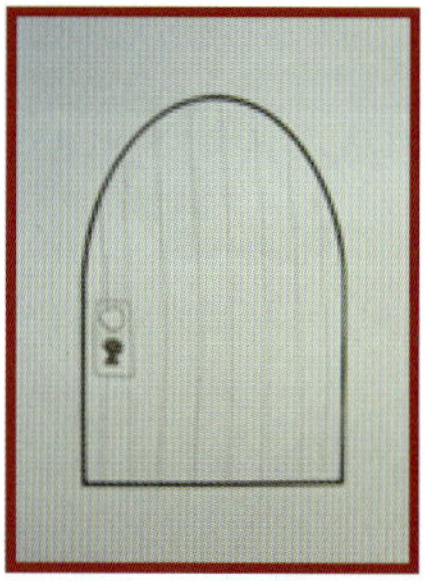

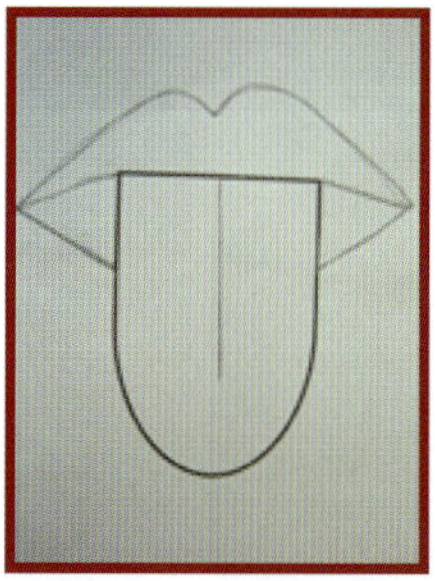

『造形によるコミュニケーションゲーム：メモリースケッチ』

① 参加者に用紙を配布
② 出された「お題」を記憶だけで描く
③ 参加者全員の表現を回収しして鑑賞
・生活の中で見ている／見えている
・曖昧な記憶の中の想像
④ 実在していない「お題」から描く
・想像から創造へ

「お題」例
② 『ペコちゃん』『聖徳太子』『企業マーク』…
④ 『ピクトコ』『騒々しいくつした』…

「子どものデザイン」—その原理と実践

—日本における子どものためのデザイン教育の変遷から展望へ—

大泉義一

はじめに

本書は、子ども（幼児、小・中学生）を対象にしたデザイン教育の理論と実践に関する論考を収めたものである。その「理論」とは、デザイン教育史、美術科教育学、教育実践学、社会学などを往還する学際的な論考であり、その「実践」とは、学校教育の内外を越境する学習プログラムを指している。

これまでにおいて、美術教育関連の書籍は「児童画」や「絵画・彫刻」といった美術分野を扱ったものは数多く出版されているが、「工作・工芸」や「デザイン」分野に関する書籍はほとんど出版されていない。さらにデザイン分野においては、デザイン理論や造形の技法に関する書籍は多数認められるが、子どもを対象にしたデザイン教育を主題にしたまとまった書籍は未だに刊行されていない現状にある。唯一、熊本高工著『デザイン教育図説』（岩崎書籍・一九六六（昭和四一）年）と高橋正人編『デザイン教育大系1』（誠信書房・一九六七（昭和四二）年）の二冊を挙げることができるが、すでに半世紀前のものである。以上のことから、子どものためのデザイン教育に関する研究成果の蓄積は不十分であると言わざるを得ない。

そのような中、今後の社会においては、「子ども」と「デザイン」を結び付ける考え方がますます重要性を増すと思われる。例えば、テレビ番組の『デザイン あ』が社会的に注目されている(二〇一二(平成二四)年にグッドデザイン大賞を受賞している)ことからも、子どものためのデザイン教育のあり方を提案していくことは重要であると考えられる。教育に目を転じてみれば、二〇一一(平成二三)年度学習指導要領実施状況調査(小学校 図画工作)結果分析委員会における全国児童質問紙調査の結果において、「図画工作の学習は生活に役立つ」とする回答率が一〇年前の調査よりも大幅に上昇していることが注目されていることからも、「子ども」と「デザイン」が重要な命題足り得ることは確かである[1]。さらに学習指導要領の改訂に対する動きが活発化する中で、学校教育全体を通じて「社会に開かれた教育課程」を目指すことが要請されていることからも、上記命題に対してアプローチすることは、現代的な要請からも極めて重要であると思われるのである[2]。

以上のような「子ども」と「デザイン」をめぐる現状をふまえ、本書では子どものためのデザイン教育の意義を、日本の普通教育におけるデザイン教育の歴史変遷から見出すことのできる「子どものデザイン」概念の検討を通して明らかにし、最終的には具体的な実践プログラムを提案する。

(1)国立教育政策研究所、学習指導要領実施状況調査、平成二四年度調査、https://www.nier.go.jp/kaihatsu/shido_h24/index.htm
(平成二八年三月一三日参照)

(2)文部科学省、教育課程部会、教育課程企画特別部会(第七期)、「教育課程企画特別部会における論点整理について(報告)」、http://www.mext.go.jp/component/b_menu/shingi/toushin/__icsFiles/afieldfile/2015/12/11/1361110.pdf
(平成二八年三月一三日参照)

目次

序章　問題の所在および研究の目的と方法

第1節　問題の所在

1・1　研究対象としての子どものためのデザイン教育

1・1・1　デザインとは

(1) 語源的意味

〝Design（デザイン）〟が、ラテン語の〝Designare〟を語源としていることはよく知られている。またこの語は、英語で言うところの〝Decision〟に該当するとも言われており、ここにおいて「デザイン」は、その行為の前提となる「意思決定」という人間の思考領域をも包含していることがわかる。

こうした意味を、現在使われている「デザイン」という言葉の使われ方に当てはめてみると、次のような意味文脈が浮かび上がる。すなわち「デザイン」とは、デザインされたモノの使用者にとっては「記号に表わされた表象および考え」であり、そのモノの製作／制作者にとっては、「問題解決のための思考そのもの」かつ「それが媒体で表現されたもの」なのである。確かに、私たちの日常会話においても「…をデザインすることが大切だ」「…のデザインはよい」というような言い回しが度々なされるのは、こうした意味文脈によるところであると納得できよう。

　そして日本においては、旧来からこの「デザイン」の訳語に適切なものが見つからないとされつつ、「図案」「意匠」「設計」などの語で代替されてきた。しかしながら「図案」という語では、「着想」「発想」が図示されたもの、あるいは具体物に施された「装飾」といったモノの表層的な意味に終始する印象があり、「意匠」という語には機能的な意味文脈が欠落してしまっている。そのため、そうした不足を解消するためにデザイン教育の領域では、「設計」の意味も含めて「着想‐発想‐設計‐図示‐製作‐完成」というような合目的的造形活動全体を指す考え方をとる立場から、「造形」あるいは「造形計画」という訳語が適切と考えられることもあった。(1) 現在の、とりわけ幼児、児童、生徒の行う造形学習においては、このとらえ方が一般的であると考えられるし、多くの読者が納得のいくところでもあろう。

　さらにここでは、ヴィレム・フルッサーの言う「投企」に注目したい。フルッサーは、ポストモダン以降においては「デザイン」の持つ意味とは「投企／Project」にあると主張した。(2) この「投企／Project」の語源となっているラテン語は〝Projectare〟である。この接頭語〝Pro-〟には「前へ」という意味が

(1) 松上茂『デザインによる教育』美術出版社、一九六二年、pp.7～8
(2) ヴィレム・フルッサー『サブジェクトからプロジェクトへ』東京大学出版会、一九九六年、pp.1～29

あり、続く〝-jectare〟には「投げる」という意味がある。つまりこの語源において「デザイン」とは、〈いま - ここ〉で行われている実践やそこでの問題解決を対象にするだけではなく、私たち人間が生きていく上での「未来に向けた見通しや意思」を指し示すものでもあるのだ。こうした、いわば広義な意味文脈から「デザイン」をとらえるならば、私たちが「デザイン」という言葉を用いる際に、先述したような「造形」や「計画」としての意味ではなく、「生活」「人生」ひいては「人間の生き方」といった、私たちのあるべき未来の展望を指し示すことがしばしばあるという事情も理解できるだろう。つまりこの立場によるならば、「デザイン」とは「形や色（あるいはそれに付随するイメージ）」すなわち「造形」を介して人間生活全般の諸問題―未来に向けた課題―を解決していこうとする「見通しや意思」なのである。

以上のように、「デザイン」という語は、その意味において、人間の生（いき）の本質に関わるものであり、それゆえに人間の生が大きく変容し多様化している現代においては、容易に規定を許さないものである。したがってそれを、教育を含めた人間の実践に用いようとするならば、その意味はさらなる多義的様相を呈することが予想される。しかしながらそうした文化人類学的な様態こそが、「デザイン」の本当の意味なのかもしれない。

（2）　実践的意味の展開

本書が読者によって読まれている〈いま〉を「現在」とするならば、その「現在」とは今この瞬間においても刻々と「過去」へと移行している。さらにそのことは私たちの「未来」が〈いま・ここ〉において生起していることと同義であり、その意味で「現在」は「過去」「未来」と一体化している。したがって、「デザイン」という言葉の意味をとらえようとするならば、必然的に「過去」から「未来」にかけての「移行」をとらえる努力を要することとなる。

後述するが、本書ではそのような「努力」を「デザイン教育」という実践を対象に行う。ここでそれに先立ち、「デザイン」という言葉が、本書の冒頭で述べたような語源的意味に加えて、〈いま〉、すなわち「現在」においてはどのような意味を持って実践的に受容されているのか、その様態を見てみたい。とりわけ「デザイン」の意味が急激に変容したと思われるバブル期（一九九〇年代）以降における「デザイン」が有する実践的意味の多義的様相を参照し、本論文における「努力」について理解を促したい。

① 動詞としての「デザイン」――デザイニング

日本のマーケティング・デザインを牽引している組織の一つである電通は、一九九〇（平成二）年代初頭において「デザイニング」という考え方を提示している[3]。この考え方は、「デザイン」という言葉が産業社会の中で使い古され、

（3）電通デザイニング研究会『デザイニング―新しい発想と方法論』電通出版事業部、一九九一年

その意味が単なるスタイリングだけを指すようになってしまったことを鑑み、「設計」そして「プロセス」の意味を強調するために“-ing”という現在進行形を適用するものである。このことにより、「デザイン」に関わる全体性、またすべての諸条件を直観的に判断していくことが重視されるようになった。

②　教育における「デザイン」の適用――授業デザイニング

先に見た「デザイン」を現在進行形のプロセスとしてとらえようとする考え方は、デザインの専門領域のみで見られるものではない。例えば筆者が勤める大学においても最近、大学院教育学研究科を「教育デザイン」という概念でカリキュラムを再編したばかりである[4]。また田中博之は、「授業デザイニング」という概念を教育方法論の領域において提唱している。田中によれば「授業デザイニング」とは、「教師の独自のアイデアや子どもの即時的な反応を生かすことを目的として、授業イメージからはじめて数回の書き直しを通して作成した指導案を、さらに授業での子どもの反応を生かして変更し、授業後にもう一度反省して改善を加える一連の再設計の過程」である[5]。そしてその過程は、事前の授業構想を行う「計画デザイニング」、授業の過程において子どもの反応を生かしながら計画を修正していく「実践デザイニング」、そして授業が終了した後で省察して修正を加える「改訂デザイニング」という三つの段階に分けられている。つまり田中の言う「デザイニング」においては、電通の言うそれ

（4）横浜国立大学大学院教育学研究科は、二〇一一（平成二三）年度より、「現在、さらには近未来に目を向けて、教育方法・教育理念を提言し、実証する」ことを意味する「教育デザイン」をその教育理念に掲げている。
　下記ホームページを参照のこと。
http://www.edu.ynu.ac.jp/category07/education/index.html
（二〇一三年一一月一八日参照）

（5）水越敏行他『授業設計と展開の力量〈講座　教師の力量形成　第二巻〉』ぎょうせい、一九八八年、p.36

と同様、「設計」の持つ「形成的側面」が重視されているのである。

③「デザイン」の省察――持続可能な発展のためのデザイン

再び専門領域としてのデザインに話しを戻そう。戦後日本デザイン界の興隆を支えたデザイナーの一人である佐野寛は、世界の持続可能な発展とデザインの関係性の重要性を説いている[6]。佐野は、近代の文明様式の発展が「持続不可能な発展」であったと指摘する。その発展の内実とはアメリカで開発された多数決原理によるもので、大量生産・大量流通・大量消費の拡大を生み出した。そこでの人間は自己の欲望に対して忠実であり、他者との関係性に対しては極めて微視的である。同時に同時代社会も利益優先を促進し、その結果例えば地球環境に対するビジョンが欠落した。佐野は、そうした人間活動に対する地球の許容量が限界を迎えるにあたり、「持続可能な発展」へパラダイム・シフトすることが必要であると主張したのである。そしてその「持続可能な発展」のためのデザインにおいて重要なことは、デザインする人間(デザイナー)、そしてデザインを受容する人間(デザインユーザー、消費者、大衆)が、これからの社会のあり方に対する正しい価値観、美意識を持つことであるとしている。佐野は、デザインに関する専門的職能を有するデザイナーの視座から、あるべきデザインのパラダイム・シフトを提起しているのだと言えよう。

(6)佐野寛『21世紀的生活』三五館、一九九六年

（7）山本哲士『デザインとしての文化技術』文化科学高等研究院、一九九三年、pp.122~138

（8）同、pp.33~36

④ 文化と「デザイン」――デザインとしての文化技術

山本哲士は、社会学の視角からデザインの今後のあるべき姿を展望している。山本は、『デザインとしての文化技術』において次のように主張する。(7)近代のデザインは、目は目だけ、足は足だけというように人間の行為を分節化し、その手段としてのカメラや車といったようなインダストリアル商品（モノ）を生み出す手段として位置付いていた。しかし近代から現代にかけて社会が新しいオーダーの出現に伴い大きな転換を迎える中で、そうしたモノの機能をはみ出した様々な諸関係がデザインに含まれていることが露わになった。例えば冷蔵庫という生活家電は食品を収納して冷やす、という単一機能的な意味にとどまらず、〝家族の集い〟という人間が生活を営む上で共有している風土をつくりだしている意味をも有しているとし、そこには家族関係全体が集約されているとしている。(8)つまりモノの世界が一つの体系システムをつくり上げ、このモノの体系が人間の行為、諸関係を総合的に表現しているのであり、それこそがデザインの持つ本質であるとしているのである。

⑤ 行為と「デザイン」――モノからコトへ

二〇〇〇年代に入ると、これまで述べてきたようなデザインに対する新たな考え方は、それを適用してデザイン実践を行う現場との強い関連性を持って具現化されるようになる。グラフィック・デザイナーの原研哉は、その著『デザ

インのデザイン』において、デザインを次のようにとらえている。(9)

ものの見方や感じ方は無数にある。その無数の見方や感じ方を日常のものやコミュニケーションに意図的に振り向けていくことがデザインである。そして見慣れたものを未知なるものとして再発見できる感性も創造性である。(中略)平凡に見える生活の隙間からしなやかで驚くべき発想を次々に取り出す独創性こそデザインである。

つまり、新奇でつくり手の主張が込められた形や色を伴った意味や価値をつくりだすことがデザインのすべてではないとしているのだ。そしてすでに「デザインされたもの」を新たな視点からデザインし直す取り組みを「リ・デザイン」と称し実践している。この取り組みは、モノに付随する従来のデザインのあり方に対するデザイナーとしてのクリティカルなまなざしに立脚するものと言えるだろう。

工業デザイナーの深澤直人は、デザイナーとしては原と同様な立場をとりつつも、さらにデザインを受容する生活者(消費者、ユーザー)の主体性の重要性を強調している。その考えは〝without thought〟という概念とそれに基づく実践によって具現化されている。この概念は、原がかつて所属していたアメリカのデザイン組織『ＩＤＥＯ』において開発されたデザイン手法の原理を指し示すものである。それによるとデザインとは、未知であると自分では思ってい

(9)原研哉『デザインのデザイン』岩波書店、二〇〇三年、pp.57～58

ながらも、行為や感覚のレヴェルでは、実はすでに知ってしまっていたことを明らかにすることである。デザイナーが対象にする人間の日常のありふれた行為のほとんどは〝without thought（無自覚）〟に行われており、その意味では環境（モノも含む）の価値は、人間の行為が続く限り、〈見出し〉続けられるのである。つまり、デザイナーが自らの「勝手なストーリー」に基づいて、主機能から出せられないままのモノ（例えばそれは、山本の言う冷蔵庫はものを冷やす道具であるとする単一機能主義な考え方）による生活提案を行うという以前に、生活者がすでに行っている行為をありのままに受けとめ、文字通り生活者の立場・視点から、その行為に〝しっくりくる〟デザインを挿入することに、これからのデザインの可能性を見ているのである[10]。

⑥ HCD／Human Centered Design —— コトからヒトへ

さらに近年では、技術を中心とした製品づくりから、人間を中心とした製品づくりに移行している[11]。すなわち、ヒューマンセンタードデザイン（HCD／Human Centered Design）である。HCDは、ユーザー中心設計とも言われ、ユーザーをデザイン・プロセスの中心に据えた考え方である。蓮池公威らは、HCDのこうした考え方を「エスノグラフィックアプローチ」と称し、次のように説明する[12]。

(10)深澤直人『デザインの輪郭』TOTO出版、二〇一〇年
(11)山崎和彦「特集『ヒューマンセンタードデザイン（HCD）』」日本デザイン学会誌デザイン学研究特集号第一八巻二号、二〇一一年、p.1
(12)蓮池公威、田丸恵理子、戸崎幹夫、富士ゼロックス株式会社ヒューマンインターフェイスデザイン開発部「HCDの実践とエスノグラフィックアプローチ」日本デザイン学会誌デザイン学研究特集号第一八巻二号、二〇一一年、p.24

デザイナーは、まず、想定する場における、人の活動とそのコンテクストを深く理解している必要がある。また、新たにデザインしようとしている人工物については、単体として成立させるだけではなく、実際に使用される場のコンテクストの中で、人やその場にある様々な人工物との関わり合いや適合性を考慮する必要がある。

このように、ＨＣＤの中軸には、デザインというプロジェクトが、人々の生活の中でどのように位置付くのかを見定める作業がある。ここにおいて、ポール・ランドが晩年に明快に主張した「すべてのものは関係している。デザインは関係だ。そこからデザインを始めるんだ」という言葉のように、あらゆるものの関係性の中にある文化人類学的な様態を呈しているデザインのあり様を確認することができるだろう。(13)

(13) Michael Kroeger『ポール・ランド　デザインの授業』ＢＮＮ、二〇〇八年、p.22

（3）変容し拡大する「デザイン」概念にみる意義

以上のように、「デザイン」の実践的意味は、語源的意味の定着からさらに加速度的にその意味を揺るがせ拡大させている。こうした状況をふまえ、本書ではデザインの持つ語源的意味、実践的意味のいずれも対象にしていかざるを得ないだろう。ここでただ一つ言えることは、デザインが単にモノの表面を飾り立てて美しく見せたり、所有者の権力を誇示したりするための権威的・モノ中心的な意味ではなく、大衆としての人間を中心としたデザインのあり様、つまり人間の個人的かつ社会的な要因をも包摂している人間の生（いき）の本質を指し示す概念であることである。本書のテーマでもある「子どものデザイン」も、きっとそうした人間中心の「デザイン」概念の変容や拡大の様相に沿って理解されることになるだろう。そしてその「デザイン」概念とは、現代という生きにくさを抱える時代において、子どもたちが生き、育っていく上で必要不可欠な「能力観」でもあることを確信している。

１・１・２　デザイン教育とは

（1）その目的と実践の場からの分類

デザイン教育とは、デザインを教育の目標、および内容として対象化し、その目標を実現するために適した方法を通して行われる人間の営みである。前項で見たように、とりわけ現代においてはデザインそのものが規定し難い概念であるがゆえに、デザイン教育を構成する「目標」「内容」「方法」といったものをどのように用意するのか、という作業は困難を極めることになる。とはいえ、デザイン教育はすでに様々な場において実践されているので、それが行われている「場」や「対象」、そしてその「場」や「対象」に共有されている「目的」を分析するならば、それらの分類を試みることは可能であろう。ゆえに、現在行われているデザイン教育を、「場」、「対象」、その「目的」から分類することで、本書が対象にするデザイン教育の範囲規定を行いたい。

① 学校か非学校か

前項で規定したように、本論文が対象とする「デザイン」とは人間がその中心に位置付くものである。したがってその教育が行われる「場」には人間がいることになる。その「場」として第一に考えられるのは、社会である。さらに社会において行われる教育の「場」を考えるならば、それには学校、地域、家庭が考えられる。またさらにそれらは教育の意図性から、学校か非学校か、という分類が成立する。

学校には、幼稚園、小学校、中学校、高等学校、各種専門学校、大学、大学院等が存在する。これらはいわば、学校種というものであるが、これらはさらに、すべての子どもたちが受ける権利と義務を有する「義務教育」とそれ以外とに分類される。

学校以外の「場」としては、地域のサークルやイベント、講座への参加によるものが考えられる。あるいは家庭内で、親から子へと無自覚に行われていることもあるだろうし、そもそも幼児の行う造形活動は、そのすべてがデザイン活動であるという見方をすることもでき、この見方ならば、幼児が生活の中で興味・関心を広げ、周囲と関わる中でその活動を行っていること自体がデザイ

（14）左記「日本消費者教育学会」ホームページを参照のこと。
http://www.jace-ac.org/
（二〇一三年一一月一八日参照）

ン教育の「場」であるとも考えることができる。また最近では、ＮＰＯや自治体が、ワークショップなどの活動形態をとってデザイン教育を行う場を提供していることも多く見かけるようになった。さらに日本消費者教育学会では、現代社会における人間は、常におびただしい量の消費を行う中で、的確な意思決定と自己実現の能力を徐々に低下させていることを鑑み、次のような趣旨で活動を行っている(14)。

人は誰でも生涯にわたって消費者であります。したがって、消費者教育は人間の発達の段階に応じて、生涯にわたってシステム的に、また家庭・学校・社会・産業等その担い手相互の間の理解と協力と連繫のもとにシステム的に、行われる必要があります。

このような、消費者に対する教育的なまなざしは、デザイン活動それ自体が、それを受容するユーザー側に対する教育の一環であることを想起させる。さらに情報をはじめとしたメディアに取り囲まれている現代における私たちの生活においては、上記を包括するすべてが、良くも悪くもそうした教育の「場」となっていることを自覚すべきなのである。

②　普通教育か専門教育か

意図的・計画的な教育を行う機会である学校においても、様々なデザイン教育の「場」が存在する。そうした「場」である、幼稚園、小学校、中学校、高等学校、各種専門学校、大学、大学院等は、さらに日本の子どもたち全員がその教育の対象となる「普通教育」（幼稚園、小・中学校、高等学校）と、進路意思に従って選択可能な「専門教育」（高等学校、大学、大学院）とに分類することができる。当然のことながら、両者の「場」には、決定的な違いが存在する。それはデザインの専門的職能を身に付けるための教育であるのか、デザインを通して人間形成を目指す教育であるのか、の違いである。前者においては、デザイナー養成のように、その学びを将来の職能として活用していくための専門教育としての「場」である。対して後者においては、デザインをすべての子どもが学ぶべき対象であるととらえており、それは社会で生きていくために必要となる基礎的な資質・能力、あるいは教養を身に付けるための、いわば普通教育としての「場」である。

専門教育としてのデザイン教育では、高等学校のデザイン科や総合学科、工業高等学校などにおいて、専門的知識・技能を培うためのカリキュラムが用意されている。さらにデザイン系の専門学校や美術系大学においてデザインの専門性を深化・発展させるカリキュラムが用意されている。

以上のことから、普通教育としてのデザイン教育は、幼稚園、小学校、中学校、高等学校普通科において行われていると考えられる。しかしながら、幼稚園、小学校においては現在、その教育内容に直接的に「デザイン」の内容が扱われているわけではない。このことを簡単に見てみておこう。まず幼稚園における教育内容は『幼稚園教育要領』の中で示されており、その内訳は「健康」、「人間関係」、「環境」、「言葉」、「表現」の五領域となっている。[15] ここでは詳述を避けるが、これらの領域を往還する形でデザイン的な内容が扱われている。小学校の教育内容は『小学校学習指導要領』に示されており、学校教育法施行規則に基づき、「各教科(国語、算数、理科、社会(生活)、音楽、図画工作、体育)、道徳、特別活動と総合的な学習の時間」によって編成されている。[16] その中でデザインは、かつては図画工作科の中に「デザイン」と表記されている内容があり、その教育内容も具体的に示されていたが、現在では子どもに培う資質・能力として内在化されており、「デザイン」という言葉は存在しない。中学校の教育内容は『中学校学習指導要領』に示されており、小学校と同様に、学校教育法施行規則に基づいて、必修教科(国語、社会、数学、理科、音楽、美術、保健体育、技術・家庭、英語)、選択教科(国語、社会、数学、理科、音楽、美術、保健体育、技術・家庭、外国語、その他特に必要な教科)、道徳、特別活動、総合的な学習の時間によって編成されている。[17] この中の「美術」において、第一学年から第三学年までの内容として「デザインや工芸などのように、伝えることや、使うことなどの目的や条件、機能と美の調和などを考えて発想し表現の構想を練

(15)文部科学省『幼稚園教育要領』フレーベル館、二〇〇八年
(16)文部科学省『小学校学習指導要領』東京書籍、二〇〇八年
(17)文部科学省『中学校学習指導要領』東山書房、二〇〇八年

り、意図に応じて材料や用具、表現方法を工夫して表現する活動」が位置付いており、「デザイン」の教育内容がある程度明確に示されている。[18] さらに「写真・ビデオ・コンピュータ等の映像メディア」や「漫画やイラストレーション、図などの多様な表現方法」といった具体的な指導内容も盛り込まれている。[19]

③　教育か社会化か

一方、これまで見てきたような特定の対象に向けたデザイン教育ではなく、より広く開かれた形で行われる社会化機能としての「場」も存在する。美術ならば「博物館、美術館」がそれに相当するが、デザインに関する本格的な博物館は、日本では唯一〝21_21 DESIGN SIGHT〟が該当する。

〝21_21 DESIGN SIGHT〟は、二〇〇三（平成一五）年にファッションデザイナーの三宅一生が『造ろうデザインミュージアム』と題した寄稿を新聞に対して行ったことをきっかけに、二〇〇七（平成一九）年、東京ミッドタウンに設置された。この〝21_21 DESIGN SIGHT〟は、次のように紹介されている。[20]

デザインには、ものごとを見極める力、洞察力が欠かせません。21_21 DESIGN SIGHTは、日常的なできごとやものごとに改めて目を向け、デザインの視点からさまざまな発信、提案を行っていく場として誕生しました。訪れる人々がデザインの楽しさに触れ、新鮮な驚きに満ちた体験ができる場として、展覧会を中心に、トークやワークショップなどの多角的なプログラムを行っています。時代が必要とするものや

(18) 文部科学省『中学校学習指導要領解説美術編』日本文教出版、二〇〇八年、p.18
(19) 同、pp.97〜98
(20) 左記「21_21 DESIGN SIGHT」ホームページを参照のこと。
http://www.2121designsight.jp/designsight/index.html
（二〇一三年一一月一五日参照）

表0-1-1　デザイン教育の俯瞰

デザイン教育の系	専門教育としてのデザイン教育	普通教育としてのデザイン教育	一般教養としてのデザイン教育	社会化としてのデザイン教育
場	大学、専門学校、高等学校デザイン学科など	幼稚園、保育園、小学校、中学校	文化講座、日々の暮らしの中など	バウハウス 21_21 DESIGH SIGHT など
対象	デザインの専門家を目指す者など	幼児、すべての児童、生徒	大衆	左記すべてを含む
目的	専門家養成など	子どもの人格形成	消費者教育など	新たな共同体形成など

生活を楽しくする文化としてのデザインを、探す、発見する、つくっていく視点(sight)を備えた活動拠点です。

このように、〝21_21 DESIGN SIGHT〟がミュージアムとしての施設であるとともに、デザインを通した社会的・文化的なプロジェクトであることは注目に値する。これまで見てきたように、現代においてデザインとは、名詞としてではなく動詞の様態を示しているのであり、社会の関係性を構築していく文化人類学的な様態を呈している。〝21_21 DESIGN SIGHT〟は、そうしたデザインのあり様を当該施設の参観者とともに見つめていこうとするプロジェクト拠点なのである。

(2) デザイン教育の俯瞰的分類

これまでのデザイン教育における「場」「対象」そして「目的」に関する俯瞰をふまえ、その教育を分類すると、**表0-1-1**のようになる。

本書ではこのうち、普通教育、とりわけ小・中学校における図画工作・美術科教育を中心としながらも、今後の教育のあり様を展望する過程において見出される必然性からは、幼児とその保護者をも対象にした学校教育外におけるデザイン教育の機会も対象にする。以上のようなデザイン教育を、本書では以降、「子どものためのデザイン教育」と記すこととする。

(21) 日本児童美術研究会『図画工作3・4下』日本文教出版、二〇一一年、pp.10〜11

1・2　子どものためのデザイン教育の現状と課題

1・2・1　子どものためのデザイン教育の現状

先述したように、かつて小学校の学習指導要領には「デザイン」という言葉が図画工作科に表記され、その内容も明示されていたが、現在では子どもに培うべき資質・能力として内在化されているために表記されてはいない。ただ、現在実施されている小学校図画工作科の学習領域は、「絵」や「立体」と一体化されているとは言え、「工作」がデザイン領域の学習に対応しているものの一つであると考えられる。しかし教科書の「工作」題材に着目してみると、それらはデザイン学習としての目的や系統性よりも、子どもの主体的な表現における選択可能な一つの分野としての位置付けが強い。そのために、その題材では表現活動が尊重される傾向にある。例えば、ビー玉を転がす「ゲーム」の製作という機能解決を図る学習である『コロコロガーレ』という題材では、製作者である児童がいかに創意工夫しながら作品を製作するか、が中心課題になっており、「ゲーム」の持つ機能から必然的に派生する「他者との関係性」に関する学習内容は重視されているとは言えない(21)。そこでは「なぜデザインするのか」「なぜそれをつくるのか」といったデザインに関する本質的な問題は回避

（22）小泉薫「中学校美術科におけるデザイン教育の歴史と方法論に関する研究」群馬大学大学院教育学研究科修士論文、二〇〇七年、p.55

されているのである。そのため、教科書を唯一の指導指針としている多くの学級担任教師にとっては、デザイン学習としての意義を把握できにくい状態になっている。

中学校美術科においては、先述したようにデザイン分野が明示されている。しかしながら、小泉薫が「実際の教育現場において扱われている題材と言えば、『平面構成・立体構成』『ポスター』『レタリング・マーク』『色彩』といった基礎デザインの学習に重点が置かれた従来型の作品制作を中心とするものであり、『生活をより豊かにしていくことや、自分たちの生活に生かす』という、デザインそのものの役割や機能に視点をあてた総合的なデザインの能力を育成していくための題材については未だ一般化されていないという状況である」と指摘しているように、教育現場では未だに、デザインとは、平面構成をすること、ポスターの制作を行うことであるとの考え方が一般的である。(22)デザイン学習が本来重視すべき、造形感覚の育成や自分の生活に対する適応力といった能力「なぜ、誰に向けて、どのようにそれに取り組むのか」に対しては関心が払われていないのである。ここにおいて、先に掲げたような現代におけるデザインの持つ意味との乖離が一層進んでいると言える。

以上のように、学校教育におけるデザイン教育の状況は、小学校においてはデザイン分野の教育的意義が見えにくく、したがってその実践もプロダクト

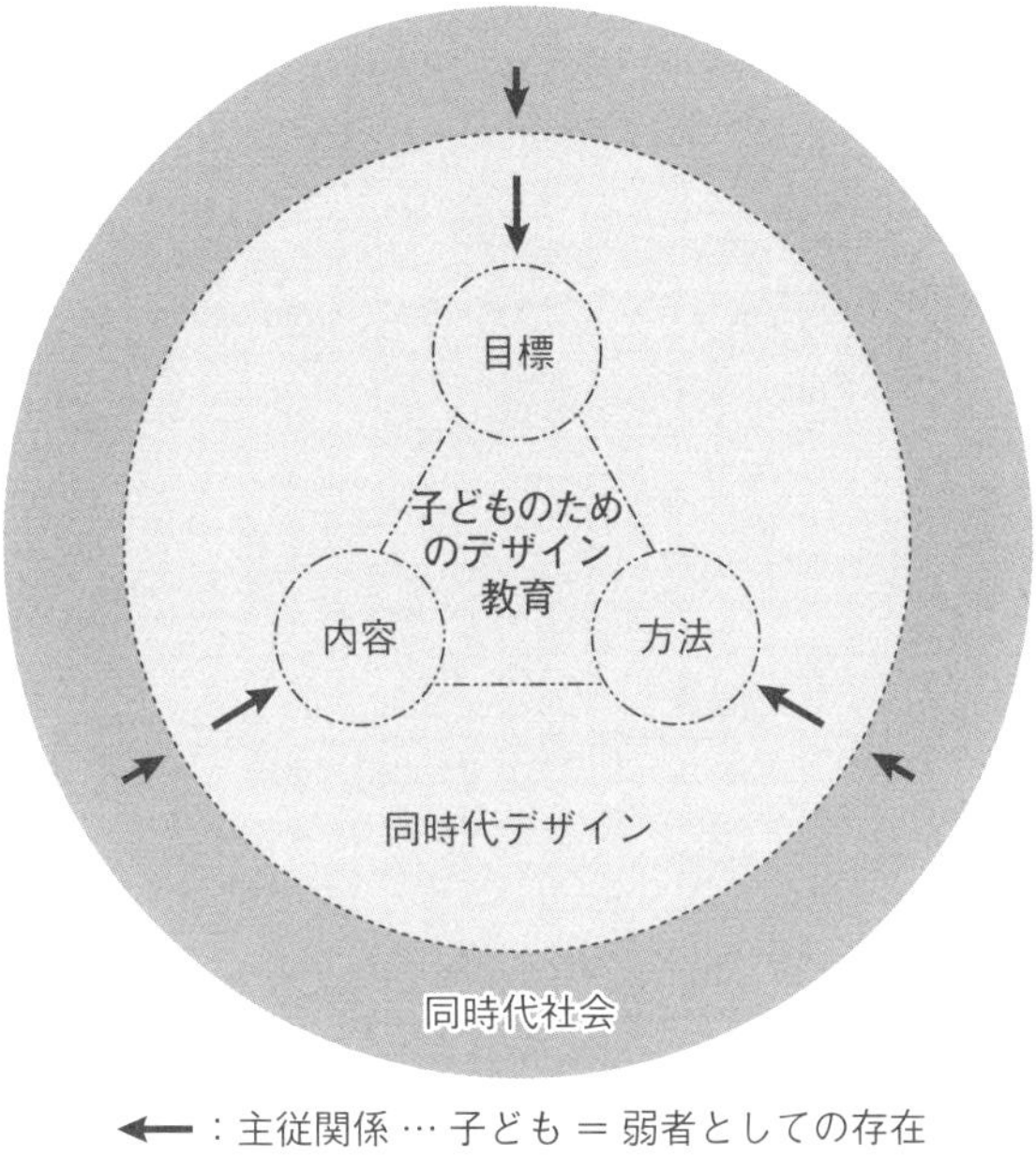

図0-1-1 「子どものためのデザイン教育」の現状

（つくること）が過度に強調された題材主義への傾倒が見られるか、逆に他の領域との相違が曖昧な状態であるがゆえに、デザインの持つ教育的意義が定置されていない状況にある。そこでは「つくること・製作」自体が目的化しており、デザインにとって最も重要である目的（「なぜデザインするのか」）と、それに着眼させる学習内容が省略されているのである（それは例えば、〝本箱〟はつくられても、そこで〝デザイン〟は学ばれていないということでもある）。中学校においては、いまだに子どもにとって必然性のない形や色による硬直的な構成学習が行われていたり、社会通念に基づく〝お題目的〟な目的でポスター制作が行われたりするなど、子どもにとっての切実な目的（「なぜデザインするのか」）が不在な状況にあると言える。

　ここにおいて、現在、学校教育で実践されている子どものためのデザイン教育には、「なぜデザインするのか」というメタな問いが欠落しており、そのあり様が、次のような状況にあると理解することができよう（図0-1-1）。すなわち、子どものためのデザイン教育とは、教育を成り立たせる

「目標」、「内容」、そして「方法」の要素から構造化され、それら要素は、同時代における「デザイン」から規定されている。さらにその「デザイン」は、それを包摂している同時代における「社会」から規定されている。このように、「社会」のあり様が「デザイン」を規定し、その「デザイン」のあり様が「子どものためのデザイン教育」の「目標」、「内容」、「方法」を規定するという、いわば〝主従関係〟が存在しているのである。こうした主従関係においては、子どものためのデザイン教育の学習主体であるはずの子どもは受容的な存在となり、「子どものため」という意味が、同時代における社会要請に基づいた教授的意味を帯びるに至るのである。

1・2・2　子どものためのデザイン教育の課題

このように、子どものためのデザイン教育の現状は、先に示したような、現代において求められている人間中心のデザイン観とはまったく乖離した状況にあると言うことができるだろう。

ここにおいて、そもそも教育とは何か、という根源的な命題を考えてみる必要がある。人間は歴史的に規定された社会的環境の中で、意図的、無意図的な様々な刺激とその影響を受けて成長し発達する存在であり、教育とは、これらの人間形成全体を指すものであることは疑いがなかろう[23]。ここに示されている「人間形成」には、人間が生きる社会との関係性における教育の目的が重要な意味を持っている。ちなみに現代日本における教育の目的は、以下の通り教育基本法に示されている[24]。

第1章　教育の目的及び理念

第1条　教育は、人格の完成を目指し、平和で民主的な国家及び社会の形成者として必要な資質を備えた心身ともに健康な国民の育成を期して行われなければならない。

ここに「社会の形成者」という文言があることからもわかるように、教育が社会との関係性において成立することは明白である。西研は、その社会が現代において有する理念として次の三つを挙げている[25]。第一に、個々人の「自由」という理念である。これは近代社会の核心でもあり、誰もが自分の人生を自分なりに形づくっていくことが許されているということである。第二に、社会の成員の「対等」（平等）という理念である。社会の成員はすべて法のもとで平等であり、政治に参加し法をつくる権利も平等であるとされる。第三に、「対等な市民たちによって形づくられる国家」（市民社会）という理念である。前掲の「自由」を望む市民は、「社会を形成する主体者」でもあるのだ。

(23)『世界大百科事典 第二版』平凡社、一九九八年

(24)文部科学省ホームページより http://www.mext.go.jp/b_menu/houan/kakutei/06121913/06121913/001.pdf（平成二五年一二月二五日参照）

(25)苅谷剛彦・西研『考えあう技術——教育と社会を哲学する』ちくま新書、二〇〇五年、pp.18~20

このように現代の教育においては、教育を受ける人間（本書の場合、子ども）が、教育を授ける社会（国家）を形成する主体者であることが根本原理であり、また求められるところとなっている。西の言うところによると、子どもは「自由」で「対等」な存在であり、「社会を形成する主体者」なのである。このことを子どものためのデザイン教育に当てはめて考えてみるならば、それは子どもが社会の意図的・無意図的な影響を受けながらも、その社会に対して自由な意志に基づいて創造的に参画し生きていこうとする能力を獲得する営みであり、そのことは新たな社会のあり様を形成する営みにもつながっていくもののはずである。しかしながら現状は、**図0-1-1**のように、そうした社会の意図的・無意図的な影響（それは要請であるとも言える）と同期している「デザイン」を通して、それらの受容者としての能力を子どもに授けているに過ぎないようにも見える。そこで、こうした課題に対して、子ども自らが社会に対して発信していくような主体性を育むためのデザイン教育が今、求められているのだと言えよう。そしてそれは、デザイン教育を通して、子どもと社会の新たな関係を構築することでもあるのだ。

第2節　研究の目的と方法

2・1　研究主題と研究の目的

ここでは、昨今における「子ども」と「デザイン」を結び付ける活発な動きに注目することから前節で指摘したような子どものためのデザイン教育の現状と課題に対する克服の可能性を提起することで、研究主題（研究仮説）を設定するとともに、本書における研究の目的を明らかにしたい。

日本デザイン専門学校では、二〇一〇（平成二二）年に「こどもデザイン学科」を設置し、子どもを対象としたデザインの創出に関する教育を行っている。[26] さらに『キッズデザイン協議会（特定非営利活動法人）』が二〇〇七（平成一九）年に設立され、「次世代を担う子どもたちの健やかな成長発達につながる社会環境の創出のために、デザインのチカラを役立てようとする考え方であり、活動」を様々に展開している。[27] また二〇一二（平成二四）年度にグッドデザイン大賞を受賞したＮＨＫ教育テレビの子ども向け番組『デザイン　あ』が、デザインを「人とモノ、人と人との関係を『より良くつなげる』ための観察・思索・知恵・行動のプロセス」としてとらえ、未来を担う子どもたちに、よりよい社会

(26)左記「日本デザイン専門学校」ホームページを参照のこと。
http://www.ndc.ac.jp/course/child.html
（二〇一三年一一月一八日参照）

(27)左記「キッズデザイン協議会」ホームページを参照のこと。
http://www.kidsdesign.jp/
（二〇一三年一一月一八日参照）

をつくるために「デザイン」が持っている役割に気付いてもらうことを目指していることも興味深い(28)。海外においても、フィンランドのデザインミュージアムの〝Fantasy Design in Community〟というプロジェクトが推進されている。このプロジェクトでは、子どもたちが「デザインの力」によって自分たちが住んでいる地域社会の課題を解決する学びを推進している(29)。

以上のような、昨今における「子ども」と「デザイン」とを結び付ける動きは、大きく次の二つの方向性に整理することができる。一つは、子どもの健やかな成長・発達のために大人が行う営みとしての方向性、もう一つは、子ども自身が社会において自ら育っていくために行う営みとしての方向性である。ここで重要なのは、前者では、あるべき社会は想定されているが、後者ではそれは刷新・変革され得る可能性として位置付けられていることである。ここでわかるように、前節で指摘したような子どものためのデザイン教育の現状と課題を克服するためには、後者の方向性を子どものためのデザイン教育に適用することが必要である。そのためには事例で見たような「子ども」と「デザイン」を結び付けている概念の検討が不可欠である。本書ではその概念を「子どものデザイン」概念とし、その概念にある次の二つの側面に注目し検討する。

(28) 左記番組ホームページを参照のこと。
http://www.nhk.or.jp/design-ah/
(二〇一三年一一月一八日参照)

(29) 左記ホームページを参照のこと。
http://www.japandesign.ne.jp/HTM/REPORT/finland_manabi/10/index2.html
(二〇一三年一一月一八日参照)

子どもによるデザイン　／Design by Kids

前者は「（大人が）子どものために行うデザイン」であるとも言え、子どもたちのために、大人が生活における新鮮な感じ方や見方を見出し、そこから新たな意味（モノ・コト）をつくりだし共有する営みである。対して後者は「子どもが行うデザイン（Kids Design ……）」であり、子どもが、自分が生きている毎日において、新鮮な感じ方や見方を見出し、そこから新たな意味（モノ・コト）をつくりだし共有する営みであると言えよう。これらの側面は、どちらも教育に適用できるデザインの考え方であり、共振関係にあることは言うまでもない。しかしながら、前節で見たように、現代における子どものためのデザイン教育では前者の方向性が肥大化している。これからは、子どものためのデザイン教育を真正化していくために、後者の方向性を重視すべきであると考える。

以上のことから、本書における研究主題を以下のように設定する。

「子ども」と「デザイン」を結び付ける「子どものデザイン」概念が、子どものためのデザイン教育において「子どものためのデザイン」の方向性に偏重した経緯を明らかにしてその要因を探り、「子どもによるデザイン」の方向性とそのあり方を提案する。

したがって、研究の目的は以下となる。

子どものためのデザイン教育における「子どものデザイン」概念の原理を明らかにし、その実践を具体的に提案する。

２・２ 研究の方法

次に、以上の問題の所在から導き出された研究主題を探究し研究目的を達成する見通し、すなわち研究の方法を構想する。

現代において「デザイン」は、冒頭で述べたように、モノに付随する価値としての狭義な意味から、コトを生起させ、イメージを生成するコミュニケーションとしての意味や、そのプロセスにある問題解決的な思考としての意味などのように、より広義な意味へと急激な拡大を見せている。そしてそうした意味の拡大の背景には、狭義の「デザイン」の意味に対する〝省察（私たちに何をもたらしたのか、という点において）〟が存在している。これは別の言い方をすれば、先述した〝デザインとは何か〟というデザインそのものに対するメタな問いが存在しているということである。確かに二〇一〇（平成二二）年度からの二年間に渡り、科学研究費補助金の時限付き細目として「デザイン学」が設定された

（30）田浦俊春「オーガナイズドセッションの開催主旨」日本デザイン学会誌デザイン学研究特集号第一八巻一号、二〇一一年、p.4

ことは記憶に新しい。ここでその申請書に記されている設定理由を見てみる。[30]

従来「デザイン」という名称は比較的狭い、モノの機能や形状に関する分野に使用されてきた。たとえば「工業デザイン」や「建築デザイン」という言い方がそれである。しかしながら、近年モノ・コト・場のデザイン、つまり我々の生活環境すべての事象をデザインすると言う概念が浮上し、「デザイン」は非常に広い意味で用いられるようになってきた。（傍点筆者）

ここに示されているように、「デザイン学」という学術分野においては、デザインに対するメタな問いそのものが研究対象であることがわかる。そしてさらにその問いには、私たち人間がこれまでにデザインと称してつくりだしてきた所作・産物に対する歴史的省察が原点（上記文中傍点箇所の「従来」）となっており、そこから現在の状況分析がなされ（上記文中傍点箇所の「近年」）、ひいては未来のあり方に対する展望（上記文中傍点箇所の「なってきた」）につながっていくと考えられていることがわかる。つまるところ、デザインに対するメタな問いとは、かのヴィクター・パパネックが、近代デザインのあり様を痛烈に批判し、あるべきデザインの輪郭を描き出そうとしたように、過去から現在に至るまでのデザインのあり様を省察（フィードバック）することから、未来のデザインのあり方を展望（フィードフォワード）するという、「フィードバック・フィードフォワード」による俯瞰的な考察によってデザイン概念を探究していくこと

(31)ヴィクター・パパネック『生きのびるためのデザイン』晶文社、一九七四年
(32)クロード・レヴィ＝ストロース『野生の思考』みすず書房、一九七六年、pp.284～286

に他ならない[31]（このことはまた、原研哉の『デザインのデザイン』によくわかる）。そして以上の考え方は、先掲した**図0-1-1**で示したような子どものためのデザイン教育においてもまた然りである。先に指摘したように、子どものためのデザイン教育においては、「なぜデザインするのか」という本質的な命題を欠き、また「子どものためのデザイン／Design for Kids」という方向性が肥大化している現状がある。その現状に対して、歴史的変遷過程において位置付いている同時代における「デザイン」概念とともに存在する子どものためのデザイン教育に対する〈理解―考え方―解釈〉としての「子どものデザイン」概念を省察（フィードバック）し、さらにそれを更新・刷新（フィードフォワード）していくことで、「子どもによるデザイン／Design by Kids」という方向性に関する展望が開けてくるものと考えられる。

以上のような、子どものためのデザイン教育をめぐるあり様とは、時代の推移に伴って変容するものであり、それはクロード・レヴィ＝ストロースの言うところの通時態であると同時に共時態でもある[32]。例えば、現在とらえられている「子ども」とは、その概念の変容を見せながらも過去において確かに存在し、そして未来においても存在するであろう。しかしながら同時代において「子ども」は、同時代的な空間に存在するものでもある。したがって、子どものためのデザイン教育を過去から現在（「子どものためのデザイン」）、そして未来（「子ど

もによるデザイン」）へという歴史的文脈に位置付けるためには、「社会」という同時代的な空間の連続―それは通時的であると同時に共時的な分析が可能である―によって理論的に規定されるものなのである。ここにおいて、子どものためのデザイン教育とは、歴史的変遷に伴ってその内実が更新・刷新され続けるべきものであることがわかる。

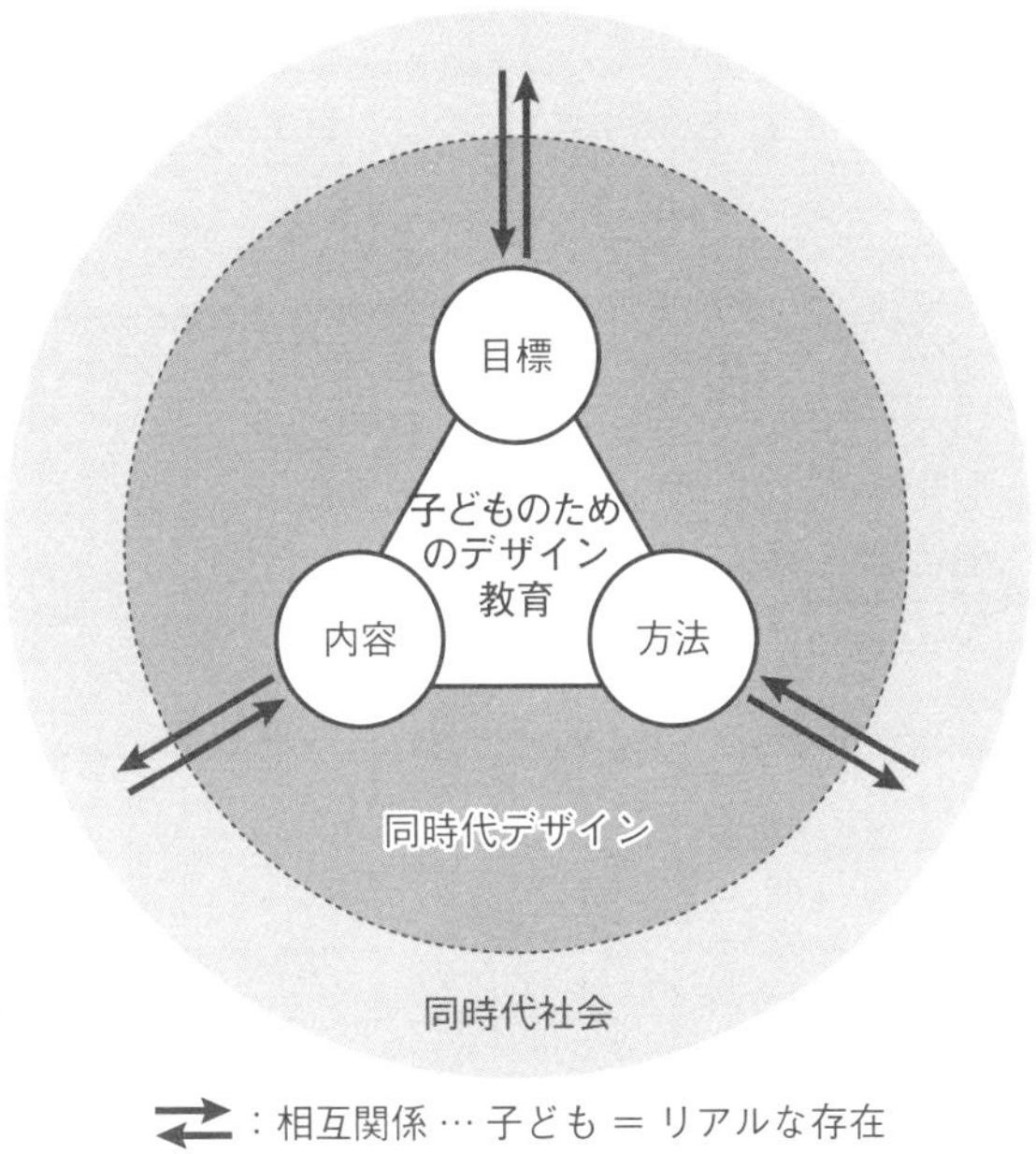

図 0-2-1　あるべき「子どものためのデザイン教育」のあり様

そして今後求められる子どものためのデザイン教育とは、前述したように「子どもによるデザイン／Design by Kids」という子ども主体の方向性を原理とした実践である。したがってその実践とは、「目標」、「内容」、「方法」が同時代のデザインのあり様、さらには社会のあり様に規定されるという主従関係のみならず、逆にそれらに対して何らかの反作用を呈していくベクトルをも含めた相互関係にあると考えられる（図0-2-1）。

無論その相互関係とは、同時代のデザインや社会のあり様とは隔絶された〝無垢な存在〟としての子どもを浪漫的・理想的に語ることを意味してはいない（図0-2-2）。同時代社会を生きるアクチュアルな子どもが行うデザイン実践の中に見出すことができる意味や価値に教育的意義を認めていこうとする具体的・積極的な営みなのである。

では、以上のような「フィードバック・フィードフォワード」による俯瞰的な考察による研究遂行において必要となる歴史的時期とは、どのような範囲なのであろうか。本書では、対象とする時期範囲を、日本の学校教育課程にはじめて「デザイン」という言葉が盛り込まれた一九五八（昭和三三）年学習指導要領改訂をエポックとして位置付け、その先駆となる時期から現代に至るまでとする。なぜならば、それ以前においては、「デザイン」という言葉は、西欧から輸入された概念として、日本の教育に対する効力を持ち得ていなかったからである。ただしその先駆的時期として、第二次世界大戦における戦時統制下体制の時期を、その後の状況を生み出した要因として分析対象とすることが妥当であると考え、範囲に含めることとする。

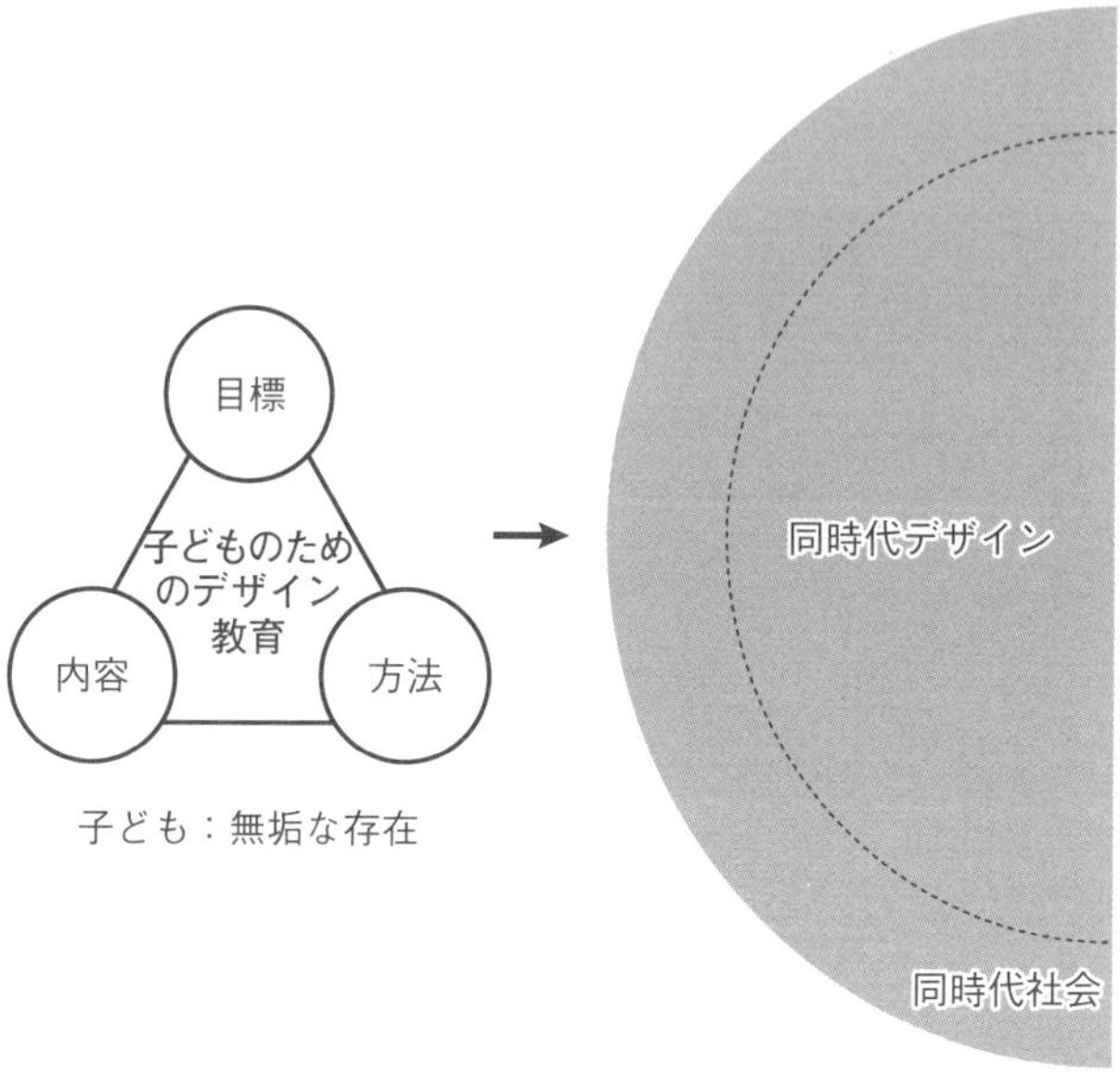

図0-2-2　浪漫的な「子どものためのデザイン教育」のあり様

以上から、本書における歴史的変遷の分析においては、以下の時期区分を想定する。

①　子どものためのデザイン教育の潜伏期における諸相　【第一章】
…一九三八（昭和一三）年〜一九四五（昭和二〇）年
：子どものためのデザイン教育の戦時統制下体制との共鳴

②　子どものためのデザイン教育の揺籃期における諸相　【第一章】
…一九四六（昭和二一）年〜一九五四（昭和二九）年
：いわゆる無教科書時期と呼ばれる日本の教育基準が確定され得ていない時期における子どものためのデザイン教育

③　子どものためのデザイン教育の浮上期における諸相　【第二章】
…一九五五（昭和三〇）年〜一九六五（昭和四〇）年
：日本の戦後教育において法的拘束力を持ち得た昭和三三年の学習指導要領に「デザイン」が導入され教育現場に受容された経緯

④　子どものためのデザイン教育の確立期における諸相　【第三章】

…一九六六（昭和四一）年～一九七五（昭和五〇）年
∴高度経済成長とともに日本の普通教育に安定的に位置付いた子どものためのデザイン教育

⑤子どものためのデザイン教育の発展期における諸相　【第三章】
…一九七六（昭和五一）年～一九八五（昭和六〇）年
∴高度経済成長期からバブル期へと向かう時期において、コミュニケーション、そして環境としてのデザインと連動した子どものためのデザイン教育

⑥子どものためのデザイン教育の省察期における諸相　【第四章】
…一九八六（昭和六一）年～一九九一（平成三）年
∴バブル経済崩壊以降、様々な形で噴出してきた地球規模の問題に加担したデザインに対する省察としての子どものためのデザイン教育

⑦子どものためのデザイン教育の展開期における諸相　【第四章】
…一九九二（平成四）年～現在
∴上記省察を経て新たな展望を遂げるデザインの教育可能性と連動し

た子どものためのデザイン教育

本書では、以上の時期区分に応じた子どものためのデザイン教育の歴史的変遷過程の分析から浮上してくるアブダクションとしての「子どものデザイン」概念の変容、すなわち「子どものためのデザイン／Design For Kids」から「子どもによるデザイン／Design by Kids」への変容・刷新の過程に対する分析を通して、子どものためのデザイン教育の今後のあり方について実践的に提言する。

2・3　本書の構成

これまで論じてきた本書の研究主題、および目的、方法をもとに、論旨の展開をチャートで示したものが**図0-2-3**である。

序章　問題の所在および研究の目的と方法
"問題の所在の明確化"
「子どものためのデザイン教育」をめぐる現状から問題の所在を明らかにし、研究の目的と方法を提示する。

探究

第１部　「子どものデザイン」の変遷から見えてくるもの

第１章　子どものためのデザイン教育の黎明
"「子どものためのデザイン」に内包される省察のまなざしの提示"
戦時統制下における「子どものためのデザイン教育」の省察すべき状況、そして無教科書時期におけるオルタナティブな「子どものためのデザイン教育」の状況を確認する。

戦時統制下
無教科書時期

通史

第２章　「子どものデザイン」概念の検討
"「子どものデザイン」概念の析出とその意味"
学習指導要領に位置付いた「デザイン」に対する省察ツールとしての「子どものデザイン」概念の意味を明らかにする。

昭和33年改訂
デザイン教育批判

通史

第３章　「子どものデザイン」概念における止揚
"「子どもの生活」という考え方"
「造形理論」と「子どもの論理」という二元論におけるディレンマを止揚する考え方としての「子どもの生活」について考察する。

高度成長期
デザインと造形

通史

第４章　「子どものデザイン」の教育的可能性
"子どものためのデザイン教育の原理創出へ"
現代におけるデザイン実践と子どものためのデザイン教育の方向性とが同期している様相から、「子どものためのデザイン教育」の原理を創出する。

バブル期以降
ＨＣＤ等

原理創出

第２部　「子どものデザイン」の原理と実践

第５章　「子どものデザイン」の原理
"理念，内容，方法，発達"
「子どものためのデザイン教育の理念、そしてそれを具現化する内容論、方法論、発達論を提示する。

実践論の構築

実践開発

第６章　「子どものデザイン」の実践
"実践プログラム開発と実践研究"
「プログラム開発マトリクス」に基づいたカテゴリーごとにプログラム事例を提示するとともに、実践研究を通して、その意義と可能性を検討する。

実践開発
実践研究

歴史研究からのフィードバック・フィードフォワードによる俯瞰的考察

図0-2-3　本書の構成

第1部　「子どものデザイン」の変遷から見えてくるもの

第1章　子どものためのデザイン教育の黎明

第1節　戦時統制下における子どものためのデザイン教育の潜伏

1・1　概観

日本の普通教育に「デザイン」がはじめて位置付いたのは、一九五八（昭和三三）年の学習指導要領改訂においてであるが、それに至る経緯の発端は、一九三〇（昭和五）年に水谷武彦によって「構成学習」が紹介されたことにある。(1)それがやがて川喜田煉七郎が設立した新建築工芸学院（一九三二―一九三八）における構成教育の理念と実践による構成教育運動へと発展していくこととなる。その運動においてはドイツ・バウハウスから輸入された構成教育の体系が、デザインの専門家を養成する専門教育の指導者のみならず、当時の小・中学校教育の指導者たちにも教授されていたために、普通教育における構成教育にも受容され、その理念や方法論が展開されることとなった。

こうしたバウハウス教育の受容、そして普通教育への適用のあり様は、当学院の教育体系を記した『構成教育大系』が、当時東京都の小学校教員であった武井勝雄を共著者に擁していることからもうなずける。(2)ここではその内容に関

（1）高山正喜久監修『デザイン教育大事典』鳳山社、一九八九年、p.44
（2）川喜田煉七郎、武井勝雄『構成教育体系』学校美術協会、一九三五年

して紙面を割くことは避けるが、ここに、日本における子どものためのデザイン教育の萌芽を見ることができるだろう。とは言え、当時の普通教育において全国規模で構成教育運動が展開されていたわけではない。当時はまだ国定教科書も策定されておらず、また現在のような学習指導要領(Course of Study)が告示されてもいなかったので、構成教育運動は、日本における子どものためのデザイン教育の萌芽であることは確かであるが、教育現場に対して実質的な効力を持ち得ていたわけではない。

したがって本節では、昭和戦前に萌芽した子どものためのデザイン教育が、第二次世界大戦中の、いわゆる戦時統制下における学校教育において、どのような様相を呈していたのかを検討してみたい。当然ながら、同時代においてはいわゆるデザイン教育、さらには学習指導要領も存在していない。また戦時統制下における造形教育は、戦前と戦後を分断するものであるととらえられている。しかしながら、戦時統制下という状況における教育が中央集権的な権力を持っていたことから、そこで行われている造形教育の様相のうち、とりわけ戦前の構成教育を継承している教育内容を検討することで、戦後において花開く子どものためのデザイン教育の先駆的様相を把握することができるのではなかろうか。

１・２　ナショナリズムと学校教育

日本は一九三七（昭和一二）年の盧溝橋事件によって、中国との本格的戦争状態へと突入していった。さらに長期化の様相を呈する中で、翌一九三八（昭和一三）年には国家総動員法が公布され、国民生活が戦時統制下に入った。さらに翌一九三九（昭和一四）年には、ドイツによるポーランド侵攻をきっかけにして第二次世界大戦が勃発する。日本は、一九四〇（昭和一五）年に日独伊三国軍事同盟を結び、米英蘭に対して戦線を布告するに至り、翌一九四一（昭和一六）年の真珠湾攻撃によって太平洋戦争に突入した。政府は、軍部の方針を追認し、それを支える翼賛体制を確立すべく大政翼賛会を発足させる。さらに産業界に対する戦時統制として、すべての労働組合を解散し、その廃墟の上に日本産業報告会が結成されるに至るが、当会は、労働者を強制的に軍需生産へかりたてる奴隷的労働組織であった。国民生活は、「非常時」という緊張感とともに、圧倒的な強大さでもって軍国主義というヴェールに包み込まれていったのである。やがて一九四二（昭和一七）年のミッドウェー海戦に敗れた日本は戦況を悪化させていった。そのような状況下においては、国民生活は物資をはじめとして窮乏し、一九四五（昭和二〇）年七月にはポツダム宣言によって、日本の無条件降伏が勧告されるに至る。そして同年八月一五日にそれを受託して第二次世界大戦は終結する。[3]

以上のような状況における教育の概況は次の通りである。文部省が一九三五(昭和一〇)年に教育刷新評議会を設置し、国民思想を国家主義的に統一することを発端として、開戦時の一九四一(昭和一六)年には国民学校令が公布された。ここにおいて日本の教育は、完全に国家主義・国民主義教育に移行した。[4] 国民学校は、初等科六年、高等科二年からなり、ここにおいて義務教育が八ヵ年に延長され、名称もそれぞれ国民学校初等科、高等科と改められた。その教育課程の構造は、**表1-1-1**のようになる。[5] 国民学校における教育の目的は、国民学校令第一条に示されているように、「国民学校ハ皇国ノ道ニ則リテ初等普通教育ヲ施シ国民ノ基礎的錬成ヲ為スヲ以ッテ目的トス」とされており、次の三つに集約されるとした。「一、皇国の道に則ること　二、初等普通教育を施すこと　三、國民の基礎的練成を為すこと」すなわち、子どもたちは「皇国の道に則って國民の基礎的練成」を刷り込まれていったのである。[6] しかしながら、翌々年の一九四三(昭和一八)年には、「教育ニ関スル戦時非常措置方策」が決定され、子どもたちは学業から学徒出陣へと駆り立てられていくこととなった。

表1-1-2は、各教科の内容構成一覧である。[7] これによると、

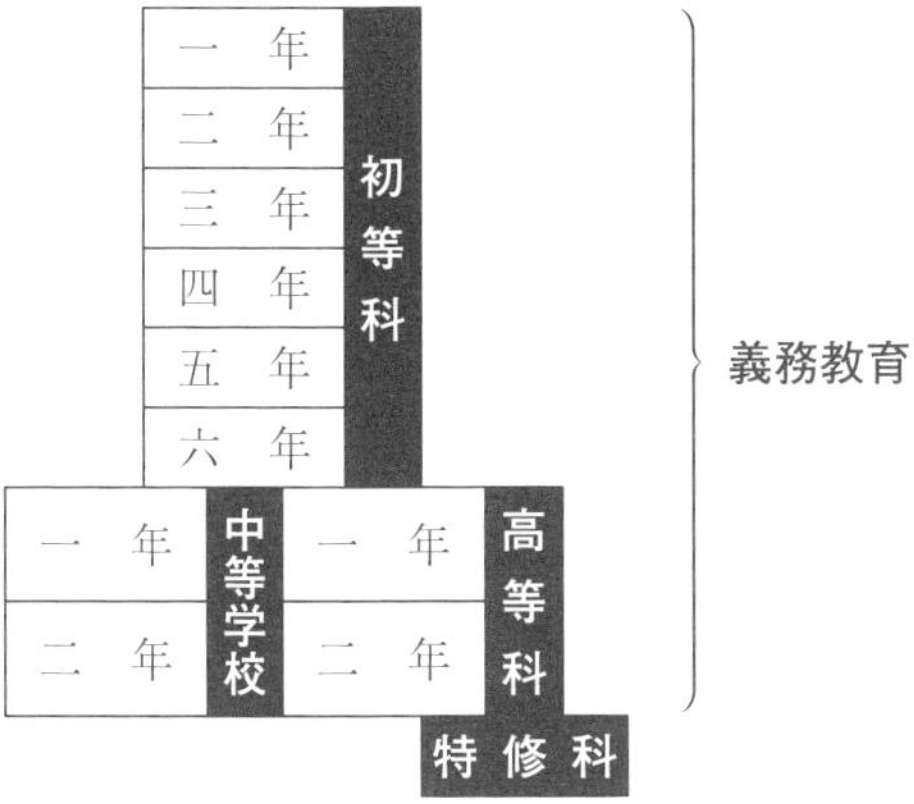

表1-1-1　国民学校の課程(『芸能科図画工作・重要問題解説』の図を要約)

(3)中村享『日本美術教育の変遷—教科書・文献にみる体系—』日本文教出版、一九七九年、p.260
(4)同、p.261
(5)図画工作研究所『芸能科図画工作重要問題解説』図画工作株式会社、一九四一年、p.23
(6)同、pp.19~20
(7)同、pp.25~27

表1-1-2　教科課程表（『芸能科図画工作・重要問題解説』の図を要約）

第一号表（初等科）

教科	科目	第一学年		第二学年		第三学年		第四学年		第五学年		第六学年	
		時数	内容	時数	内容	時数	内容	時数	内容	時数	内容	時数	内容
国民科	修身	10	国民道徳	11	国民道徳	2	国民道徳	2	国民道徳	2	国民道徳	2	国民道徳
	国語		読方綴方 話方書方		読方綴方 話方書方	8	読方綴方 話方	8	読方綴方 話方	7	読方綴方 話方	7	読方綴方 話方
	国史							1	郷土ノ観察	2	国史ノ大要	2	国史ノ大要
	地理									2	地理ノ大要	2	地理ノ大要
理数科	算数	5	算数一般	5	算数一般	5	算数一般	5	算数一般	5	算数一般	5	算数一般
	理科		自然ノ観察		自然ノ観察	1	自然ノ観察	2	理科一般	2	理科一般	2	理科一般
体錬科	武道									6	武道ノ簡易 基礎動作	6	武道ノ簡易 基礎動作
	体操	5	遊戯情操衛生	6	遊戯情操衛生	6	情操教練遊戯競技衛生	6	情操教練遊戯競技衛生		情操教練遊戯競技衛生		情操教練遊戯競技衛生
芸能科	音楽		歌唱鑑賞 基礎練習		歌唱鑑賞 基礎練習	2	歌唱鑑賞 基礎練習	2	歌唱鑑賞 基礎練習	2	歌唱鑑賞 基礎練習	2	歌唱鑑賞 基礎練習
	習字	3	カナ楷書	3	カナ楷書	3	カナ楷書	5（男）	カナ楷書	5（男）	カナ楷書行書	5（男）	カナ楷書行書
	図画		形象ノ看取 表現鑑賞		形象ノ看取 表現鑑賞		形象ノ看取 表現鑑賞	3（女）	形象ノ看取 表現鑑賞	3（女）	形象ノ看取 表現鑑賞	3（女）	形象ノ看取 表現鑑賞
	工作		工作		工作		工作		工作		工作		工作
	裁縫（女）							2	裁縫初歩	2	裁縫初歩	2	裁縫初歩
毎週授業総時数		23		25		27		31		33		33	

・一時ノ授業時間ハ之ヲ四十分トス。

教科は、国民科、理数科、体錬科、芸能科の五教科から成り、国民科には現在の国語、社会、そして道徳の内容が、理数科には算数と理科が、体錬には保健体育が、芸能科には音楽、書写、図画工作、そして家庭科が含まれていることがわかる。このように、教科再編はなされているものの、現在の教科への展望をうかがわせる教育課程であると言えよう。しかしながら、その内容は、戦時体制における国家主義に収斂されるものとして位置付けられている。そのことは下記の一文からもうかがえる。[8]

それは多年に亙る懸案とされた義務教育年限の延長とか、教科目の統合とか、名稱の變更とかいふ形式的・法令的或いは字句的の修正に止らず、教育理念の根本的・本質的・生命的の變革であって、それこそ百八十度の大轉換といっても過言ではない性質のものである。従って其の内容も悉くが純化せられた新機構で、一つとして舊態を存するものなく、慣習を踏襲することもない。まことに、我が國教育の再出發と言ふべく、而かもそれは、極めて健全で且つ獨自的・飛躍的のものである。

このように、国民学校令、そしてその施行規則によって、日本の教育は戦時体制におけるイデオロギーと強く結び付いて展開されるに至る。それは、一九四五（昭和二〇）年に「戦時教育令」が公布されるまで続くが、八月一五日の終戦によって、ようやく戦時統制下の教育にピリオドが打たれた。

１・３　ナショナリズムとデザイン

ここで、戦時統制下におけるデザイン界の様相に目を向けてみたい。明治時代後期から大正期を経て、昭和初期に至る期間においては、日本は政治・経済・文化ともに一つのピークを迎え、デザイン界もまたそうした社会発展とともに充実した状態であったとされている。(9) しかしながら、一九三一（昭和六）年の満州事変をきっかけに、日本が国際的に孤立し軍事色を強めていくようになると、そうした国家体制のプロパガンダとしてデザインが利用されるようになる。あるべき社会のあり様と密接な関わりを持つデザインの本質性はまた、国家による統制の先鋒として利用される運命をも孕んでいたのである。当時のデザイナーは、そうしたジレンマを抱えながらも、自らの力量を発揮する地平を求めていた。そしてそこにはすでに、戦後日本のデザイン界の興隆につながる

（8）同、p.1
（9）吉田秀雄記念事業財団『広告は語る―アド・ミュージアム東京収蔵作品集』財団法人吉田秀雄記念事業財団、二〇〇五年、p.125

図1-1-1　『FRONT』

胎動が存在していたのである。本章では、そうした動向が教育とも通底する課題を有していると考え、検討の対象にする。

　カメラマンの名取洋之助によって一九三三(昭和八)年に結成された日本工房は、一九三四(昭和九)～一九四四(昭和一九)年にわたり、グラフィックデザインを中心にした日本文化の海外宣伝活動とも言える雑誌、『NIPPON』を刊行する。(10)本書は全三六号を有し、B４サイズの大判冊子であった。対して、この日本工房から脱退した俳優の岡田桑三やデザイナーの原弘らは、一九四一(昭和一六)年に東方社を結成し、翌年から『FRONT』を刊行した。(11)本書は全九号で、『NIPPON』と同様、A３版、またはB４版のグラフィカルな冊子であった(**図1-1-1**)。この『FRONT』は、戦時における日本の国力をアピールする対外的な宣伝機能という側面を持っていた。また、一九四〇(昭和一五)年に結成された報道技術研究会は、当時の内閣情報局や大政翼賛会からの発注を受けて、多くのポスター、壁新聞を作成した。(12)当研究会には、戦後も活躍を見せる原弘や山名文夫といったデザイナーが名を連ねており、国家主義という強力な要請のもとでありながらも、明治以降の日本におけるデザインの水準が最高潮に達していることをうかがわせるとともに、この時代においてす

(10)竹原あき子・森山明子『日本デザイン史』美術出版社、二〇〇三年、pp.57～59
(11)同、pp.65～66
(12)同、pp.63～64

でに、戦後のデザイン界の興隆を予感させる。

このように、戦時統制下という社会的制約が逆にデザインという営みに「緊張感」を提供し、それがグラフィックをはじめとする日本のデザインの水準を押し上げていることに注目すべきである。長田謙一はそのことを、柳宗悦による日本民芸運動とファシズムの共振関係から次のように指摘している。[13]

民芸運動が、少なくとも「新体制」運動のもとで、民芸運動の社会的舞台の飛躍を、「喜びによる力」に共振しながら夢見たという事実は否定されるものではないのである。

ここで記されている「喜びによる力・Kraft durch Freude」（KdF）とは、一九三四（昭和九）年に結成されたナチス・ドイツの「ドイツ労働戦線・die Deutsche Arbeitsfront」（DAF）による労働運動である。それは、労働の成果に美を見出し、それを民族の力へと結集しようとするものであった。ここにおいて、デザインと社会の必然的な相互依存性を再確認することができるのであるが、日本の造形教育においてもこれと同じような傾向が見られる。とりわけ戦時体制下においては、そのことが顕著に現れている。以下にその証左を見てみよう。

（13）長田謙一・樋田豊郎・森仁史『近代日本デザイン史』美学出版、二〇〇六年、p.366（なお、ここで述べられている「喜びの力」とは、一九三四年に結成されたナチス機関（KdF）のことである）

(14)図画工作研究所、前掲、p.27

1・4　芸能科図画・工作について

1・4・1　国民学校令と芸能科図画・工作

先述したように、一九四一(昭和一六)年の国民学校令公布により、戦前の図画科、手工科は、芸能科図画、芸能科工作の必修科目に改編される。同年には国民学校令施行規則が改訂されたが、そこには芸能科の目的が次のように示されている(14)。

芸能科ハ国民ニ須要ナル芸術技能ヲ修練セシメ情操ヲ醸化し国民生活ノ充実ニ資セシムルヲ以ッテ要旨トス

ここでいう「修練」とは、実習を通して、観察、考案、製作、鑑賞の能力を実践的に身に付けることであり、芸能科の目的は、そのような実習や経験を通して情操を醇化することにあるとされた。さらにそのことで国民生活の充実、すなわち生活の改善とさらなる「ゆとり」と「潤い」をもたらすことができるとしている。また「芸能科の教授方針」として、「技巧ニ流レズ精神を訓練スルコトヲ重ンジ真摯ナル態度ヲ養ウベシ」と示されており、「精神を統一し、忘我の境に入って技を磨くのが古来我国の芸能修練の道である」と解説されている。[15] このことは、戦前の図画・手工教育で傾倒しがちであった模倣的側面から大きく舵を切ったことを意味している。

それぞれの教科の目的は、次のように示されている。[16]

・芸能科図画
(1) 形象の看取表現
(2) 作品の鑑賞
(3) 国民的情操の醇化
(4) 創造力の涵養

・芸能科工作
(1) 物品製作に関する知識技能の陶冶
(2) 機械の取扱に関する常識の教養
(3) 工夫考案力の啓培
(4) 国民的情操の醇化
(5) 国民生活の充実

これらのうち、特に図画、工作各々における(3)と(4)のような、子どもの内的

(15) 同、p.28
(16) 中村亨、前掲、pp.271～272

資質や能力の育成に対する着目は、目指すところを異にしているものの、現在の図画工作科、美術科の目標と重なる部分が大きいのではないだろうか。

なお、芸能科の編成には、工作教育の充実を目指した当時の国政の意図が反映していることも付しておきたい。先んじて一九三八（昭和一三）年には、学校美術協会が「図画手工科の刷新振興策として構作科を設置せよ」という構作科設置の提案を発表している。(17)この構作科には、戦時統制に適合させる次のような意図があった。ここでは学校美術協会の機関紙『学校美術』に掲載されていた「教育刷新の国策と小学校に於ける図画手工科の立場」の内容から拾ってみる。(18)

国防、資源開発、愛護に関係あり、積極的には生産の進展、消極的には消費の合理化を図る。

広義の生活に即した「物」をめぐる考案・構成・工作の如き頭脳の研磨と、体験、勤労に訴える学習の振作こそ実質的に国力充実の基になる。

今後の社会には、政治、産業、教育、国防総てが機能構作的な態度及び知能を以って行はるべきである。

このように、芸能科図画・工作には、現在の美術教育にも通じるような人間形成を目指す理念の発端が見られるとともに、それを当時の国家体制を強化す

(17)同、p.264
(18)同、p.265

るための教育の目的に転化する意図が働いていることを見逃すことはできない。

1・4・2　芸能科図画・工作の教科書の分析

芸能科図画・工作の教科書は、「図画ノ製作、鑑賞ニヨリテ国民的情操ノ醸化ト創造的技能ノ修練トヲ図ル為メニ図画教科書ヲ編纂ス」、「物品ノ製作、鑑賞及機械ノ取扱ニヨリテ工夫考案ノ力ヲ養成シ技能ヲ練成スル為メニ工作教科書ヲ編纂ス」として、文部省図書局において編纂された(19)。当教科の図書監修官は角南元一、教科書調査会の委員は、石井柏亭、和田三造、山形寛らが務めた。芸能科図画・工作の教科書一覧は**表1-1-3**の通りである。初等科1、2年では、芸能科図画と芸能科工作が合本されている『エノホン』（**図1-1-2**）が使用された。そして初等科三年生から六年生までは、芸能科図画の教科書として『初等科図畫』（**図1-1-3**）が、芸能科工作の教科書としては『初等科工作』（**図1-1-4・1-1-5**）が使用された。

それぞれの教科書に掲載されている教材の内容とその特色は、次の通りである。

表1-1-3　芸能科図画・芸能科工作教科書一覧表

書名	巻	学年	男女	教師用
エノホン	一	初等科一年	共用	有
	二			有
	三	初等科二年	共用	有
	四			有
初等科図画	一	初等科三年	共用	有
	二	初等科四年	男女別	有
	三	初等科五年	男女別	有
	四	初等科六年	男女別	有
高等科図画	一	高等科一年	男女別	
	二	高等科二年	男女別	
初等科工作	一	初等科三年	共用	有
	二	初等科四年	男女別	有
	三	初等科五年	男女別	有
	四	初等科六年	男女別	有
高等科工作	一	高等科一年	男女別	
	二	高等科二年	男女別	

※斜線箇所の教科書は、発刊されずに終戦を迎えた。

(19)図画工作研究所、前掲、p.37

図1-1-2　『エノホン三』表紙

図1-1-3　『初等科図畫四・女子用』“配色”

（1）『エノホン』『初等科図画』の教材の内容

次の四つの教材の内容から編成されている。[20]

(1) 観察教材
ⓐ自然と人生に於ける事物現象
(2) 表現教材
ⓐ児童の思想、感情の写意的表現（思想画）
ⓑ自然美、構成美の写意的表現（写生画）
ⓒ表現技法の訓練（臨画）
ⓓ印刷による美の表現（版画）
ⓔ形態、明暗、色彩による美的構成（基礎図案）
ⓕ実生活に即する美的構成（応用図案）
ⓖ器具による形態の正確なる表現（用器画）
(3) 鑑賞教材
ⓐ自然及び作品の鑑賞による美的感受
(4) 理解教材
ⓐ材料用具に関する知識
ⓑ形態に関する知識

(20)同、pp.41～42
(21)同、pp.46～48

ⓒ色彩明暗に関する知識
ⓓ表現法に関する知識
ⓔ美術史に関する知識
ⓕ生活と美術との関係一般

(2) 初等科工作・高等科工作の教材の内容

教材の内容は、次の三つの観点から分類される。[21]

(1) 教授方法上の分類

ⓐ表現
　設計・製図(創案製図・見取製図・臨画製図)
　製作　(思想作・臨画製作・写生作)
ⓑ操作
　工具、機械の分解、組立、手入、運転
ⓒ鑑賞
　彫刻、工芸、建築物等の鑑賞
ⓓ理解
　用具機械、材料、工作、機能に関する知識

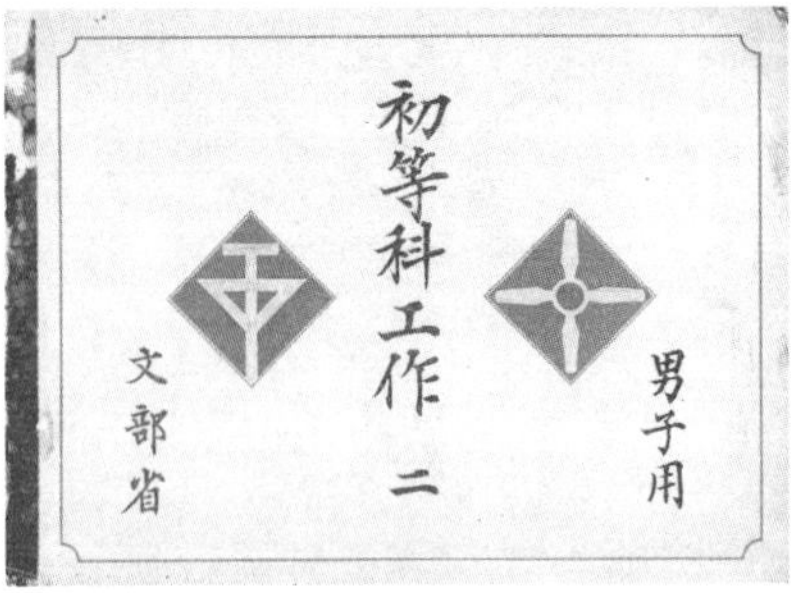

図 1-1-4 『初等科工作二・男子用』表紙

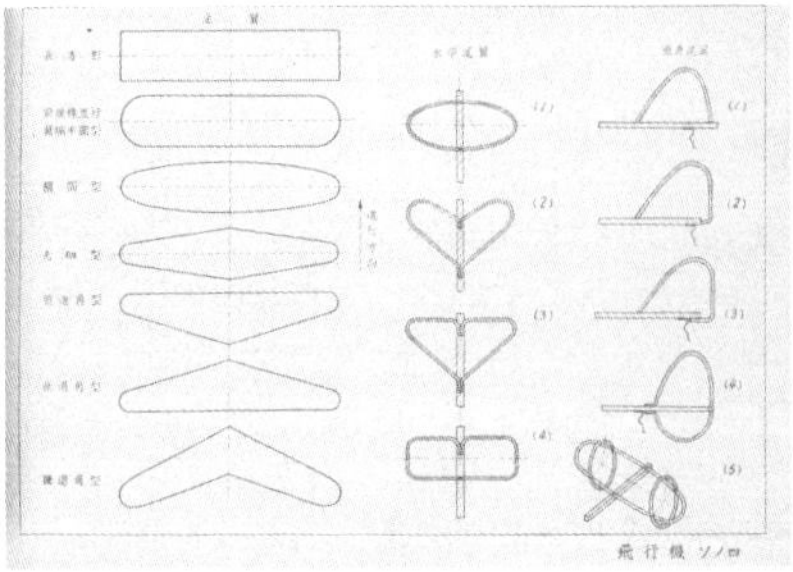

図 1-1-5 『初等科工作三・女子用』
“飛行機ソノ四”

(2) 材料上の分類

ⓐ木工教材　ⓑ金工教材　ⓒセメント教材　ⓓ粘土教材　ⓔ竹工教材

ⓕ紙工教材　ⓖ糸布教材　ⓗその他

(3) 作品上の分類

ⓐ工芸教材　ⓑ建築教材　ⓒ土木教材　ⓓ機械教材　ⓔその他

(3) 特色

表1-1-3の通り、初等科一年生及び二年生は、男女ともに『エノホン』を使用し、且つその内容は、図画と工作が合体したものである。初等科三年生からはそれに替わり『初等科図畫』と『初等科工作』が使用されるようになる。『エノホン』において、それまで分離していた図画と工作の内容を統合していることは、戦後の図画工作科誕生への布石となっていると見てよいだろう。そして初等科四年生からは、男女別の内容になり、教科書も男女別になる。このように教育内容を別個にしたことは、後の徴兵制によって引き起こされる男女の分業を予期させるものである。

内容の特色としては、特に次の点が挙げられる(22)。

① 軍国主義的な教材の導入

各学年の教材には必ず、**図1-1-3**で示したような軍隊に関係する題材

(22)中村亨、前掲、pp.278～293
(23)同、pp.285～286

が取り上げられている。それは軍隊に対する理解を促し、戦意を高揚する意図を持っていたと考えられる。

②　色彩指導、形体指導の重視

国民学校令施行規則第一六条第五項には、「形体色彩ニ関スル基礎的知識ヲ授クベシ」と記されている。これは形体や色彩に対する教育が、産業や国防にとって重要な意味を持つ基礎的な感覚を養うものとして重視されていたことを示すものである。色彩に関しては、系統的な指導体系が用意されているとともに、実際的な戦時場面においても活用できるような指導が目指されていた。例えば、「迷彩・擬装の実際的取扱」として、次のような授業案を見ることができる。[23]

・題目
「どうしたら敵の飛行機から見つからないか」
・教授過程
(1)　古ボール箱の収集
(2)　ボール紙で家屋の製作
(3)　模型都市の製作
(4)　迷彩を施す

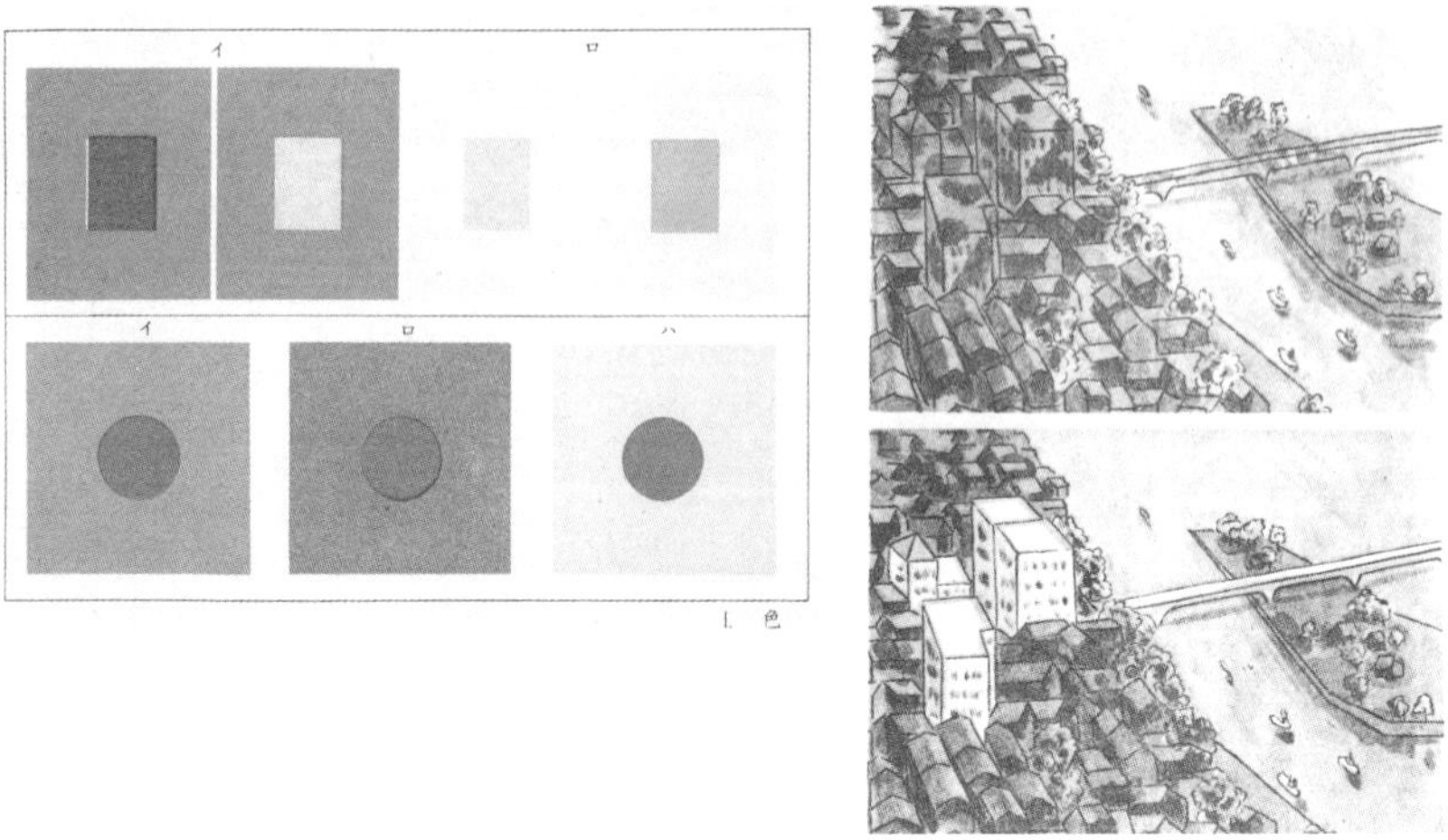

図1-1-6　『初等科図畫四・女子用』“色”

・本時(4)の展開

ⅰ模型都市の観察(「これでは敵の飛行機に発見されてしまう」)

ⅱ「どうしたら見つからないか」を研究

ⅲ模型都市の迷彩

ⅳ模型防空都市の観察

この授業案に対応する教科書の内容としては、**図1-1-6**に示す箇所が考えられよう。

ここにおいて、昭和初期に日本に根付きつつあった構成教育の内容、すなわち子どものためのデザイン教育の内容が、奇しくも戦時統制下において、有意義な教育内容として活用されていたことを知ることができる。

③ 構作教育的内容の導入

先述したように、芸能科の導入の背後には、構作科新設の動きも存在していた。これは戦時における国益のためには、生産力向上のための精緻な技能や計画性の養成が必要だったからである。しかしながら、それによって美術が本来持っている創造的な側面の圧迫へとつながっているように見える。

④ 航空機教材の導入

各学年にわたり、航空機教材が位置付けられている。前掲の**図1-1-5**もその一つであり、航空機教材は女子用にも導入されている。その重要性については、「『物品ノ製作ニ關スル知識技能ヲ得シメ』つつ『工夫考案ノ力ニ培フ』というばかりでなく、能ふ限りそれが同時に、或は國防の教育であり、科學の教育であり、情操の教育であるが如きこそ最も望ましいのである。」と強調されている。(24) 当時の小学生新聞の記事からも、そうした航空機教材重視の状況がうかがえる（**図1-1-7**）。第二次世界大戦は、航空戦の戦争であったとも言われ

夏と少國民（3）

グライダー部隊《ぶたい》

松本市《まつもとし》清水《しみづ》校生《かうせい》の憧《あこが》れ

支那 大陸の各地で赫《かく》々たる武勲《くん》を立ててゐる郷土部隊のある、松本市の少國民たちは足の強さを誇ると共《とも》に近代的な兵器の研究にも、熱心です。部隊の宿舎《しゆく》に近い清水《し》國民學校高等一二年生二百名は、模型《もけい》グライダーの作り方を教はつて大喜びです。昨年の夏、篠原《しの》先生は、蚊の空襲《しふ》を防ぐために、蚊帳を吊つて、その中で寝すにグライダーの研究をしました。かうしてかゆい所へ手の届くやうな注意《い》深さで指導《しだう》されるので、生徒の進歩は目覺《ざま》しいものがあります。先日、練《れん》兵場で競翔《きやうしやう》大會を開きました。ちやうどその日は後《うしろ》の塚間《つかま》の森へ吹上《ふき》げる氣流《りう》も上々で、みな二分くらゐは上つてゐるといふ見事さ。次から次へと放《はな》すグライダーで廣い廣い練《れん》兵場も、覆《おほ》はれてしまひました。

篠原 先生自慢《じまん》の作翼幅《よくふく》一メートルのグライダーは、飛ぶこと三十分、なほも上昇《しよう》を續けて遂に行方《へ》不明となりました。

模型グライダーは、寸法が一分ちがつても飛びません。まじめに、正直にこつこつ仕上げた者のグライダーは、必ずよく飛びます。

かう先生はおつしやいました。先生のところにあるのは、二メートルの翼《つばさ》をもつたグライダーです。黄色い翼《つばさ》が氣持のよい安定《てい》で、青空を切つて飛ぶ様は、全《ぜん》兒童《どう》のあこがれのまとであります。今、工作の時間に製《せい》作中の翼一メートルのグライダーを、

この 夏休みに見事に飛ばせようと、記者が清《し》水校を訪《たつ》ねた時は、篠原《しの》先生以下全生徒は努《ど》力の最中でありました。（寫眞は清水校のグライダー部隊、まん中が篠原先生）

図1-1-7　小学生新聞（昭和16年7月24日）

（24）図画工作研究所、前掲、p.314

ることからも明らかなように、航空機教材は、国防教育の要であり、芸能科図画・工作においては、教科のアイデンティティーに関わる命題だったのである。(25)

１・４・３　芸能科図画・工作の実践面の分析

これまで見てきた教科書の教材は、教育現場ではどのように実践されていたのであろうか。ここでは、当時の実践の様子をうかがえる文献を対象に分析してみたい。

（1）『芸能科図画工作重要問題解説』

芸能科図画・工作に示されている目的や方法を教育現場に解説する役割を果たした文献として、図画工作研究所編『芸能科図画工作重要問題解説』（一九四一（昭和一六）年）がある。当書は、芸能科図画・工作の登場が、それまでの図画科、工作科からの根本的な変革を促す一大事としてとらえており、とりわけ芸能科図画・工作に新規に据えられた事項―それは内容だけでなく理念も含む―を強調して、以下のようなプロットを起こしている。(26)

一、芸能科圖畫工作の法規大要

(25) 秋山正美『小学生新聞に見る戦時下の子供たち・第三巻』日本図書センター、一九九四年、p.19
(26) 図画工作研究所、前掲、p.3

二、我が國藝術技能の特質
三、新しい描圖指導
四、形體の指導について
五、色彩指導について
六、鑑賞教育について
七、機能の教育について
八、機械の取扱について
九、航空機と其の實際指導
十、セメント教材と其の取扱
十一、工作の實踐體系と設備規格

このように、教科書に示されている内容から、とりわけ国家統制に関わるものを強調する立場に立っている。ここではそのうち、デザインと関連を持つと考えられる「描圖指導」「形體指導」「色彩指導」「機能の教育」について見ていきたい。

①「描畫指導」

ここでは、表現教材における思想画、写生画、臨画、図案、容器画等の指導を「時代は新しい圖畫を要求する」ものとして重視し、従来の描画指導を「美を主體とした氣分本位の圖畫は過去の圖畫教育者が美術家氣取りで子供におしつけ、ひいては社會にもそれを正しいと認めさせてゐた結果の所産ではなかろうか」と評している。つまり大正期から昭和初期にかけて盛んであった山本鼎らによる自由画教育運動や中西良男らによる想画教育を批判しているのである。(27) そしてそれらに替わるものとして、「愉快な事に端的に云へば國家は圖的な圖畫を要求している」と述べ、対象の正確な把握とその再現を目的とした図案的要素を強調している。(28) そのことは、他に取り上げている内容が、「説明圖」「案内圖」「寫生圖」「解剖圖」「考案圖」「繪グラフ」といった図案的な内容ばかりであることからもわかる。反対に「思想画」については一切触れられておらず、総じて当時の国益に寄与することを目指した解説となっている。

図 1-1-8　戦車のシルエットと角度による形體の變化

②「形體指導」

先述したように形体に関する指導は、この後に述べる色彩指導とともに、芸能科図画の重要な内容であった。当書では、形体に対する指導の重要性として次の三つを挙げている。(29)「生活の基礎教育として不可欠である」「生産能率を高める」「國防を強化する」これらすべてが、国家統制につながるものであることは容易に理解できる。特に国防に関しては、「形體の敏速なる把握によって敵の戦車なり飛行機なり軍艦なりが何であり、如何なる性能を持つかを直観的

(27)同、p.75
(28)同、p.75
(29)同、pp.108～110

に読み取る事ができる」ことを目指して指導されていた[30]（図1-1-8）。

③「色彩指導」

色彩に対する指導の重要性は、「生活と色彩」「生産と色彩」「國防と色彩」の三つにあるとしており、形体と同様の位置を占めるものである[31]。よって多くの頁を割いて、原色から色立体、色彩対比に至るまで解説を施し、指導者に色彩に関する基礎的素養を求めている。そして前掲した迷彩に関する指導も、この過程に含まれるのである。

④「機能の教育」

当書では、「粘土で動物の彫塑を作ると云ふことも藝術的活動の中である。だが、これ等は機能的な仕事ではない。人間の社會では此の様な仕事ばかりしてゐては生きて行けないのである。どうしても大部分の人は機能的活動をして行かねばならない。」として、機能に対する指導を重視している[32]。ここにおいて、機能に対する教育が国家統制に必要な論理を提供していると言えよう。そして機能と美の関係には、「古典的な感傷的な人間的な」美的価値のみでなく、飛行機や軍艦、自動車や橋梁などの人工構造物に対して受ける「強い感銘、視覚的快感」をも美的な価値として位置付ける必要性を訴えている。そして「軍艦は、早くも東條鉦太郎畫伯によって、日本海々戦の名畫が残されている。」として、軍国主義主張へと接近している[33]。

(30)同、pp.115~116
(31)同、pp.155~163
(32)同、p.260
(33)同、p.266

（34）上甲二郎『芸能科圖画工作授業細案・初一後期用』明治図書、一九四二年、pp.102～115
（35）同、p.102

図1-1-9 「ハヲナラベル」

以上のように、当時の造形教育は、国家統制強化のためのデザイン教育としての側面を強調されていたことが明らかである。

（2）『芸能科図畫工作授業細案』

『エノホン』に掲載されている教材の授業案が学年ごとに紹介されている上甲二郎による『芸能科図畫工作授業細案』（一九四二（昭和一七）年）がある。ここでは『初一後期用』の巻に紹介されている授業案から、芸能科図画・工作がどのように実践化されていたのかを検討したい。当書には『エノホン二』に掲載されている教材に対応する授業案が二六篇おさめられているが、その中から〃ハヲナラベル〃という「圖案的表現」について見てみる(34)（図1-1-9）。

授業時数は一時限とあるので、当時の教育課程によると四〇分間の授業である。その要旨は、「美しく色づいた葉の實物をならべて模様を作らせ、圖案の趣味を養う」ことにある(35)。その指導過程は、「押葉に依り指導する場合」と「落葉に依り指導する場合」とに分けられている。ここでは後者を見ていこう。まず、「本日は落葉を竝べて模様を作るべき旨」を伝え、教科書を参照させ、「どんな傾きで如何様に竝べてあるか」「何をどんな形に組合せて、どの様に竝べてあるか」などに着目して観察させることで、自分の構想に生かすように促す。次いで「模様構成の技法に對する指導」として、「同じ形や色のものを竝べると、美しい感じが起きる」、いわゆるレピテーションの効果や「交互に置く」などのアクセントの効果、台紙の色を考えることとやすぐに貼り付けずに「適良な模様が出来るやう工夫し練習する」などの具体的な指導を事前に行うとしている。そして屋外に出て落葉を収集し、まずはそのまま屋外で「種々練習の上、各自の最も善いと思ふものを定めて置く」として構成の練習をさせている。その後、教室に戻り、台紙に貼り付けるとしている[36]。このプロセスを見ればわかるように、指導先導的であるにせよ、図案を内容とした戦前の構成教育を髣髴とさせる授業案となっている。「指導上の注意」には、「實物を取扱ふといふ喜びの中に、むしろ兒童に取っては遊戯の様な積りで練習する間に行はれるのであるから、低學年の圖案の指導としては意義深い手段である。」と述べられており、子どもの自然な能動的な遊び性に意義を見出していることがわかる[37]。戦時統制下と言えども、現代に通じるような子どもが本来持っている能動性を引き出す指導が存在していたことは驚きに値する。

(36) 同、pp.110～112
(37) 同、p.113、ここで提示されている考え方は、現在の「造形遊び」に通じるものであると理解することもできる。

（3）『國防強化と藝能科教育』

戦時統制が最も強化されていた時期に、神奈川県師範学校附属国民学校（現

(38)神奈川県師範学校附属國民學校『國防強化と藝能科教育』神奈川県師範学校附属國民學校、一九四三年、序文p.1
(39)同、pp.19〜20
(40)同、p.130

横浜国立大学教育人間科学部附属鎌倉小・中学校)から『國防強化と藝能科教育』(一九四三(昭和一八)年)が発行されている。当書は「國民学校の教育は則國防の基礎的工作である。」(38)として、当校が取り組んできた芸能科の教育実践を体系的に論ずるものである。

当初は、国防すなわち国家統制を強化する目的を有する教育のあり方を論ずるものである。ここで注目したいのは、そうした国家統制強化の文脈に埋め込まれている児童中心主義である。例えば、「この教科の運營に當り實際上留意すべき諸點」として、以下のような箇所を見ることができる。(39)

「教へる」と云ふ言葉が從來如何に用いられてきたかを反省すること、「教へる」ことに偏して「育てる」方面があまり顧みられなかったきらひがある、兒童が育たねば教授の效はない、この故に教授は教材を中心とする教師と兒童との共同事業とならなければならぬ。

兒童の自發的學修は出來るだけ奨勵すること。又、幼い軟い研究心、工夫力をよく発見し育てる様に努むること。

さらに国防強化に対する芸能科図画の意義として「創造力の涵養」を挙げ、同じく芸能科工作の意義としては、「工夫考案力の啓培」(40)を挙げている。ただしそうした能力の発揮とは次のような場面を想定している。

弾丸雨飛の中に敵陣地に突込む武器の研究をさせ、その兵器を考案させた時、面白い新兵器を描いた。しかもその兒童が考案した陣地突撃の単戦車はそれに類似したものが出来てゐるといふ。兒童の立派な創造力の現れであらう。

国家統制とは、国家が国民をオーガナイズすることであることには異論の余地がない。しかしながら、上記のように表現という手段を通して教育においてその目的を果たそうとするとき、表現の主体者である〝子ども〟の能動性、特に造形教育の面から言えば創造性を無視できないし、むしろそれを「利用」することで成果を大にすることができるのである。

（4）『芸能科工作の實践体系と設備規格』

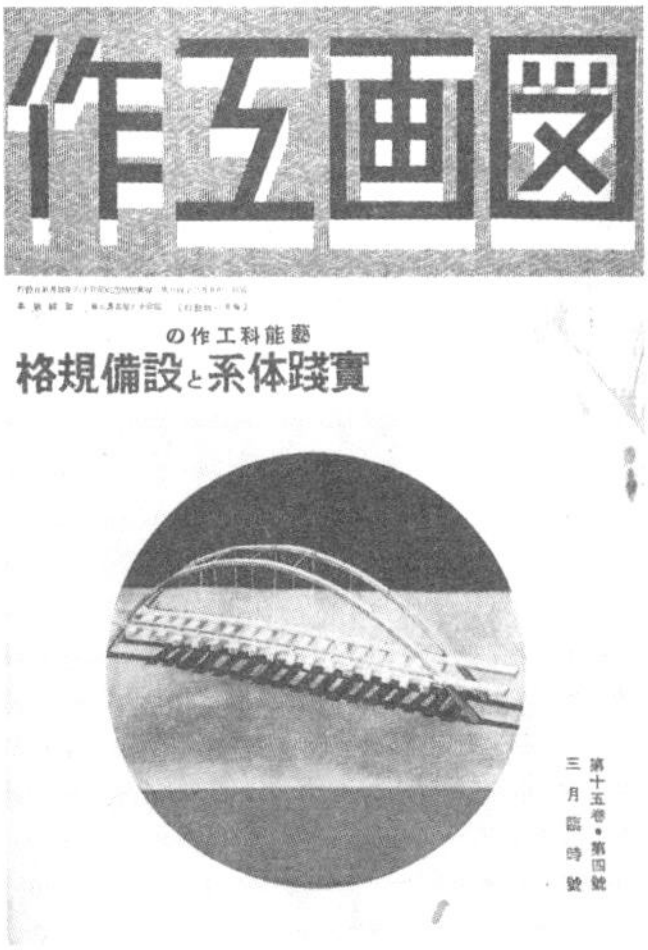

図1-1-10　雑誌『図画工作』

芸能科工作においては、その実施に関わる設備の充実が重要視された。一九四一（昭和一六）年三月に臨時号として発行された雑誌『図画工作』には、「芸能科工作の實践体系と設備規格」という特集が組まれている（図1-1-10）。それによると、芸能科工作における設備とは次のような意味を持つものだという。[41]

工作に要する教室や、その設備、工具、材料等は、単に物を作るための場所であり、物を作るための方便的存在ではない。工作教室は工作を通じて皇國民を修練する道場であり、設備、用具は一般に

（41）図画工作研究所『図画工作　第一五巻・第四号・三月臨時号　―芸能科工作の實践体系と設備規格―』図画工作株式会社、一九四一年、p.17

國民學校工作用具註文書

品名	數量	備考	品名	數量	備考
鋏		教師用	平鉋		同
竹尺		同	下端定規		同
切出小刀		同	玄能		同
打拔		三本組	工作机		
ボール押切器			腰掛		
鳩目打拔			手挽絲鋸		
裁板			臺直鉋		
裁定規			直角定規		
工作鋏			筋罫引		
竹尺			釘拔		
三角定規		初等用	木捻子廻		三本組
同		高等用	尾入鑿		三本組
コンパス			三ツ目錐		二本組
切出小刀		紙工用	四ツ目錐		三本組
粘土板			ハンドドリル		
粘土箆		四本組	膠鍋		
竹挽鋸			釘締		
竹割鉈			砥石		二種組
鼠歯錐		二本組	ベンチグラインダー		
竹削臺			金槌		
鞘付小刀		竹工用	直角小口臺		
簑拔			兩刃鋸		
工作机		教師用	平鉋		
曲尺		同	木槌		
兩刃鋸		同	彫刻刀		

図 1-1-11　添付された工作用具注文書

道具と謂はれてゐる如く、皇國民の道を具現する工具でなければならない。

そしてこの設備に対する強い関心は、「標準規格」と表される設備品一覧に現れている。ここでは、どの学校でも最低限備えるべき設備が明示されているのである。こうした設備に対する考え方は、次の意味で注目に値する。第一に、国家統制下においては、むしろ教育環境が重視されることである。もちろん戦局の悪化によって、その理念は急激に弱体化することとなるが。第二に、国家統制と設備という「モノ」に対する管理体制との緊密な関係である。芸能科図画・工作が「モノ」を中心的に扱う教科であるからこそ、国家体制強化の急先鋒として活用されたことがうかがえる。

また当書は、設備規格について明示する役割とともに、設備カタログとしての役割も持っている。綴じ込みの付録として、**図1-1-11**のような注文票が添えられているが、教材を実践化するための実務の様子を伝えるものとして興味深い。

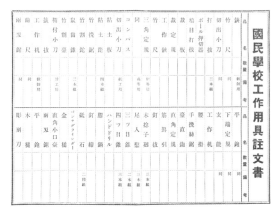

1・5　戦時統制への共鳴と加担

これまで明らかにしてきた戦時統制下における造形教育の様相からわかるように、戦時統制下において造形教育は、明らかに当時の生活、すなわち戦時体制の強化のための教育として機能しており、デザイン教育としての側面、しかも「子どものためのデザイン／Design for Kids」の側面が強調されていたと言えるだろう。さらにその学習を子どもが〝自ら望んで〟行う活動として成立させていたことは注目に値する。その教育の目標は、戦時体制強化にあるとしても、子どもが本来持っている「つくること・製作・制作」に対する能動性を〝利用〟することによって達成されていたのである。さらに言えば、具体的な形や色、材料や用具といったものを媒介して、子どものイメージや想像といった情感的・内面的なものを扱っていく学習として、子どものためのデザイン教育は確固たる役割と力を持って戦時統制に加担したと考えられる。このように、子どものためのデザイン教育は、戦時統制下においては戦前の構成教育運動が中断していたのではなく、形を変えて、むしろ戦時体制に共鳴することで生かされていたのだと言えるだろう。このことは、「子どもによるデザイン／Design by Kids」という側面が、当時「教育」と呼ばれていた国家のイデオロギーに利用されていたことを意味しており、戦後においては子どものためのデザイン教育が、実践者たちによる省察のまなざしを必要としたことを暴露している。子どものためのデザイン教育に対するこうした状況に対する省察は、後述する戦後昭和三〇年代のデザイン・ブームに端を発する、現代に至る子どものためのデザイン教育の展開においても喚起されるべきものなのである。

第2節　戦後復興期（無教科書時期）における子どものためのデザイン教育の揺籃

2・1　概　観

2・1・1　調査の発端

二〇〇六（平成一八）年、東京都品川区立S小学校において、創立一三〇周年記念行事が執り行われた[42]。その当時、S小学校に勤務していた旭博史教諭はその準備過程で、同校の図工準備室の棚上部の引き出しから多数の児童作品（平面作品。以下、「作品群」と記す）を発見した（図1-2-1・図1-2-2）。

それら作品群の多くは、昭和二〇年代後半から同三〇年前後にかけて制作（製作）されたものが多く、また風景画や静物画、生活画のみならず、極めて特徴的な構成・デザイン表現による作品（以下、「構成作品群」と記す）が三九点含まれていた。それら構成作品群の精緻で理性的な表現からは指導性の高さが感じられ、またセロファンや色とりどりの毛糸、身

図1-2-1　作品群が発見された棚

図1-2-2　発見された作品群

辺材が材料として使われていることも当時としては珍しい。作品のほとんどには、作者名と学年が記されており、何らかの展覧会で展示するために作者児童から借り上げられ、その後も保存されていたものと推測される。

ところで、それらの作品に付された情報から、作品群の制作年を確定することができる。(43) それによると、構成作品群が制作された年代は、最古のものが昭和二六年、最新のものが昭和四三年であり、その多くが昭和二七年から同三二年までの期間に制作されている。この期間とは、当時公示されていた学習指導要領が試案の段階であり、戦後教育体制が未だ定まっていない時期である。また、昭和二三年に「教科用図書検定規定」が公布されたにもかかわらず、図画工作科においては依然として検定教科書が存在しない、いわゆる「無教科書時期」と呼ばれる時期でもある。(44) 社会的に見ても戦後の混乱から脱しきれておらず、物質的にも決して豊かではなかった時期なのである。それにもかかわらず、先述したように発見された構成作品群からは、当時としては特徴的な表現様式が見てとれ、非常に興味深い。また無教科書時期における造形教育に関する研究は、史料の入手が困難であることから、実証的に取り組まれてはいない。そこで旭と筆者との共同調査によって、構成作品群が、どのような経緯で生まれるに至り、そ

(42) 当該校における日常の教育活動に対する配慮から、本書では学校名を伏せる。詳細は、大泉まで問合せ願いたい。(oizumi@ynu.ac.jp)

(43) 後述するが、作者名と卒業台帳の照合作業によって、それが可能である。

(44) 岩崎由紀夫「戦後図画工作科における『無教科書時期』の一考察」『美術科教育学会誌』第一〇号、一九八九年、pp.59～68

してそこには、どのような指導の背景が存在していたのか、その実態の解明に取り組むことになった。

本節においては、前節で明らかになった実態―子どものためのデザイン教育が戦時統制と共鳴し合い、その体制に加担していた―の反省に立脚していると考えられる戦後の教育が、どのような再出発を図ろうとしていたのかを、調査研究を通して考察していく。

なお本節の調査研究は、旭と共同して取り組まれた。ゆえに「2・2」以降の分析・考察に関する執筆においては、分担した箇所について、執筆者名を文末に付した。

2・1・2　対　象

(1) 対象作品と時期範囲

本調査においては、発見された作品群のうち、特にその表現様式が特徴的である構成作品群三九点を対象にする。さらにそれら構成作品群のうち、最古に制作された一九五一(昭和二六)年から一九五七(昭和三二)年までの期間、すなわち無教科書時期を対象の時期範囲とする。したがって、対象作品は、二八点に絞られる。それらの制作年と作者の学年、おおよその表現内容は、**表1-2-1**

表1-2-1　構成作品群一覧（制作年順）

作品NO	制作年	作者学年	表現内容
1	s26	4年生	画面分割の中に生物の形態
2	s27	6年生	音楽の造形表現
3	s27	4年生	画面分割の中に生物の形態
4	s27	4年生	画面分割の中に生物の形態
5	s27	5年生	画面分割の中に複数の生物の形態
6	s27	5年生	画面分割の中に複数の生物の形態
7	s27	6年生	音楽の造形表現
8	s27	6年生	音楽の造形表現
9	s28	5年生	様々な材料によるコラージュ
10	s28	5年生	板材に包装紙によるコラージュ
11	s28	6年生	絵具と筆による線の構成
12	s28	6年生	絵具、クレヨンによる「幻想」画
13	s29	4年生	ストローによるドリッピング
14	s29	4年生	毛糸による分割と布のコラージュ
15	s29	4年生	毛糸による分割と布のコラージュ
16	s29	5年生	毛糸による分割と布のコラージュ
17	s29	5年生	毛糸と布の端切によるコラージュ
18	s29	5年生	絵具とスクラッチによる人物画
19	s29	6年生	画面分割された中に風景
20	s29	6年生	クレヨンと絵具による文字の構成
21	s29	6年生	黒紙の枠による画面分割の中に風景
22	s30	5年生	セロファンによるコラージュ
23	s31	5年生	板材に色紙・新聞紙によるコラージュ
24	s31	6年生	色鉛筆による模様の再構成
25	s31	6年生	色鉛筆による模様の再構成

の通りである。

なお本章本節では、以降、年号表記を元号に統一する。

（2）地域範囲

本調査においては、構成作品群が発見されたS小学校を中心に地域範囲を設定する。すなわち、S小学校が所在する品川区という局所（local）における状況分析から、東京都、さらには「無教科書時期」という大域（global）における状況へと漸次的に考察範囲を拡大していく。

2・1・3　目　的

本調査では、構成作品群が、どのような経緯で生まれ、そしてその指導にはどのような背景が存在していたのか、その実態を調査・分析することを通して、無教科書時期における造形教育のあり様を浮かび上がらせる。さらにその作業を通して、子どものためのデザイン教育が、終戦後に志向しようとしていた方向性を明らかにすることを目的とする。

2・1・4　方　法

（1）指導した教師、及びS小学校周辺における図画工作科研究に関する調査

構成作品群を指導した教師（渡辺俊雄）と、その指導の場となったS小学校周辺における当時の図画工作科研究に関する状況を、文献調査や聞き取り調査によって明らかにする。

（２）作品返却を通した調査

今回発見した作品群を作者に返却する活動を通して、作者から当時の図画工作の授業の様子や指導した教師に関する聞きとり調査を行う（この調査では、構成作品群のみならず、作品群すべてを対象にした）。

（３）構成作品群の表現様式の分析

構成作品群を表現様式の特徴から分類し、その様態から指導の傾向を考察する。

2・2　指導教師及びS小学校周辺における図画工作科研究に関する調査

2・2・1　構成作品群を指導した教師について

(1) 人物の特定作業

はじめに、構成作品群を指導した教師を明らかにする調査を行った。『品川区指導室集録』によれば、戦後におけるS小学校の図工専科教員の在任状況は、**表1-2-2**のような変遷をたどっている。(45) 本史料では、昭和三八年以前の記載が不明であるが、表中で最初の在任が記されている渡辺俊雄と同僚であった方からの話しから、渡辺は終戦直後からS小学校に在任していたことがわかった(この聞きとり調査については、次項で述べる)。ここにおいて、構成作品群を指導したのは渡辺俊雄であると特定した。渡辺は、S小学校に三〇年近く在任し、定年を迎えたことになる。　(旭・大泉)

(2) 渡辺俊雄の人物像

渡辺俊雄の名前は、当時の美術教育に関する資料・文献からは発

(45) 品川区教育委員会『品川区指導室集録』一九九一年

表1-2-2　品川区立S小学校図工専科教員の変遷(昭和38年以前は不明)

在籍年度	教員名
昭和38～51年	渡辺俊雄
昭和52～54年	(不明)
昭和55～56年	桑原清子
昭和57～59年	桃井巴
昭和60～63年	猿井栄一
平成元～10年	高山玲子
平成11～18年	旭博史

見することができなかった。そこでまずは、Ｓ小学校に保存されている卒業アルバムのうち、最古である昭和三三年発行のものを閲覧した。そこには渡辺の肖像写真、そして住所と電話番号が記載されていた。Ｓ小学校に許可を得て、早速連絡を試みたが、すでにその電話番号は使われていないものであった。さらに記載された住所を訪ねてみたところ、住居は存在しているものの居住している様子がなかった。そこで近隣に住む方に聞きとり調査を行った結果、残念ながら渡辺は平成六年に亡くなっており、その後も連絡が取れるような近親者が近くにいる訳ではないということだった。

次に、創立一三〇周年記念行事の際にＳ小学校を訪れた教職員ＯＢのうち、かつて渡辺と同僚として勤めた時期のある方から聞きとり調査を行った。その結果、次のような人物像が浮かび上がってきた。

- 校舎が戦災で焼け、仮校舎だった頃から勤めていた。
- 自分で絵を描き、よく研究していた。表現の様式は、「モダンアート」に近いものであったが、モダンアート協会に所属していたかどうかは不明である。
- 職員会議以外は、めったに職員室に来なかった。
- 区内の研究会には、参加していなかった。

・当時の教職員は、放課後によく団欒をしたが、渡辺は穏やかな性格で、どちらかというと聞き役であった。
・当時の図工の授業は、三年生以上が専科教員の指導によっており、一・二年生は学級担任が受け持っていた。したがって渡辺氏は三年生以上の図工の指導を担当していた。

以上のように、渡辺は、決して教育者としての印象が強く残っている人物ではなかったようである。美術教育に関する史料・文献に登場しないことも納得ができる。しかしながら逆に、なぜ、構成作品群に見られるような高い指導力を発揮するに至ったのか、益々疑問が増すこととなった。（旭）

2・2・2　S小学校周辺における図画工作科研究について

それでは、渡辺が勤務していたころのS小学校、あるいはその周辺においては、どのような図画工作科研究が行われていたのであろうか。まずS小学校に関しては、同時期における研究の記録は残っていなかった。また品川区史や同区の教育委員会の史料にも登場することはなかった。そこで範囲を広げ、東京都内の小学校における図画工作科研究の記録をたどり、その中で品川区内の小学校における図画工作科研究の様相を探ってみることとした。

（1）東京都教科研究校の変遷から

『戦後東京都教育史・中巻・学校教育編』によれば、本研究が対象とする期間を含める期間において、東京都が指定する「教科研究校・小学校」の変遷は**表1-2-3**の通りである(46)。

表1-2-3　東京都・教科研究校（小学校・図画工作科）の変遷

研究年度	学校名（区名）
昭和22年	番町（千代田）、谷中（台東）、浅間（江東）
昭和23年	谷中（台東）、浅間（江東）、西新井（足立）
昭和24年	谷中（台東）、浅間（江東）、西新井（足立）
昭和25年	豊玉（練馬）
昭和26年	上板橋（板橋）
昭和27年	大和田（渋谷）
昭和28年	第一峡田（荒川）
昭和29年	雪谷（大田）
昭和30年	明石（中央）
昭和31年	代沢（世田谷）
昭和32年	千駄木（文京）
昭和33年	本田（葛飾）
昭和34年	第四武蔵野（武蔵野）
昭和35年	原（品川）
昭和36年	京橋昭和（中央）
昭和37年	第六日暮里（荒川）

これによると、S小学校が所在する品川区では、本研究が対象としている昭和二六年から昭和三二年までの期間においては、図画工作科研究が集中的・組織的に取り組まれたという記録はない。つまり、渡辺がS小学校、さらには品川区の研究会において、何らかの図画工作科研究に触れた形跡を見つけることはできなかった。唯一、対象期間外の昭和三五年に原小学校が教科研究校として指定されており、この

(46) 東京都立教育研究所『戦後東京都教育史・中巻・学校教育編』一九七二年

図1-2-3　昭和27年頃の品川区立原小学校

ことは品川区教育委員会が編纂した『品川区教育のあゆみ・昭和二〇年～四六年』においても確認することができる。(47) しかしながらこの研究は、構成作品群が生み出される要因として位置付けられる時期に行われてはいない。さらに同史料においては、昭和二二年から同四六年のあいだに、品川区内の他校で図画工作科研究に取り組んだ学校の存在は認められなかった。

以上のように、S小学校が所在する自治体における図画工作科研究の記録からは、構成作品群の位置付けを規定できるような情報を得ることができなかった。（大泉）

（2）品川区立小学校創立記念誌の分析から

上述の結果をふまえ、次に間接的な史料として、品川区立小学校の創立記念誌を分析することにした。すると、原小学校の『創立三十周年記念誌』（昭和二八年発行）の『学校の記録』に、同校が昭和二七年に開催した図画工作科に関する研究発表会の記録が記されていた（図1-2-3）。これは、前掲の東京都、及び品川区の史料には記載されていなかった史実である。その記録は次の通りである。(48)

昭和二十七年十一月七日

数年来、本校の図工教育は都の認める所となり、本年度の都の研究発表校と

(47)品川区教育委員会『品川区教育のあゆみ・昭和二〇年～四六年』ちなみに現在、原小学校は小中一貫校である伊藤学園に統廃合され、平成二一年『ヘルスケアタウンにしおい』として生活介護付き高齢者住宅、シルバーセンター、認可保育園、地域の活動拠点を併設した複合施設になっている

(48)東京都品川区立原小学校創立三十周年事業実行委員会『創立三十周年記念誌』一九五三年、pp.46～47

指定された。「我が校の図工教育」との題目で午前九時より午後四時まで公開。一年より六年まで、木原、渡辺(時)、渡辺(く)、三輪、吉田、芝井の諸先生、専科の東先生が、二時間にわたり研究授業「現代の図工教育に新しい行き方」を示した。なお廊下及び講堂の壁面には、新しい行き方を示した、系統的な諸作品及び優秀作品を所せましと陳列し、全都から集った二百人の先生方、及び本校PTAの二百五十名の方々の賞賛を得た。午後研究発表会。東先生の「我が校の図工教育」第三日野校田甫氏の「粘土細工の楽焼について」の研究発表あり。…(中略)…全都は勿論、現在の日本の図工の在り方に大きな影響を与えた。後日、ユネスコより『わが校の図工教育』の冊子の発行もあり、参観者が絶えず。近県はいうまでもなく、栃木、静岡より又岐阜よりは校長以下全職員の来校もあり、専科でない三年以下の担任は、嬉しいやら辛いやらと、いった具合である。…(後略)

このように、原小学校が「都の研究発表校」に指定され、かなり大規模な研究発表会を開催したことが記録に残されている。しかもその研究発表の内容は、文中から察するに、今後の図画工作科のあり方を提言するかのような先進的なものであったようである。

さらに同誌には、同校の児童による作品が挿絵的に挿入されている。それらの作品の表現様式や主題を、S小学校の作品群と比較すると、**図1-2-4**のように非常に近似していることがわかる。「作品a」と「作品a´」は、ともに線による大胆な画面分割とその分割から浮かび上がってくる具象物のモチーフが

原小学校児童作品	S小学校児童作品
 作品a 3年生　Y.K（昭和28年頃作）	 作品a' 6年生　E.T（昭和29年作）
 作品b 4年生　T.T（昭和28年頃作）	 作品b' 5年生　Y.S（昭和30年作）
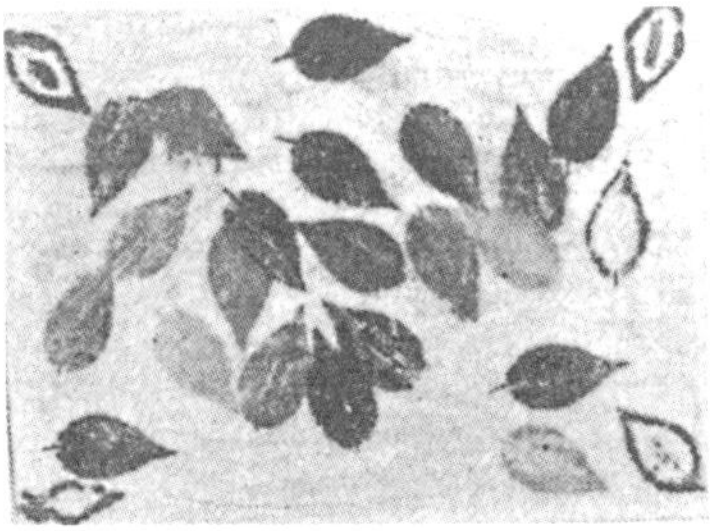 作品c 5年生　M.I（昭和28年頃作）	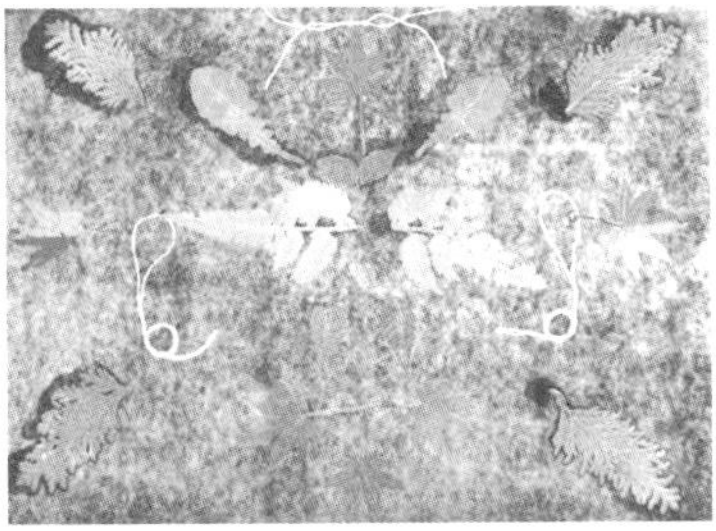 作品c' 6年生　T.M（昭和42年作）

図1-2-4　原小学校とS小学校の児童作品比較

特徴的である。このような表現様式は同時期の史料には見られないものであり、偶然の一致とは考え難い。「作品ｂ」と「作品ｂ´」は構成的な作品ではないが、ともに窓外の風景を描いており、室内を前景とした構図が同一である。「作品ｃ´」は、制作年が昭和四二年であるので、昭和二八年頃に制作された「作品ｃ」とは時期的な不一致はあるものの、ともに自然物を構成した版画表現であり、関連性を見出すことができる。

以上のように、原小学校とＳ小学校の児童作品には、近似している点が認められる。両校は近接する学区域に位置しているので、Ｓ小学校に勤めていた渡辺が、原小学校の図画工作科研究に触れ、何らかの形で影響を受けていたことは大いに考えられよう。

（旭・大泉）

（３）文献『わが校の美術教育―東京・原小学校の場合―』から

『わが校の美術教育―東京・原小学校の場合―』には、前項で示した研究発表会の内容が詳細に記されている(49)。この文献は、前項の『創立三十周年記念誌』の引用分に傍点を付した「『わが校の図工教育』の冊子」に相当するものであると思われる。

当該書によると、原小学校の図画工作科研究の発端は、次のような問題の所在にあるという(50)。

(49) 東俊二『わが校の美術教育―東京・原小学校の場合―』一九五三年、美術出版社

(50) 同、p.13

本校の図工教育は今日まで児童の解放と創造性をつよく打出してきたのですが、その創造力なり表現力がある限界に達し、それ以上伸ばすことが出来ず、教師も児童も一つの停滞状態が続いたことは何処かに大きな欠点を持っているからであり…（後略）

ここで「児童の解放と創造性」と述べられているように、同時代に展開されていた創造美育運動に則った造形教育に対して実践的な不満を感じていたということがわかる。そしてその原因について、次のように述べている。(51)

考えて見ますと、児童解放の次に具体的な考え方なり、体系をもって、指導していたか、従来の指導が結果から見れば、解放がいわゆる解放に終っていたのではないかと反省するからです。換言すれば創造性の基盤となる榮養素を与えていたか、そして表現する能力の基盤となる榮養素を与えていたか…（後略）

つまり、文中で言うところの「榮（栄）養素」という学習内容を、教師が指導していなかったことを原因ととらえている。そして次のように解決策を述べる。(52)

造型の基盤となる、感覚力と構成力の乏しさが、創造力表現力を伸ばす力を持たないと思い、感覚教育と構成教育を中心にした図工教育を立てました。

ここにおいて「感覚教育」と「構成教育」という考え方が登場する。「感覚教育」においては、とりわけ「五管（視・聴・触・味・嗅）」（ママ）に対する指導を重視している。しかもそれぞれの感覚を別個に取上げて題材化するための基

(51) 同、p.13
(52) 同、p.13

（53）同、pp.15～22

図1-2-5　原小学校の児童作品（2年生）

本的要素として、「線・形・色・彩・材質・構成」（ママ）を挙げ、「構成教育」の指導を行うことを提唱している。[53] そうした指導によって、例えば**図1-2-5**のような作品が生み出されている。

以上のように、原小学校の研究内容は、S小学校の構成作品群に見られる表現様式の特徴と明らかに関連を持っており、渡辺の指導に大きな影響を与えていたと考えられる。

また当該書の著者は、当時、原小学校の研究主任であった図工専科教師の東俊二である。東はまた、昭和二七年にモダンアート協会に入会し、作家としての活動も活発に行っていた人物である。前掲したように、渡辺のかつての同僚による回想では、渡辺も自身の制作表現でモダンアート的な表現様式を志向していたとされるので、東と渡辺が、何らかの人的なつながりを持っていたことが容易に想像できる。

（大泉）

2・3　作品返却を通した調査

2・3・1　調査概要

S小学校が位置する地域は、戦前から定住している世帯が多く残る、いわゆる下町である。旭は、発見された作品群を創立記念行事の一環として公開展示し、その作者名を公開することで、来校した作者やその関係者(同級生、きょうだい、子ども等)との交流を試みた。その結果、記念行事においては、実際に何名かと接触することができ、当時の教育活動の様子を知ることができた。制作後ほぼ半世紀を経た作品とその作者が再会するという機会は、時には感動的でさえあった。現在、五〇歳代から七〇歳代になる作者の方たちは、自分の小学生時代の作品から蘇ってくる当時の学校や地域の様子、図工の授業の様子を語ってくれた。

そこで旭は大泉とともに、この作品返却活動を継続し、同時に作者を対象にした構成作品群に関する聞きとり調査を行うこととした。ここでは、第一回目の作品返却活動を通した調査について述べる(54)。

(54)本取り組みの様子は、『東京新聞』(二〇〇七年一一月一三日)に掲載された。

2・3・2　調査方法

先述したように、作品群には作者名と学年が記されていたので、S小学校に許可を得た上で、卒業台帳に記載されている氏名から、卒業年度、住所、電話番号を照らし合わせ、作品写真とともに一覧化した。そして、作者に電話をかけ接触を試みた。しかしながら、すでに電話番号が使われていなかったり、本

図1-2-6　S.U氏の作品

人が不在(結婚や自立による転居、死去、あるいは行方不明)であったりすることが多かった。ここでは、今回作品を返却することのできた三名について報告する。

2・3・3　調査結果

(1)　S・U氏：『風景画』(三年生・昭和四〇年制作・図1-2-6)

本人はすでに自立して転居していたので、電話で応対した母親が学校まで作品を受取りに来た。作品と対面した際に、「まあ」と笑顔になったのが印象的であった。その絵は、当時自宅前にあった工場の様子を描いたものだそうだ。制作日付が一一月二三日と記されていたことから、勤労感謝の日にちなんで、「勤労・労働・仕事」に関する絵を描いてくるという宿題が出されていたことを思い出したという。当時は、頻繁に図工の宿題が出されていたようであった。ただし渡辺に関する情報を得ることはできなかった。

(2)　M・T氏：『エナメル絵具による抽象画』(五年生・昭和四一年制作・図1-2-7)

電話で本人が対応してくれたので、自宅まで作品を届けた。本人は、作品のことを全く覚えていなかったが、非常に興味を持ってくれた。渡辺は、体格がよく少々怖い感じの先生であったという。そしてその授業は、子ども中心というよりは、教師の指導面が強いものであったようである。M・T氏は、自宅でコンピュータ関係の仕事をされており、返却作品をコンピュータのデスクトップの壁紙にしたいと話していた。

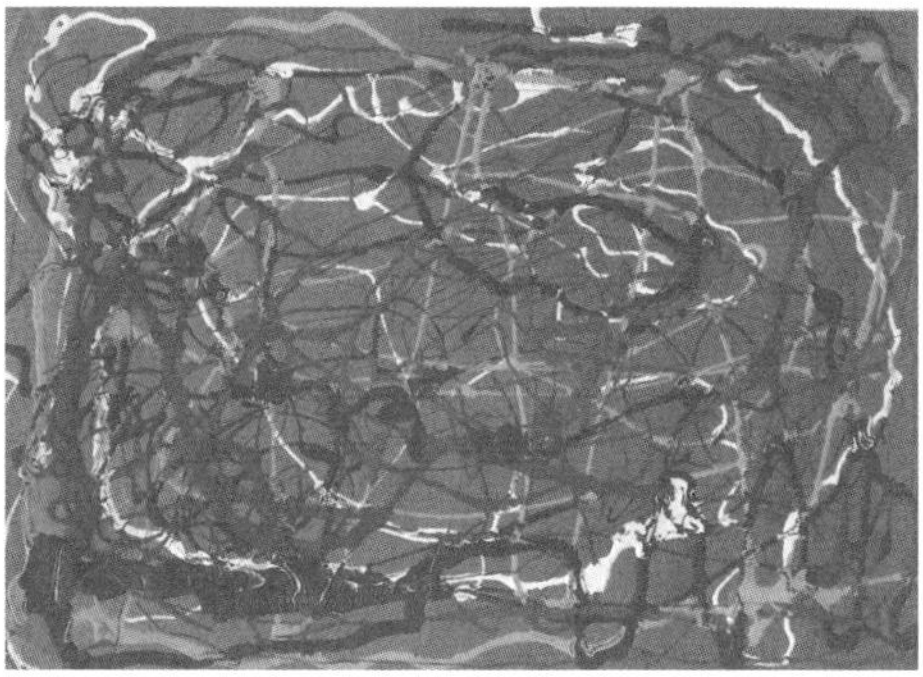

図 1-2-7　M.T 氏の作品

(3) T・T氏:『セロファンによる構成画』
（五年生・昭和三〇年制作・図1-2-8）

兄が応対した。作者本人は転居した後、消息不明とのことであった。兄も渡辺に図工の指導を受けており、その雰囲気は、先生らしからぬ芸術家のようであったという。また、専科教員である渡辺の指導は、それまでの学級担任による指導とは違い、とても専門的であったことが強く印象に残っているとのことであった。

2・3・4　聞きとり調査のまとめ

作品返却を通した聞きとり調査からは、前項における同僚教師からの聞きとりと同様、子どもたちにとって、渡辺は、学校の教師というよりも、

図 1-2-8　T.T 氏の作品

(55)東京都図画工作研究会『創立六〇周年記念誌』二〇〇九年、p.7

一人の美術家として強く印象付けられていることがわかった。当時の東京都の図工専科教員には、教鞭をとる傍らで自身の美術活動を重んじる者、いわゆる〝絵描き崩れ〟が多かったという回想もある。(55)ただ渡辺は、そうした自身の表現探究に対する熱意と同じように、昭和二〇年代後半において様々に提起されていた新しい図画工作科の方向性を吸収し、自らも試行錯誤しながら授業をつくりだしていたのであろう。また当時のS小学校においても、教師同士がこれからの教育のあり方に思いを馳せ、情熱的に語り合っていたことが前章の聞きとりから明らかになっている。渡辺も、少なからずそうした新時代の胎動に対する同僚の姿勢に影響を受けながら、新たな授業実践のあり方を模索していたのではなかろうか。それゆえにその指導は、時には造形性を重んじた傾向を強くすることもあったのだろう。そうした指導の様態は、極めて特徴的な表現様式を見せる構成作品群が何よりも物語っている。

(旭・大泉)

2・4　構成作品群の表現様式の分析と考察

すでに表1-2-1で示したように、構成作品群は、表現様式において顕著な特徴がある。この特徴は、表現様式の特徴であると同時に、指導の様態の特徴を示すものでもある。よってここでは、そうした表現様式の特徴から、以下、

図1-2-9　4年生（昭和29年）

（1）～（6）の六つに分類し、そこに認められる指導の傾向を考察する。

（1）コラージュ表現（No.9、10、14～17、22～25、28）

構成作品群の中で最も多くを占めた表現様式が、コラージュによる表現であった。これはさらに、次のように細分類することができる。

①毛糸による分割と布・フェルトの構成（No.14・図1-2-9）

この表現様式では、まず画用紙を鉛筆の線で分割し、次に分割された面にあわせて布やフェルトを切断して接着していき、最後に分割線にあわせて毛糸を接着するという制作手順がとられている。毛糸には様々な色のものが使用されており、布やフェルトの他に、落ち葉を貼りつけたり絵具で彩色したりするなどの工夫も見られた。このように表現様式が重層的であるがゆえに、具体的な指導が不可欠であったことが推測される。

②セロファンの構成（No.22・図1-2-8参照）

画用紙を台紙にして、その上にセロファンのみを重ねたり並べたりして構成している。当時、造形材料としてセロファンを用いること自体が珍しかったであろう。今でも美しい光沢ある色調が保たれている。

③板材による支持体と色紙の構成（No.23・図1-2-10）

支持体としては珍しい木板を用いており、定規やコンパスによって精緻

図 1-2-10　５年生（昭和31年）

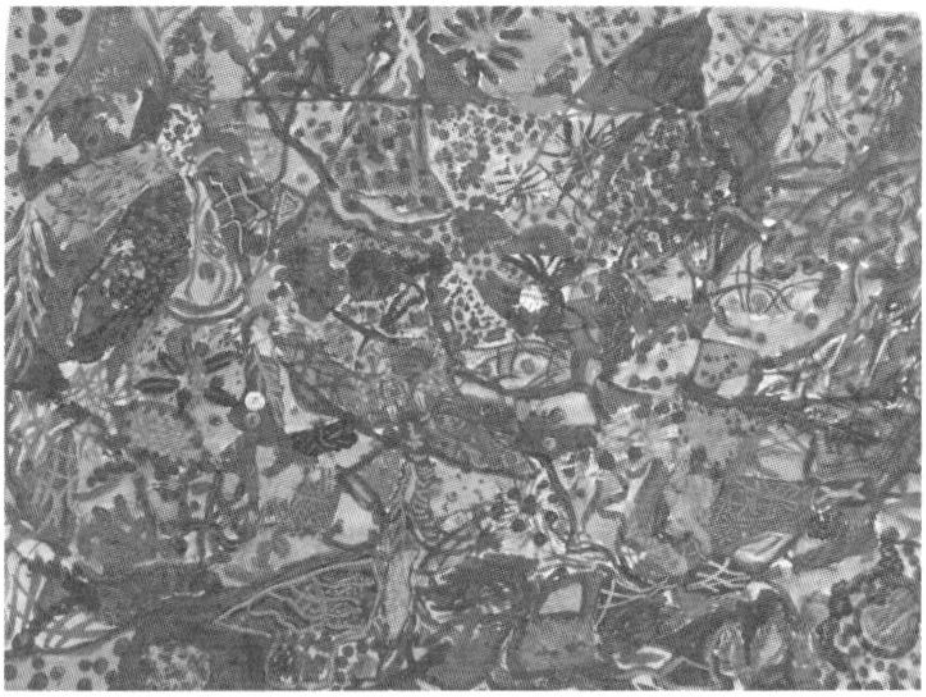

図 1-2-11　６年生（昭和31年）

に分割された面に、色紙や新聞紙を貼りつけている。支持体である木板の木目を効果的に生かしていることも特徴的である。

（2）画面分割による構成（No.1、3～6、19、21、26、27）

意図的・無意図的な画面分割によって形づくられる面に彩色を施すことで構成を行っており、これはさらに次の三つに細分類できる。

①完全な抽象表現（No.27・**図1-2-11**）

絵具や色鉛筆で画面を自由に区切ることによって形づくられた面を彩色している。完全な抽象形態で構成されている。

②具象表現との融合（No.1・**図1-2-12**）

一見すると、自由な曲線によって画面が分割されているが、やがてその色面構成からは、具象的な形態が浮かび上がってくる。かなり高度な計画性が要求される表現である。構成作品群において最古の作品は、この表現様式によるも

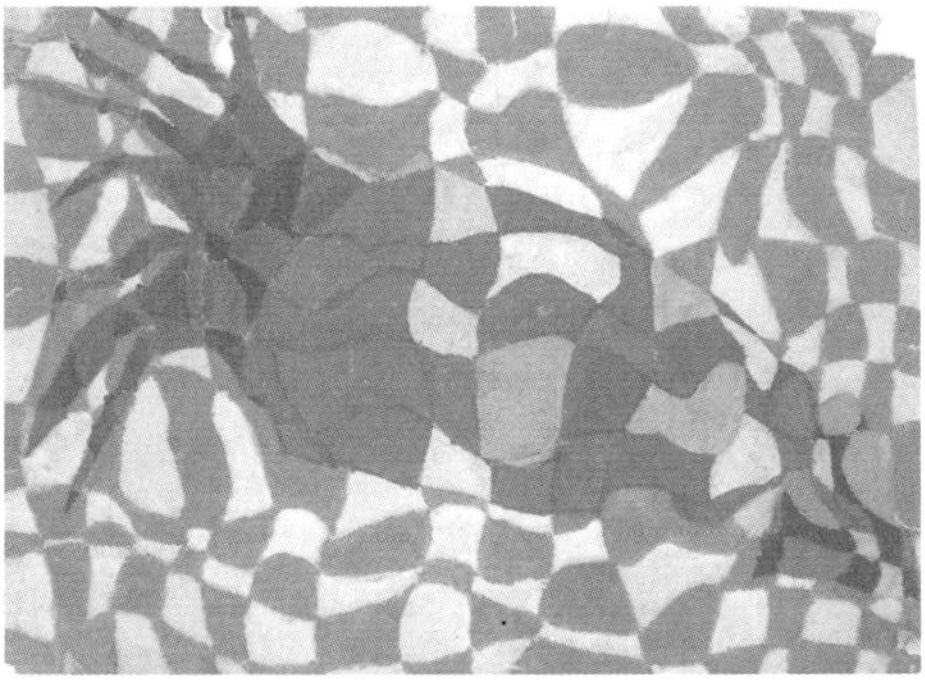

図 1-2-12　４年生（昭和26年）

図 1-2-13　６年生（昭和29年）

のである。

③ 黒色紙の枠による分割（No.21・図1-2-13）

切り抜かれた黒色紙が支持体である画用紙に重ねられ、ステンドグラスのような表現となっている。さらに、形づくられた枠の裏側から布や色紙を貼りつけており、子どもにとっては制作手順が難解であったことが推測できる。

図1-2-14　6年生（昭和27年）

図1-2-15　6年生（昭和27年）

（3）音楽の造形表現（No.2、7、8／No.8・図1-2-14）

『音楽』という題名が記されていることから、本作品群が、音楽を聴き、その印象を造形表現したものであることがわかる。こうした題材は、前掲した原小学校の研究発表における「感覚教育」の具体例としても紹介されている。

（4）「半」抽象表現（No.12、18／No.12・図1-2-15及びNo.18・図1-2-16）

構成作品群をとりわけ印象付けているのが、これらの作品である。絵画表現でありながら構成的な造形処理が施されており、小学生としては極めて高度な表現にまで達している。使用している描画材は、クレヨン、パス、絵具である。**図1-2-15**の作品名は『幻想』である。黒色が効果的に配置されており、中心にある「目」のような形が印象深い。**図1-2-16**の作品名は、『友達』であり、級友をモチーフにした肖像であろう。しかしその人体は任意の曲線で分割され

図1-2-16　6年生（昭和27年）

図1-2-17　6年生（昭和29年）

ており、さらに様々な模様が描かれている。唯一、肖像であることがわかる描写は「目」である。全体にわたって、絵具が生乾きのうちにひっかいて表現している（スクラッチ）箇所が見られる。構成的でもあり具象的でもあるこれらの表現様式は、当時のモダンアート運動との接点を感じさせ、渡辺自身の表現探究とも重なる。

（5）形による構成（No.11、20／No.20・図1-2-17）

ある形態によって構成を行っている表現様式である。任意の線による構成と、平仮名、数字、アルファベットなどの文字の組み合わせによる構成とがある。後者である**図1-2-17**の作品は、構成にとどまらない表現の豊かさを感じさせる。

（6）いわゆるモダンテクニック（No.13・図1-2-18）

モダンテクニックと言われる造形技法のうち、ストローで吹くドリッピングによる作品である。他にこの技法による作品は存在しないが、本作品のように一つの技法のみで独立した形ではなく、これまで見てきた構成作

図 1-2-18　4 年生（昭和29年）

品群の中に活用されていると考えてよいだろう。つまり、技術指導の系統性が存在しているのである。

2・5　内包される省察のまなざし

2・5・1　現場教師による開発的実践

本節では、Ｓ小学校において発見された構成作品群を対象にして、無教科書時期における造形教育のあり様を浮かび上がらせることを通して、終戦直後の同時代において子どものためのデザイン教育が志向しようとしていた方向性を明らかにすることを目指した。

そのために、まずは指導者である渡辺俊雄の人物像を探り、彼に影響を与えたであろう当時の図画工作科研究の状況を調査した。その結果、渡辺は図工専科教員でありながらも、美術家としての立場を大事にしている人物であったことをうかがい知ることができた。しかしながら同時に、渡辺が当時の新しい教育を志向する息吹に乗じながら、自らの表現探究の主題であったモダンアート的な表現様式をも取り入れながら、新しい図画工作科の題材や指導のあり方を研究していた様子も明らかになった。次に作品返却を通した聞きとり調査から、上述したような渡辺の教師としての姿勢を確認することができた。構成作品群から感じられる子どもたちの集中力は、並大抵のことでは発揮されないように思える。やはりそこには、指導者である渡辺の熱意と確固たる自信があったのではなかろうか。そうした姿勢があったからこそ、構成作品群から汲み取れるような高い指導性が、子どもたちの自信あふれる表現に結び付いたのだと言えよう。さらに構成作品群にあらわれている表現様式の分析を通して、その指導について考察した。それらは総じて計画的で系統性の強いものであり、極めて高い完成度を求めるものであったと言える。加えて材料や描画材などの用具の扱いや表現様式が多様であることから、今回発見された構成作品群は、いわばカタログ一覧的な集合体であると見ることができる。渡辺が意図したかどうかは定かではないが、彼の真摯な題材研究の成果集としての意味を見出すことができるのではなかろうか。

以上のように、本調査研究からは、無教科書時期という、教育に関して依拠する指針が乏しい状況において、現場教師がまさに手探りの状態で日々の授業実践を模索していた様子が浮かび上がってきた。その姿勢とは、現場に即した自立した精神に基づくものであり、現在の教育実践のあり方に対して多くの示唆を与えてくれるのではなかろうか。

そしてその実践から生まれた作品群の表現様式からは、戦時統制下において

(56)苅谷剛彦、西研『考え合う技術』筑摩書房、二〇〇五年、pp.45〜46

潜伏していた戦前の構成教育への関心が再浮上していることが明らかになった。それは現場に即した自立した精神に基づくものであり、子どものためのデザイン教育が、当時の新教育思想との結び付きを持ちながら、戦時の反省をふまえた新しい教育を志向する意思を持ち合わせていたのである。

2・5・2　子どものためのデザイン教育に内包される省察のまなざし

本節そして前節を含む本章においては、日本における子どものためのデザイン教育の歴史的変遷を「潜伏期」、「揺籃期」としてとらえ、その史実を追った。その結果、子どものためのデザイン教育は、その出発点において、「子どものため」という理念を謳いながらも、それが実践的には同時代的な社会のあり様(それは、戦時統制という同時代における大人のあり様であるとも言えよう)のために目的的に「利用」されていたことが明らかになった。確かに近現代における学校教育とは、西研によるところの「社会の成員として育てること」を目的としている社会的な〝装置〟であることは否定できない[56]。その考え方によれば、教育の目的は、学習の主体者である「子ども」にではなく、教育の主体者である「大人」の側にある。戦時統制下における子どものためのデザイン教育の様相が私たちに提示しているのは、社会の要請に直接的にこたえるための、いわば〝ナショナル・スタンダード〟な子どものためのデザイン教育のあり方である。ここにおける「子どものためのデザイン／Design for Kids」の主語は「教師」である。それに対して、無教科書時期において現場教師らがこれからの教育を夢想して草の根的に実践していた子どものためのデザイン教育とは、先の〝スタンダード〟な教育に対する省察として生まれてきた〝オルタナティブ〟な子どものためのデザイン教育である。無論、ここにおける「子どものための」の主語は、言うまでもなく「子ども」であり、「子どもによるデザイン／Design by Kids」が目指していたことに他ならない。

以上の史実は、序章で掲げた問題の所在─社会の意図的・無意図的な影響を受容する能力から、子ども自らが社会に対して主体的に関わっていく能力を育むためのデザイン教育への希求─、および研究主題─「子どものためのデザイン／Design for Kids」への偏重から「子どもによるデザイン／Design by Kids」への方向性のあり方の提案─と重なっている。したがって、これからの子どものためのデザイン教育を展望しようとするならば、無教科書時期の現場教師たちのように、その教育のあり様と同時代社会との関係性に対して省察的なまなざしを向けていく必要があろう。したがって、子どものためのデザイン教育に対する省察的なまなざしは、日本の普通教育に「デザイン」が定置される一九五八（昭和三三）年以降においても引き続き適用されるべきである。

次章では、その時期を「浮上期」ととらえ、さらに法的拘束力を持ち得た昭和三三年の学習指導要領に「デザイン」が導入され教育現場に受容された経緯を追うことを通して考察を進めていくこととしたい。

第2章　「子どものデザイン」概念の検討

第1節　学習指導要領改訂における子どものためのデザイン教育の浮上

1・1　概　観

1・1・1　目　的

本章では、日本の普通教育に「デザイン」が導入され教育現場に受容された経緯を追うことにより、前章で見出された子どものためのデザイン教育に内包される省察のまなざしが、戦後における子どものためのデザイン教育に対してどのように作用していったのかを検討する(フィードバック)。そしてその作業を通して、子どものためのデザイン教育の意義とあり方に関して示唆を得ることを目指す(フィードフォワード)。

戦後日本のデザイン教育は当初、デザイナーを養成するための専門教育としてスタートした。そのため普通教育におけるデザイン教育、すなわち子どものためのデザイン教育に関する研究においては、それとの差別化を図るために「子どものデザイン」という概念が絶えず用いられてきている。この、専門教育で扱われるデザイン概念に対抗する概念としての「子どものデザイン」概念が、どのように語られ、またどのようにして教育現場へ受容されていったのか、その過程を検討することによって、同時代において目指されていた子どものためのデザイン教育の理念をうかがい知ることができるだろう。

1・1・2　範　囲

本章では、研究の範囲を以下のように定める。前章で述べた通り、日本のデザイン運動は構成教育運動に端を発していると考えられるが、本章では普通教育の教育課程に「デザイン」がはじめて位置付けられた一九五八（昭和三三）年の学習指導要領改訂前後を子どものためのデザイン教育の「浮上期」と定める。すなわちその発端となった一九五五（昭和三〇）年の造形教育センター設立から学習指導要領改訂を経て、教育現場での受容・定着に向けた時期までの期間を対象とする。第1節では、その「浮上期」を俯瞰する。そして第2節では、個別具体的な実践を対象にする。さらに第3節では、同時代における文献に見られる言説を対象にする。

１・２　子どものためのデザイン教育の浮上期の俯瞰

１・２・１　日本におけるデザイン運動

はじめに、同時代における日本のデザインをめぐる状況を概観する。戦後デザインの出発点として重要な意味を持つ日本のデザイン運動は、美術評論家の勝見勝による国際デザインコミッティー（一九五三（昭和二八）年・現日本デザインコミッティー）の設立によってはじまり、その後一九六〇年代にかけて推進された。国際デザインコミッティーのパンフレットには、その主な活動として次の五つが掲げられている。(1)

1. 海外のデザイン機関およびデザイン団体との交流
2. 国際会議への参加
3. 国際展への出品
4. グッドデザインの国際交流と普及
5. グッドデザインの進歩に必要とされる展覧会・講演・会議・出版その他の推進と後援

（1）『国際デザインコミッティー』のパンフレット（一九六〇年）より抜粋

（2）勝見勝「デザイン運動と日本」『勝見勝著作集・2・デザイン運動』講談社、一九八六年、p.103

このように、デザインを通した国際交流を通じて、国内のデザイナー・建築家・美術家・評論家の共同体をつくり上げ、当時における良質なデザイン社会を追求すること、つまりグッドデザイン運動を推進することが、当コミッティーの目指すところであったと言える。

勝見は、日本のデザイン運動が、このグッドデザイン運動を中心としながらも、次の三つの側面、「デザインのプロフェッションを確立するという組合運動の性格」、「デザインの質の向上を競うという芸術運動の要求」、「デザイン意識を市民層に拡大し、生活様式の創造を目ざす文化運動の側面」が互いに結び付いたものであるとしている（2）。さらにそれらの側面は、次のような活動の方向性としてまとめることができる。すなわち「デザイン教育」、「デザイン研究」、「グッドデザイン」という三つの方向性である。その具体的成果としては、「デザイン教育」に関しては桑沢デザイン研究所の設立が、「デザイン研究」に関しては日本デザイン学会の発足が、そして「グッドデザイン」に関しては東京・銀座・松屋におけるグッドデザインコーナーの開設が挙げられよう。ところで勝見は桑沢デザイン研究所の設立メンバーの一人であり、中心的な存在であったと同時に、川喜田煉七郎がバウハウスの予備課程を基盤にしてつくり上げた「構成教育」の教育システムに触れ、桑沢デザイン研究所のようなデザイナー養成のみならず、普通教育における新しい造形教育のあり方を学んだ人物でもあった。そしてそうした造形教育を推進するための造形教育センターの設立（一九五五（昭和三〇）年）の中心人物であった(3)。よって、上記の「デザイン教育」に関する成果には、この造形教育センターの設立を加えることができるだろう。

さて日本のデザイン運動は、一九六〇（昭和三五）年に東京で開催された世界デザイン会議を最初のピークに迎える。この会議は、二〇世紀のデザインを担ってきた海外の著名な指導者・デザイナーが一堂に会する機会であり、それを日本において開催するということは、日本のデザイン界、ひいては産業界に大きく益することに他ならなかった。そのためにその準備は、建築、グラフィックデザイン、インダストリアルデザイン、クラフトデザイン、教育・評論の五部会からなる強力な実行委員会・支持基盤によって誠心誠意取り組まれた。まさにデザイン運動の目指す地点に向けた大きなステップとして重要だったのである。しかしながら会議終了後の省察において、「成功であったか否かについては、大成功とは云えないというのが大方の見方のように思われる。」といったコメントが見られるように、この会議の開催は、開催側としては不満の残る結果になった(4)。その要因として挙げられることは、参加者間の言語的障害が大きく協議内容を深く掘り下げられなかったことや、デザインというものが社会や経済機構のあり様を抜きにしては考えられないものであって、当時それらが

(3)造形教育センターの設立世話人としては、美術評論家の勝見勝をはじめ、当時東京教育大学教育学部構成科の教授であった高橋正人、デザイナーの橋本徹郎など一一名が選出された。

(4)「ニュース・展覧会・図書」『工芸ニュース Vol.28・4号』工業技術院産業工芸試験所、一九六〇年、p.54

（5）「ワルター・グロピウスを桑沢デザイン研究所に迎えて」『KDニュース17号』KD技術研究会、一九五四年、p.8

極めて急速に変貌しつつあったことから、参加者共通のテーマが抽象的にならざるを得なかった点などがある。無論、若い世代のデザイナー同士の連帯と対話を生むという成果はあったが、その後日本のデザイン運動は、この会議であらわになった問題点と同様、徐々に産業の高度成長ペースに巻き込まれ、その実勢は失われていったのである。

図2-1-1　『グロピウスとバウハウス』展の様子（『工芸ニュース』第22巻7号、1954年）

1・2・2　グロピウスの来日と造形教育センターの設立

一九五四（昭和二九）年、「グロピウスとバウハウス展」開催のためにバウハウスの初代学長ヴァルター・グロピウスが来日し、建築家、工芸家、教育関係者と交流を持った（図2-1-1）。そして彼は近代デザイン教育を目指して設立されて間もない桑沢デザイン研究所を訪問し、そこで日本の織物による仕事着の作品を見て大変に興味を持ち、次の言葉を残した(5)。

私は、ここにすばらしいバウハウスの精神を見いだしたが、これこそは、私が、かねてから待ち望んでいたものであり、東洋と西洋の間にかけ渡された往来自由の創造的な橋である。あなたがたに、大きな成功

図2-1-2　造形教育センター設立発会式のスナップ（『造形教育センターニュース』第1号、1955年）

を！

ワルター・グロピウス　1954.6.15

さらにグロピウスの来日を記念して、東京芸術大学正木記念館において小・中学校、高校、大学の構成教育による作品展示が行われた。これには、バウハウスで学び日本で教鞭を取った水谷武彦、東京教育大学の高橋正人、そして勝見勝らが中心となり、東京芸術大学、東京教育大学、千葉大学などの構成科・意匠科をはじめ、附属小・中学校や、都内公立の小・中学校、高校、それに横浜国立大学を中心とした神奈川県からの参加を加え、盛大に行われ、好評を博した。その評価を受けて、戦前から取り組まれている構成教育の理念と技術を研究することを主な目的とした民間教育研究団体「造形教育センター」が設立される運びになり、同年六月一八日、東京・丸善において設立発会式が執り行われた（**図2-1-2**）。造形教育センターは、当時の世論の後押しもあって、構成教育に関する研究・実践における問題の提出と整理、さらには今後の方向性の提案などを推し進める必然性の中で設立されるに至った。設立世話人は勝見勝を中心に、高橋正人、橋本徹朗ら戦前から造形教育に携わってきた一一名が選出され、さらに桑沢デザイン研究所所長の桑沢洋子、勝井三雄、滝口修造といった広く造形に関わる人物が実行委員として選出された。その発足式の案

内状に記載されている趣意書から一部を拾ってみる。(6)

最近、造形教育ということがだいぶやかましく唱導されているようですが、まだ各人各説という形で、若い教育者の中にはいろいろ迷っている人々もあるやに聞いております。そこでこの方面に関心深く、また実践を進めておられる方々がいっしょになって、正しい方向を打ち出すことができたらという希望が有志の間に生まれてまいり、幾度か相談の結果、どうしても造形教育センターをもたねばならないのではないかというように意見が一致し、東京日本橋の丸善本社で創立集会を開き、ここに造形教育センターが成立いたしました。

1・2・3　造形教育センターの活動

造形教育センターでは、絵画や彫刻、デザインといったすべての平面・立体を含めた造形活動を対象とし、それらを通した感覚や能力の育成、さらに創造的な人間の育成を目指した研究が、理論面・実践面の双方から進められていった。具体的な活動としては、毎月の月例会や定期的な展覧会を開催するとともに、夏期研究大会を企画・運営し、熱心な研究活動を展開した。

勝見勝は、美術評論家としての立場から、その設立の趣旨について次のように述べている。(7)

(6)造形教育センター発足式への案内状(一九五五年)より抜粋
(7)勝見勝「工業デザイン—この未知なるもの—」『リビングデザイン季刊夏号 No.4』一九五八年、p.99

筆者が「造形教育センター」の設立などに参加して、子どもの造形教育の改革に関心をよせているのも、一見気ながな廻り道のようであるが、威勢のいいデザイン運動よりも、はるかにデザインの核心につながるものがあるからである。つまり、デザインの本質が、よそゆきの造形より、ふだんの造形によるという考えを推し進めていくと、市民一人一人のデザイン感覚が問題になり、したがって未来の市民である子供の、一人一人のデザイン感覚が、決定的な役割を担う筈だからである。

この言葉からもわかるように、造形教育センターではデザインの専門家を育てるためではなく、一般教育として「教育の中のデザイン」のあり方が探究され、ひいては将来、デザインのユーザーとなるであろう次世代の育成が目指されていた。このことは造形教育センターの設立が、先述したデザイン運動における三つの側面のうち、「デザイン意識を市民層に拡大し、生活様式の創造を目ざす文化運動の側面」を担うものであったことを明確にあらわしている。そしてこうした考え方は、当時の学習指導要領に大きな影響を与えることとなったのである。

1・2・4　一九五八（昭和三三）年学習指導要領の改訂

一九五八（昭和三三）年に告示された学習指導要領は、それまでの「試案」ではなく、はじめて法的拘束性が打ち出されたものであった。つまりここにおいて、日本の中央集権的な教育が目指されることとなった。ちなみにこの頃の日本の社会情勢は、それまでの戦後の混乱期を脱し、次時代の高度成長期に差しかかろうとする時期であった。またスプートニク・ショック（一九五七（昭和三二）年）による科学技術振興の機運が急激に高まる中で、教育のあり方も、それまでの戦後新教育のような「はいずりまわる」教育よりも、基礎・基本の学力を子どもに確実に身に付けさせる「系統的な」教育が求められつつあった。

　デザインに関わる状況に眼を転じてみると、一九五七（昭和三二）年には知財権問題を背景にしながらも、むしろその創造性を推奨する視点に立ち、「Gマーク・グッドデザイン制度」が制定された。当時はまだ「デザイン」という言葉が一般的でなく、また企業によるその実践も萌芽期ではあったが、デザインこそが日本の生活と産業を発展させていく原動力である、といった確信のもとに、社会実態に先行する形で制定されることとなった。現実にその後、大量生産、大量消費時代がやって来ることは周知のとおりである。また先述したように、一九六〇（昭和三五）年には日本（東京・大手町）で世界デザイン会議が開催されている。このように、デザインは当時、日本の発展の方向性にとって極めて重要な関心事であったことがわかる。

　以上のような社会状況を受けた学習指導要領の改訂において、「デザイン」

図画工作科（小学校）

学年	内容
1年生 2年生 3年生	（1）絵をかく （2）版画を作る （3）粘土を主材料としていろいろなものを作る （4）模様を作る （5）いろいろなものを作る
4年生	（1）心の中にあるものを絵に表現する （2）外界を観察しながらそれを絵で表現する （3）版画を作る （4）彫塑を作る （5）デザインする （6）いろいろなものを作る
5年生 6年生	（1）心の中にあるものを絵に表現する （2）外界を観察しながらそれを絵で表現する （3）版画を作る （4）彫塑を作る （5）デザインする （6）役に立つものを作ったり　構成の練習をしたりする （7）機構的な玩具・模型の類を作る （8）作品を鑑賞する

美術科（中学校）

<table>
<tr><th>学年</th><th>1年生</th><th>2年生</th><th>3年生</th></tr>
<tr><th>内容</th><td colspan="3">A・表現
（印象や構想などの表現）
（1）写生による表現
ア・絵画　イ・彫塑
（2）構想による表現
ア・絵画　イ・彫塑
（色や形などの基礎練習）
（1）配色練習
（2）形の構成練習
（3）材料についての経験
（4）表示練習
（美術的デザイン）
（1）デザイン
（2）物の配置配合
B・鑑賞</td></tr>
</table>

図2-1-3　昭和33年告示の学習指導要領における
図画工作科・美術科の教育内容

という文言ははじめて日本の教育課程に明示されることとなった[8]（**図2-1-3**）。

さらに小学校では、各内容の時間配当のうち、デザイン的内容（「模様を作る」「いろいろなものを作る」「デザインする」等）の時間を五割以上確保するよう指示

（8）文部省『小学校学習指導要領（第二章・第六節・図画工作）』文部時報別冊、一九五八年、および文部省『中学校学習指導要領（第二章・第六節・美術）』明治図書、一九五八年

美術科	技術科	
	男子	女子
印象・構想などの表現 色や形などの基礎練習 美術的デザイン 鑑賞	機械操作 木工 金工 製図	料理 裁縫 家庭

図2-1-4 昭和33年告示の学習指導要領における美術科と技術科の教育内容の比較

され、中学校でも「色や形の基礎練習」、「美術的デザイン」が全時数の五割近くを確保するよう留意することが示されている。

ただし同時に、それまでの中学校図画工作科は「美術科」と改称され、その内容は「芸術的創造性を主体とした表現や鑑賞活動に関するものとし、生産的技術に関する部分は「技術科」を新設してここで扱うこと」とされた(9)。ここにおいて、学習指導要領の「指導上の留意事項」には、「指導計画作成にあたっては、特に技術・家庭科との関連を図ることが必要である」と記されていることからもわかるように、図画工作科・美術科におけるデザインの位置付けに不明瞭な点が現出することともなった。例えば「美術的デザイン」と規定されることによって、「工作・工芸」領域の内容を欠く結果を招いたのである(**図2-1-4**)。

1・2・5 学習指導要領そしてデザイン教育批判

当然のことながら、美術教育分野の実践者・研究者からは、この学習指導要領の改訂に対する批判の動きが活発化した。なかでも中学校美術科の授業時間配当が、以前よりも減少していることに対する批判が顕著であった(**図2-1**

(9)第一七回中央教育審議会答申、一九五八年二月一五日

学年	美術科	技術科
1年	2	3〜4
2年	1	3〜4
3年	1	3〜4

図 2-1-5　昭和33年学習指導要領における美術科と技術科の授業時間配当

—5）。

このことについて、全国図画工作教育振興対策委員会は、次のような声明文を提出している[10]。

今回、文部省は中学校図画工作科に関する教育課程の改訂案を発表した。この案によれば、図画工作科は美術科となり、その授業時数は現在より半減している。生産的工作面を新設の技術科に移すとしても、尚美術科は図画、彫刻、デザイン、色彩、創造的工作、鑑賞など広範な指導内容を持っている。したがって週一時間では到底その目的を達することは不可能である。この結果として予想される教育上の欠陥は、すべて当局が、その責任を負うべきものである。右の理由からわれわれ全国の図画工作教育に当たっている者は今回の改訂案に絶対反対である。ここに重ねて中学校における美術科を各学年必修二時間とすべきことを強く要望する。（昭和三三年二月一七日）

以上のような授業時間削減に対する批判と同時に、その内容に関しては、特に新しく含まれることになったデザインに対する批判も大きく取り上げられた。当時の『美育文化』によると、小・中学校におけるデザイン学習には大きく「基礎的な感覚練習」と「用途をもつデザイン」という二つの側面があるとされている[11]。各側面について詳細に述べることは稿をあらためるが、ここでは『美育文化』をはじめとした教育雑誌の記事に記されていたそれぞれに対する批判の要点を以下に示してみたい。

（10）『造形教育センターニュース第一〇号』（一九五八年）より抜粋

（11）『美育文化』の一九五九年六月号および七月号においては、「新指導要領とデザイン教育」と題して、「基礎練習」と「用途をもったデザイン」という二領域にわたって特集が組まれている。

「基礎的な感覚練習」に対して

・単なる技術の練習として取り上げられている。

・子どもの生活と遊離しており、その指導には根本的な子ども観、教材観が欠如している。

・用途をもつデザインへと発展する系統性が欠如している。すなわち感覚練習だけに終始している。

・目新しい教材としての表面的な結果、つまり作品ばかりが受容される危険性がある。単なるパターン・メイキングに陥っている。

「用途をもつデザイン」に対して

・子どもの生活に根ざした必要感（目的）とならずに、大人の価値観を押しつけたデザインになりがちである。

・大人の模倣に陥る危険性がある。

・当時の社会状況をまともに受ける恐れがある。すなわち商業主義、産業主義に流れる恐れがある。

さらにこうした学習指導要領の内容に関する事項以外に、デザイン教育を推進する造形教育センターに対する批判も存在した。当時の造形教育センター委員長であった小関利雄は、『造形教育センターニュース』において、「センターは技術主義か」と題して次のような文章を掲載している。[12]

センターの造形教育がややもすれば教育の手段として造形教育を考えているかのような誤解を受け、技術主義として批判されているように思われるのは何故か。…（中略）…我々は今日まで造形教育を啓蒙して来たのであるが、その理解を助ける為に、解明を急ぎすぎたのではないか。例えば視覚的な図式にして説明することも試みられたが、いくら努めても割り切れない点が残るのは教育なのだ。…（中略）…特に現場にある人々は毎日接する子どもたちとの間にその発見があり、それは日日改められ、発展するものであることを自覚し、自身と信念をもって研究していただきたいものと思う。

またそれに続く記事では、当時の研究部長である米倉正弘が論じている。[13]

センターは点・線・面だとか、物だけを相手にし、人間が不在であるとか、または文部省であるとかの批判を聞きながらも、私たちは、これまでの造形教育運動では見られなかったような大きな一面を開拓して来た。

このように、デザインが普通教育に導入される経緯においては、造形教育センターのように熱心な推進運動体が存在していたと同時に、その急進さ故に、教育現場への定着においては、誤解や拒絶も存在していたのである。

(12) 小関利雄「センターは技術主義か」『造形教育センターニュース第一三号』一九五九年、p.1
(13) 米倉正弘「造形教育センターの研究はかく進められている」同掲書、p.1

1・2・6 「子どものデザイン」へ

その後は当然のことながら、上述したようなデザイン教育批判を真摯に受けとめつつ、普通教育におけるデザインの意義とその教育理念を明らかにしていこうとする動きが生まれている。その中心はもちろん造形教育センターの研究活動であった。先述したように、造形教育センターでは毎年夏に研究大会を開催しているが、当時の大会テーマを概観すると、そうした動向を窺い知ることができる。以下に、一九五八(昭和三三)年学習指導要領以降の大会テーマを列挙してみる。(14)

一九五九年 「教育の中の造形教育の位置・絵によって育てるものは何か・デザインの基礎はこれでよいのか・実習」

一九六〇年 「造形教育におけるデザインの性格を明らかにする・造形教育のミニマムエッセンシャルズを明らかにする・造形教育の学年の系統性を明らかにする」

一九六一年 「子どものデザイン・自己表現のデザイン・感覚とデザイン・機能とデザイン」

一九六二年 「造形の基礎学習・視覚伝達・機能造形」

(14) 「造形教育センター50年略年表」『造形教育センター五〇年史』造形教育センター、二〇〇五年、pp. 1~2

一九六三年「子どものデザインの確立」

このように、普通教育におけるデザインとはどのような目的・内容を持つべきなのか、あるいは「子どものデザイン」とは現代社会においてはどのような意義を持つものなのか、といった課題がその後も追究されたのである。

1・2・7　子どものためのデザイン教育の浮上期の俯瞰

以上、戦後再出発した子どものためのデザイン教育の浮上期を俯瞰してきた。その俯瞰を模式化したものが、**図2-1-6**である。

1・3　子どものためのデザイン教育に孕む二元論

1・3・1　浮上期における問題点

本節における子どものためのデザイン教育の浮上期を俯瞰する作業を通して、次のような問題点が明らかになった。

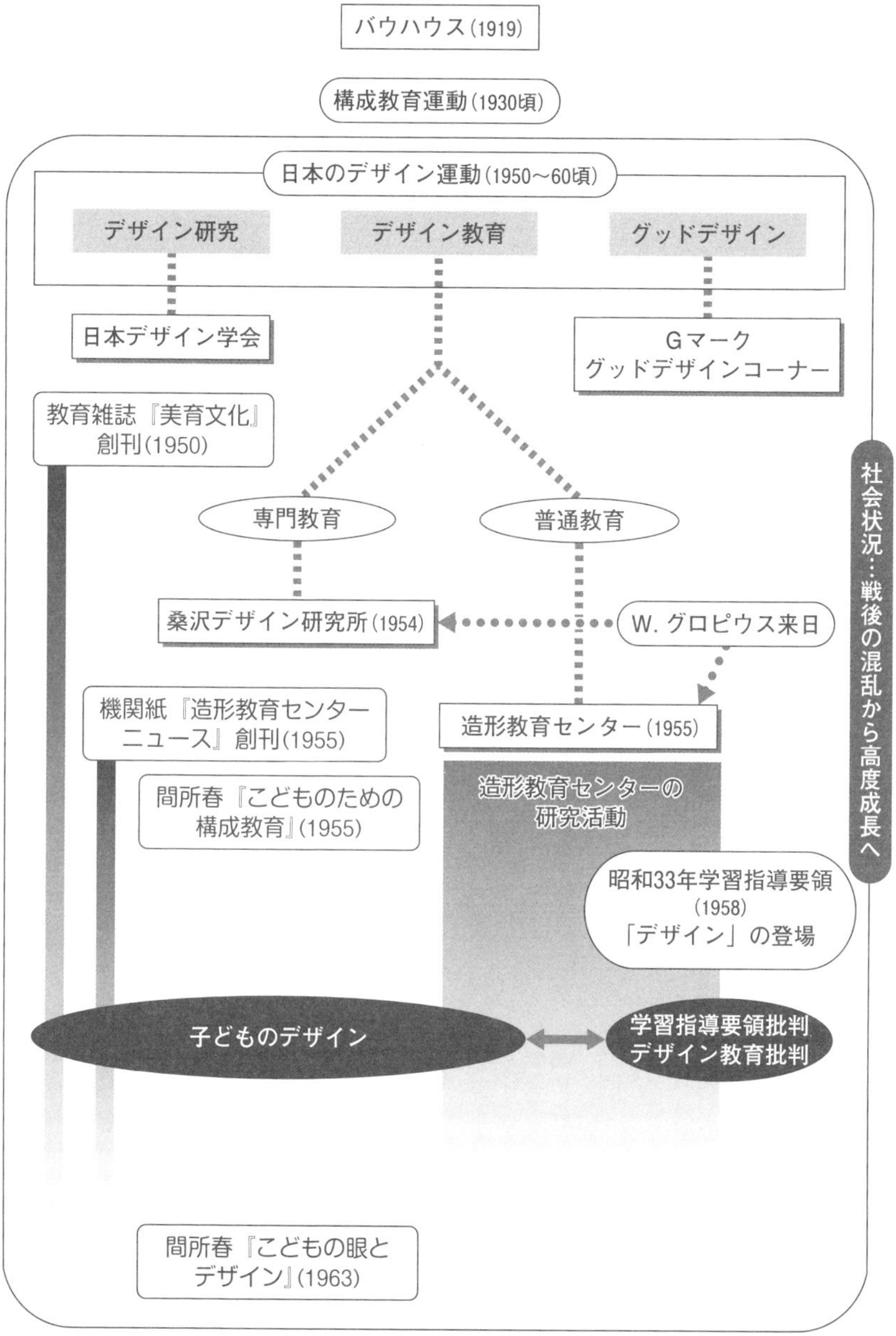

図2-1-6 子どものためのデザイン教育の浮上期の俯瞰

(15)久里英人「デザイン教育はこれでよいか」『美育文化 Vol.10・No.7』一九六〇年、pp.5~6

（１）　悪しき題材主義による盲信または指導理念の欠如

普通教育としてのデザイン教育が一九五五（昭和三〇）年の造形教育センターの設立によって専門教育より派生してから一九五八（昭和三三）年に学習指導要領に位置付き、教育現場に受容されるまでの期間は非常に短期間であった。そのような短期間の受容過程においては、そこで目指されるべき教育理念よりも先んじて、何を指導するか、という内容に傾倒せざるを得ない状況が存在していたことは容易に推察できる。久里英人は、『美育文化』第一〇号の巻頭言で、デザイン教育をめぐるそのような状況について次のように述べている。[15]

どこへ行っても、やれフロッタージュだ、デカルコマニーだといった、あやしげなものが幅をきかせている。わけのわからないモダンメチエという抽象絵画まがいのものがとにかく流行している。しかも、そのようなものが教室の壁に貼ってあると、何となくその教室がモダンで新しい教育をやっているように見えるのだからふしぎである。コンクールや、展覧会にもこの種の作品がハンランしているし、どの教科書にもでている。おまけに新しい指導要領にも〈自由な構成をする〉というようなことばもあって、こういったものを奨励しているかのようにも見える。

このように、教育現場にとってはまず、どのような「内容＝題材」であるかが最大の関心事であって、そこでは「デザイン題材＝デザイン教育」であるという短絡的な理解に基づく悪しき〝題材主義〟が生じる。そしてその新規開発的側面ばかりを追う〝題材主義〟は、デザイン教育への盲信を生じさせ、なお一層そのベースとなるべき教育理念が置き去りになってしまっていったのである。

（２）子どものためのデザイン教育と社会状況との接合の困難性

子どものためのデザイン教育が日本の教育課程に位置付いた一九五八（昭和三三）年前後の社会は、戦後の混乱期から高度成長期へと急激に変貌しつつあった時期にあり、学校教育も否応なくその影響を受けざるを得なかった。ゆえにデザインという一種の社会活動を学校という教育の場に持ち込む際、そこには一種の違和感が生じることは自明のことであった。すなわち当時、デザインという営みはすでに高度成長に向けた産業効率の強力な影響下に巻き込まれつつあり、デザイナーという職業も分業化され、その社会的連帯性は分断されつつあった。そのような中で、これからの世代を担う子どもに対して、デザインを通してどのような力を育めばよいのか、デザイン教育研究者は大きな葛藤の中にあったと言える。しかしながら当時は、造形教育センターをはじめ、子どものためのデザイン教育を推進した側からは、そうした違和感に対する明確な対応策を用意することができなかったのである。

1・3・2　子どものためのデザイン教育に孕む二元論

以上の問題点は、ともにその要因は共通している。これまで見てきたように、日本のデザイン教育は専門教育として開始され、そこから派生する形で普通教育に導入されていった。ゆえに小・中学校の教育現場に受容された当初、専門教育的な側面が誤解されたまま受容される状況があった。いわば「大人のためのデザイン」を「子どものためのデザイン」へとすり替えた形で理解され、教師主導のデザイン教育が行われていたのである。そこにはまさに、急激に進展しつつあった経済社会の要請にこたえるべく機能し発展していた同時代におけるデザインの要請が中心課題にあった。そこで、造形教育センターをはじめとした子どものためのデザイン教育を研究する立場の者たちからは、専門家のためでなく万人のためのデザインのあり方として、「子どものデザイン」という概念が提示されたのである。

ところが逆に、この「子どものデザイン」概念の現実社会との結び付きの弱さが批判されることとなった。「子どものデザイン」というコンセプトが、どのようにして今ある社会（それは「大人のためのデザイン」を含んでいる）へと連関していくのか、といった関係的視点の欠如が暴露されたのである。ここにおいて、教育全般においても恒久的な命題になっている「子ども／大人」という二元論の存在が、子どものためのデザイン教育の前にも克服すべき課題として横たわっていたと言えるだろう。これはまさに、本書の研究主題に掲げている「子どものデザイン」概念における「子どものためのデザイン／Design for Kids」の方向性と「子どもによるデザイン／Design by Kids」という方向性の二側面の存在とも重なるものである。

第２節　間所春の教育実践における試行錯誤

２・１　概　観

２・１・１　目　的

前節では、日本の普通教育に「デザイン」という文言が位置付けられた一九五八（昭和三三）年の学習指導要領改訂前後における子どものためのデザイン教育に関する研究と実践に着目し、その受容過程を明らかにした。その作業を通して、当時の子どものためのデザイン教育が克服しなければならなかった問題として、次の事項が明らかになった。

・悪しき題材主義による盲信または指導理念の欠如
・子どものためのデザイン教育と社会状況との接合の困難性

そして、これらの要因として「子ども／大人」という二元論の存在があることを指摘し、その克服のために「子どものデザイン」という概念が浮上してきていたことを明らかにした。

本節では、これらの問題および要因を実践の視座から具体的に確認し、あるべき「子どものデザイン」概念の輪郭を探ってみたい。そこで、当時において子どものためのデザイン教育実践のパイオニアであった間所春が、子どものためのデザイン教育のあり方を主張しようと試行錯誤した軌跡を検討する。

図2-2-1　間所春『こどものための構成教育』（1955年）

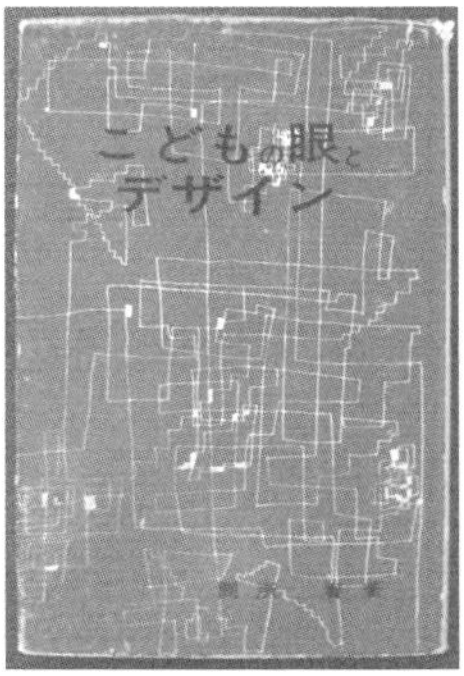

図2-2-2　間所春『こどもの眼とデザイン』（1963年）

2・1・2　方　法

間所春による二つの著作を比較分析することを通して、間所の執筆意図を探り、ひいては彼女の「子どものデザイン」概念、および教育理念を検討する。二つの著作とは、『こどものための構成教育』（**図2-1-1**）[16]、および『こどもの眼とデザイン』（**図2-1-2**）[17]である。間所は小学校教師であると同時に、戦前より川喜田煉七郎の新建築工芸学院に学んだ構成教育研究者でもあり、さらに造形教育センターには設立当初から委員として参画している。間所はこれらの著作において、自らの教育実践をふまえながらデザイン教育のあり方について論じており、その論考の基底には日々の教育実践から見出した「子どものデザイン」概念が据えられている。さらにこれらの

(16) 間所春『こどものための構成教育』造形芸術研究会、一九五五年

(17) 同『こどもの眼とデザイン』造形社、一九六三年

文献は、一九五五(昭和三〇)年に書かれた初版を一九六三(昭和三八)年に書き直したものである。つまり、「デザイン」がはじめて登場した一九五八(昭和三三)年の学習指導要領の告示をはさんだ八ヵ年の期間を経て書き直されており、その執筆には当時のデザイン教育批判にこたえる意味が込められていることを容易に推察できる。よって、これらの著作の構成および内容を比較分析することで、間所の執筆意図の変化をとらえることができ、そこに明らかにすべき「子どものデザイン」概念が包含されていると考えられる。

2・2　間所春とその著作について

2・2・1　間所春について

間所春は、一九一八(大正七)年に滋賀県女子師範学校を卒業後、女子美術大学に進むが中退、その後福岡女学校教員等を経て東京都足立区立南綾瀬小学校に図画工作科専科教員として勤めた。戦前の日本にバウハウス・システムによる構成教育を広めた川喜田煉七郎が主宰する新建築工芸学院で一九三三(昭和八)年より学び、その理念を小学校における造形指導に取り入れ実践に取り組んできた。日本の美術教育に関する代表的文献の一つと言われる『構成教育大系』（一九三四(昭和九)年）では、川喜田と武井勝雄とともに編集に携わり、また自らの実践を提供している。また武井とともに『構成教育による新図画』（一九三六(昭和一一)年）を執筆している。戦後においても、造形教育センターの設立と研究活動に参画し、デザイン教育のあり方に示唆を与え続けた。単著としては、本稿で分析対象とする『こどものための構成教育』（一九五五(昭和三〇)年）と、それを改訂した『こどもの眼とデザイン』（一九六三(昭和三八)年）がある。さらに一九六〇(昭和三五)年の世界デザイン会議においては、「DOODLEから視覚言語の獲得まで」というテーマで口頭発表を行い、高い評価を受けている。

以上のように、間所は日本の構成・デザイン教育の普及を実践面から支えた中核的な人物である。

2・2・2 研究対象とする二つの著作について

分析対象とする著作は、次の二つである。

『こどものための構成教育』造形教育研究所、一九五五(昭和三〇)年、全一六六頁（図2-2-1）

『こどもの眼とデザイン』造形社、一九六三（昭和三七）年、全二四二頁（図2-2-2）

（以下、『こどものための構成教育』を「前著」、『こどもの眼とデザイン』を「後著」と呼ぶ。）

先述したように、これらの著作は、一九五八（昭和三三）年の学習指導要領改訂をはさんだ八ヵ年の期間を経て書き直されたものである。後著の冒頭「はじめに」には、そのいきさつの一端が述べられている。(18)

私は半生におよぶ年月を、構成教育のために捧げてきました。そして子どものデザイン教育などということも、いくらかわかったような気でいました。しかし、いまにしておもえば、まことにはずかしい限りです。わかったような気がしただけで、その実、まだまだ、骨の髄までかみしめていたとはいえなかったのです。口では、子どもの、飾りたい、作りたい、くみたててみたい、こわしてみたい、あるいは色や形をつかって何かを伝えたい……等々、そうした天来の欲求をみたしてやるといい、そこから造形し、デザインする教育がはじまるのだ、といいながらなにかそれがぴったりしないようで、ここ三、四年、ときどき考えこむようになりました。ところが、ふとしたことから回想記をかきはじめたところ、ある日、忽然と眼がひらけたような気がしだしたのです。そしてたまたま、「こどものための構成教育」の再版にさいして、田島さんにお願いして、それを絶版にし、新しく「こどもの眼とデザイン」を出版する

(18)前掲『こどものための構成教育』「はじめに」、p.1

ことになったのです。

この記述において間所は、後著が前著を一新したものであることを表明している。これらの著作は、同じ主題、すなわち子どものためのデザイン教育について実践的に論ずる書であることは変わらないとしながらも、コンセプト（執筆意図）においてはまったく異なるものとされていることに注意すべきである。

2・2・3 二つの著作の構成比較

二つの著作は、特にその構成に大きな相違が見られる（**図2-2-3**）。これを切り口に間所の執筆意図の変化を探り、そこから彼女が真に伝えたかったデザイン教育の理念、そしてそこに包含される「子どものデザイン」概念を明らかにしたい。

2・3 比較分析および考察

図2-2-3から明らかなように、二つの著作には、以下の点において大幅な変更が認められる（図中(1)〜(4)に相当）。

8ヵ年
学習指導要領改訂

『こどものための構成教育』(1955年)
目次＜前著＞

I　明暗の学習
　A　明暗による学習指導の要領
　B　明暗による基本練習
　　a　明暗の直線的系列
　　b　明暗と色彩の当合
　　c　色を明暗で写生する
　　d　明暗対比と量感の表現
　C　明暗適用の学習
　　a　明暗の対比と透明描写
　　b　単化表現と明暗
　　c　明暗による自由もよう
　　d　明暗と描画
　　e　明暗練習とフォト・モンタァジュ
Ⅱ　色彩の学習
A　色彩学習指導の要領
B　低学年における色彩指導の要領
C　高学年における色彩指導の要領
　a　色彩の明度に関する自覚
　b　配色の効果に対するいくらかの自覚
　c　混色方法の理解と彩度への関心
　d　色の立体的なシュパンヌンクの発見
D　子供と色のオムニバス
　a　色遊びのルールは子供達がきめる
　b　色あそびと子供の描くまよいみち
　c　子供の図案と色
　d　子供の描くもようと色
　e　色紙はり絵と色の効果
　f　色と子供のテクニック
　g　画面の分割と色
Ⅲ　材料の練習
　A　材料の平面構成
　B　材料の立体構成
　　a　いろいろな材料による立体構成
　　　①粘土による形の分解と構成
　　　②一枚の紙の立体構成
　　　③積み木の立体構成
　　b　線材を生かした空間構成
　　c　面を意識した空間構成
　　d　子供のつくるモビール
　　e　メタモルフォーゼと子供の材料構成
　　f　カードによる立体構成
Ⅳ　綜合的コムポジションの諸問題
　A　児童のコムポジションと線
　　a　カリグラフィックな線の構成と子供のオートマティズム
　　b　児童の線に現れた訴求力
　　　①児童の線に現れた情感
　　　②児童の線に現れた知性
　　　線の分割する面・線と空間の表示
　B　形に対する児童の構成意識
　　a　子供はこうしてシュパンヌンクをさとる
　　b　形に対する意識と単化練習
　　　①描画と単化練習
　　　②抽象構成と単化練習
　　　③形に対する児童の構成意識
終わりの言葉

(2)

『こどもの眼とデザイン』(1963年)
目次＜後著＞

(1)
はじめに
I　DOODLEから視覚言語の獲得まで
　―生長する「まよいみち」―
　a　子どもの必然性を造形的にみる
　b　Doodleあそびと「まよいみち」かき
　c　「まよいみち」の生長と刺戟の効果
　　①子どものアクションをうけとめるもの
　　②表現材料による刺戟の効果
Ⅱ　子どもの眼とベイシックデザイン
　a　子どもの眼と色や形のゲシュタルト
　　①アニミズムと子どもの眼
　　②オートマチズムによる感覚の基礎練習
(3)
Ⅲ　デザイン教育における感覚訓練法
　A　平面的感覚練習
　　a　子どものデザインと発想
　　b　色の秘密をみつけるまで
　　c　形の性質をつかむまで
　　d　眼のとらえる地肌・手の感じる触感
　　e　メタモルフォーゼと子どもの幻視
　　f　光の造形と子どものあそび
　　g　美しい構成の条件をつかむまで
　　　①くりかえしとリズムの美しさ
　　　②バランスに敏感な子ども
　　　③ムーブマンをつくり出す子ども
　　　④平面構成と立体構成
　　　⑤造形的感覚練習のまとめ
　　　⑥「まよいみち」の生態
　B　いろいろな材料による立体構成
　　a　線材による空間構成
　　　①構造へのみち
　　　②線材をつかった美しい構成
　　　③針金をつかういろいろな構成
　　　④組み，編みこむことによる立体表現
　　　⑤モビール作りのいろいろ
　　b　面材による立体・空間構成
　　　①紙彫刻の功績
　　　②板材といろいろなポール
Ⅳ　子どものデザイン
　a　子どものデザイン
　b　子どものポスター
　c　子どものディスプレー
　d　子どものおもちゃづくり
　e　パッケージつくりの発展
(4)
ことばの説明
V　おわりに

図2-2-3 『こどものための構成教育』(1955年)と『こどもの眼とデザイン』(1963年)の構成比較

(19)同、p.2

(1) 自らの幼少期における造形体験の回想の付加
(2) 「まよいみち」が扱われている位置
(3) 普通教育におけるデザイン教育の性格に関する解説の付加
(4) 用途をもつデザインに関する章の付加

以下、それぞれの変更箇所について詳細に分析し、そこにあらわれている間所の執筆意図を探り、ひいては間所が抱いている教育理念、ひいては「子どものデザイン」概念について検討する。

2・3・1 自らの幼少期における造形体験の回想

後著では、『はじめに』の章において、間所自身が幼少期に体験した造形体験の回想が記されている。その体験の項目は、「本能のままに」「渋柿の色」「五色のギラがわいている」「ぞうりづくり」「いもの子山水」であり、実に一〇頁にわたるプロローグとなっている。間所はこれらを次のように意味付けている。(19)

この思い出のなかに、すべての子どもたちが、私たちのデザイン教育に訴えている裸のすがたを、くみとって頂けたら幸いです。

（20）同、p.1
（21）幼児の「なぐりがき」のような無意図的造形活動から、色や形などの秩序を見出し意図的に構成する造形活動に至る過程を重視した学習内容で、間所が命名した。

ちなみに前著では、一般的な『まえがき』が記されているだけであり、その後は続けて「明暗」「色彩」「材料」といった各指導法の論述に移っている。それに対して後著では、この回想がさらに「思いではまだまだ、果てしなく続きます」として、その後の章である『DOODLEから視覚言語の獲得まで』に引き継ぐ形で続けられている[20]。ここにおいて、幼児期の造形に対する鋭敏な感覚に、間所の「子どものデザイン」概念に対する根本的姿勢が包含されていると考えられよう。

2・3・2　「まよいみち」が扱われている位置

「まよいみち」は、間所の代表的なデザイン教育実践である[21]（**図2-2-4**）。「まよいみち」すなわち「DOODLEあそび」に関する内容が含まれているのは、前著では『綜合的コムポジションの諸問題』という標題の付く「第4章」であり、末尾に位置している。それに対して後著では『DOODLEから視覚言語の獲得まで』という標題の「第1章」であり冒頭に位置している。このことは二つの著作の目次を一瞥するだけでも瞭然であり、同時に間所の執筆意図の相違を際立たせる重要な変更点である。後著の標題である『DOODLEから視覚言語の獲得まで』は、先述したとおり、一九六〇（昭和三五）年に日本で開催された世界デザイン会議において好評を博した間所の発表テーマでもある。後著の文中には、そのことについて次のように明示されている。(22)

> この章の標題「DOODLEから視覚言語の獲得まで」は、一九六〇年五月の世界デザイン会議における教育セミナーでの、私のイメージを表すものです。こうした提唱をした動機には、普通教育のなかで、子どもたちに、色や形やtextureなどが、この空間でどのように話しかけ、よびかけているのかということに、興味と関心をもたせ、彼らに創造する眼をもたせたいという、願いがありました。

つまり後著においては、「まよいみち・DOODLEあそび」こそが普通教育におけるデザイン教育の根幹に位置付くべきものであり、「子どものデザイン」の出発点であることを主張しているのである。このことは、後著「第1章」の末尾に記されている次の言葉からも明らかである。(23)

> こうして平面から立体まで、「まよいみちの物語」は、二次元の感覚訓練から、三次元の基礎造形に至る専門の「ベーシックデザイン」〈Basic design〉にとっても、忘れることのできないおとぎ話として、長く残るでありましょう。子どもは生長し、「まよいみち」も生長する。それはおとなの造形人としてのあなたの足元まで伸び、やがてはそれをとびこえていく未来への創造の可能性をはらんでさえおりますもの。

図2-2-4　まよいみち　水彩　6女
(前著、図版-p.2)

(22)同、p.5
(23)同、p.52

(24)同、p.7
(25)同、p.7
(26)同、p.6
(27)同、pp.15~16

後著においては、「子どもたちの必然性から発生する」[24]「まよいみち・DOODLEあそび」をベースにしながら、それが「幼児から児童期、青年前期へと生長し、そして混沌の世界から秩序の世界へと生まれかわって[25]」いくプロセスが、子どもの成長とともにある「子どものデザイン」のあり様であり、そのプロセスに対して必要な大人の関わりがデザイン教育であると主張しているのである。こうした子どもの視座に根ざした教育理念は、この章が、前述したように『はじめに』の章における幼少期の造形体験にまつわる回想を引き継ぐ形で書きはじめられていることや、後著においては、「まよいみち・DOODLEあそび」自体が子どもと間所の日常的な関わりの中から偶然的に発見されたいきさつを持っていることが明記されていることからも明確である[26]。

またここで重要なのは、子どもの必然性を尊重しながらも教師の適切な指導が必要であることが論じられている点である。間所は、「まよいみち」に対する教師の関わりに関して次のように述べている[27]。

「まよいみちあそび」は、線あそび、色ぬりあそびのいづれにしても、放りっぱなしのままでは、子どもの刹那的な表現としてただそれだけのものになってしまうでしょう。教育がすべて好ましい刺戟を得て進展するように、「まよいみちあそび」も、また計画的な刺戟によって、むずかしいと思いこまれているデザイン感覚の基礎構成の原理や、平面・立体における空間感などを、しらずしらず感じとり、視覚言語を身につける手だてとなります。

（28）同、p.18、および前掲『こどものための構成教育』、p.122

ところで、「まよいみち・DOODLEあそび」は前著でも取り上げられていることはすでに述べた。ただしそれは末尾にある『綜合的コムポジションの諸問題』という標題の章において扱われていることからもわかるように、あらゆる構成指導を系統的にふまえた上での総合的な表現として位置付けられている。実際にそこに至るまでの章立ては、『明暗の学習』『色彩の学習』『材料の練習』となっており、バウハウス・システムを普通教育の造形指導に取り込んでいった歴史的経緯が見てとれる構成となっている。

つまり、「まよいみち・DOODLEあそび」の扱われている位置に着目してみると、前著においてはバウハウス・システムを取り入れた実践とその具体的な指導法が系統的に記されているのに対して、後著では、子どもの必然性――その必然性は、「こどもの眼」によって要求される――から生まれるデザインの芽を伸ばす、つまり子どもの視座をベースにした「ボトムアップ」の方向性が、論展開の構造をなしていることがわかる。

さらにそのことを裏付ける注目すべき箇所がある。それは、前著、後著ともに取り上げられている「まよいみち・DOODLEあそび」の事例に関する記述である[28]。間所は、「まよいみち・DOODLEあそび」に関係する線の持つ意味を説明するために、彼女が勤める学校の小使室（用務室）にあった「魚焼きの網」との出あいのエピソードを紹介している。前著では、その網は、子どもた

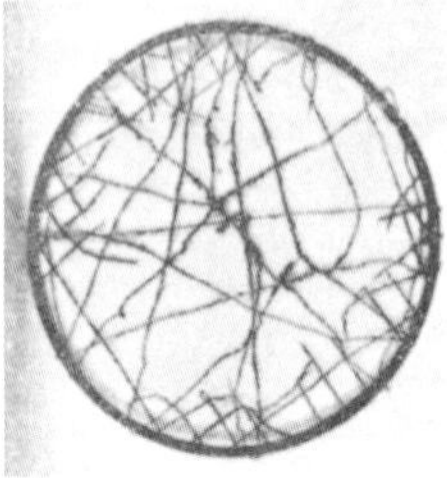

図2-2-5　こわれた　あみ（前著、p.123）

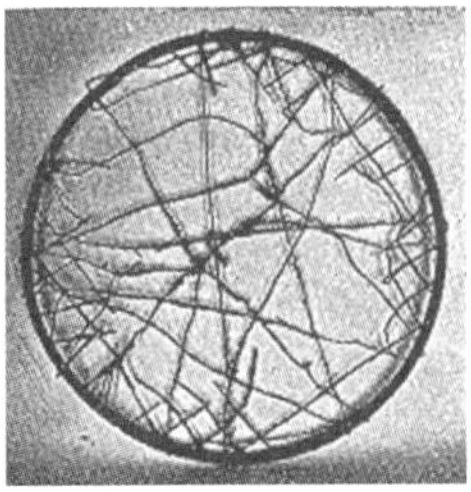

図2-2-6　みつけた　まよいみち　8才男（後著、p.19）

（29）前掲『こどもの眼とデザイン』、p.19
（30）同、p.19

ちに「まよいみち・DOODLEあそび」にどのような興味をもたせたらよいかを考えていた間所自身が偶然見つけ、子どもたちに提示した〝教材〟であると記されている。それに対して後著では、子どもたちと間所が〈おそらくは授業中に行っていたのであろう〉「身のまわりから、おもしろい〈興味ある、美しいと思う〉線さがしごっこ」[29]をしているときに、「八才になる男の子が得意になって」[30]発見を教えてくれたものであると記されている。ちなみにその「魚焼き網」の写真は、前著、後著ともに同一のものが掲載されているが、そのキャプションは、前著・後著それぞれで次のように記されている。「こわれた あみ」、「みつけた まよいみち 8才男」（**図2-2-5**・**図2-2-6**・図の天地は原文のまま）。

この事例に関する記述の相違、さらに論旨さえも覆してしまう大幅な内容変更からは、間所がいかにして「まよいみち・DOODLEあそび」が有する子どもにとっての必然性を説こうとしているかを垣間見ることができる。それは、本節冒頭で掲げた当時の子どものためのデザイン教育に見出される問題の要因、「[子ども―大人]」という二元論の存在」を克服しようとする間所の姿勢をあらわすものであるとも言えよう。

2・3・3　普通教育におけるデザイン教育の性格に対する解説

この内容は、後著において「まよいみち・DOODLEあそび」を扱った「第1章」に続く『子どもの眼とベーシックデザイン』という「第2章」の冒頭に記されている。「第2章」は、「第1章」で明示した「子どものデザイン」に関わる教師の姿勢を、より明確な教育理念として整理し読者に提示する役割を持つものである。間所自身は、この「第2章」の位置付けを次のように述べている(31)。

こんにちの造形美術教育のなかで、デザイン教育というものが、どのような性格のものであるかについて、ごく分かりやすくお話しをする責任があると思います。

この記述からわかるように、本節冒頭において提示した「子どものためのデザイン教育と社会状況との接合の困難性」について、当時のデザイン教育批判に対応すべく、説明のための機会をつくっているのである。彼女はそのために手がきで作成したと見られる「デザイン教育の位置」と称する模式図を用いて説明しているが、やや理解に難い箇所が多いので、ここであらためて解説を試みる(**図2-2-7**)。

(31) 同、p.53

(32)同、p.54
(33)同、p.54
(34)同、p.56
(35)同、p.55
(36)同、p.55

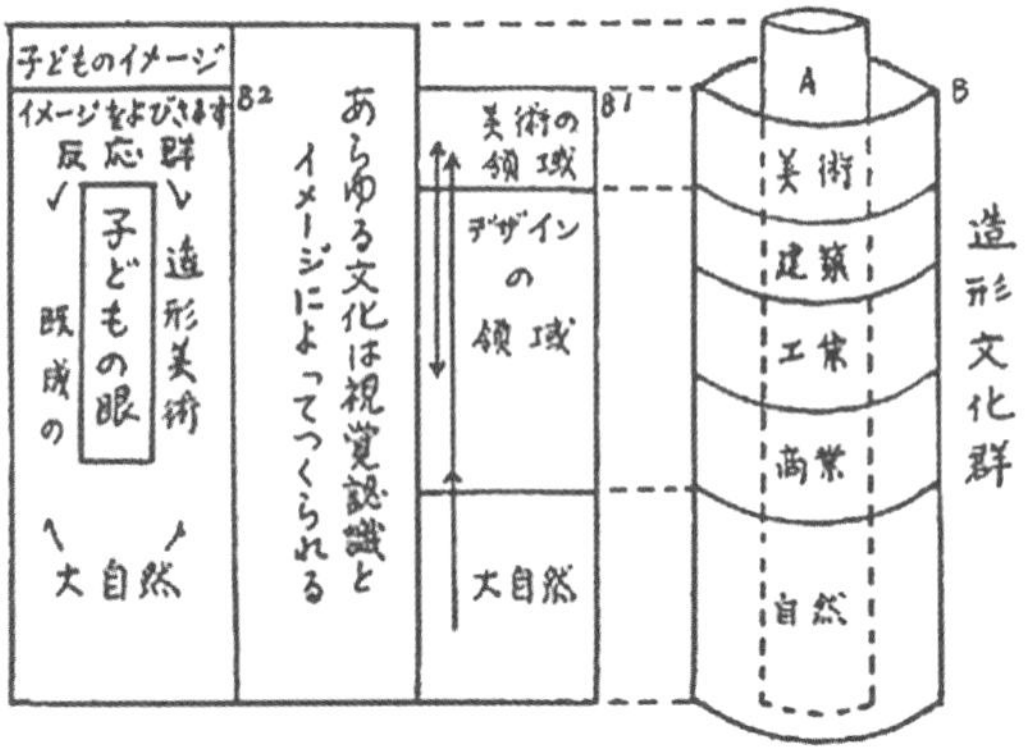

図2-2-7　デザイン教育の位置（後著、p.54）

間所は、すべての教育は「創造的総合的な人間像[32]」を目指して行われるべきであることを確認し、その上で、デザイン教育がどのような位置を占めるのかを論じている。まず、アルンハイムの「あらゆる文化は視覚認識とイメージによってつくられる」とした見解を根拠に、「子どものイマジネーション[33]」をデザイン教育の中軸に置いている。そしてそれを呼び覚まし広げていくのは、「子どもの眼」（図中）と「絵をかいたり、彫塑をしたりする領域[34]」、すなわち「既成の造形美術」（図中）である「美術の領域」「デザインの領域」（図中）、そして「大自然」（図中）との出あいであるとしている。子どもたちの眼がそれらを受けとめることとは、それらを形成している「「物」—「材料[35]」」の関係を受けとめることであり、その機会を教育することによって「子どもの眼と色・形・材料—そしてそれらのシュパンヌンクを、造形美術教育の基礎として重要視し、この基礎によってこそ、あすへのすべての造形と生活をデザイン〈計画〉することができる[36]」としているのである。さらにそれは「人間の心〈精神・思想・感情〉の問題と、手〈技術・行動性〉の問題にまでつながる深く高いもの」であるとしている。

以上、解説を試みる前にその難解さを指摘したとおり、また間所自身も「とはいえ、図式的説明というものが、いかに不便であり、意をつくせぬものであるかということは私も痛感しなくてはなりません。[37]」と自省しているように、概念の解釈に曖昧な部分を多分に含んでおり、課題の困難性の高さを露呈している。しかしながら実践家である間所が、後著においてはこうした理論的説明の章を設け、特に美術教育の基礎、さらには人間生活の計画の基礎としてデザイン教育を位置付けていることには注目すべきであろう。

2・3・4 用途をもつデザインの付加

一九五八(昭和三三)年告示の学習指導要領におけるデザインの内容は、大まかに言うと「基礎的な感覚練習」と「用途をもつデザイン」の二つの領域からなる。しかしながら前節で指摘したように、これらがそれぞれに批判の対象となった。このうち前者については本節の前項までにおいて間所が克服しようとしていたことをすでに述べた。ここでは主に後者について述べることにする。

学習指導要領が改訂された当初、教育現場では「基礎的な感覚練習」のみが突出して扱われていたり、「用途をもつデザイン」が子どもの必然性と乖離した取り上げられ方をされたりしている状況にあり、デザイン教育批判の対象となっていた。そこで、そうした批判に対して「子どもの必然的な用途と結びつくデザイン」が提唱され、加えて「感覚練習」との関連性が重視されたのであ

(37) 同、p.56

る。

ちなみに前著では、「用途をもつデザイン」に該当する記述は見当たらない。逆に前著では「明暗の学習」の章における「色を明暗で写生する」「明暗と描写」のように、絵画表現への発展的指導事例が掲載されているが、後著では削除されている。このことは前著が一九五八(昭和三三)年の学習指導要領改訂以前に出版され、後著が改訂以降に出版されたことを考えると自然なことと言えよう。

ところで後著では、「用途をもつデザイン」は『こどものデザイン』と題された「第4章」で取り上げられている。本章は、次の文ではじまる。(38)

子どもに果たして、デザインらしいデザインがあるか、という質問をよくききます。そして、そういう人たちがよくいうきまり文句は、「何だ、ちかごろのデザイン教育というのは、いったいあれでよいのか。色紙を切ったり、わけのわからない、まよいみちとやらを無責任にかきなぐったり、役にたつことなど何もやっていない。遊んでばかりいるではないか。」というようなことです。また、もっと変わったのに、「このごろ小中学校では、アブストラクトをやらせているんでしょうか。おとなでさえ抽象的な絵画はわからないのに、むちゃくちゃですねえ」といったような類です。こういう批判に対して、あまりのことに笑いどころではない、こうしてはおれない、何とかして、わかってもらう努力と責任があるぞ、と思わせられる次第です。

(38)同、p.191

この一文からもやはり、先述したような批判があったことをうかがい知ることができる。そして間所は、次のように文をしめくくる。[39]

デザイン教育は所詮、ひとりひとりの子どもの欲求満足やよろこびから出発するものでしょうが、それは宿命的にみんなのよろこび、みんなの共鳴と認知をかちえるものにまで成長しなくてはならぬものです。

このように、「基礎的な感覚練習」と「用途をもつデザイン」とがともに「子どものデザイン」にとって必要であり、「基礎的な感覚練習」が「用途をもつデザイン」へと必然的・発展的に連関していくところに、「子どものデザイン」の意味があることを主張している。そしてその上で具体的な内容が注視されがちな「子どものポスター」「子どものディスプレー」「子どものおもちゃづくり」「パッケージづくりの発展」といった題材の実践事例を交えて論じている。このことによって間所は、本節冒頭で掲げた「悪しき題材主義による盲信または指導理念の欠如」という問題を克服しようと企図していたと言えるだろう。

(39) 同、p.194

(40) 新関伸也「間所春による『まよいみち』とデザイン教育」『美術教育学第29号』美術科教育学会誌、二〇〇八年、pp.383～394

２・４　間所春の教育実践における試行錯誤と「子どものデザイン」概念

以上の比較分析から、二つの著作には間所の執筆意図にある変化が内包されていることが明らかになった。その変化とは、「子どものためのデザイン」を啓蒙する立場から、「子どもによるデザイン」の意義を主張する立場への変化であると言えよう。これはまさしく前節で明らかになった子どものためのデザイン教育に孕む二元論、すなわち「子ども／大人」と二元的要素間における変化であったのだと言えよう。新関伸也も「まよいみち」の実践を分析・考察することを通して、間所が「大人の視覚概念を遥かに超えたところに、子どもの直感や感性があることを、強く主張している」として、その実践理念を明らかにしている。(40)

それでは、間所はこの八ヵ年のあいだに自らの教育理念を変容させていったのであろうか。これまで見てきたように、論展開の構造が大きく変わっているということから、何かしらの変容はあったと考えるのが妥当かもしれない。しかしながら、後著において彼女が一貫して主張している子どもの視座に基づくデザイン教育理念そのものは、実は前著においても見受けられるものである。

前著の『まえがき』には、次のような記述がある。(41)

私は私のまわりの先生方やお母さん方から、「近頃の子供の絵は、非常に変わって来て、わけのわからないものが多い。」とか、「このごろの絵の展覧会は全くどうみてよいのか、何を表しているのか、見当もつかない。」というような言葉を、度々きいます。…(中略)…それらの子供の造形作品がわかりにくいと申されることは、子供たちの内面にかくされている天与、本然の夢が、造形の本質的な立場から眺められていないのではないでしょうか。更により問題なのは、子供たちにとって常に造形の素因となっている彼らの Automatic な表現へのおもいやりのなさではないでしょうか。大人の眼が外部へだけ向けられているとき、その視力はいたって狭いものです。無限にひろがっている子供の内面的な視野へ眼をむけ、そこから子供のヒミツを探し出さねばなりません。

つまり、日々子どもの新鮮なまなざしに触れていた実践家としての間所には、もともと「子どもによるデザイン／Design by Kids」という考え方に対する深い理解と憧憬が存在していたのである。だとするならば、後著の執筆にあたって間所をつき動かしたものはなんだったのか。それはやはり、当時の子どものためのデザイン教育に対する誤解や理解不足の蔓延を鑑み、より明快にその教育理念を提示する必要性があったからではなかろうか。それは「子どものデザイン」概念を、具体的な子どもの姿や事例を通して主張することでしか実現し得ないものであったのだ。

(41) 前掲『こどものための構成教育』序、p.7

こうした間所の実践者としての視角から、「子どものデザイン」概念を措定するならば、以下のようになる。

①　子どもの興味・関心に即した必然的なもの

子ども自らが求めるものとしてとらえ、子どもの「内」にある学習の芽を尊重する。そこから必然的に、彼らの興味・関心の推移に即した内容が用意されるべきである。

②　子どもの成長・発達に応じた系統的指導を有するもの

①における子どもの視座から導き出される系統的指導方法および内容が用意されるべきである。

③　「基礎的な感覚練習」から「用途をもつデザイン」へと必然的に発展していく総合的なもの

両者が緊密に関連し、総合化されることで、創造的・総合的人間の育成を目指すことができる。

④　子どもの問題解決を促すもの

子どもが色・形・材料と触れ合う過程において問題解決していく過程を重視する。

第３節　美術教育言説における「子どものデザイン」概念

３・１　概　観

３・１・１　目　的

前節までにおいては、日本の普通教育にはじめて「デザイン」が位置付けられた一九五八（昭和三三）年の学習指導要領改訂前後における子どものためのデザイン教育に関する研究と実践に着目し、その受容過程を理解した。さらにその教育実践のパイオニアである間所春の著作分析を通して、「子どものデザイン」概念を次のように措定した。

① 子どもの興味・関心に即した必然的なもの
② 子どもの成長・発達に応じた系統的指導を有するもの
③ 「基礎的な感覚練習」から「用途をもつデザイン」へと必然的に発展していく総合的なもの
④ 子どもの問題解決を促すもの

本節ではさらに、一九五八（昭和三三）年の学習指導要領改訂前後における美術教育言説のうち、子どものためのデザイン教育に関する言説を分析することから間所春の実践という個別具体的な史実から導出した上掲「子どものデザイン」概念を更新する。さらには、そこから示唆される「子どものためのデザイン／Design for Kids」と「子どもによるデザイン／Design by Kids」という二元論を克服するための原理創出にむけた考察を行う。

３・１・２　方法

一九五八（昭和三三）年前後における教育雑誌等に掲載されている美術教育言説から「子どものデザイン」概念を析出し、その意味について考察する。

その基礎史料として教育雑誌『美育文化』を取り上げる（**図2-3-1**）。当誌は創刊が一九五〇（昭和二五）年であり、一九五八（昭和三三）年の学習指導要領改訂前後においては積極的にデザインに関する特集を企画掲載している。よって当誌を基礎史料として位置付ける。さらに、子どものためのデザイン教育に関する研究を牽引した造形教育センターの機関紙である『造形教育センターニュース』（**図2-3-2**）、および教育雑誌『教育美術』、さらには同時代に出版されたデザイ

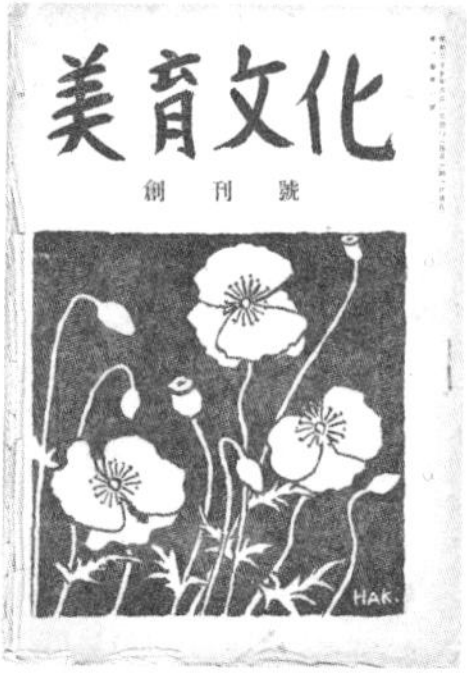

図2-3-1　『美育文化』
創刊号
（1950年）

ン教育に関する文献を補助史料として用いることとする。具体的な手順は、以下の通りである。

(1)「『美育文化』創刊50周年記念CD-ROM」(図2-3-3)を用いて、当該雑誌の子どものためのデザイン教育に関連する記事を検索する。(42)

(2)それらと『造形教育センターニュース』の記事や同時期のデザイン教育論とを相対化させながら、そこで論じられている「子どものデザイン」概念を析出し、その意味を分析する。

造形教育センターニュース 第1号
デザイン教育にバックボーンを
造形教育センター結成さる
東京丸善で創立総会挙行

図2-3-2 『造形教育センターニュース』第1号(1955年)

図2-3-3 「美育文化」創立50周年記念CD-ROM

3・2 『美育文化』からの「子どものデザイン」概念の析出

3・2・1 教育雑誌『美育文化』における関連記事の検索

(1) 検索の手順

まず基礎史料として、教育雑誌『美育文化』を対象にした。先述したように、その発行元である財団法人美育文化協会は、創立五〇

(42)財団法人 美育文化協会 〒一〇三-〇〇一 東京都中央区日本橋小網町七-七

周年を記念して、バックナンバーを検索できるデータベースCD-ROMを製作している。そのバックナンバー検索の機能を利用して、当誌に掲載されている「子どものデザイン」概念に関連する記事を検索した。その手順は次のとおりである。

(i)「タイトル検索」において、「子ども／デザイン」「こども／デザイン」「子供／デザイン」によってヒットする記事を検索する。

(ii)「タイトル検索」において、「デザイン」によってヒットする記事を検索する。

(iii)(i)の検索におけるすべての記事、および(ii)の検索において(i)の記事と関連性を持つと思われる記事を分析対象とする。

(iv)美育文化協会の協力を得て、分析対象となった記事を複写し、基礎史料とする。

(2)　検索の結果

ⓐ「子ども／デザイン」「こども／デザイン」「子供／デザイン」による検索結果

検索の結果、全記事九九五七件のうち、二〇件がヒットした。その記事タイトル、発行年、執筆者、頁数は**表2-3-1**の通りである。

表2-3-1 「子ども／デザイン」「こども／デザイン」「子供／デザイン」によってヒットした記事一覧

（20件／全記事9957件）

no.	発行年月	記事タイトル	執筆者	頁
1	1958.11	現代美術と子どものデザイン	熊本高工	29～
2	1959. 6	子供の生活を見つめよ	武藤重典	20～
3	1961. 5	子どもとデザイン	熊本高工	1～
4	1961. 5	子どものデザイン　―東京都武蔵野市立四小の作品から―	安野光雄	8～
5	1961. 5	こどものデザインを	佐々木孝	13～
6	1961. 5	子どものデザインを心がける	中沢元明	17～
7	1961. 5	子どもたちのデザイン的批判の眼を育てよ	小関利雄	20～
8	1963. 5	子どもの機能的デザイン	佐藤諒	12～
9	1963. 5	子どものデザイン　―神戸市港山・東須磨・垂水小―	岡悦次	20～
10	1963.12	よい形、美しい形の表現を求める子どもたちの実態を追って―自然観察からデザインへ―	長井真隆	32～
11	1964. 2	横須賀の子どものデザイン展	西光寺亨	34～
12	1964. 5	「子どものデザインを進めよう」を発表して	側瀬宇太郎	2～
13	1976. 8	子どものイメージをどう育てるか	藤沢典明	46～
14	1977. 4	子どものデザイン教育　―適応表現の中の主として視覚伝達について―	市田ナカ	10～
15	1984. 9	特集　子どものデザイン	編集部	7～
16	1984. 9	子どものデザインとは	真鍋一男	8～
17	1984. 9	子どもが躍動するデザイン教材の開発―編んでつくる無人島のユニフォーム―	服部鋼資	18～
18	1988. 5	あそび・子ども・デザイン	福田繁雄	8～
19	1989. 7	特集　デザインされた子どもたち	編集部	7～
20	1997. 9	デザインする子どもたち　―額の中の絵―	辰巳豊	48～

ⓑ「デザイン」による検索結果

この検索の結果、全記事九九五七件のうち三〇七件がヒットした。（ここではその一覧を掲載することは略する）

（3）分析対象とする記事（基礎資料）の入手

上記手順（1）で検索したもののうち、対象となる時期範囲から、分析対象とする記事は、No.1～12である。また、手順（2）ⓑで検索したもののうち、ⓐで検索した記事と関連のありそうな記事のみを抽出した。例えば、『欧米のデザイン教育』というような記事は除外した。その結果、特集を含む約五〇件を分析対象として抽出することができ、それらを当協会の協力を得て複写し、基礎史料とした。

3・2・2　「子どものデザイン」概念の析出と分析

基礎資料の記事内容を関連資料によって解読することを通して、「子どものデザイン」概念を析出する。ここでは、端的に分析することのできた九つの史料における言説を中心に提示する。

（43）西光寺は当時、東京学芸大学附属竹早小学校の図工専科教師であり、造形教育センター創立当初の委員として実践と理論の両面から研究を推進した。ちなみに、第一七代の委員長でもある。

（1）史料1

一九五三（昭和二八）年八月号
『小學校におけるデザイン教育―現場學習をとおして―』西光寺亨

学習指導要領にデザインが位置付く以前においても、一部の教師のあいだでは戦前の構成教育を引き継いでデザイン学習の実践がなされていた。西光寺は、その先駆的実践者の一人であり、当該論文も実践に基づいたデザイン教育論を展開するものである[43]。西光寺は本論で当時行われていたデザイン学習に対して、次のように問題を提起する。

さて、ここで現在行われているデザイン教育の一端を省みると、街にみなぎる新しい感覚、環境とは遠くはなれ、兒童たちの生活や興味と何のつながりもない概念的な學習が行われてはいないか…。

そして、次のように述べる。

デザインの教育は「用と美」かねそなえて創作する學習であり、そこに重要な意味のある以上生活と遊離してはならないのである。圖案の時間の圖案指導にとどまることなく、兒童の生活全般に渡って、時にふれ折にふれて指導することがのぞましいことであると思う。

このように子どもの生活の中にもデザインの指導分野があると提唱している。そのために、子どもの鋭敏な感覚を刺激して健全な五感の発達を図ること、そして子どもたちに理解可能な経験を与えること、さらに総合的なデザイン、すなわち生活と美を橋渡しするデザインについて指導すべきであると述べている。こうした子どものデザインと彼らの生活との連関性の欠如は、その後の学習指導要領批判における対象となったことは、前章で示した通りである。

ここにおいて、子どもの生活にあるものとしての「子どものデザイン」概念を見出すことができる。

(2) 史料２

一九五四(昭和二九)年六月号『座談会・バウハウスと構成教育』勝見勝、武井勝男、山口正城、藤沢典明、熊本高工、水谷武彦

本記事はグロピウス来日を機に、日本の構成教育を支え広めた人物による座談会の様子を記すものである。この中で、普通教育としてのデザイン教育は、バウハウス・システムのうち、ヨハネス・イッテンが開発・実践していた「イッテン・システム」を参考にすべきであることが勝見によって述べられている。

デザイナーになるわけでもなければ美術教育家になるわけでもない小、中学校の教育で参考にしたいのは、むしろ排斥されたイッテン・システムではないかという感じがするのです。

周知のとおり「イッテン・システム」は、初期バウハウスの予備課程カリキュラムを形成した。イッテンは、例えば色彩に関する学習においては、学生に色彩を科学的・形式的に分析させるだけでなく、四季を個々の感覚に従って表現させるなど、他でもない色彩に対する自分自身の感覚に基づく、いわゆる「主観的色彩」を重視するなど、材料と表現者の内面との緩衝によって芸術表現が成立するという理念を実践化していた。

そうした彼の理念を参考にすべきということは、子ども自身が自らの感覚に従って色や形、材質を選び取っていくという、子どもの感覚を発揮させるものという概念を析出することができる。

(3) 史料3

> 一九五六（昭和三一）年四月号
> 『造形教育センター春の研究会―産業デザインと造形教育―』

この記事には、造形教育センターの研究会におけるフォーラムの記録が掲載されている。武井勝男はその中で次のように発言している。

どうかすると造形教育センターは構成教育を主としてやっていて、心理的な子供の精神発達というものを大ざっぱに考えているというふうに、われわれ以外の一般の人は見ているらしいんですが、私共はそうではないと思っています。そこらに問題があると思いますが、たとえば材料なら材料を機能的に処理するということは大人の立場ですが、子供の場合はそれ以前の立場で、まず想像力によって動物の模型を作って動かしてみるとか、すぐに乗物に空想して動かしてみるとかいうようなところから、程度によって違いますが発展していくわけです。そうして年令が発達するにつれて合理化していく。

この研究会は、造形教育センター創立の翌年に行われたものであるが、この武井の発言からは、すでにデザイン教育に対する誤解が存在していたことがわかる。現にこの記事と同時期に発刊された「造形教育ニュース」には、研究会の報告の末尾に『センター批判』という見出しで、次のような記事が掲載されている。(44)

センターの活動は雑誌などによく紹介されているが、最近批判的なものも出るようになった。教育美術四月号では佐藤亘宏氏が「壁に当たった晦渋(ばいじゅう)さ」と色彩とリズム展を評し、美育文化№3の時評欄では「教師のからまわりで子どもはどこにいる」ときめつけている。このような批判をこころよく受け入れたいと思う。あらゆる角度から批判されてこそ、正しい発展が可能であろうから。

(44)「造形教育センターニュース　第一五号」一九五六年

このように、当時の造形教育センターに向けられていた批判の中心は、デザイン教育が子どもの発達を無視しているものなのではないか、という言説である。それに対して武井は、子どもの発達に沿った系統的なデザイン指導があることを主張している。しかしながら逆に、この頃の研究では未だ子どもの発達にまで踏み込んではいなかった実情を窺い知ることができよう。実際、一九五八（昭和三三）年の学習指導要領に対する批判では、子どもの発達に沿った系統的な指導の欠如が問題視されているのである。

以上のことから、当時の「子どものデザイン」概念には、子どもの発達に対する見解が不足していたことがうかがえる。これは同時にそれが必要であったことも示しているのである。

（4）史料4

一九五八（昭和三三）年一一月号『現代美術と子どものデザイン』熊本高工

本論文は、**表2-3-1**で示した検索結果のうち、最初に位置するものである。またこの年の二月に一九五八（昭和三三）年の学習指導要領が告示され、その直後に書かれた論文である。本論において熊本は、「最近児童のデザインについての討論や発言がめだって多くなっている。それらの中で気のつくことはいわ

(45)熊本は、造形教育センター創立当初から実行委員のメンバーであり、第一〇代委員長でもある。

ゆるデザイナーといわれる人々が子どものデザインというものを殆ど認めていないということである。」と述べ、そのことと学習指導要領にデザインが入ったことの矛盾を提起している。(45)そして、普通教育で扱われるデザインが大人のものとは一線を画しているものであることを論じている。

> 子どものしごとは、子どものモノサシではからなければならない。デザインにしても同じことである。たしかにデザインとは計画的な意識的な再組織のしごとである。だからその面だけを見れば、とてもあのやんちゃな子どもには無理なことだという気はするであろうが、わたしたちはそうは考えない。子どもには子どものプランや再組織の能力があって、あらゆる活動をしているのだ。
>
> 児童画に絵としての魅力があるように、子どものつくった「模様」や「構成」には独特な吸引力がある。…(中略)…勿論それはデザイナー諸氏がいわれる意味におけるデザインではないだろう。しかしその中には将来ほんとのデザインに発展する要素をたくさん持っている。…(中略)…学習指導要領にデザインということが大きくとりあげられたのも、子どもなりの造形活動、その中には当然子どもなりの客観性や計画性を含めて「デザインをする」というようになったのだと思うわけである。

このように、大人のデザインに客観性や計画性があるとするならば、子どもなりのそれらがあり、それらによって子どもなりの造形活動が実現するという考え方に立ち、それを支えるものとして「子どものデザイン」のあり様を論じている。

(5) 史料5

史料4と同一

子どもが元来、デザインに対する欲求を持っていることは当時から指摘されてきた。本論文においても、子どもの〝ぬたくり〟や積木などの中に「遊びとしてのデザイン」が、偶然できた形や色から美しさを発見している姿から「みつけるデザイン」が、飾ることを喜ぶ姿から「飾るデザイン」が、中学生が定規やコンパスなどを使って行うメカニカルな図案などから「くみたてるデザイン」が、それぞれ指摘されている。当論文では、これらの四つの「子どものデザイン」のあり様が、当時流行していたアブストラクトをはじめとしたモダン・アートとの接点を示しているものと説明している。この説明は、そもそも人間が、モダン・アートの示す抽象表現を求める本能的な欲求を持っているという考えからなされていることからも、「子どものデザイン」を、子どもの本能的欲求に基づくものとして位置付けていると言えよう。

（46）高橋正人「デザイン教育の理念」『デザイン教育の原理』誠信書房、一九六七年、pp.7〜9。「基礎的造形活動」にはさらに知覚的・感情的な効果に関する部面と材料・構造・機能等に関する部面があり、「用途をもつ造形活動」には視覚伝達的活動とプロダクト的活動とに分類されるとした。

（6）史料6

一九五九（昭和三四）年六月号

『新しい美術教育としてのデザインの基礎練習』小関利雄

この論文が掲載されている六月号は、前年に告示された学習指導要領におけるデザイン教育が特集されている。当時の初等デザイン教育には、「基礎的な感覚練習」と「用途をもつデザイン」という二つの領域を持つことはすでに述べたが、日本のデザイン教育の理論的先駆者である高橋正人も、「子供の活動としてのデザイン」として、「基礎的造形活動」と「用途をもつ造形活動」の二つの分類があると述べている。(46) さらに本論文では、そのうちの基礎的な造形活動が取り上げられており、論の前半が解説、中盤が批判、後半が実践紹介にあてられている。ちなみに続く七月号では、特集の『その2』として、用途をもつ造形活動が特集されている。

さてこの論文で小関は、基礎的造形活動を解説する立場で執筆にあたっているが、学習指導要領で示されたデザイン学習のあり方をそのまま是認する形で論じてはいない。その論調は、次のような見解からはじまる。

私は現在のデザイン教育に対する考え方に不安を感じ、現場のありさま、児童・生徒の作品について疑問を持っているものである。極端ないい方であるが、しばらく

「デザイン教育」という言葉を使いたくないとさえ思っている。それは学校教育においてデザインということをどのように考えたらよいか、という問題が残されたままであるからに他ならない。（傍点原文）

ここからもやはり、デザインが学習指導要領に位置付いたものの、その理解が不安定であったことをうかがうことができる。ちなみに小関のデザイン教育観は、次の通りである。

デザインを、純粋美術と実際的なものを作る作業の中間の意図的なものとしてみるならば、教育におけるデザインは最初からデザイン制作を学ばせることにあるのではなく、むしろデザインされたものの価値の判断を育てるところに目的があるので、子供の生活における消費、使用の具体的な実際的経験を通じて、その裏付けとしての指導が考えられる。（傍点原文）

このような場合のデザインは、造形学習の基礎であって、最も根底的な造形感覚を養い育てることが目標である。

小関はこのように、あらゆる造形学習の基礎となる色、形、材質感に対する造形感覚を育てることがデザイン教育の目標であるとした。同様な考え方は、次の号の「美術教育におけるデザインの位置」という論文において、筒井茂雄が、昭和三三年の学習指導要領の内容構成の相関関係を説明するために提示した図にも示されている。そして、この図の中央に位置する「構成」が、基礎的造形活動に該当するものだとしている(47)（図2-3-4）。

さらに小関は、「子どものデザイン」というものは、大人のそれとは直接結び付くものではなく、むしろ大人の貧弱な概念によって子どもの総合的な造形体験を損なうことなく、その体験を感覚に裏付けを与え、発達させるための指導が目指されるべきであるとした。こうした意味において、学習指導要領に示されているデザインが何か特別な指導方法によるものであるとしたり、デザイン指導による作品が、このようなものであるという概念化が見られたりすることに危惧を申し立てているのである。

さらに小関は「デザインの教育の過程」として、その指導の過程を次のように示している。

(1) 児童の感覚訓練　…物を見、触れることなどによって感覚を試す時期
(2) 感覚を通じての行動　…無目的な試み
(3) 行動においての感覚的確認…これを使って遊ぶ
(4) その反省による批判・認識…分析・写生・意図的な総合
(5) 認識による行動設計　…意図の実現

立体的	平面的	形式／目標
彫塑を作る	絵画をかく 版画を作る	自己表現 （芸術的表現活動）
構成		
いろいろなものを作る	デザインをする	適応表現 （技術的表現活動）

図2-3-4　昭和33年学習指導要領における内容領域の相関関係
（1959、筒井）

(47) 筒井茂雄「美術教育におけるデザインの位置」『美育文化 vol.9 No.7』一九五九年、p.7

この過程は、子どもの発達に応じて指導に移されるべきであるが、そのためには教育の現場において検討され取り入れられるべきであると指摘している。つまり、デザイン教育の処方箋をそのまま無条件に受容するのではなく、常に生き、動いている子どもの意志による造形こそがデザイン教育の原点であることを強調しているのである。

小関は「児童・生徒の実態を見極めることが何よりも肝要なことである」と結んでいるが、こうした臨床的視座の必要性に対する指摘は、他の記事においても繰り返し見受けられる。小関はこの頃、造形教育センターの委員長（第二代）を務めており、『造形教育センターニュース』においても、次のように述べている。[48]

> 特に現場にある人々は毎日接する子どもたちとの間にその発見があり、それは日日改められ、発展するものであることを自覚し、自身と信念をもって研究に取り組んでいただきたいものと思う。

以上のように、絵画や彫刻といったあらゆる造形表現領域を、子どもの視点から包摂する基礎的な造形としてデザイン学習を位置付ける立場は、その後も繰り返し提唱されている。ここにおいて、「子どものデザイン」概念には、造形という可視化が重要な意味として位置付いていることを確認することができ

(48)「造形教育センターニュース第一五号」一九五六年

る。

(7) 史料7

一九六一(昭和三六)年二月号『デザイン教育のマンネリズム』林健造

林は熊本と同様、造形教育センター創立の実行委員である。本論文は、時流に乗って歩みはじめた日本のデザイン教育が早くもマンネリズム化しつつあることに鑑み、デザイン教育のとらえ方についての一試案を論ずるものである。

子どもの本性的欲求としてのデザインについては、先の熊本の論文(史料5)で確認したが、さらに林はビクトル・ダミコの「六歳ごろまでの子どもの造形活動は、あたかも抽象画家に似ていて、彼らは生まれながらにしてデザイナーである」という主張を引用しながら、そうした「子どものデザイン」の萌芽の重要性を認めている。しかしながら同時に、教育現場において基礎的造形活動と用途をもつ造形活動のうち、前者のみがあまりにも突出して取り上げられすぎている傾向を危惧している。そして後者についても、子どもの育ちに伴う必然性が存在していることを訴えている。

幼児が粘土のごちそうを木の葉にのせるよりも粘土を鉢形にしたものの方がころがりおちないと気づくことや、月光仮面のマントがフワーとなびくことや、積木をなんとか動く自動車にしたいと思って、円柱をコロにつかってみたりすることはこの機能の発展的な表れとみることができよう。

基礎的造形活動が用途をもつ造形活動へと発展していくプロセスを明らかにすること、さらに「ポスターといえば展覧会や運動会はまだしも、防火や交通安全しかないのかと叫びたくなる」と彼が言っているように、当時行われていた用途をもつ造形活動そのものが、大人にとっての用途に基づく発想によって実践されている現状の克服が目指されるべきであると示唆しているのである。

もっと機能的な萌芽を大事にして、知らせる目的のために子どもはどんなことをしているのかをしらべたならば、もっともっと切実な、子どもと結びついたポスターが考えられるはずである。「お砂場のここはボクがトンネルを作っているのだから入ってはだめ」といったものがなぜ知らせるデザインとして生き生きと取り上げられないのであろうか。

なおこの指摘は、先に挙げた**図2-3-2**と関連させるとするならば、図中の「デザインをする」に対するものであり、図の中央に位置する「構成」、すなわち基礎的造形活動との関連を示すものでもある。

以上のことから、この頃のデザイン教育批判に多く見られた「子どもの生活との乖離」という指摘は、基礎的造形活動と用途をもつ造形活動との分断に起因するものであり、前者への盲目的な傾倒にあったと言えよう。ここにおいて

（49）米倉は造形教育センター創立当初の委員の一人であり、六〇年前後には研究部長をはじめ研究部に所属して、実践を交えてデザイン教育に関する具体的な提言を行ってきた。

私たちは、子どもの切実な必然性に結び付くものとしての「子どものデザイン」のあり様を知ることができる。

（8）史料8

一九六二（昭和三七）年八月号『デザイン教育必要論』米倉正弘

この号では、これまでのようなデザイン教育批判に対する対応から一歩踏み出して、望ましいデザイン教育のあり方や意義について論じる論文がいくつか掲載されており、本論文はその一つである(49)。米倉は本論文の冒頭で、次のように表明している。

私はデザイン教育が必要であるか必要でないかという論争には興味がなくなりつつある。なぜならデザイン教育は当然必要だと思っているし、不要論らしいものを見たこともないからである。たまにあっても、デザイン教育不要論ではなく、資本主義反対論か商業主義反対論、あるいは現代文明反対論などであるか、そうでなければ流行的形式主義に対する反論などであるようだ。いずれにしてもデザイン教育が人間の基本的なねがいとは無関係に、現代を全く無批判に受け入れ、これに順応させるためだけの教育であるかのような認識の上に立つ論が大部分である。

ここには、デザイン教育批判には当時の日本が置かれていた社会状況が強く作用しているので、当時行われていた実践にも問題があるとしながらも、デザイン教育そのものが否定されるべきではないとする主張が見て取れる。本論文は、そうした立場から普通教育におけるデザイン教育の意義を論ずるものである。米倉は、子どもにはそれぞれの発達の段階に応じた「造形的なゆめ」があり、それは大人が「子ども用」として考えたものとは異なることを明確に主張した上で、デザイン教育の必要性を以下の視点から明示している。

現代的な人間教育：現代の人間にとっては、観念的な主観の表現だけでなく、現実生活に関する造形による社会性を獲得することが必要であるとする。／問題解決のために具体的な物を構成する：子どもなりの問題に対して、具体的なモノをつくりながら工夫する学習が必要である。／適切な材料や技法が使えるための基礎体験を抱負にする：伝達と生産のための基本的能力をもつことによって、モノの世界を現代の人間に回復させることができる。

こうした立場は、当号の他の論文にも通底している。佐口七朗によれば、「もののはたらきを発見し、そのものの機能の解決によって新しい形を創造することの教育的意義」、すなわち「造形的な問題解決」が取り上げられている。(50)佐口はその一例を次のように挙げている。

古い工作教育では「本棚をつくる」といった形で、モデルが既成概念として与えら

(50)佐口七朗「デザイン教育必要論」『美育文化 vol.9 No.8』一九六二年、p.17

れてしまった。大切なのは、「本を整理しておくにはどうしたらよいか、どんな機能を与えたらよいか」という機能解決なのである。

さらに真鍋一男も、このことについて次のように触れている。[51]

子どもの日常の生活の中によこたわる彼らに切実な問題を、単に言葉や文句にうったえるのではなく、実際の諸材料を感覚や構成力にうったえて解決していこうとする能力をはげましてやるべきであろう。

つまりこれらの立場からは、造形的な問題解決を図るものとしてのデザイン教育の意義が提言されていることがわかる。

(51)『造形教育センターニュース第一五号』一九六二年

(9) 史料9

一九六三（昭和三八）年五月号『子どもの機能的デザイン』佐藤諒

佐藤は小学校教師でありながら、造形教育センター創立当初の委員の一人であった。先の米倉が研究部長を務める時期に研究部次長を務めていた。

本論文は、機能デザインつまり用途をもつ造形活動に関する実践的論文であるが、「子どものデザイン」概念についても多くの示唆を含んでいる。佐藤は、「子どものデザイン」を次のように定義する。

子どもの生活（あそびも含めて）の中での切実な要求や云い分を相手に伝えるとか、子どもの生活になくてはならぬ必要なものなどを、子どもなりに造形的手段や方法を通して、具体的にどう解決していくかということである。

加えてそれを教師が考える際に念頭に置くべきこととして、次のことを挙げている。

それぞれの子どもに、それなりの語りたいこと、云いたいこと、他人に知らせたいことを存分にいわせ、子どもの必要としているもの、使いたいものを充分になっとくのいくまでこころみさせ、たしかめさせ、子ども自身に充足と満足を与えてやるには、それなりに子どもの生活をよく見つめ、よく理解しなければならない。この意味において教師は、子どもは今、何を求めているのか、何を必要としているのか、ということに対して、無関心であってはならないということを銘記すべきである。

以上のように、佐藤の「子どものデザイン」概念には、これまで見てきた論考を総じて提起する感があり明快である。それはやはり、これまでのデザイン教育研究が徐々に実を結んできたことを意味しているのではなかろうか。

そしてさらに、子どもの機能的デザインを分析する指標を「子どもの立場に立っての機能的なデザイン分析表」として提示している。ここではその表のすべてを掲載することは避けるが、分析項目のみを列挙してみる。

A　なぜ、なんのためにデザインをするのか
B　どんな機能をもったものを
C　どんな材料を使って作るか
D　どのような造形的手段を用いるか
E　どんな方法で
F　どんな形式に、どんな形状に作るか
G　具体的題材

それぞれの項目に従って構想していけば、最終的には具体的な題材が導き出されるようになっている。デザイン学習によってどのような子どもを育てるのか、といった目標論的立場から提言する、体系的・実践的な論考であると言えよう。

佐藤は、本論文を次の文で締めくくる。

子どものデザインでは、あらかじめきめられた計画通りに仕事が進み、ものができるというのは少ない。なんべんか失敗し、最後にできあがったものは、見よいものであるとは限らない。しかし、一つの問題にとりくんで、最後まで仕事をなげすてないねばり強さ、根気、勇気をもたせたいものである。また、できあがりがみてくれはよくなくとも、子どもなりの精一杯の努力には、賞讃をおしんではならない。それがま

た次の問題解決へのかけはしともなり、生きる力ともなるのである。

ここにおいて、昨今の教育課題として繰り返し掲げられてきた「生きる力」のあり方とその重要性が指摘されていることが興味深い。そうした全人的な子どもの育成を目指して、「子どものデザイン」概念は、子どもなりの造形的手段や方法を通した、子どもの生活の中における切実な必要に対して自ら創造的に問題解決を図っていく総合的な能力としてとらえられているのである。

３・３　「子どものデザイン」概念から見えてくること

３・３・１　「子どものデザイン」概念の更新

本節における諸言説から析出された「子どものデザイン」概念は、デザイン教育批判に対抗するために社会的・戦略的に定置されたものであった。ここで前節において、間所春の教育実践という個別具体的な手がかりから措定した「子どものデザイン」概念を、本節において析出された「子どものデザイン」概念との関連において、以下のように更新する。

［A］子どもの生活にあるもの
　周知の通り、当時の日本は高度成長期に差しかかりつつあり、産業主義が社会に強大な力を行使しつつあった。デザインもその状況に取り込まれつつあったのは勿論であり、そのことが普通教育におけるデザイン教育に対する批判の的となった。そこで当時、産業主義的な社会生活ではなく、子ども一人一人の具体的な生活経験との合致を前提とするデザイン教育論が主張されていたのである。
［B］子どもの感覚を発揮させるもの
　子ども自身が自らの感覚に従い、身の回りの環境から色や形、材質を選び取っていく行為、すなわち造形感覚の発揮こそが、デザイン教育の目指すべきところであるとした。さらにそれは「構成」という概念と重複するものであった。
［C］子どもの発達に即したもの
　デザイン学習の指導においては、「デザイン」という内容が先んじてあるのではなく、子どもの日々成長・発達する姿があり、その過程に応じた系統的な指導が導き出されるべきであるとした。
［D］子どもの本能的欲求に基づくもの
　前章においても、デザインを子ども自らが求めるものとしてとらえ、彼らの興味・関心の推移に即した必然的な内容が用意されるべきであることを指摘し

た。こうした考え方は、当時すでに創造美育協会の運動によって児童画の分野においては十分に確立されていたが、デザインの分野においても同様であると主張している。そしてそれは先述したように、デザイン教育が産業主義的立場に立脚するものではなく、子ども中心のものであるとの主張と重なる。

［E］造形によって可視化されるもの

先述した子どもの造形感覚の発揮を促すものとしてのデザイン学習は、子どもなりの問題解決プロセスを可視化するものとして、あらゆる造形学習の基底として認識されていた。

［F］子どもの切実な必然性に結び付くもの

基礎的造形活動における造形感覚の発揮が子どもの本能的な欲求に基づくものであるように、用途をもつ造形活動においては機能性、目的性の必然性を伴うものでなければならない。さらに基礎的造形活動と用途をもつ造形活動の両者が緊密に関連し、総合化されることで、創造的総合的人間の育成を目指すことができるとした。

［G］創造的な問題解決の能力を育てるもの

デザイン学習が単なる作品製作・制作ではなく、そのプロセスにおいて子どもが資質・能力を発揮するところに目指すべき地平があるとする主張である。デザイン学習の内容が、作品製作・制作と混同してとらえられてしまう状況は、

（52）藤澤英昭「普通教育におけるデザイン教育の問題点」『デザイン学研究特集号 vol.4 No.2』日本デザイン学会、一九九六年、p.8

現代の美術教育におけるデザイン教育の問題点にも通じるものである。藤澤英昭は、中学校におけるデザイン教育では、子どもたちが授業時間内に生活に役立つものをデザインしてつくることは困難であるとし、多くはすでにでき上がっている「箱」に加飾するだけで済ませてしまっている実態を挙げている[52]。そしてそこにはニーズ（目的）の発見、分析がないこと、最適な材料を見出すという学習内容がないこと、最適な形状を見出す学習が欠落していること、材料の抵抗と格闘しながら技法を発見したり、技能を獲得したりすることがないことを指摘し、「彼らが何らかの手を加える以前からすでにその「箱」は完成している」として、作品は製作されているものの、そこには創造性を育てるという図画工作・美術科教育としての学習内容が存在していないと分析している。

３・３・２　省察ツールとしての「子どものデザイン」概念

本章では、子どものためのデザイン教育の「浮上期」における歴史的変遷を通して「子どものデザイン」概念を析出し、そして更新した。かかる考察からは、子どものためのデザイン教育の原理創出にむけてどのような示唆を見出すことができるだろうか。

まずは、「子どものデザイン」概念自体の「理論的困難さ」である。[53] 金子一夫は、「子どものデザイン」の定義付けを試みた造形教育センターの一連の研究を次のように評している。[54]

子どものデザインは、教育の基礎にできるほど安定したものではないこと、人間形成という目的から現実社会のデザインは、直接的な基礎にはできずに普通教育のデザインとは区別しなければならないこと、それゆえ子どものデザインの自己規定は、教育の中のデザインという同義語反復的なものにならざるを得なかったと言える。

金子の指摘するように、本章においても「子どものデザイン」概念を規定しようとするとき、否応無しに〈子ども―社会―教育〉という立体的・複合的な枠組みからの俯瞰を求められるのであるが、それは時代とともに複雑に流動し続けている関係性の中にあり、容易に規定を許さなかった。ただ、ここから逆説的に示唆されることとしては、そこに「子どものデザイン」の本質が存在すると言うことである。「子ども」「教育」というものを「社会」の変動においてとらえること、これは自明のことではあるが、一人称で語られることの多い美術教育の原理創出に新たな地平を与えるものであるとも言えるだろう。

次に、上述のことから必然的に促されるのは、子どものためのデザイン教育を構想するためには、「どのような内容なのか」という題材論ではなく、「どのような子ども（資質・能力）を育てるのか」といった目標論への着目である。戦

(53)金子一夫『美術科教育の方法論と歴史（新訂増補）』中央公論美術出版、二〇〇三年、p.221
(54)同、p.221

後における子どものためのデザイン教育の受容過程は非常に短期間であったために、そこで目指されるべき教育理念よりも先んじて、何を指導するか、という「内容」に傾倒せざるを得ない状況が存在していたことはすでに述べた。「デザイン題材＝デザイン教育」であるという短絡的な理解に基づく題材主義偏重を乗り越えるためには、佐藤が提示したような目標レベルからの題材の検討が欠かせない。

さらに、その題材開発においては、子どもの発達に即し且つ系統的な指導が構想されていなければならない。本章で指摘した通り、子どもの興味・関心や発達の過程を尊重するならば、基礎的造形活動から用途をもつ造形活動へと有機的・必然的・発展的に連関していく。さらにそこで発揮される創造的な問題解決は、発達に応じて水準を更新していくものである。つまり子どもの成長・発達とともに、両者が往還的に系統性をなしていくことが必要である。

また、子どものためのデザイン教育のあらゆる原理の前提となることとして、「子どものデザイン」概念が「デザイン」という特定の領域を構成する要素ではないということ、つまり「造形学習の基礎となるもの」としての「子どものデザイン」概念の位置付けが示唆される。高橋正人が提示した基礎的造形活動と用途をもつ造形活動という子どものためのデザイン教育の領域はいずれも、あらゆる造形活動の基底となる働きを持っている。ここにおいて、デザインのみならず、既存の造形学習領域、すなわち絵・彫刻・工作・工芸などの領域の見直しも迫られることになる。「子どものデザイン」概念から「子どもの造形表現」を再定義することが目指されて然るべきなのである。

以上のように、「子どものデザイン」概念からは、同時代における子どものためのデザイン教育、さらにはデザイン全般に対する省察の意味を見出すことができる。したがって、この概念を、いわば省察ツールとして用い、過去における子どものためのデザイン教育のあり様を分析する（フィードバック）ことを通して、これからの子どものためのデザイン教育のあり様を展望する（フィードフォワード）ことが可能である。

次章ではさらに考察対象とする時代を進め、高度経済成長期からバブル期にかけた歴史的変遷において、「子どものデザイン」概念を省察ツールとして用い、子どものためのデザイン教育のあり方を考察する。

第3章　「子どものデザイン」概念における止揚

第1節　概　　観

1・1　目　的

前章までに析出した「子どものデザイン」概念は、同時代における子どものためのデザイン教育のあり様を省察するためのツールとして機能させることができる。本章では、その機能により、前章以降のデザインおよび社会の潮流において、子どものためのデザイン教育がどのような位置にあるのかを検討する。このことを通して、「子どものデザイン」概念が形づくる構造に関する考察を行うとともに、子どものためのデザイン教育が目指すべき地平を展望する。

前章までにおいては、日本の普通教育にはじめて「デザイン」が位置付けられた一九五八（昭和三三）年の学習指導要領改訂前後におけるデザイン教育の研究と実践を概観した上で、その教育実践のパイオニアである間所春の著作分析および同時代における「デザイン教育批判」に対抗する言説の分析を通して「子どものデザイン」概念を次のように定義した。

○「子どものデザイン」概念

［A］子どもの生活にあるもの
［B］子どもの感覚を発揮させるもの
［C］子どもの発達に即したもの
［D］子どもの本能的欲求に基づくもの
［E］造形によって可視化されるもの
［F］子どもの切実な必然性に結び付くもの
［G］創造的問題解決の能力を育てるもの

さらにこれら「子どものデザイン」概念とは、〈子ども―社会―教育〉という立体的・複合的な枠組みからの俯瞰が求められるものであるがゆえに、容易に規定を許さないものであることを指摘した。それと同時に逆説的に示唆されることとして、「子ども」「教育」というものが一人称で語られることの多い美術教育の原理が、「デザイン」「社会」という関係性においてとらえられるべきであることを確認した。

以上をふまえ、本章では、子どものためのデザイン教育に関する研究が、いわゆる「デザイン教育批判」その後において、同時代における社会、そしてデザインとの関係との中で、その理論と実践をどのように確立していったのか、そしてその経緯において「子どものデザイン」概念がどう位置付いていていたのかを辿る。すなわち、日本の高度経済成長期からバブル期へと至る時期（「浮上期」後半、そして「発展期」「確立期」）において、社会の変容と連動するデザインの変容ならびに子どものためのデザイン教育のあり様に存在する「子どものデザイン」概念を検討する。以上の検討（フィードバック）を通して、子どものためのデザイン教育が目指す方向性（フィードフォワード）をさらに具体的に見出してゆく。

1・2　分析対象

1・2・1　同時代におけるデザインおよび社会の潮流

序章において規定した通り、本書のテーマとなっている子どものためのデザイン教育とは、同時代における「デザイン」と相互規定されており、さらにその「デザイン」は、それを包摂している同時代における「社会」との関係性において相互規定されるものである。したがって子どものためのデザイン教育を成立させている「子どものデザイン」概念を検討するためには、同時代における「デザイン」の様相、さらには「社会」の潮流との関係性を考察する必要がある。

そこで、同時代におけるデザインの様相をそのデザインを生み出した社会背景もろともに俯瞰してとらえるとともに、その様相と前章までに明らかにした「子どものデザイン」概念がどのように関連付けられるのかを考察する。

1・2・2 同時代における造形教育センターの研究活動の様相

同時代における子どものためのデザイン教育の様相を代弁する対象として、造形教育センターの研究活動を取り上げる。その理由は、第一に「子どものデザイン」概念を検討する上でこれまでの研究成果との比較検討が可能であること、第二に、下述する研究方法における時系列分析のためには、当該研究団体の史料が最も体系的に情報を提供してくれること、第三に同時代におけるデザインのあり様との関連の検討が可能だからである。

1・2・3 同時代における学習指導要領の変遷

さらに同時代における子どものためのデザイン教育を決定付ける要因の一つとして、学習指導要領の変遷を取り上げる。当然ながら、上掲した造形教育センターの研究活動も、同時代における教育のあり様から影響を受けるとともに影響を与えるという相互関係にある。ゆえに造形教育センターの研究の意味やその成立背景を探るために学習指導要領との相対化を試みる。

１・３　対象時期

対象とする時期は、これまでの研究で対象にしてきた時期（「潜伏期」「揺籃期」「浮上期」）に続く時系列時期（「確立期」「発展期」）とする。これまでの研究で対象にしてきた時期とは、一九五八（昭和三三）年の学習指導要領改訂をエポックとしてその前後の時期を指す。したがって本章で対象とする時期とは、一九五八年（昭和三三）年以降を出発点とし、その後の一九六八（昭和四三）年の改訂を経て高度経済成長とともに一九七八（昭和五二）年の改訂へと向かい、さらにはバブル景気へと向かう期間、すなわち一九八五（昭和六〇）年に至るまでを指す。具体的には、以下のおおよそ三つの時期段階を想定する。

(1)　一九五八（昭和三三）年～一九六五（昭和四〇）年：浮上期（後半）

前章において対象にした時期の後半時期、すなわち一九五八（昭和三三）年の学習指導要領改訂から一九六五（昭和四〇）年の造形教育センター創立一〇周年までの期間。

(2) 一九六六（昭和四一）年〜一九七五（昭和五〇）年：確立期

前章から引き続いた後のおよそ一〇年間、すなわち一九六八（昭和四三）年の学習指導要領改訂を経て一九七五（昭和五〇）年の造形教育センター創立二〇周年までの期間。

(3) 一九七六（昭和五一）年〜一九八五（昭和六〇）年：発展期

さらにその後の一〇年間、すなわち一九七七（昭和五二）年の学習指導要領改訂を経て一九八五（昭和六〇）年の造形教育センター創立三〇周年までの期間。

1・4　分析材料

各時期の検討においては、以下の文献における知見、および史料に示されている史実を中心的な分析対象とする[1]。

（1）『造形教育センターニュース』および『美育文化』は、前章の研究活動において収集している。

１・４・１　同時代におけるデザインおよび社会の潮流に関して

本分析では、主に以下三冊の文献をもとに作業を行う。

- 竹原あき子、森山明子監修『日本デザイン史』美術出版、二〇〇三年

　本書は、日本のデザインを社会背景とともに俯瞰する通史的な知見を提供するものである。したがって本分析においては、デザインおよび社会の潮流における「子どものデザイン」概念の位置を分析する初発的段階における対象となる。

- 内田繁『戦後日本デザイン史』みすず書房、二〇一一年

　本書では、インテリアデザイナーとしての著者の立場、つまりはデザイン実践の当事者の視点から日本のデザインの変遷が論ぜられている。したがって本分析においては、前掲文献でとらえた大まかな様相をより具体的に検討・考察する際に参照する。

- 長田謙一、樋田豊郎、森仁史編『近代日本デザイン史』美学出版、二〇〇六年

　本書はいわゆる通史ではなく、各時代のエポックを対象にデザインの変遷とその背後にある社会的力動システムを批評的に洗い出すものである。

したがって本分析では、前掲二冊を通した考察を別の角度からとらえ直す作業に活用する。

以上のように、これらの文献はいずれも日本のデザイン史を語るものであるが、それぞれ特有の語り口を有している。したがって同時代におけるデザインのあり様を多角的にとらえるために有効ではないかと判断した。

さらにこれらの文献による分析を通して見えてきた事象に対して、必要に応じて他の文献を参照することで総合的に考察を行う。

1・4・2 同時代における造形教育センターの研究活動の様相に関して

本分析では、主に次の史料をもとに分析を行う。

- 『造形教育センターニュース』

造形教育センターの機関紙である本史料からは、造形教育センターの研究活動を象徴する夏の研究大会の研究テーマを析出し、その変遷を検討する。

- 『美育文化』

本誌に掲載されている子どものためのデザイン教育に関する記事から、

先述した検討の根拠を補強する。

- 必要に応じて、子どものためのデザイン教育に関する文献や資料を援用し、考察の具体的材料とする。

1・4・3　同時代における学習指導要領の変遷に関して

上掲対象時期、すなわち一九五八(昭和三三)年から一九八五(昭和六〇)年までの期間における学習指導要領の改訂を対象にする。ゆえに対象となる学習指導要領は、一九五八(昭和三三)年版(告示)、一九六八(昭和四三)年版(告示)、一九七七(昭和五二)年版(中学校は翌年)(告示)である。

さらにそれぞれの改訂時期における状況を詳細に分析するために、必要に応じて図画工作・美術科教育、あるいはデザイン教育に関する文献を援用する。

第2節　ディレンマの顕在化：一九五八〜一九六五年

2・1　系統性への注視

これまでの研究において明らかになったように、子どものためのデザイン教育の「浮上期」、つまり一九五八(昭和三三)年の学習指導要領改訂以降においては、「デザイン教育批判」を受けとめつつ、普通教育におけるデザイン教育の意義とその教育理念を明らかにしていこうとする動きが生まれている。そしてその中心は造形教育センターの研究活動であった。一九五八(昭和三三)年の学習指導要領改訂以降において、当会が毎年夏に開催している研究大会のテーマは以下の通りである。(2)

一九五九(昭和三四)年

「現代における造形教育の使命：教育の中の造形教育の位置・絵によって育てるものは何か・デザインの基礎はこれでよいか・実習」

一九六〇(昭和三五)年

「造形教育のシステムはこれだ：造形教育におけるデザインの性格を明ら

(2)『造形教育センターニュース』第一三〜二六号および春日明夫、小林貴史『桑沢学園と造形教育運動—普通教育における造形ムーブメントの変遷—』桑沢文庫、二〇一〇年、pp.81〜82

かにする・造形教育のミニマムエッセンシャルズを明らかにする・造形教育の学年の系統性を明らかにする」

一九六一(昭和三六)年

「デザイン教育の具体的諸問題：子どものデザイン・自己表現とデザイン・感覚とデザイン・機能とデザイン」

一九六二(昭和三七)年

「子どもの造形とその教育を確立しよう：造形の基礎学習・視覚伝達・機能造形」

一九六三(昭和三八)年

「子どものデザインの確立：子どもの装飾とデザイン・子どもの伝達とデザイン・子どもの機能とデザイン・子どものデザインとは」

一九六四(昭和三九)年・一九六五(昭和四〇)年

「子どもの造形能力とは何か：発達段階に立つ学習内容をたしかめる・子どものデザインとは何か」

このように、普通教育におけるデザイン教育のあり方が、詳細に、そして実践的に検討されるようになってきている。ただしその検討とは、「デザイン教育批判」にこたえるために教科としての系統性を確立しようとする方向性にあることが理解できる。そしてこの方向性は、当時の社会がアメリカに端を発する科学技術振興に伴う高度経済成長期へと向かう中で、造形理論の持つ系統性への注視につながっていく。新関伸也(二〇〇八)は、前章で取り上げた間所春が問題提起したデザイン教育における「理論」と「実践」の乖離に対して、高橋正人が「教室の中のデザイン」という提案を行ったことにより、その後の造形的な方法論優位の方向性に拍車をかけたと指摘している(3)。つまり当時の研究推進者であった高橋は、子どものためのデザイン教育を社会との関わりにおいて考察することをいったん脇に置き「教室の中」で限定的に考察することを求めたのである。

(3)新関伸也「間所春による『まよいみち』とデザイン教育」『美術教育学』第二九号、二〇〇八年、p.391

2・2　デザインと社会の結び付き

当時のデザインに目を転じてみると、一九五六(昭和三一)年の経済白書に『もはや戦後ではない』と記されたように、高度経済成長期と連動した様々な革新的な動きが生まれている。特に多くのデザイン事務所が設立され、そこで専門的なデザイナー集団が生まれ、さらには企業内にもデザイン室が誕生しているが、これは一九五五(昭和三〇)年が「家電元年」と言われるように、日本のインダストリアル・デザインが確立し、デザインが産業社会に導入されたこ

図3-2-1　森正洋「G型しょうゆさし」1958(昭和33)年

とを意味している。[4] 一九六〇(昭和三五)年には、森正洋が「G型しょうゆさし」で日本デザインコミッティーによる第1回グッドデザイン賞を受賞している(**図3-2-1**)。内田繁によれば、いまでも愛用されているこのデザインは「クラフトでありながら産業デザインであり、陶磁器でありながらモダンデザインである物品として消費者の生活の中で選ばれたプロダクト」であるとされている。[5] つまり、デザインというものが、社会的に認知されるようになったのである。このデザインと社会の結び付きはやがて世の中を「大量生産・大量消費」へと向かわせることになる。デザイナーは消費者のことを一番よく知っている存在であり、「消費者を起点として商品の有り様を考える」ことがその職能として確立していくのである。[6] しかしながら、森の受賞には、あるべきデザイナー像を「単なる産業主義の申し子」ではなく「機能と表現を一致させて、それをゆたかな形に昇華させる」仕事に重ねる意味があった。ここにおいては「造形に立脚してのデザイン批評」が存在していることがわかる。[7]

一方で、社会の進展と連動するインダストリアル・デザインの動きに対応して、それまでの「商業美術」は「グラフィック・デザイン」に変貌を遂げる。[8] しかしながらそれは、単に商品を売るための広告制作としての機能を意味するデザインではなかった。一九五一(昭和二六)年に設立された日本宣伝美術会(J

(4)竹原あき子、森山明子監修『日本デザイン史』美術出版、二〇〇三年、p.74
(5)内田繁『戦後日本デザイン史』みすず書房、二〇一一年、p.63
(6)長田謙一、樋田豊郎、森仁史編『近代日本デザイン史』美学出版、二〇〇六年、p.420
(7)同、pp.461～462
(8)竹原あき子、森山明子、同掲書、p.78

AAC／以下、日宣美と記す）は、グラフィックデザイナーのための全国的規模の職能集団であったが、その活動の一環として作品公募をはじめ、新人の登竜門として機能したことからもわかるように、デザイナーの作家性を強く打ち出すものであった。しかし後述するように、このことが近く批判の対象となるに至るのである。当時のグラフィック・デザインは、時代を映す花形のメディアであり、大衆の憧れを象徴していたことは事実であった。当会の初代委員長であった山名文夫が、名取洋之助が日本に持ち込んだバウハウスの方法論を戦前から駆使した仕事を行っていることからもわかるように、専門的な造形理論に基づいた高い「造形性」に基づく彼らの作家性を帯びた仕事が、当時のデザインと社会の結び付きの有り様に与える影響は大きかったと言えるだろう[9]（**図3-2-2**）。その後も、「職能団体なのか作家団体なのかは常に議論の的」であった[10]。

そして、こうしたデザインの動きに連動して、デザイナーを養成するための専門教育としてのデザイン教育が誕生した。当然ながらその教育においては、グロピウスによるバウハウス宣言「すべての造形活動の終着点は建築である」が示すような芸術と技術の統一を目指す運動体としての理念（無論この理念も、後の近代

図3-2-2　原弘　日本宣伝美術会「日本タイポグラフィ展」ポスター1959（昭和34）年

（9）同、pp.78～80
（10）同、p.78

工業を支えるインダストリアル・デザインの原点ではある。またここであえてこうした理念を「デザイン理論」としてみると、そうしたものが未だに確立されていないことが浮き彫りになる）よりも、その方法論としての造形理論が強調されて扱われたとしても不思議ではなかろう。

2・3　造形理論と子どもの論理におけるディレンマ

専門教育から派生する形で子どものためのデザイン教育に対するまなざしが生まれ、やがては造形教育センターという民間教育運動体によって発展していった経緯は前章で見た通りである。またこの造形教育センターの研究活動の方向性に、先述したような社会状況とデザインの連動のあり様が大きな影響を与えていた。その研究活動は一見、産業と結託して大きく発展していったデザインと学校教育との関係に対するアレルギー反応のように見え、「子どものデザイン」概念の提示によって、「子どもによるデザイン／Design by Kids」の方向性を重視しているかのようである。しかし実際に、当時急速に発展しつつあったデザインの様相に依拠しながら「子どものためのデザイン／Design for Kids」を推進しようとする考え方が存在していたのは確かであり、それが、先掲した高橋の言う「教室の中のデザイン」という回答なのであろう。日本の

図3-2-3 第17回国際美術教育会議の様子

(11)社団法人日本美術教育連合『日本美術教育総鑑 戦後編』日本文教出版、一九六六年、pp.43～54
(12)同掲、pp.44～45

デザインは、その後も一九六〇(昭和三五)年の世界デザイン会議東京大会の開催、さらには一九六四(昭和三九)年の東京オリンピック開催というメルクマール的出来事を介して、工業化社会との結び付きを益々強めていくことになるのである。

ここでもう一度、子どものためのデザイン教育の様相に目を向けてみよう。造形教育センターの創立一〇周年と重なる一九六五(昭和四〇)年には、第一七回国際美術教育会議(InSEA / International Society for Education through Art)が東京で開催されている[11](**図3-2-3**)。この会議は、八月二日から九日まで東京文化会館、東京国立教育会館を会場に、世界各地からは約三〇カ国一六〇名あまり、また国内からは一六〇〇名あまりが参加するという盛大な会であった。そしてその研究テーマは『科学と美術教育』であり、ここからも当時の子どものためのデザイン教育が置かれていた状況―「子どものためのデザイン/Design for Kids」に対する説明責任の所在―が見て取れる。この会議では造形教育センター会員の多くがデザイン教育に関する研究発表を行っている。例えば、林健造の「適応表現の継続的研究」、佐口七郎の「基礎デザインにおける形の探求」などである[12]。研究発表直前の造形教育センター月例研究会では、それらの発表内容の検討がなされているが、そこでは次のような悩ましい議論が行われてい

る。(13)

系統ということもあるけれど、その中に教えられるものと、教えられないものがあるのではないか。教えられるものに対しては、系統だけ(ママ)ができるけれども、教えられないものに対しては、系統だてはむづ(ママ)かしいのではないか。

以上のように、この時期の子どものためのデザイン教育において求められていたのは教科学習としての系統性の確立であり、そのためには造形理論への注視、そして「子どものためのデザイン／Design for Kids」に対する説明が必要であった。しかしながら同時にその説明においては、教育現場の実践における整理のつかない子どもの造形活動のあり様、すなわち「子どもによるデザイン／Design by Kids」―それは「子どもの論理」であると言うこともできよう―に対する応答への渇望が内包されており、ここにある種のディレンマが存在していたのである。

(13)『造形教育センターニュース』第一二三号、一九六五年

第3節　子どもの論理と造形理論の融合の試み：一九六六～一九七五年

3・1　デザインの芽

国際美術教育会議の閉会後の一一月に、造形教育センターは新しい運営体制を発足している[14]。当時の研究部からは、次のような宣誓がなされている[15]。

知識偏重、インスタント的技術教育に流れ勝ちな現代の教育を、等閑視するわけにはいきません。〝生きがいのある人間を育てるため〟〝よりよく生きることのできる人間を育てるため〟私達はもっと声を大にして造形教育の重要性を説き、また実践を深めてそれを実証しなければなりません。

この頃はすでに、一九六八(昭和四三)年の学習指導要領改訂に向けた動きが具体化しつつあり、この改訂は「教育の現代化」に対応して系統性を重視した改訂であったと言われている[16]。宣誓は、こうした改訂の方向性に対して、人間形成のためのデザイン教育の必要性を訴えているかのように見える。

翌一九六六(昭和四一)年の『美育文化』では、造形教育センターの特集が組まれている[17]。その巻頭言には「デザインというものをとにかく普通教育の中に

(14)造形教育センターは、運営体制を二カ年の任期で交代している。このことは同研究会の規約にも明記されており、現在でも引き継がれている。規約については、左記ホームページを参照のこと。http://zokeikyouiku.sakura.ne.jp/kiyaku.html（二〇一六年二月一日参照）

(15)『造形教育センターニュース』第二七号、一九六五年

(16)大泉義一「図画工作科の教科構造に関する一考察─『造形遊び』導入以前の学習指導要領における内容構成の成立過程から─」『美術教育学』第三〇号、二〇〇九年、p.128

(17)『美育文化』vol.16 No.4、美育文化協会、一九六六年

定着させた功績は大きい。しかし一方でそれを功績とは見ずに罪悪と見る人も皆無とは言えないようである」と記されており、この時期においても前時期からの懸案であった「子どもの論理」つまり「子どもによるデザイン／Design by Kids」と「造形理論」つまりは「子どものためのデザイン／Design for Kids」の乖離という問題がはっきりと引き継がれている。さらにこの事態は、同雑誌の『造形教育センターのめざすものとこれから』と題する記事にも見ることができる[18]。

センターでは子どものデザインの確立にその研究の主眼をおいているが、そのめざすところは、第一に造形の基礎能力を培うことにある。それには眼のための言葉ともいうべき視覚言語の正しい使用表現と、造形の文法の正しい理解、鑑賞を中心課題とし、基礎表現、伝達表現、機能表現について、それぞれ学年の発達段階に即し個性的な表現による創造性の啓発を願ってきたのである。

この文言からは、まさに同時代の教育に要請されていた系統的な教育の確立が目指されていたことがわかる。しかしながら、この記事は次のように続く。

しかし、いろいろ研究討議しているうちに、子どものデザインとは何かという問題に絶えずぶつかり、それには子どものデザインの芽として何が考えられるか、そこからまず育てていくことの必要に迫られた。（傍点筆者）

(18) 同、p.10

このように、前時期と同様に、同時代社会的に要請される教育としての系統性と同時に子どもの論理に対するまなざしの所在が認められる。それは「デザインの芽」という表現で対象化されており、この考え方は、今後の研究活動において重要な意味を帯びてくるのである。

3・2　デザインの停滞と子どものためのデザイン教育

一方、当時のデザインは、自ら自覚し得るほどに「停滞」へと向かっていた。

大竹誠は、一九六三（昭和三八）年の日宣美賞の該当者がいなかった状況を「混乱」のはじまりとし、翌一九六四（昭和三九）年にかけて「デザインの停滞期が始まったようだ」と指摘している[19]。確かにこのすぐ後の一九六六（昭和四一）年に季刊雑誌『デザイン批評』が創刊されている（図3-3-1）。その内容はここでは詳述する紙面がないが、日宣美への批判をはじめ、当時の時代とともに漫然と流れつつあった

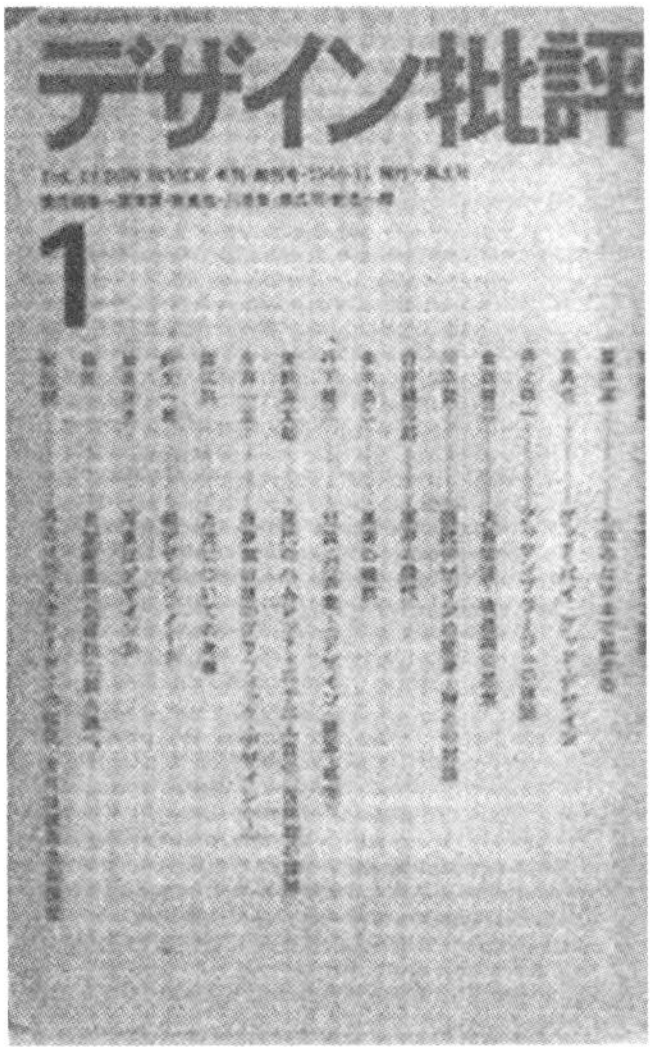

図3-3-1　『デザイン批評』創刊号1966（昭和41）年11月

（19）長田謙一、樋田豊郎、森仁史編『近代日本デザイン史』美学出版、二〇〇六年、p.438

デザインのあり様に対して、自己省察的な視点を設定したことは確かである。当時は全共闘運動、六〇年安保改正に対する反対運動等の学生運動が沸き起こっており、今後の社会の有り様に対する批評的な視点が様々な角度から生じてきていた時代であった。こうした中で日宣美は、その作家性の尊重に対する反抗から、一九六九(昭和四四)年に武蔵野美術大学、多摩美術大学に結成された日宣美粉糾共闘によって審査会の紛糾と中止を余儀なくされ、翌一九七〇(昭和四五)年には解散に至るのである。以上のように、同時代における産業・工業への疑問(やがてそれは社会の有り様への疑問へと拡大していった)は、同時代におけるデザインのあり方に対する異議申し立てへと連鎖していったのである。

以上のような状況の中で、造形教育センターの研究活動もターニングポイントを迎えることになる。以下に、当時の『造形教育センターニュース』に掲載されている夏の研究大会のテーマを列記してみる。[20]

一九六六(昭和四一)年

「造形教育のこれから：1．造形教育の現代的視点　2．造形教育のシステムを確立する　3．子どもの実態をつかみ、明日のヴィジョンを育てるには」

一九六七(昭和四二)年

(20)『造形教育センターニュース』第二七〜五八号および春日明夫、小林貴史、同掲書、pp.81〜82

「造形教育の確立：造形教育の実践をもちより、実態をあきらかにし、原理をもとめ、系統をうちたてよう」
一九六八（昭和四三）年
「造形教育の確立No.２：造形教育の実践をもちより、実態をあきらかにし、原理をもとめ、系統をうちたてよう」
一九六九（昭和四四）年
「造形教育の確立No.３：造形教育の実践をもちより、実態をあきらかにし、原理をもとめ、系統をうちたてよう」
一九七〇（昭和四五）年
「七〇年造形教育、今日の課題：実態の究明・方法の開発・理念の追求」
一九七一（昭和四六）年
「造形教育、今日の課題：原点からの出発・理論と実践によるその追求」
一九七二（昭和四七）年
「子どもの造形のめばえと発達：自己表現・視覚伝達・使用伝達・構造機構・材料技術・造形感覚」
一九七三（昭和四八）年
「子どもの造形のめばえと発達No.２：自己表現・装飾欲求・視覚伝達・使用機能・構造機構・材料技術・造形感覚」

（21）春日明夫、小林貴史、同掲書、pp.91〜92

一九七四（昭和四九）年
「子どもの造形のめばえと発達№3：表現としての装飾欲求、表現にひそむ伝達意識、つくることと子どもの発達、造形表現のもとになる力」
一九七五（昭和五〇）年
「子どもの造形のめばえと発達№4：教育の中における造形の意義」

この時期になると、研究テーマには「デザイン教育」にかわり「造形教育」という文言が使われている。これは造形教育センターが、一九六八（昭和四三）年の学習指導要領改訂に際して、小学校「図画工作科」、中学校「美術科」から「造形科」への改称を当時の文部省に要望していたことによる。(21)そして一九七一（昭和四六）年までは、その「造形科」としての教育システムの構築に力を注いでいた。当然そうした研究活動においては、前時期から引き続き、「子どもの論理：子どもによるデザイン／Design by Kids」と「造形理論：子どものためのデザイン／Design for Kids」の乖離が懸案となっていたことが、テーマ文中の「追求」という文言からも推察できる。

しかしながら、当時のデザイン界と同様に、造形教育センターの研究活動も停滞を自覚するようになる。造形教育センターは当時、全国に会員を擁しており、その機関紙である『造形教育センターニュース』は、会員の情報共有の重

(22)『造形教育センターニュース』第四〇号、一九七〇年

要な手段であったに違いない。にもかかわらず、そこには研究テーマはおろか、夏の研究大会の実施要項さえも記載されていない。さらに一九七〇(昭和四五)年と一九七一(昭和四六)年のテーマについては、一九七二(昭和四七)年の紙面に、事後報告として掲載されているに過ぎない。このように、当時の造形教育センターの研究活動が、子どものためのデザイン教育という命題、そして「子どもの論理：子どもによるデザイン／Design by Kids」と「造形理論：子どものためのデザイン／Design for Kids」とのあいだで暗中模索の状態にあったことをうかがわせる。

実際に一九七〇(昭和四五)年には造形教育センターの組織の中に「長期企画委員会」なるものが発足している。(22) この委員会は次のように位置付けられている。

> センターの未来のため、ひいては日本の造形教育の未来のために情熱を傾けたいと考えている人、熱意のある人、会員であればだれでも自発的・主体的に名のりでていただきその人たちでセンター長期企画部を発足させることに決まりました。
>
> 主　旨　センターのこれからはたすべき役割は何か。
>
> 一〇年後二〇年後の造形教育はいかにあるべきか。

センター自体の長期計画、発想構想はどうあるべきか。センターの今後取り組むべき研究、運動の方向、内容の検討、さらに魅力あるセンターにするためのニュービジョンはなにか。等、センターの今後歩むべき姿の全体像を検討し長期的企画を立案する。

会構成　会員(含委員)のうち自発的に参画するという熱意のある人若干名(多くてもよい)。

会　合　月一回定例部会　他に臨機に特別部会

連　絡　センター運営委員会、委員会に審議内容を報告する。

決　定　最終的には年一回の総会(夏)に建議しセンターの長期企画を決定する。

部　長　委員長とする。

申し出なければ運営委員会で協議の上指名依嘱する。

(各年令層より一名、二〇代三〇代は一名以上若干名)

こうした特別な委員会が必要となっていることからも、当時の造形教育センターが探究すべき今後の方向性を探りあぐねていることがわかる。こうした試行錯誤・暗中模索的な状況は、同時代のデザインのあり様、ひいては社会の状況と関連付けられて理解されるべきであろう。ここにおいて、子どものためのデザイン教育が同時代のデザインに規定され、さらには同時代の社会に規定されるという主従関係を確認することができる。「長期企画委員会」はその後も何年かは存続していることが『造形教育センターニュース』の紙面から確認することができるが、その活動の具体的成果や解散の経緯については不明である。このように、造形教育センターの研究活動が実に一〇年以上に渡り、「子どもの論理：子どもによるデザイン／Design by Kids」と「造形理論：子どものためのデザイン／Design for Kids」というディレンマの克服に試行錯誤しなければならなかった理由とは、先に見たように、同時代においてその様相が揺れ動いている「デザイン」を研究の対象とする必要があるがゆえに、学校教育における教科学習の範疇（先掲した高橋の言う「教室の中のデザイン」）のみならず、より広範な視角からの考察を必要としていたからに他ならない。

3・3 子どもの論理の具現化

しかし、一九七二（昭和四七）年以降においては、一貫して「子どもの造形のめばえと発達」というテーマで研究に取り組んでいる。この研究は、「子どもの論理：子どもによるデザイン／Design by Kids」と「造形理論：子どものためのデザイン／Design for Kids」を二項対立的にとらえるのではなく、前者を考察の基底に据えながら、後者が子どもの発達過程においてどのように関与しているのかを実証的に探究するものであると考えられる。

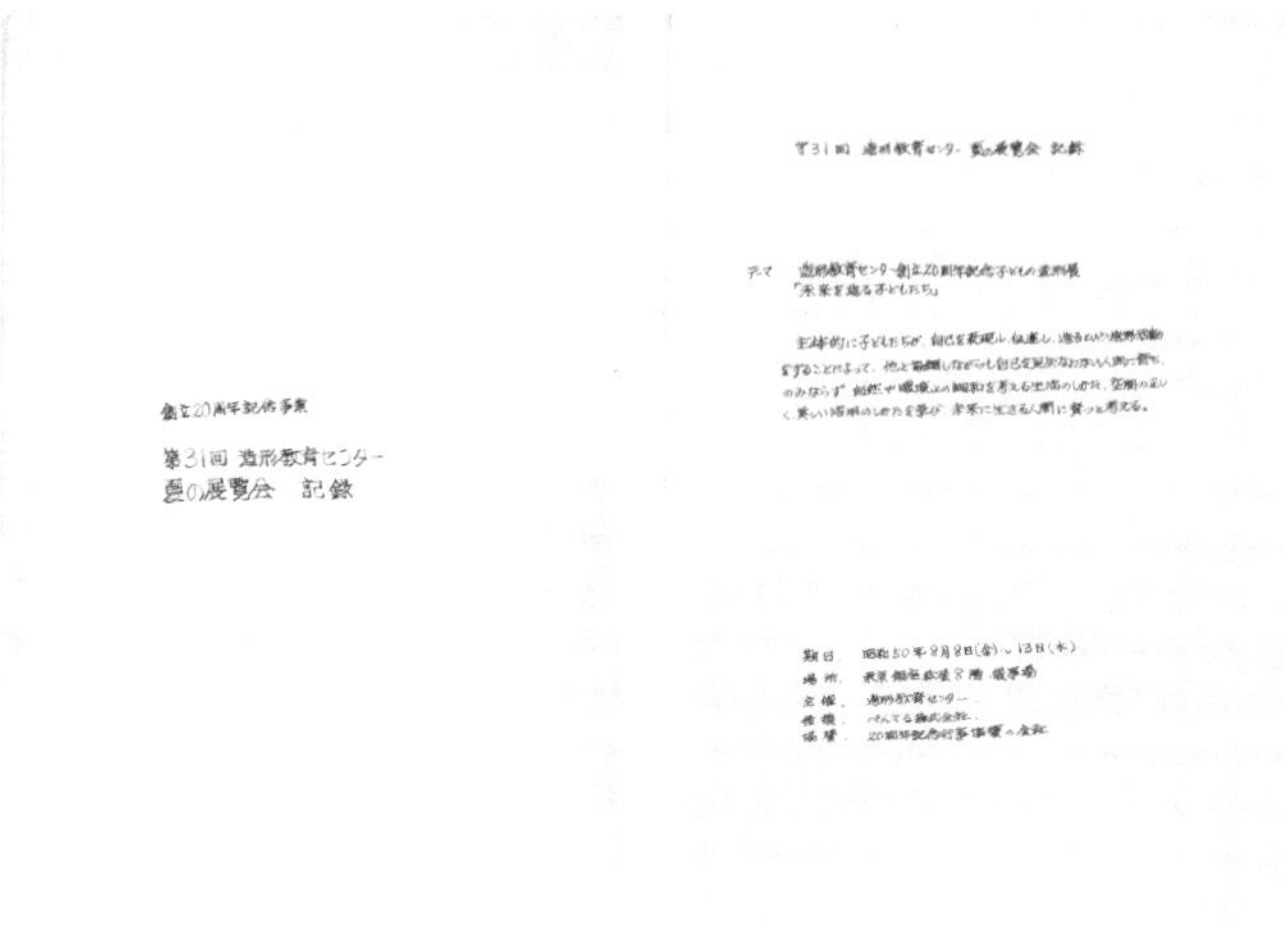

図3-3-2　第31回造形教育センター夏の展覧会 記録（部分）

それでは、具体的にどのような研究活動が展開されていたのであろうか。当時の造形教育センターの研究活動には、大きく次の三つが位置付けられていた。一つは毎月開催される月例研究会、一つは毎年夏に開催される研究大会、そしてもう一つは夏の展覧会である。本章の対象時期においても、一九七五（昭和五〇）年に創立二〇周年記念行事としての夏の研究大会とともに、夏の展覧会（造形教育センター創立二〇周年記念子どもの造形展）が開催されている。ここで、その記録の内容から、当時の造形教育センターが研究活動の基底に据えている「子どもの論理：子どもによるデザイン／Design by Kids」がどのようなものなのかを明らかにしていきたい[23]（図3-3-2）。

展覧会の会期は、一九七五（昭和五〇）年八月八日～一三日、会場は東京・松屋銀座・八階催事場である。展覧会テーマは、『未来を造る子どもたち』である。この展覧会を企画・運営し、本記録を編纂した平田智久は、展覧会開催直後に発行された『造形教育センターニュース』の中で、次のように述べている[24]。

未来の子どものあるべき姿を、幼児から大学生に至る主体的な活動の中から、①自己認識としての造形活動の大切さ、②社会生活の中での造形の必要性に視点をあて企画し、三三出品校によって、作品展示された。

通常、展覧会においては、展示物としての作品が主な対象となるが、本展覧会ではその作品を生み出した子どもたちの造形活動の姿の中に教育としての可能性を見出していることが、平田の言葉にはあらわれている。

本記録のプロットは以下の通りである。

①表紙、中表紙
②主旨、主柱
③展覧会出品校及び指導者
④ごあいさつ
⑤子どもの造形作品図版及びコメント
⑥展覧会風景図版
⑦造形教育センター二〇年の歩みの図版
⑧裏表紙

ここで特に注目したいのは、右記⑤において、子どもの造形作品がテーマごとに展示されている様子が写真で掲載されているとともに、それらの造形活動のあり様に関するコメントが随所に付されていることである。**図3-3-3〜6**

(23)本記録は、原稿作成当初は印刷・発行される予定であったが実現されずにあったものを、編纂者である平田智久氏より提供・譲渡されたものである。したがってその体裁と内容は、内部文書としてではなく発行物として整備されている。
(24)『造形教育センターニュース』第五八号、一九七五年は、それらコメントと対応する造形作品図版の一部である。

図3-3-3では、子どもが材料を手に取り、造形活動を開始するまさにその瞬間をとらえ、そこで働いている能力を提示している。その能力とは「つくりだす喜び」であり「新しいものをつくり出す心と力」である。ここにおいて、子どもの造形の出発点、すなわち「デザインの芽」の所在を確認することができる。

図3-3-4は、子どもの表す「一本の線、一つの点、一つの円、三角」といった造形要素には、すべからく意味があることを伝えている。その意味とは、子どもの内面をあらわすものとしての意味である。不可視な内面を造形要素によって可視化していくという自己認識行為を通して子どもが育っていくのだと主張している。

図3-3-5においては、子どもが材料のよさを感じながら造形活動を行い、作品をつくりだすこと自体が、自己の周囲の環境に対するまなざしを養い、「生活を考える芽」を育てるのだとしている。

図3-3-6は、子どもたちが共同で行った〝基地づくりの遊び〟において、共同でつくりだすことの教育的意味、そして子どもの生活の場としてのリアリティを見出している。

以上のように、作品図版に付されているコメントは、極めてナラティブな表

子どもたちは土、石、木、紙などいろいろな素材を手にし
使うことによって素材のよさをみつけ
そのよさを生かす。
それを　人間や動物や植物など　自然をだいじにしながら
自分の生活を考える芽を育てる。

図3-3-5　造形作品とコメント
（作品図版は部分）

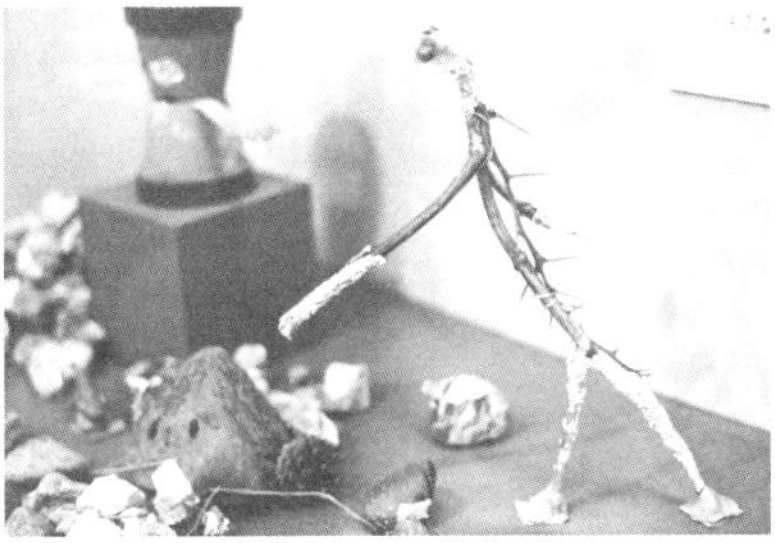

石ころや木ぎれをあいてに　遊び　手ざわりを楽しむ
いつか子どもたちは　手にした石や木から　何かを連想し、
手を加え、つくりだす喜びを学び
新しいものをつくり出す心と力をつける
それが木の動物であり　鳥であり　のりものなのである

図3-3-3　造形作品とコメント
（作品図版は部分）

ひとりひとりが
自分の中に自分をみつけ　友だちの中に友だちをみつけ
交流し、協力し、自分たちの場をつくる
こどもたちの遊び
遊びは　子どもたちの思考の場であり
子どもの世界をつくる　生活の場です。

図3-3-6　造形作品とコメント
（作品図版は部分）

うれしさ、かなしみ、いかり、やりきれなさなど、
心の中にあるもの
えのぐやクレヨンなど
手にすることの出来るものであらわす。
紙いっぱいにあらわされた
一本の線、一つの点、一つの円にも、三角にも意味がある。
こうして素直に　内にあるものを外にあらわすことにより
心の調和が保て　調和のある　人間となる。

図3-3-4　造形作品とコメント
（作品図版は部分）

現となっている。それはまさに、「子どもの論理：子どもによるデザイン／Design by Kids」を尊重しようとする態度の表明であると考えられる。そしてそうした子どもの論理と実際の子どもの造形行為から析出される「造形理論：子どものためのデザイン／Design for Kids」とを融合させようとする意図の発露であり、創意なのであろう。またここで見られる子どもの造形活動は、現在における「造形遊び」と極めて近似していることは注目に値する。この「造形遊び」としての「子どもの論理」の具現化に、永きに渡る試行錯誤を通して普通教育におけるデザイン教育のあり方を探究してきた造形教育センターの研究活動が到達した地平を見ることができるのではなかろうか。

実際に、この展覧会が開催された二年後の一九七七（昭和五二）年（中学校は翌年）には、学習指導要領の改訂が行われている。先述したように昭和四〇年代に差し掛かる中では高度経済成長期へと突入していくと同時に、科学技術新興に拍車がかかり、急速な科学の進歩に遅れがちな教育を改革する必要性が「教育の現代化」という名称で唱えられるようになり、それが一九六八（昭和四三）年の学習指導要領の改訂へとつながっていった。そこでは、教育の系統性が重視されるようになり、小学校図画工作科、中学校美術科においても、当時の情勢に合わせて、その内容構成は系統性を重視したものとなっていた。すなわち、全学年を通して「絵画」「彫塑」「デザイン」「工作」「鑑賞」という五領域に系統的・文化的に整理された形となったのである。そしてその後、社会ではいわゆる「落ちこぼれ」や「校内暴力」が問題になるなど、知識偏重にあったそれまでの学校教育のあり方が問い直されるようになった。そしてここにおいて「ゆとりと充実」が、教育の課題として掲げられるようになったのである。そうした中での一九七七(昭和五二)年(中学校は翌年)の改訂において、図画工作・美術科の内容は「表現」と「鑑賞」の二領域によって示され、材料や道具は基本的なもののみ示されるようになった。そして、図画工作科では低学年に「造形的な遊び」(後に「造形遊び」に統一される。ゆえに以降は「造形遊び」と表記する)が導入されるに至る。このように、当時の教育、そして図画工作・美術科教育の方向性は、「子ども中心主義」的であり、この改訂では、作成協力者として、竹内博など当時の造形教育センターの会員が多く参画していた。

ここにおいて、上掲した展覧会における「子どもの論理:子どもによるデザイン/Design by Kids」の方向性、つまり造形教育センターが志向していた子どものためのデザイン教育の方向性が、当時の学習指導要領が目指していた方向性と一致していることを確認することができる。そしてその方向性を具現化する教科内容として「造形遊び」が位置付いていたと考えることができる。そこで、子どものためのデザイン教育と「造形遊び」の関係について、もう少し詳しく考えてみたい。

(25) 熊本高工『図画工作科の系統的指導計画』明治図書、一九六〇年、p.1

3・4　造形遊びに見る子どもの論理

3・4・1　「中野試案」に見る造形遊びの位置

(1)『図画工作科の系統的指導計画』について

ここで取り上げるのは、熊本高工による『図画工作科の系統的指導計画』に記されている内容である。[25] 本書は図画工作の学習指導に関する入門書として位置付くものである。したがって当時改訂されたばかりの昭和三三年版の学習指導要領に準拠しながら、その系統的な学習指導のあり方について解説する立場を取っている。しかしながらその内容は、図画工作科の学習指導について、同時代における学習指導要領の内容に限定され得ない様々な視点から解説を行うものとなっていることが特色でもある。ここではそのうち、当時の学習指導要領には位置付くに至っていない「造形遊び」が、すでに熊本の提唱する図画工作科の内容構成に位置付けられている箇所を取り上げる。

(2) 中野試案

一九五七(昭和三二)年六月、東京都中野区小学校図画工作科研究部から、学習指導要領改訂に対する試案が出されている。これは東京都主催の基に造形教

(26)『造形教育センターニュース』第一二一号、一九六四年
(27)熊本高工、前掲、p.101
(28)同、pp.102~107

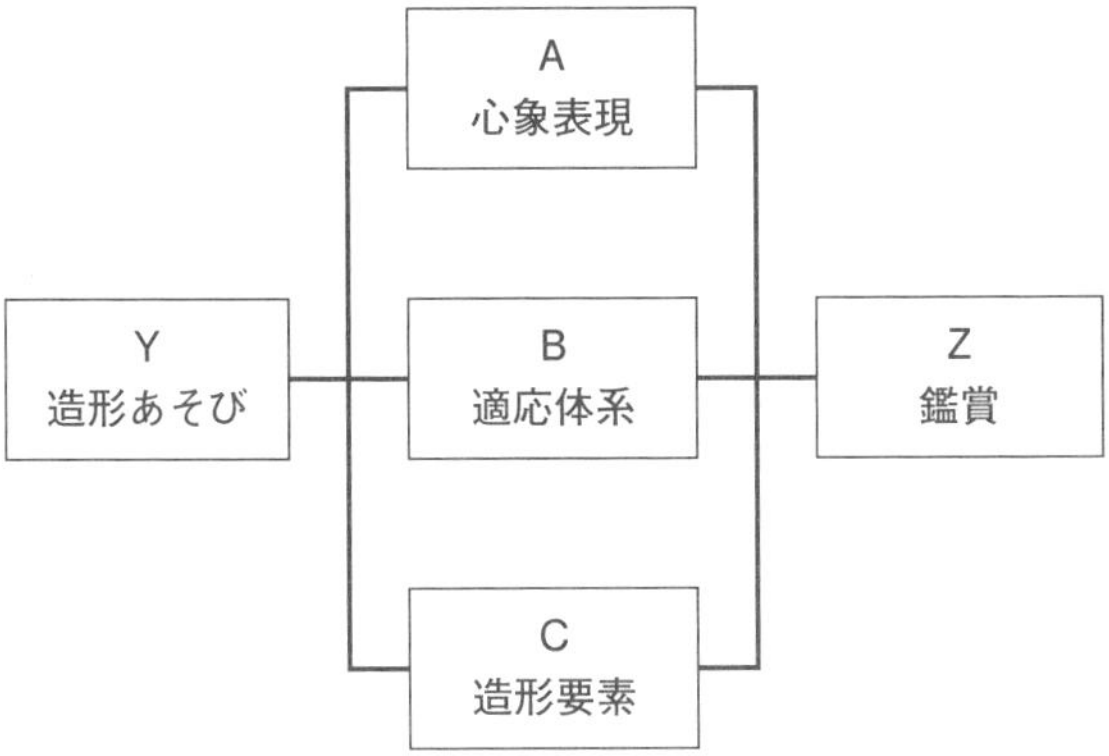

図3-3-7　中野試案による内容構成

育センターの会員であった米倉正弘を中心に創案されたものであり、図画工作科の内容構成を図3-3-7のように示している。[26]

　これによると、「A・心象表現」「B・適用体系」「C・造形要素」という、いわば表現領域に関する三つの体系を束ねる位置に、「Y・造形あそび」と「Z・鑑賞」の項が加わっている。それぞれの項の関係性としては、まず「Y・造形あそび」が根底に位置付き、そこでの経験が「A・心象表現」、「B・適応表現」、「C・造形要素」の学習へと関連していくと考えられている。そしてすべての学習を包括する形で「Z・鑑賞」が位置付いている。

　それぞれの項には具体的な内容が示されている。例えば「Y・造形あそび」には経験例として、「色セロハン」、「にじみえ」、「粘土あそび」、「リズムあそび」、「めかくしあそび（質感）」などである。特に低学年においては、この「Y・造形あそび」と他の項の内容との関連が強く打ち出されている。例えば「C・造形要素」に関して低学年では、「造形あそびの形で学習される」としており、子どもの活動から経験的に習得されるように考えられている。[27]

　さらにこの構造は、後に図3-3-8のように更新されている。[28] 更新された内容を見ると、それぞれの内容が「…育てる」「…豊かにする」

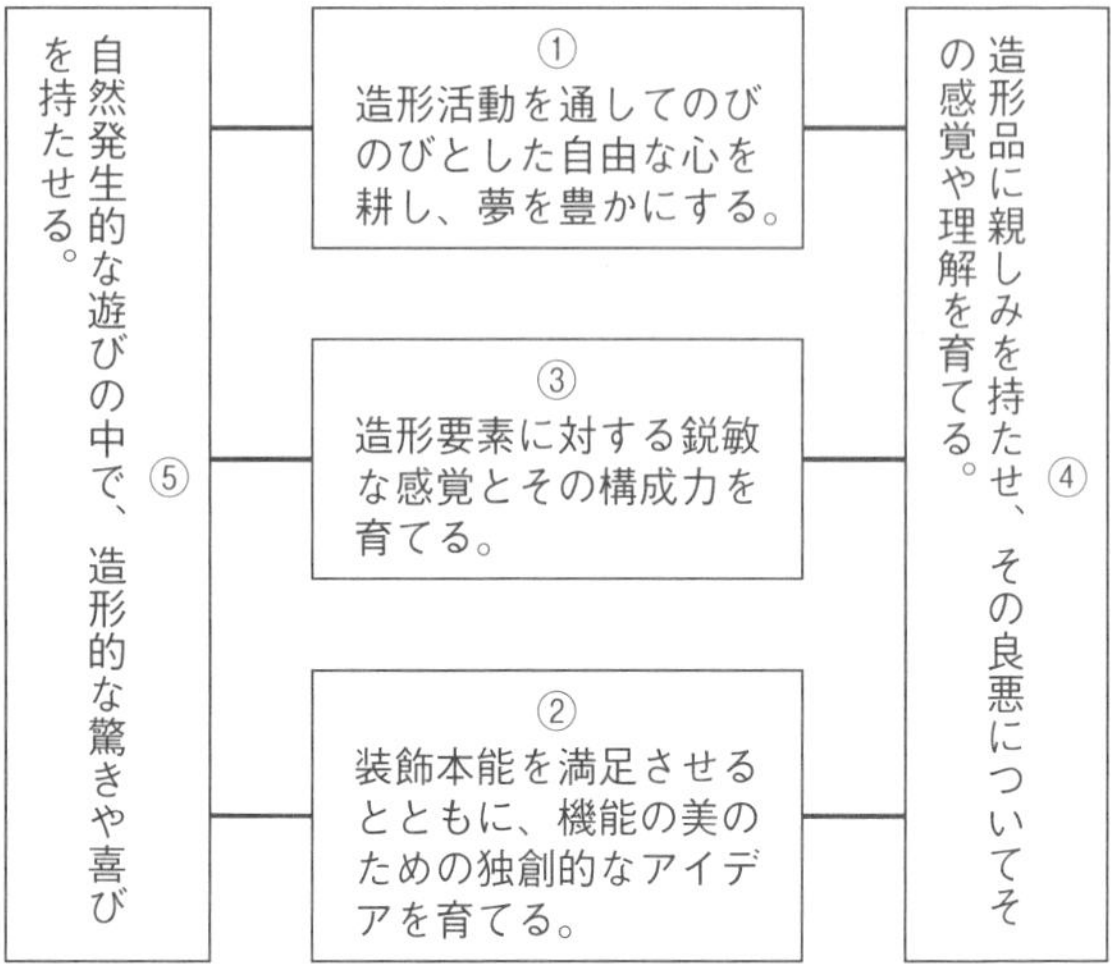

図3-3-8　中野試案による内容構成（更新版）

といった語尾で表記されていることからもわかるように、「図画工作科においてどのような子どもの資質能力を育てるのか」といった「子どもの論理」に根差した目標論と密接に関わりながら、より具体的な子どもの姿から教科構造を構想しようとしている意図がわかる。そしてその教科構造においては、造形遊びが「自然発生的な遊びの中で、造形的な驚きや喜びを持たせる」学習として位置付いている。これは、先の造形教育センター夏の展覧会において主張されていた「子どもの造形活動の芽」という考え方と一致する。

3・4・2　造形遊びと子どものためのデザイン教育の関係

以上の研究事例をふまえながら、子どものためのデザイン教育にとっての「造形遊び」という考え方の意味を考察する。

宮坂元裕は、「造形遊びの中には全身活動とデザインにつながる考えがある」とし、造形遊びと子どもの行うデザイン活動との関連を次のように指摘している[29]。

(29) 松本格之祐、宮坂元裕『人気教師の体育・図工の仕事術46』黎明書房、二〇〇七年、p.58

現行の学習指導要領・図画工作(※平成一〇年版)を見ると「楽しい造形活動」(＝造形遊び)についての記述の中に、「体全体の感覚を働かせて」という言葉が、第一学年及び第二学年にあります。同じところに、「並べる、つなぐ、積むなど体全体を働かせて」という言葉もあります。これらは、幼稚園の「表現」を意識しています。机の上で、手だけを使うのではなく、身体表現を交えて、とにかく全身で表現活動をすることを含んでいます。

ここには、すでに指摘したように、造形教育センターの研究活動が、一九七二(昭和四七)年以降一貫して「子どもの造形のめばえと発達」というテーマで研究に取り組んでいることや、先に見た造形教育センター夏の展覧会における「子どもの造形活動の芽」に対するまなざしと同様な考え方が示されている。

さらに宮坂は次のように続けている。(30)

また、並べる、つなぐ、積むなどは、デザインの基本であり、幼児から小学校二年生ぐらいまでの子どもの大好きな活動です。例えば、石ころ、おはじき、ビンのキャップなどをひたすら並べる活動などは、自然発生的に普段行われているものです。つまり、子どもが自然発生的に生むデザイン感覚を大切にしようということなのです。

このように、「デザインの基本」としての「構成」、「基礎的な感覚練習」のあり様が「子どもが自然発生的に生むデザイン感覚」としての意味を持っており、それが現在の「造形遊び」に位置付けられていることを確認することがで

(30) 同、p.58

きる。つまり「造形遊び」という考え方は、当時の子どものためのデザイン教育が抱えていた「子どもの論理：子どもによるデザイン／Design by Kids」と「造形理論：子どものためのデザイン／Design for Kids」とを融合させる方策として考えられるのである。さらに両者の関係は、造形教育センターの研究からもわかるように、子どもが主語である「子どもの論理：子どもによるデザイン／Design by Kids」が出発点となり、それがやがて大人（教師）が主語である「造形理論：子どものためのデザイン／Design for Kids」へと連関していくような関係である。そしてこの関係は、子どものためのデザイン教育においては、「子どもの必要感＝造形活動」が出発点となり、それがやがては「教師の必要感＝指導内容」へとつながっていくプロセスであることをも意味している。

　しかしここで新たな課題が浮上する。子どものためのデザイン教育は、「造形遊び」という考え方と出あうことによって、ようやく「大人の」デザインあるいは「同時代的な社会から要請を受ける」デザインとの決別を果たした。しかし同時にそれは、子どものためのデザイン教育が、「デザイン」の「教育」である、という位置付けを半ば放棄したということも意味する。そのことは、現在の図画工作科の内容表記から「デザイン」という言葉が用いられなくなっていることにも現れている。

それでは、子どものためのデザイン教育が、「造形教育」ではなく「デザイン教育」足り得ることの要件、そしてその意味とはいかなるものなのであろうか。

第４節　「子どもの生活」という考え方の浮上：一九七六〜一九八五年

４・１　「子どもの生活」への着眼

造形教育センターの研究活動は、その後、どのような経緯を辿るのであろうか。以下の研究テーマをもとに考察してみたい。(31)

一九七六（昭和五一）年
「造形教育の一貫性：子どもの造形の芽生えと発達をふまえて」
一九七七（昭和五二）年
「造形教育の一貫性　その２：つくることの意味をたしかめよう」
一九七八（昭和五三）年
「造形教育の確立：子どもの造形行動を読み取り、造形教育の構造を明らかにしよう」
一九七九（昭和五四）年
「造形教育の確立　その２：子どものつくりだす力を見きわめ、育て方を

(31)『造形教育センターニュース』第五九〜八一号および春日明夫、小林貴史、同掲書、pp.81〜82

さぐろう」
一九八〇（昭和五五）年・一九八一（昭和五六）年
「造形教育の望ましい姿：子どものつくりだす力を見きわめ、育て方をさぐろう」
一九八二（昭和五七）年
「子どもの生活にいきる造形活動」
一九八三（昭和五八）年
「子どもとのコミュニケーション：子どもの生活にいきる造形活動」
一九八四（昭和五九）年・一九八五（昭和六〇）年
「これからの造形教育はどうあるべきか」

これらのテーマからは、「子どもの論理：子どもによるデザイン／Design by Kids」のあり様をより実証的にとらえるべく、子どもの造形活動の中にあるデザイン行為に注目した研究活動が展開されていることがわかる。そしてさらに一九八二（昭和五七）年においては、「子どもの生活」との関連において造形活動をとらえようとする方向性が浮上している。このことについて、当時の研究部長であった宮坂元裕は次のように述べている。(32)

（32）『造形教育センターニュース』第七三号、一九八二年

今回の夏の研究テーマは、以上のような考え方のもとに、今まで造形教育センターが求めてきた「造形教育の望ましい姿」の流れの中で、子どもの生活と造形とのかかわりを、もう一度考えなおしてもよい時期に来ていると考えた。
そして私達は、ここに「子どもの生活に生きる造形活動」というテーマをかかげた。このテーマは、「子どもの生活の造形化」なのか、あるいは、「造形を、子どもの生活の中に、どれだけ溶け込ませることができるか」なのかという。（ママ）二つの方向性がある。これは、大きな問題なので、ぜひ、夏の研究会で、意見をたたかわせてみたいものである。

こうした「子どもの生活」との関わりにおいて子どものデザイン行為をとらえようとする方向性は、一九七七（昭和五二）年に告示され、当時すでに実施されていた学習指導要領の小学校図画工作科の内容にもあらわれている（傍線筆者）。

〔第一・二学年〕
生活を楽しくするために使う簡単なもの及び飾るものをつくることができるようにする。
〔第三・四学年〕
伝えたい事柄を表すもの、生活を楽しくするために使うもの及び飾るものをつくることができるようにする。

(33)造形教育センター編『造形教育の理念』サクラクレパス出版部、一九八五年、p.23

〔第五・六学年〕

伝えたい事柄を表すもの及び生活を楽しくするために使うものを、目的に合わせデザインしてつくることができるようにする。

「デザイン」という表記は、第五・六学年のみで用いられているが、全学年を通じて「生活を楽しくする」という行為によって「デザイン」という学習内容が規定されていることがわかる。低中学年において「デザイン」の表記が見られないのは、当時の社会において「デザイン」という言葉がすでに概念化されつつあったので、それをそのまま学習指導要領に用いることの危険性が危惧されたためであると考えられる。このことについて、高橋正人も同時期に刊行された造形教育センターの三〇周年記念誌において、普通教育におけるデザイン教育のあり方を論ずる中で、次のように指摘している(33)。

子どものデザイン活動を考える場合、まず第一に注意すべきことは、今日の社会におけるデザインとは別個の、子どもの本質的活動としてのデザインというものを、考えなくてはならないということである。(原文ママ)

その上で、「もちろん子どもといえども、現実の社会の一員であり、それらとの密接な関係のもとに存在しているのであるから、現実の社会と無関係な学習内容というものはあり得ない」としながら、その「現実の社会」におけるデザインと、子どものデザインとの相違を次のように例示し指摘している[34]。

ポスターというものは、今日の社会で行われている視覚伝達デザインの一形式である。…中略…子どものデザインにおいてこのような一形式を模倣するということは、ほとんど意味を持たない。要は子どもの生活において、視覚的に何かを伝えるという活動が、子どもの興味や必要性のもとで、活発に行われるということであって、ポスターという一形式には何の必然性もないのである。

さらに高山正喜久は、「自分のためのデザインを」と題して、「職業として成立しているデザインは量産方式に乗っているが、このことと子どものデザイン教育とを短絡させることはあまりないが、デザインの機能性を重視することが没個性的になる」と警鐘を鳴らし、「理論的に心象と機能の区分はできるが、子どもの実際の教育においては両者の区分よりも融合ということを発達に合せて考えるべきではなかろうか」という提案を行っている[35]。

以上のように、この時期になると、子どものためのデザイン教育の学習内容を「子どもの生活」との関わりにおいてとらえようとする考え方が安定的に位置付いている。ここにおいて、前時期から引き継がれた「子どもの論理：子どもによるデザイン／Design by Kids」と「造形理論：子どものためのデザイン／Design for Kids」は、先に見た造形遊びと同様に、「子どもの生活」という必然性において、高山の言葉の通りに「融合」され得たのだと言えよう。そうし

(34) 同掲、pp.23〜24
(35) 高山正喜久「これからのデザイン教育」『美育文化』vol.40 No.5

てこうした子ども中心的なデザインのとらえ方は、現在の図画工作・美術科教育に反映され続けていることは周知の通りである。ここにおいて、様々な要因から成立する「子どものデザイン」概念は、「子どもの生活」において止揚され得る可能性を持っているのである。

4・2　「子どものデザイン」概念における「子どもの生活」という止揚

本節では、造形教育センターの研究活動を、創立一〇周年、二〇周年、三〇周年を節目にした時期区分で対象化し、その方向性を明らかにしてきた。その作業を通して、日本の学習指導要領にはじめて「デザイン」が位置付いた一九五八(昭和三三)年の学習指導要領が教育現場に受容されつつあった時期においては、「デザイン教育批判」にこたえるために、指導の系統性を主張しつつも、その理論では整理のつかない子どもの論理に対するディレンマが存在していたことを見出した。そして続く一九六八(昭和四三)年の学習指導要領改訂を経て創立二〇周年に向かう時期においては、そうした子どもの論理を尊重しながら、子どもの成長発達を促すという教育本来の機能において、造形理論がどのように関与しているかの解明に取り組んでいることを確認した。さらに一九七七（昭和五二）年の学習指導要領改訂を経た創立三〇周年までの期間においては、「子どもの生活」にある切実な必要感の中に、デザイン教育としての意味を認めるに至っていることが明らかとなった。

以上から、これまでに明らかにしてきた「子どものデザイン」概念の［A］〜［G］の諸要素いずれもが同時期においてもその概念を形成しているものであることを確認することができる。そしてとりわけ重要なのは、それら要素の基底に、「子どもの生活」（［A］子どもの生活にあるもの）が位置付いていることである。

ここで言う「子どもの生活」とは、主体である子ども自身、そして子どもと関わりを持つあらゆる「ひと・もの・こと」であり、それらは時代や社会の状況とともに刻々と変容するものである。したがって子どものためのデザイン教育を実践する者は、目の前の子どもたちの生活とそれに関わるあり様（「子どもによるデザイン／Design by Kids」）をまっすぐに見つめ、理解することが求められる。そうして自らの「大人」としての見方・考え方を恒常的に省察しながら、子どものためのデザイン教育の指導内容（「子どものためのデザイン／Design for Kids」）を構想することが必要なのである。郡山正は「現代デザイン教育者にせまってくるアンビバレンツな問題」として、「実利的なもの、現場技術に役立つものを優先すべきだとする教育理念と、基礎的なもの、『あそび的なもの、直接には何の役にもたたぬもの』こそ教育の本質でなければならないとする考え方が併行」している状況を暴露し、「教師は良心的であればあるほど、この二つの相反する考え方のあいだで、アンビバレンツな感情をもつ」と指摘している。(36) これは同時代的なものに囲まれて生き、そして同時代なものから常に要請を受ける学校においてデザイン教育を実践する教師にとって宿命的な命題であると言えるだろう。そしてそのことを自覚し、子どものためのデザイン教育を実践するためには、「子ども の生活」という概念が止揚的な役割を果たす。「子どものデザイン」概念は、「子どもによるデザイン／Design by Kids」と「子どものためのデザイン／Design for Kids」という二元的側面を統合する実践原理なのである。

(36) 郡山正「現代デザイン教育者にせまってくるアンビバレンツな問題―造形教育の七つのスネーアー―」『現代 造形・美術の展望―真鍋一男退官記念論集―』新曜社、一九九二年、p.145

第4章　「子どものデザイン」の教育的可能性

第1節　概　観

1・1　目　的

本章では、いわゆるバブル期ならびにそれ以降における子どものためのデザイン教育の様相とそこに見られる教育的可能性について論ずる。はじめにバルブ期へと至る経緯、次いでバブル期、さらにはそれ以降において変容を続けるデザインのあり様と子どものためのデザイン教育のあり様とを対比しながら、そこに存在する「子どものデザイン」概念の意味を再検討する。そしてその作業を通して浮上してきた教育的可能性をつかむことで、子どものためのデザイン教育を実践する上での原理を構想する。

1・2　対象時期

本章で対象とする時期は、前章の研究で対象にしてきた時期（「確立期」「発展期」）に続く時期（「省察期」「展開期」）とする。それは、バブル景気に該当する期間、すなわち一九八九（平成元）年の学習指導要領改訂を経て、一九九一（平成三)年にバブルがはじけるまでの時期段階を経て、現在に至るまでを指す。具体的には、以下のおおよそ二つの時期段階を想定する。

(1) 一九八六(昭和六一)年~一九九一(平成三)年：省察期

前章から引き続いた後のいわゆるバブル景気に該当する期間、すなわち一九八九(平成元)年の学習指導要領改訂を経て、一九九一(平成三)年にバブルがはじけるまでの期間。

(2) 一九九二(平成四)年~現在：展開期

その後、現在に至るまでの期間、すなわち一九九八(平成一〇)年、さらには現行の二〇〇八(平成二〇)年の学習指導要領改訂を経て、現在までの期間。

第２節　バブル期における省察的状況と「子どものデザイン」：一九八六〜一九九一年

２・１　デザインをめぐる状況とその省察

一九七〇年代に入ってもなお、日本は経済の高度成長を続けており、生活においてモノは充足し、人々は豊かさを一層実感するようになっていた。その中でのデザインはコンビニエンス化を辿る。例えば、一九七四（昭和四九）年には、日本初のコンビニエンスストア『セブン・イレブン』１号店が東京都江東区に出店している。[1]この年を「コンビニ元年」とも呼ぶように、その後の生活においては、ＰＯＳシステムが導入されるなど、私たちの生活と商品というものが「利便性」という名のもとに強力に結合された。また食生活における利便性としてお馴染みの『カップヌードル』や『マクドナルド』も一九七一（昭和四六）年に登場した（図４-２-１）。このように、私たちの生活は、商品の「流通」という回路に取り込まれていったのである。この「流通」とはもちろん、広告会社の存在によってそのシステムが確立されていったものであった。巨額の手数料収入によって成長した広

（１）竹原あき子、森山明子監修『日本デザイン史』美術出版、二〇〇三年、p.117

図４-２-１　カップヌードルのパッケージ（1971（昭和46）年）

告会社は、その資金を用いて、マーケティング・リサーチを行った。そこでは消費者のニーズ＆ウォンツが調査され、その結果を基に試作品がつくられ、それをまた消費者調査にかける。その結果に基づいて修正し、商品化する。あわせて広告計画も複数のクリエイターと称されるデザイナーによる競争が行われる中で決定される。このようなシステムにおいては、商品の流通は「すべては調査が決める」ことであるが、これは「形式として『消費者が決める』ことに他ならない」(2)。すなわち佐野寛が言うところの「最初にあるのは『消費者のニーズ＆ウォンツ』だが、実は消費者が自分でニーズ＆ウォンツをつくるわけではない。それをつくるのはメディアのメッセージなのだ。さらにややこしいことに、メディアのメッセージもまた『消費者のニーズ＆ウォンツ』によってつくられる」のである(3)。こうした生活における商品との関係性とは、その主体者であるはずの人間が知らぬ間にその主体性をかすめ取られている状況であるとともに、デザインもまた「似たようなもの」として顔を失っていく。このようにしてこの時期のデザインは「軽薄短小」であると揶揄されるようになる。

折しも一九八五(昭和六〇)年のプラザ合意に端を発するバブル景気へと向かいつつあった社会においては、デザインはモノの充足をいかに促進させるか、といった人間の物質的欲望と同調する傾向にあった。この時期(バブル期)に対する生活者の印象を、内田繁は次のように表現している。

(2)長田謙一、樋田豊郎、森仁史編『近代日本デザイン史』美学出版、二〇〇六年、p.495
(3)同、p.495

良くも悪くもそれまでの年功序列型社会の常識からはみ出た価値観をもつ若者を「新人類」と呼び、ファッションではＤＣブランドが隆盛を極め、空間プロデューサーのつくるディスコやカフェバーでたむろするワンレンボディコンの理想の相手は高級輸入車で乗りつける「三高」のエリートであり、「トレンディ」な場所とドラマが人気を博し、経費は使い放題、深夜のタクシーはつかまらず、クリスマスには一年前から予約した高級ホテルで高価なプレゼントを交換するというスタイルが普通にあった時代。若者向けの雑誌はそれを野放図にあおった。高級であるという理由で物が売れた。実際、そういう光景は珍しくなかった。

果たしてこうした印象が、日本の全国に渡って、また全世代に渡って適用されるのかは不明であるが、こうした印象が先行して当時の人々の消費に対して強力な影響を与えていたことは確かであろう。デザインはこの時、人間の物的欲望と共謀し、そのイメージを生成する装置としての存在を高らかに宣誓していたのである。

さらにこの景気は、モノ＝商品自体に付随する期待やイメージに同質化を促し、企業はデザインによって消費者に選択されるような努力を余儀なくされた。ここにおいて、ＣＩ（コーポレイト・アイデンティティ）への着目が沸き起こってきた。広告会社は、受注先である企業の考え方を優れた広告表現で印象付け、消費者の共感を得ることへの関心を強めていったのである。(4) こうした関心は、一九八〇年代に「ＣＩブーム」を起こすこととなる。この時のＣＩには、対外

（４）原あき子、森山明子監修、同掲書、p.124

（5）同、pp.126～127

図4-2-2　アサヒビールのシンボルマーク（1987（昭和62）年）

的な側面と社内的な側面があるとされた[5]。対外的には、社名やシンボルマークの変更によって新しい企業イメージを打ち出し、企業活動を活性化させることであり、社内的には、企業理念を見直し、時代に合った企業文化を創出することであった（図4-2-2）。こうしたＣＩの意味においては、単なるビジュアルデザインではなく、デザインによる理念の構築が重視されていたことになる。しかしながら実際には、ＣＩは企業の成長のための方法であったり、企業イメージの刷新のための手段であったりすることが多かった。もちろんその後、そのような単なるビジュアルデザインでは企業の存続が危機にさらされるようになることは言うまでもない。このことは、二一世紀に入ってからのＣＳＲ（Corporate Social Responsibility）といった企業による社会貢献の重視を見れば明らかなように、当時のＣＩというデザイン行為には、「顔の見えない」大企業の実体をビジュアルなイメージによってあたかも顕在化させているように見せる手段としての役割を担っていたとも言えるのである。

以上のように、デザインが人々の消費と結託してその存在を全うしている中で、環境問題が顕在化してきたのも同時期であった。一九八七（昭和六二）年にフロンによる地球温暖化が懸念されたことにより、「オゾン層を破壊する物質に関するモントリオール協議書」が採択された。当時の産業界は、環境保全に取り組み、デザインにおいても「ＬＣＡ（Life Cycle Assessment）」の考え方の

図4-2-3　ボルボ・カーズ・ジャパン　新聞広告（1990（平成2）年）

導入が図られた(6)。具体的には、「リデュース（Reduce）：削減すること／ごみの発生抑制」、「リユース（Reuse）：同じ目的で同じものを再び使うこと」、「リサイクル（Recycle）：素材として再利用すること」といった「3R」が製品開発の基本になった。ここにおいて、先に見たCIに関しても、本質的な意味を呈することが要求されるようになる。自動車メーカーであるボルボが一九九〇（平成二）年から一九九二（平成四）年にかけて公開した新聞広告は、そのことを如実に示していると言えるだろう（**図4-2-3**）。ある意味自己否定的にその省察の中から自身の社会に対する正当な理念を提出することが求められるようになったのである。

　地球温暖化に関しては、私たちはいまもなおその危機にさらされ続け、かつその解決に見通しが持たれておらず、すでに異常気象などの直接的影響にさらされている。「LCA」にせよ「3R」にせよ、現在まで引き続いている恒久的な問題が、同時代において浮上しているのである。しかもその問題にはデザインが強力に加担していたという事実を見過ごすわけには行かない。

（6）同、p.143

2・2　デザインの省察からデザイン教育の重視へ

右で指摘したデザインに対する「省察のまなざし」は、デザイン教育研究においても主要な命題となっていた。ヴィクター・パパネック（一九二五～一九九九）は、近代から現代に至るデザインのあり様に対して声高に警鐘を鳴らした人物で知られる。彼は、一九七一（昭和四六）年に著した『生きのびるためのデザイン』の中で、すでに次のように述べている。(7)

> 一般大衆は趣味もなければものを見分ける目ももたない、まったく単純な人間とされたのである。〈購買動機の調査、市場分析、販売〉という俗っぽい三つ組が決めることならなんでもよいと受けとるような、知能指数七十程度の倫理的虚弱者という姿が想定されているのである。（傍点筆者）

このように、近現代におけるデザインユーザーの主体性の弱体化を過激なまでに予言的に指摘しているのである。さらにこうした状況に対して、デザイナーの社会的な責任や彼の倫理観の重要性を次のように主張する。(8)

> デザイナーというものは自分のデザインした製品がマーケットで受けとられていくことについて責任をもつものなのだ…（中略）…かれの社会的、道徳的判断は、かれがデザインをはじめる以前にすでに下されているのでなければならない。（傍点筆者）

さらに彼はデザイン教育についてもかく述べている。(9)

(7)ヴィクター・パパネック『生きのびるためのデザイン』晶文社、一九七四年、p.27
(8)同、p.50
(9)同、p.60

われわれは学生たちに助言を与えて、デザインに要求される社会的、道徳的責任といったものを育てることになるだろう。（傍点筆者）

そして実際の指導の成果として「大学院生による第三世界（インドネシア）のためにデザインされたラジオ」を紹介している[10]（**図4-2-4**）。このラジオは、ジュースの空き缶でできており、電力源としてパラフィンと芯を用い、パラフィンがなくなったら牛の糞や紙など燃えるものでも代替できるという製造費わずか九セントのものである。そしてそのデザインでは、インドネシアのユーザーの生活において切実な問題である機能面についての提案が中心課題となっているのに対して、彼らが必要としていない〝造形としての魅力〟は提案されていない。その結果、パパネックは次のことがもたらされると指摘している。まず、いわゆる〝よい趣味〟の押し付けの回避である。ここで言う〝よい趣味〟とは西欧の価値観に基づいた〝造形の魅力〟である。パパネックは、これはインドネシアの人たちにとって何の意味も持たないものと判断している。さらに、インドネシアの人々に対して、デザインを本当に自分のものにするチャンスを〝植え付けた〟としている。**図4-2-4**を見ればわかるように、ユーザーであるインドネシア人が自分の（インドネシアの）生活に基づいた感覚に即した装飾を施している様子からそのことは容易に理解できよう。

図4-2-4　大学院生によって第三世界（インドネシア）のためにデザインされたラジオ

(10)同、pp.142〜144

この事例は、これまで私たちが見てきた子どものためのデザイン教育の様相と重ねて次のようにとらえることができる。まず、インドネシアのユーザーを〈子ども〉に置き換えてみよう。するとパパネックがこのラジオのデザイン・プロダクトにおいて重視したことは、インドネシアのユーザー〈＝子ども〉の「生活」である。そのためにインドネシアのユーザー〈＝子ども〉にとって本当の必要感のみを対象化している。このことは、「子どものデザイン」概念における「子どもの生活」を重視していることと同義である。そしてその重視とは、「子どものためのデザイン／Design for Kids」を子どもの視座からとらえ直そうとしていることに他ならない。またインドネシアのユーザー〈＝子ども〉に対して、西欧的な価値〈＝デザイナー・大人〉に基づいた造形性を押し付けることなく、むしろインドネシアのユーザー〈＝子ども〉による飾るという能動的で切実なデザイン行為、すなわち「子どもによるデザイン／Design by Kids」を促しているのである。

こうした、いわゆる『パパネック理論』は、日本でもデザインに対する考察において度々取り上げられている。戦後の日本のデザインを牽引した佐野寛は「デザインは、これまで、ひたすら近代の『持続不可能な発展』のために働いてきた。だがこれからは、自ら進む方向を転回させて、『持続可能な発展』のために働くようにしなければならない」と述べている。人間活動に対する地球

（11）佐野寛『21世紀的生活』三五館、一九九六年、pp.278〜306

の許容量が限界に近づいていることから、持続可能な発展へとパラダイム・シフトすべきだと提唱しているのである。[11]そしてそのためには「教育的手段としてのデザイン教育」の可能性を提起し、何よりもデザイナーに正しい価値観、美意識を持たせることが重要だと指摘している。

以上のように、デザインの省察と専門教育としてのデザイン教育の責任はいたく結び付いている。デザイン教育で重視されるべき命題とは、持続〝不〟可能な発展に加担するような、産業や市場に対する匿名性を帯びたヴィジョンでなく、デザイン自体をとらえ直そうとする、限りなくユーザー側に立ったヴィジョンの養成なのである。このようにデザイン教育には、デザインが克服しなければならない命題が提示されており、ここにフィードフォワードの契機を孕んでいる。すなわちパパネックが近代デザインのあり様を痛烈に批判し、あるべきデザインの輪郭を描き出そうとしたように、過去から現在に至るまでのあり様を省察（フィードバック）することから、未来のあり方を展望（フィードフォワード）するという、本研究で採用している研究方法は、子どものためのデザイン教育の可能性を導出するものなのである。

それでは、専門教育としてのデザイン教育で見られた右述の要請は、子どものためのデザイン教育においてはどのように作用していたのであろうか。ここでは、学習指導要領の変遷における「デザイン」の取扱いから分析・考察する。

2・3　学習指導要領の変遷と子どものためのデザイン教育

2・3・1　目的と方法

本項では、バブル期におけるデザインおよびその専門教育としてのデザイン教育をめぐる状況において認められた「省察のまなざし」が、子どものためのデザイン教育においてどのように作用していたのかを分析する。さらに、次節において子どものためのデザイン教育の今後のあり方を展望（フィードフォワード）するために、バブル期以降の様相も対象とする。そこで、一九八九（平成元）年版（告示）、一九九八（平成一〇）年版（告示）、二〇〇八（平成二〇）年版（告示）の小学校図画工作科、中学校美術科の学習指導要領の変遷を俯瞰（表4-2-1）し、そこに認められる同時代の要請を明らかにし、その要請を受けた子どものためのデザイン教育が置かれた状況を考察する。

表4-2-1　平成元年版・10年版・20年版の学習指導要領の内容構成の変遷

<table>
<tr><th colspan="10">平成元年版</th></tr>
<tr><th></th><th>1</th><th>2</th><th>3</th><th>4</th><th>5</th><th>6</th><th>1</th><th>2</th><th>3</th></tr>
<tr><th rowspan="4">表現</th><td colspan="4">材料をもとにした造形遊び</td><td colspan="2">表したいことを絵に表す</td><td colspan="3">絵画の表現</td></tr>
<tr><td colspan="4">表したいことを絵や立体に表す</td><td colspan="2">表したいことを立体に表す</td><td colspan="3">彫刻の表現</td></tr>
<tr><td colspan="6" rowspan="2">つくりたいものをつくる</td><td colspan="3">デザインの表現</td></tr>
<tr><td colspan="3">工芸の表現</td></tr>
<tr><th rowspan="2">鑑賞</th><td colspan="2" rowspan="2">かいたものを見ることに関心をもつ</td><td colspan="2" rowspan="2">作品を見ることに関心をもつ</td><td colspan="2" rowspan="2">造形作品を鑑賞し親しむ</td><td colspan="3">絵画・彫刻の鑑賞</td></tr>
<tr><td colspan="3">デザイン・工芸の鑑賞</td></tr>
</table>

<table>
<tr><th colspan="10">平成10年版</th></tr>
<tr><th></th><th>1</th><th>2</th><th>3</th><th>4</th><th>5</th><th>6</th><th>1</th><th>2</th><th>3</th></tr>
<tr><th rowspan="2">表現</th><td colspan="2">材料をもとにした楽しい造形活動</td><td colspan="2">材料や場所をもとにした楽しい造形活動</td><td colspan="2">材料や場所などをもとにした楽しい造形活動</td><td colspan="3">絵や彫刻などに表現する</td></tr>
<tr><td colspan="4">表したいことを絵や立体に表したり、つくりたいものをつくる</td><td colspan="2">表したいことを絵や立体に表したり、工作に表す</td><td colspan="3">デザインや工芸などに表現する</td></tr>
<tr><th>鑑賞</th><td colspan="2">かいたものを見ることに関心をもつ</td><td colspan="2">作品を見ることに関心をもつ</td><td colspan="2">造形作品を鑑賞し親しむ</td><td colspan="3">鑑賞の活動</td></tr>
</table>

<table>
<tr><th colspan="10">平成20年版</th></tr>
<tr><th></th><th>1</th><th>2</th><th>3</th><th>4</th><th>5</th><th>6</th><th>1</th><th>2</th><th>3</th></tr>
<tr><th rowspan="4">表現</th><td colspan="2" rowspan="2">材料を基に造形遊びをする活動を通して次の事項を指導する</td><td colspan="2" rowspan="2">材料や場所などを基に造形遊びをする活動を通して次の事項を指導する</td><td colspan="2" rowspan="2">材料や場所などの特徴を基に造形遊びをする活動を通して次の事項を指導する</td><td colspan="3">感じ取ったことや考えたことを基に、絵や彫刻などに表現する活動を通して発想や構想に関する次の事項を指導する</td></tr>
<tr><td colspan="3" rowspan="2">伝える、使うなどの目的や機能を考え、デザインや工芸などに表現する活動を通して発想や構想に関する次の事項を指導する</td></tr>
<tr><td colspan="2" rowspan="2">感じたことや想像したことを絵や立体、工作に表す活動を通して次の事項を指導する</td><td colspan="2" rowspan="2">感じたこと、想像したこと、見たことを絵や立体、工作に表す活動を通して次の事項を指導する</td><td colspan="2" rowspan="2">感じたこと、想像したこと、見たこと、伝え合いたいことを絵や立体、工作に表す活動を通して次の事項を指導する</td></tr>
<tr><td colspan="3">発想や構想をしたことなどを基に表現する活動を通して技能に関する次の事項を指導する</td></tr>
<tr><th>鑑賞</th><td colspan="2">身の回りの作品などを鑑賞する活動を通して次の事項を指導する</td><td colspan="2">身近にある作品などを鑑賞する活動を通して次の事項を指導する</td><td colspan="2">親しみのある作品などを鑑賞する活動を通して次の事項を指導する</td><td colspan="3">美術作品などのよさや美しさを感じ取り味わう活動を通して鑑賞に関する次の事項を指導する</td></tr>
<tr><th>〔共通事項〕</th><td colspan="9">「表現」及び「鑑賞」の指導を通して次の事項を指導する</td></tr>
</table>

2・3・2　学習指導要領の変遷とデザインの扱い

（1）平成元年版学習指導要領

年号が「平成」にかわった頃、教育界においては、国際化や情報化など、急激に変化する社会状況に対して主体的に対応できる能力の育成が求められるようになる。そしてその育成のために、児童生徒の学習に対する関心・意欲・態度、思考力・判断力・表現力を含めて「学力」とする「新しい学力観」が提唱された。

そうした状況において小学校図画工作科では学年目標が二学年まとめて示され、指導の弾力化と大綱化が図られるようになった。内容の特徴としては、「造形的な遊び（造形遊び）」が中学年にまで拡充されたこと、「手の巧緻性」の向上を目指して工作的な活動にあてる授業時数が全体の二分の一を下らないようにすること、高学年で鑑賞の指導を独立して行うことが可能になったことが挙げられる。中学校美術科では、学年目標と内容は第一学年と第二・三学年の二つにまとめられ、指導の弾力化と大綱化が図られた。従来の「彫塑」は「彫刻」に変更され、デザインの表現分野に「身近な環境のデザイン」が加えられた。この「身近な環境のデザイン」とは、美術を美術館などに限られた場所だけではなく、日常の生活空間全体にかかわるものとしてとらえることを意味しており、この新設は、前項で述べたデザインをめぐる状況から要請されたものであることは言うまでもない。そのことは、例として学校内の諸表示を造形的に美しく工夫したり、教室や廊下壁面の色彩、展示計画等のように、造形的な美しさの観点から環境を積極的に整備し改善したりすることが挙げられていることからも確かである。

また、鑑賞の指導の充実が図られたのも小学校と同様である。さらに第二学年の授業時数が、従来の七〇時間から、三五〜七〇時間になるとともに、選択教科の「美術」は、第二・三学年に拡充され、生徒の実態や特性に応じた弾力的・発展的な授業時間の運用が可能となった。

（２）平成一〇年版学習指導要領

いじめや不登校、児童生徒による殺傷事件の連続など、教育病理的な状況が生まれる中、教育では「ゆとりと充実」が打ち出され、「生きる力」の育成が目指されるようになる。この頃の学校に求められたのは、「子どもたちの発達をたすける営み」であり、その教育観は、「子ども中心の教育」を実現しようとするものであった。

小学校図画工作科では、目標で「つくりだす喜び」が強調され、学習の中核に位置付けられるようになった。また学年目標・内容ともに二学年まとめて示され、従来の「絵や立体」「つくりたいものをつくる」を関連付けたり一体化したりして扱えるようになった。ここから、平成元年版で打ち出された指導の弾力化・大綱化が一層進められたことがわかる。また、高学年においても「楽しい造形活動（造形遊び）」の内容が扱えるようになり、教科内容を構成する一本の柱として一貫して位置付くようになった。鑑賞では、全学年を通じて内容を独立して扱えるようになり、美術館などの利用も明記されるようになった。

中学校美術科の目標は、小学校図画工作科と同様、「美術の創造活動の喜び」を重視する方向性が打ち出され、「感性を豊かにする」という文言が加えられ、生徒が事物・事象から自分なりに感じ取る能動的な資質・能力を強調するようになった。内容では、「絵や彫刻など」と「デザインや工芸など」の二つにまとめて示され、それらを関連付けたり一体化したりして扱うことができるようになった。さらに第二・三学年では、それらのいずれかを選択して学習できるようになるなど、内容の厳選と再構成が行われた。これは、美術の授業時数が、第一学年が四五時間へ、第二学年が三五時間へと減少し、必修教科としての美術科は、全学年において週二時間を確保することはなくなったことによるやむを得ない措置であることは否めない。

以上の改訂で特筆すべきことは、一言で言えば「大綱化」である。それは先述したような授業時数が削減されるという行政的な事由に基づく学習内容の精選によるところが大きいが、同時に美術とデザインの境界線、美術という概念がとりわけ曖昧になりつつあった当時の状況（例えば、盛んに「アート」と言われるようになったことなど）を反映しているとも言えるだろう。このような中で、デザインの領域については、基礎デザイン、視覚伝達デザイン、生産デザイン、環境デザインに区分され、明確に構造化されていた。(12) そしてその表現の活動には、漫画やイラストレーションによる表現や、映像メディアによる表現・伝達・交流が示されるようになった。

(12) 小泉薫「中学校美術科におけるデザイン教育の歴史と方法論に関する研究」平成一九年度群馬大学大学院教育学研究科修士論文、p.54

（3）平成二〇年版学習指導要領

「知識基盤社会」の時代であると言われる現在においては、「生きる力」を育むことが益々重要になると考えられるようになった。また、ＯＥＣＤのＰＩＳＡ調査などからは、日本の子どもたちの、読解力や知識・技能を活用する力の不足や自信の欠如、自らの将来への不安といった課題が浮彫りになった。こうした課題に対して、これからの社会で生きていく上で子どもたちに必要となる能力として、「キー・コンピテンシー（i）社会・文化的、技術的ツールを相互作用的に活用する能力（ii）多様な社会グループにおける人間関係形成能力（iii）自律的に行動する能力）」が提案された。さらに戦後初の教育基本法の改正をふまえた学校教育法では、「学力の要素」が、「基礎的・基本的な知識や技能の習得」「知識や技能を活用して課題を解決するための思考力・判断力・表現力等」「学習において探究する意欲」と規定されることとなる。こうした能力観は、「何を学んだか」という結果よりも、学び続けることのできる「学ぶ意欲」や「学び方」に価値を置いており、先ほどまで見てきた平成元年版以来、その理念とされてきた「生きる力」と同一線上にある。以上のことからも、この学習指導要領では、今まで以上に小・中学校を一貫した改訂が行われていることがわかる。授業時間数については、小・中学校ともに変化はないが、中学校においては美術科に限らず選択教科が廃止されたことにより、子どもたちが学校で美術に触れる機会が、確実に減少してしまっている。

小学校図画工作科では、教科目標に「感性を働かせながら」という文言が加えられた。これにより、子どもが自分なりの感じ方やものの見方を大切にしながら造形活動に取り組むことで、より一層つくりだす喜びを味わうことができ、造形的な創造活動の基礎的な能力を育成することができるとされている。内容に関しては、表現・鑑賞の各領域の内容を「…活動を通して、次の事項を指導する」と示し、指導すべき内容を「発想や構想の能力」と「創造的な技能」といった資質・能力の観点から整理している。つまり、活動内容が指導すべき内容なのではなく、活動を通して子どもの資質や能力を育てる指導を行うことが内容であることが明確に示されたのである。この中で、これまでと同様に「造形遊び」は表現活動の一分野として位置付けられ、デザインに関する内容は、工作においては顕在的に位置付いているとは言え、表現及び鑑賞の活動全体に渡った資質・能力として内在化されると同時に、絵や立体と一体化されている。

また先述したように、この学習指導要領は、これまで以上に小・中学校で一貫性のある改訂となっている。よって先に示した小学校での改善の要点は、中学校でも適用されている。ここでは、中学校独自の改善点のみについて詳しく触れておくことにする。

教科目標では、「美術文化についての理解を深め」という文言が新たに付け加えられた。これは、国際社会で活躍する日本人にとって、自国や郷土の伝統文化を受けとめ、それを継承・発展させる教育や、異なる文化や歴史を持つ人々と共存してよりよい社会を形成していくための教育の充実が必要であると考えられているからである。内容に関しては、これまでは「絵や彫刻など」と「デザインや工芸など」の分野があり、それぞれに育てる資質能力が含まれていたが、本改訂では「感じ取ったことや考えたことなどを基に発想や構想する力」と「伝える、使うなどの目的や機能などを考え、発想や構想する力」という二つの内容と、双方に共通して発揮される「創造的な技能」の内容とに整理して示されるようになった。つまり、先に表現する技能があるのではなく、発想・構想したことに基づいて表現方法を選択したり工夫したりして、創造的に表すことが一層明確に示されたのである。ここにおいてデザインの内容は、表現の発想・構想の段階において顕在化されていることになる。

さらにこの改訂では、小学校図画工作科、中学校美術科の双方で、表現及び鑑賞の活動を通して子どもの資質・能力を育てる観点から〔共通事項〕が新設され、より一層内容の一体化が図られている。〔共通事項〕とは、表現及び鑑賞の各活動において共通に発揮される子どもの資質や能力のことであり、表現及び鑑賞の活動が充実している際に共通して発揮されている子どもの資質や能力を明示したものである。子どもはすべての造形活動におけるすべての過程で、「自分なりに形や色などの特徴をとらえる」こと、「自分なりのイメージをもつ」ことを行っているので、子どもが形や色などからどのような感じをとらえているのか、活動を通してどのようなイメージを持っているのかなど、〔共通事項〕を意識して指導に生かしていくことが必要であるとされている。

(4) 学習指導要領の変遷と子どものためのデザイン教育

以上のように、バブル期前後における子どものためのデザイン教育を成立させる「子どものデザイン」概念は、同時代におけるデザインのあり様がその省察のまなざしを自己に向けていた時期においては、同時代の教育の理念である「生きる力」と同調しながら、その意味を定置していた。そこには、大きく次

（13）文部科学省『中学校学習指導要領解説美術編』日本文教出版、二〇〇八年、p.18

の三点を見出すことができる。

一つ目は、中学校美術科における「身近な環境のデザイン」や「漫画やイラストレーション」などのように、新たなデザインの領域を含みながらその内容を拡大させている方向性である。

二つ目は、中学校美術科におけるデザインが、「伝える、使うなどの目的や機能を考え、デザインや工芸などに表現する活動を通して、発想や構想に関する次の事項を指導する」として、主に発想や構想の面において位置付けられていることである。(13)

三つ目は、小学校図画工作科、中学校美術科双方に共通して子どもが発揮する資質・能力として位置付けられた〔共通事項〕との関連を持つものであるということである。

以上のことから、「子どものデザイン」概念は、同時代の社会、そして同時代のデザインから規定される受動的な意味ではなく、子どもが身の回りにある形や色などの視覚情報に関わり、自分なりのイメージを創造していこうとする能動的な資質・能力としてとらえられている。

なお〔共通事項〕に示されている「形や色など」とは、図画工作・美術科の授業だけに存在しているものではなく、子どもたちの生きる日常、すなわち「子どもの生活」に存在しているものと考えることができる。長田謙一は〔共

通事項〉の意味について次のように述べている。(14)

図工を感性とイメージの次元に位置付けることによって、現代の驚くほど多様で拡張された美術・メディア・デザイン状況を踏まえて図工を展開することを可能とさせる。同時にそれはまた、現代の複雑で生きにくさをも伴う社会を生きる子どもたちに、〈自らの感性とイメージをもって生きる〉という、「生きる力」の根幹ともいうべき力をいきいきと力強くはぐくみ生涯の糧とせよと願い贈る、現代の大人たちからの希望の糧でもあるのだ。

長田は、〈共通事項〉によって、図画工作科という教科、さらには近代的な意味での「美術」にとどまらない理解から子どもの造形活動をとらえることが可能になることを指摘している。まさに子どもが〈いま―ここ〉で生きる文脈、すなわち「子どもの生活」から造形活動をとらえることにおいて、「子どものデザイン」概念のあり様と一致しているのである。

また小学校図画工作科においては、昭和五二年以降、四十年近く継続して造形遊びが位置付いていることも注目に値する。なぜならば、その内容は、〈共通事項〉とともに、子どもの資質・能力を「遊び」という「子どもの生活」にある全人的・総合的な営みの中に見出そうとしている点において、先述した方向性と一致しているからである。

(14) 大泉義一編『小学校教育課程講座・図画工作』ぎょうせい、二〇〇八年、p.52

第３節　「子どものデザイン」の教育的可能性：一九九一年以降

３・１　概　観

３・１・１　目　的

本節では、子どものためのデザイン教育が歩んできたこれまでの経緯をふまえつつ、バブル期以降の社会、デザイン、そして教育のあり様において、「子どものデザイン」概念がどのような教育的可能性を持ち得るのかを検討する。それにより、子どものためのデザイン教育を構想するための原理を見出したい。

３・１・２　方　法

まず、「子どものデザイン」概念の不確定さを明らかにしたこれまでの研究から、「子どものデザイン」概念そのものを、社会そして教育の変容のあり様から再定義する必要性を確認する。次に、そうしたより上位の視座から現代に

（15）『広辞苑』第六版、岩波書店、二〇〇七年

おける「子どものデザイン」概念をとらえ直すことを試みる。本書で繰り返し述べているように、子どものためのデザイン教育は、同時代の社会、教育、デザインのあり様との関係性の中に存在するものである。そこでここでは、バブル経済の崩壊以降、すなわち一九九一年以降の「社会」、「教育」、「デザイン」の変容と「子ども」との関係性について演繹的に考察を展開し、次いでその考察を通して、「子どものデザイン」の教育的可能性について論ずる。

3・2 社会の変容と子ども

ここでいう社会とは、「人間が集まって共同生活を営む際に、人々の関係の総体が一つの輪郭を持って現れる場合の、その集団」である。[15] ただし、この定義のみで社会の意味を定置することが不可能であることは承知している。その上でもなお、「子どものデザイン」を考えていく上では避けては通れない命題である。本節では、そうした複雑かつ広大な領域と意味を持つ「社会」と「子ども」の関係性について考えていきたい。

山本哲士によれば、人間は近代から現代に至っては、産業社会的なリアリティーの中でしか自律（主体化）できない状況にあり、その社会は全体の制度目標に一致するように「自分」を服従させることによって、はじめて社会的人間と

して認めさせる構造になっている。[16] さらにかかる状況においては、人間が主体となるには、経済を中心にした労働主体になるか、あるいは制度的な所属に礎を置く制度主体となるかの選択肢しかなく、「経済・制度に従属する人間主体」のあり様を危惧している。[17] その上でこれからの社会では、「自分たちの側から、自分たちのまわりの環境やライフスタイル情況を作りあげていくという方向性に変わってきている」とし、「われわれ」に個が従属していた形から、「わたし」が「全体性」を持つというスタイルに変わっていくことを予期する。[18] つまり私たちの社会はいかにあるべきか、という理念こそが、人間と社会の関係性を語る上で重要になることを示唆しているのだ。山本はそれを〈主従関係〉から〈全体性〉へと開いて見せたわけである。

それでは、その社会の理念とはどのようなものなのであろうか。西研は次の三つを挙げている。[19] 第一に、個々人の「自由」という理念である。これは近代社会の核心でもあり、誰もが自分の人生を自分なりに形づくっていくことが許されている。第二に、社会の成員の「対等」(平等)という理念である。社会の成員はすべて法のもとで平等であり、政治に参加し法をつくる権利も平等である、とされる。第三に、「対等な市民たちによって形づくられる国家」(市民社会)という理念である。自由を望む市民は、不合理な法律や制度があれば、それをつくりかえていくことができるのだ。ここにおいて、一人ひとり異なる顔

(16)山本哲士『デザインとしての文化技術』文化科学高等研究院出版局、一九九三年、pp.29～30
(17)同、p.32
(18)同、pp.38～39
(19)苅谷剛彦・西研『考えあう技術―教育と社会を哲学する』ちくま新書、二〇〇五年、pp.18～20

を持つ人間である個々人と社会とが相互扶助的な関係を持って存在している状況が明らかにされている。またこのことは、昨今注目されつつある「新しいアナキズム」の理念と近似する。それは、理想的社会制度の到来を待つのではなく、〈いま―ここ〉で行われている運動形態の中にすでに理想的社会関係を具現化していくという、人間と人間との新しい「つながり」を標榜するような運動理念である。[20] 高祖岩三郎によれば、それはもともと人間が持っていた「自律（Autonomy）」や「相互扶助（Mutual Mid）」といった単純な関係を基本原理にしており、信頼できる友人や仲間との人間関係を築きながらネットワークを形成し、それを拡張していく運動体のあり様を示すものだという。[21] さらにその組織化とは、〈水平的〉ネットワークが目指されることであり、「一部の前衛が大衆を指導するという志向性の拒絶」である。[22] すなわち「すでにそれは社会の中にある」のだ。[23] そしてサミュエル・バトラーが匿名で発表したユートピア小説に登場する理想郷〝エレホン（Erewhon）〟が、〝Nowhere（どこでもない）〟のアナグラムであると同時に、〝Now-here〟すなわち〈いま―ここ〉として再発見し得る可能性を提示しているのである。[24]

この「新しいアナキズム」が示しているような社会と人間とのあいだに「すでにある」ような、さらには〈いま―ここ〉にある〈全体性〉を志向するような関係性は、鷲田清一の述べる「わたし」の問題、すなわちアイデンティテ

（20）高祖岩三郎『新しいアナキズムの系譜学』河出書房新社、二〇〇九年、p.10
（21）同、p.10～11
（22）同、p.12
（23）朝日新聞、二〇〇九年六月一一日夕刊
（24）高祖岩三郎、前掲、p.202

(25) 鷲田清一『じぶん・この不思議な存在』講談社、一九九六年、pp.71～73
(26) 同、p.97

ィーの問題を私たちに想起させる。鷲田は、一九八〇年代の「わたし探し」とは大きく異なる、最近の一〇代の若者による「わたしはだれ？」という問いの中で対象化されるアイデンティティーの問題に触れている。鷲田は、ロナルド・D・レインの主張を借りて、アイデンティティーとは、「自分が何者であるかを自分に語って聞かせる物語（ストーリー）」であるとし、人生とはそれが「自他とのあいだでたがいに無効化しあう不協和の中にあって何度も何度も破綻する過程であり、またそれをたえず別のしかたで物語りなおすべく試みる過程」であるとしている。(25) そして、アイデンティティーを手に入れるためには、「他人と共謀して一つの物語を紡ぎ出し、それを共有することで、それぞれがより深く物語の中に埋没していくということがなければならない」として、それぞれがアイデンティティーが「じぶん」の「中」ではなく、「他者」との「関係」から生成される「物語」の中に存在するものとしている。(26) つまり、自分という存在は、「新しいアナキズム」が示すようにその社会的関係において「すでにある」ものであり、鷲田の言うように〈いま―ここ〉で生成され更新され続ける「物語」なのである。

実は本来的に子どもは、こうした人間と社会、人間と人間の社会的関係をつくりだす根本原理を顕在化させる力を持っている。山本哲士は、一九九〇（平成二）年のデザイン・イヤーに福井県を中心にして実践された『福井宝探し運

（27）山本哲士、前掲、pp.314～317

動』における印象深い事例を紹介している。(27) その運動のキー概念は「バナキュラー」であり、「探すべき宝とは、福井の中で見落とされていたバナキュラーなもの」が想定されていた。そして老若男女問わず、集まった宝は一万点を超えたという。当初、主催者である青年会議所の大人たちは、宝として挙げられるものとして、自然の光景、歴史的遺産、産業的な産物、土着のものを予想しており、そうしたものをパッケージして、全国に売り出すような可能性を想定していた。しかし実際に集められたものは、「わたし」という〝個の宝〟として発見されたものばかりだったという。その究極は「わたしの妹」であり、これは産業を中心とする文化・社会の価値概念とまったく相反する価値が見出されたことを意味している。さらに一連の行事として行われた、小学生による『わたしの宝』というテーマの作文朗読発表では、「武周ガ池のおじいさんが作ってくれるお米」や「川の土手に春、咲く桜を見に行く時、お母さんが作ってくれるお弁当」など、「わたし」が主語となった「宝」が次々に発表され、会場の大人たちは涙を流してそれを聞いていたという。この事例から山本は、「子供たちは何がわたしたちの生活にとって大切なのかを知っていたということです。そして産業社会の経済秩序で生活していた大人たちは、何を自分たちが忘れかけていたのか、大切なものを思いだし見直すことができたのです。」として、人間と社会との関係を子どものまなざし（Look）からとらえ直すこと

（28）住田正樹・高島秀樹・藤井美保『人間の発達と社会』福村出版、一九九九年、pp.21～22

の有効性を主張している。

このように、子どもたちには〈いま―ここ〉においてすでに生起している「物語」に内包されている「わたし」をめぐる本質の所在を見抜く資質が本来的に備わっている。また子どもたちは、社会と人間の関係において、無意識化・潜在化された力関係を私たち大人に暴いてみせる。かくして、子どもたちには現代における急激な社会の変容に対して、〈いま―ここ〉の視座から応答していこうとする可能性に満ちている存在とは言えまいか。つまり、社会の変容と子どもの〈いま―ここ〉の視座との関係を私たちが見つめることで、これからの社会のあり様を展望する手がかりを得ることが可能なのではなかろうか。

３・３　教育の変容と子ども

次に教育の変容と子どもの関係を考察する。まずはその前提として、教育と社会の関係について確認しておきたい。教育を「社会化（Socialization）」の視点からとらえるならば、それは子どもが社会的形成をなしていく過程である「広義の社会化」に包含されるものである。(28) さらに教育は意識的かつ計画的、組織的な社会的形成であるので、他方で非体系的あるいは無意識的な社会的形成がなされる「狭義の社会化」と並置されている。教育において、子どもは集団成員としてその集団的価値や規範を習得しつつ、かつ社会の影響を受けながら社会的形成を実現していく。つまり、教育は社会とのあいだにおいて、ある〈主従関係〉を持っている。さらに社会は、「親・学校・地域」を通して子どもたちを教育するので、社会と子どものあいだにも〈主従関係〉が存在していることになる。そしてその関係性は、とりわけ学校において顕著である。

イヴァン・イリイチは、近代の学校制度が、子どもたちから地域社会の中で自らの経験と資産をもとに自身の生活を組織だてていく能力、すなわち子どもが〈いま—ここ〉に生きる自律した人間として育っていく機会を奪った根源であるとして厳しく批判した(29)。彼によると学校とは「特定の年齢層を対象として、履習を義務付けられたカリキュラムへのフルタイムの出席を要求する、教師に関連のある過程」である(30)。この学校において教育を受けることが「教育されること=学ぶこと」であるとの誤解は、教育に利用できる資金、人および善意を学校に専有せしめ、学校以外の他の社会制度における教育の機会を奪った。これにより、労働をはじめ、余暇活動、政治活動、都市生活、そして家庭生活までもが教育の手段となることをやめ、子どもの成長に必要な知識や習慣と出あわせる機会を学校に任せてしまうこととなった。これが「教育の学校化(Schooled)」である(31)。本来ならば、子どもたちは、生きる上での知識の大部分を学校の外で身に付けるにもかかわらず、である(32)。

(29)イヴァン・イリイチ『脱学校の社会』東洋・小澤周三訳、東京創元社、一九七七年、p.18
(30)同、p.30
(31)同、p.25
(32)同、p.32

（33）山本哲士『学校の幻想 幻想の学校―教育のない世界―』新曜社、pp.2～3
（34）内田樹『下流志向―学ばない子どもたち 働かない若者たち―』講談社、二〇〇七年、p.34

山本哲士は、このイリイチの「脱学校論」をふまえて、現代の教育の本質的問題として、「子どもの学ぶ自律力―自分で〈考え＝感じ〉他者とともに生きていくこと―が麻痺している」実態を挙げている。[33] ここで山本は「〈考え＝感じ〉」という表現に対して直接的な解説を行っていないが、容易に次のような解釈を与えることができよう。すなわち、自律的に〈考える〉ことは、〈感じる〉ことからはじまるのであり、当然ながら〈感じる〉とは自分自身の問題である。ここにおいて、学ぶことに対する子どもの「実感」を重視しているのである。そして山本は、そうした学ぶ当事者である子どもの学ぶ「実感」を麻痺させている土壌の上に「幻想としての学校」が存在していると言う。このような学校と子どものあいだには強固な〈主従関係〉が存在していることは言うまでもない。

しかしながら、学び手である子どもたち自身が、この「幻想」に気付きはじめている。内田樹は、現在の日本の子どもたちに学習意欲や動機付けが不足していることは事実であるとしながらも、厳密に言えば「不足している」のではなく、「学習しない意欲」「学習しないことへの動機付け」が「過剰」なのだと指摘している。いわゆる「学びからの逃走」である。[34] もちろんこうした状況は、先述した「学校化」された教育の状況に対する子どもたちからの異議申し立てでもある。昨今盛んに言われている「学歴社会の崩壊」の中にあって、学校で教育される内容は「その用途や有用性が理解できない商品」であり、子どもたちはそうした商品に対する通常の感覚として対応しているに過ぎないのである。[35]

ここにおいて、先に見てきた社会の変容に伴って立ち現われてきた、子どもが生きる〈いま―ここ〉の実感、そして子どもを取り巻く事象との〈全体性〉への志向が求められていることに気付くことができよう。

それでは、そのような状況にあって、子どもたちの学びはどうあるべきなのだろうか。大前研一は、日本の教育に関する論議には、教育に作用している「見えない原因」についての考察が欠如していると指摘する。[36]そしてその原因の一つとは、「答えのない時代に答えのある時代の教育を持ち込もうとしている」[37]ことであるとし、次のような提案を行っている。[38]

日本でも世界でも、すべての問題にますます答えがなくなってきている。コソボ問題にしても、サブプライム問題にしても、あらかじめ答があるわけではない。どう解決するかを考えだせる人に価値があり、そういう知恵を持ち寄って競えばもっといい答えが見つかるかもしれない。個人の能力で足りないところは、いかに集団知を付けるか、が鍵なのだ。そういう時代の学校の役割とは、答えを教えることではない。そもそも教師にも答えは分からないのだ。…中略…先生と生徒が一緒に考える。考える癖をつける。一緒に考えれば何か答えが見つかるかもしれないと、勇気をもらえる。それが答えのない時代の学校、あるいは教師の役割である。

(35)同、p.44
(36)大前研一「日本の教育を壊滅させた二つの元凶」『PRESIDENT』プレジデント社、pp.104～105
(37)同、p.104
(38)同、p.105

以上の提案では、学校で子どもが学ぶことと、彼／彼女らが〈いま―ここ〉を生きることとのあいだに存在する乖離の克服が求められている。そしてそれはこれまで学校の「内部」で保持されてきた「学ぶこと／教育すること」に対するパラダイムの転換を要求する。そのパラダイムのキー概念は〈答え〉である。かつては社会の「内部」に学ぶことの〈答え〉が存在しており、それが教育の目的と一致していた。しかし現在はそれが「ない」のであり、学校の「内部」においてもまた然りである。社会にも教育にも「学ぶこと／教育すること」の〈答え〉のない現代においては、子どもと教師（大人）とが、〈いま―ここ〉の実感を連帯させながら〈答え〉を探していく、そんな創造性が今、教育に求められているのである。

3・4　デザインの変容と子ども

これまで、子どものためのデザイン教育の様態を決定付ける「社会」「教育」の変容とそれらと子どもとの結び付きを検討してきた。次に、現代において、近代の社会によるオーダー、またはその枠組みに基づいた「付加価値」から脱却し顕在化しつつある〈いま―ここ〉を重視するデザインの本質のあり様に目を向けてみたい。ここでは、現代の教育に求められている〈いま―ここ〉から

〈答え〉を探し求める営為と一致するデザイン実践に取り組んでいる原研哉と佐藤卓の論から考察する。

3・4・1 デザインにおける〈いま―ここ〉

原研哉は、デザインを次のように規定する。[39]

> 新奇なものをつくり出すだけが創造性ではない。見慣れたものを未知なるものとして再発見できる感性も同じく創造性である。…中略…ものの見方は無限にあり、そのほとんどはまだ発見されていない。それらを目覚めさせ活性化することが『認識を肥やす』ことであり、ものと人間の関係を豊かにすることに繋がる。形や素材の斬新さで驚かせるのではなく、平凡に見える生活の隙間からしなやかで驚くべき発想を次々に取り出す独創性こそデザインである。

この規定においては、デザインというものが、職業人としてのデザイナーの側に主導権のあるものではなく、むしろ〈いま―ここ〉に生きているすべての人間のごく日常に、すでに存在しているものとなる。さらに原は次のようにも述べる。[40]

> むしろ耳を澄まし目を凝らして、生活の中から新しい問いを発見していく営みがデザインである。

(39)原研哉『デザインのデザイン』岩波書店、二〇〇三年、p.24
(40)同、p.26

私たちは無意識のうちにデザインの世界に触れているのであり、生きることの創造性とは、私たちの〈いま―ここ〉を新鮮にとらえ直す営為のことなのである。そして、あたりまえにある日常の中に潜んでいるモノやコトに疑問を投げかけ、知っていると思っていることが実はどれだけ知らないことなのかに対して自覚を促すことにデザイナーの役割があるとしているのだ。

原はそうしたデザインのあり様を実践化するために「EX-formation／未知化する」という概念を創出している。(41) この概念は「Information」と対をなし、「Inform」に対して「Ex-form」、すなわち「知らせる」のではなく「未知化する」ための情報の形や機能を考えることである。(42)「知らせる」のではなく、「いかに知らないかを分からせる」というコミュニケーションを通して、一人一人の人間が自らの方法で「知る」アプローチを行っていくこと、そこに生きることの創造性が生成されると考えたのである。原は実際に大学のゼミにおいて、『四万十川』『皺』『植物』といったテーマを設定し、それらのモチーフを「未知化」する試みを行っている。(43) 例えば、〝日本最後の清流〟と言われている『四万十川』に対する人々の〈イメージ〉はきわめて観念的である。そこで実際に現地でのフィールド調査を通して、〈いま―ここ〉にある四万十川の姿を浮かび上がらせることによって新鮮かつ未知であった〈イメージ〉をつくりだしている（**図4-3-5**）。

(41) 原研哉ゼミ『Ex-formation 四万十川』中央公論新社、二〇〇五年、p.12
(42) 同、pp.24～25
(43) この実践の試みは、以下の書籍にまとめられている。
・原研哉ゼミ『Ex-formation 四万十川』中央公論新社、二〇〇五年
・武蔵野美術大学『Ex-formation resort』中央公論新社、二〇〇六年
・武蔵野美術大学『Ex-formation 皺』中央公論新社、二〇〇七年
・原研哉／武蔵野美術大学『Ex-formation 植物』平凡社、二〇〇八年

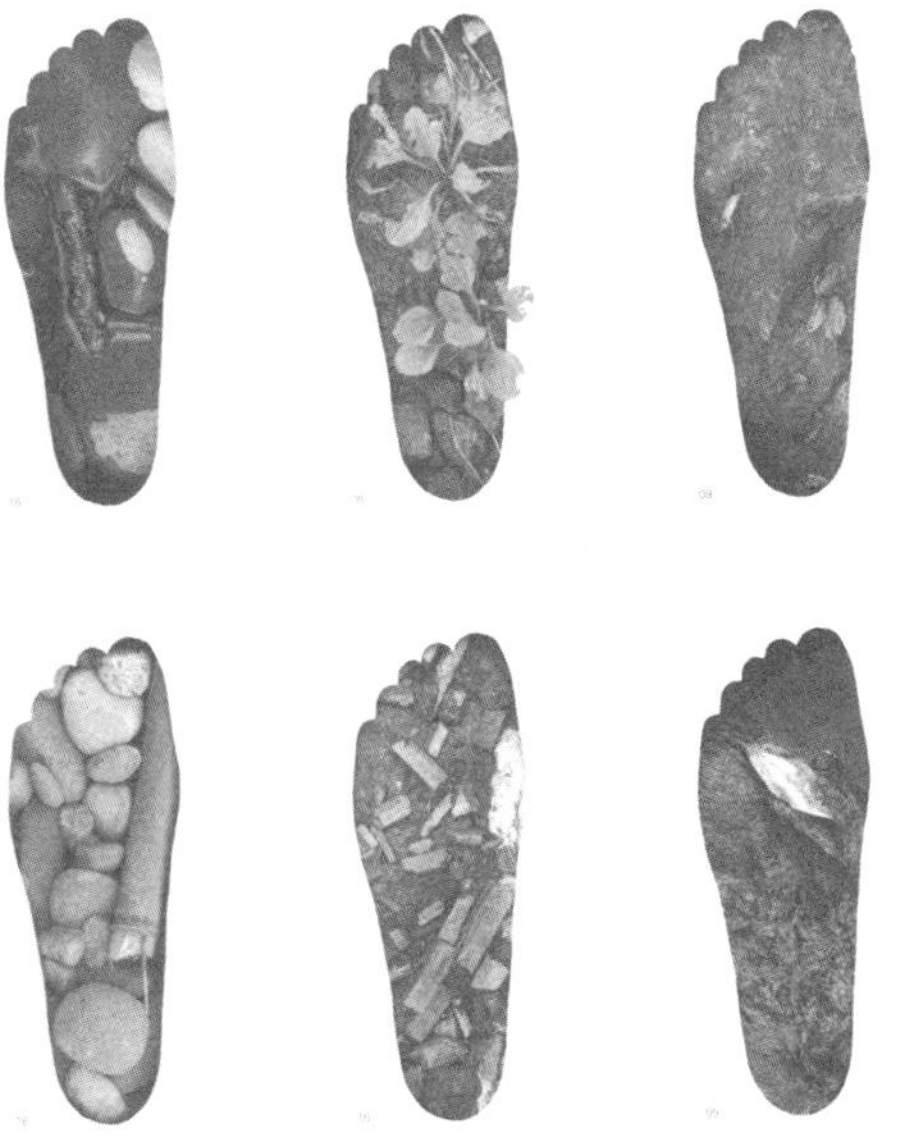

図4-3-5　原研哉『四万十川』より

かくして、私たちが生きている〈いま—ここ〉にデザインが存在しており、デザイナーとユーザーとのあいだには〈主従関係〉ではなく、ともに世界を生きているという〈全体性〉の中で〈答え〉を探していく関係が存在していると言えよう。それではその関係には、どのようなメカニズムが働いているのだろうか、次に考えてみたい。

3・4・2　デザインにおける〈感覚〉と〈イメージ〉

深澤直人は、原によるデザイン実践を「未知であると思っていながらも、行為や感覚のレヴェルでは、すでに知ってしまっていたことを明らかにする」試みであると評している。(44) つまり、人間の〈感覚〉を活性化させることを通して、自らの〈イメージ〉を生き生きと立ち上げる「装置」としての意味を与えているのである。

原は、人の感じる快適さや充足感は、多様な感覚器官を介した世界との交流において、いかにそれを味わい慈しむかという点に帰するとして、〈感覚〉の

(44) 後藤武・佐々木正人・深澤直人『デザインの生態学』東京書籍、二〇〇四年、p.14

重要性を強調している[45]。繊細な感覚受容器官の束であり、敏感な記憶の再生装置を備えたイメージの生成器官である人間に対して、種々の情報を組み合わせてメッセージを送る者がデザイナーなのである[46]。別の言い方をすれば、デザイナーは受け手の脳の中に「建築」を行っているのだと言う。その建築は、様々な〈感覚〉のチャンネルから入ってくる刺激でできており、五感、さらにそれらの複合によってもたらされる刺激が受け手の脳の中で組み上げられ、そこに〈イメージ〉が出現する。さらにこの〈イメージ〉生成には、〈感覚〉によって呼び覚まされた「記憶」もその材料として活用されている。つまり〈イメージ〉とは、感覚器官を通じて外部から入ってくる刺激と、それによって呼び覚まされた過去の記憶とが脳の中で複合・連繋したものなのである[47]。

このように、デザイナーとユーザーとのあいだには、〈感覚〉と〈イメージ〉が存在している。そして、それらを活性化させることにより、〈答え〉を創造していく営みがデザインであると考えられる。ここに、現代において急激な変容を遂げつつある「社会」「教育」のあり様と同一線上にある「デザイン」のあり様が顕在化してきた。変容する環境の諸要因の中で、子どもたちが〈いま—ここ〉に生きる実感を取り戻すためのデザインにおいては、それを形づくっている〈感覚〉と〈イメージ〉の相が浮かび上がる。続いて、こうしたデザインのあり様と教育との関係について考えてみたい。

(45) 原研哉、前掲、p.25
(46) 同、pp.61～62
(47) 同、pp.63～64

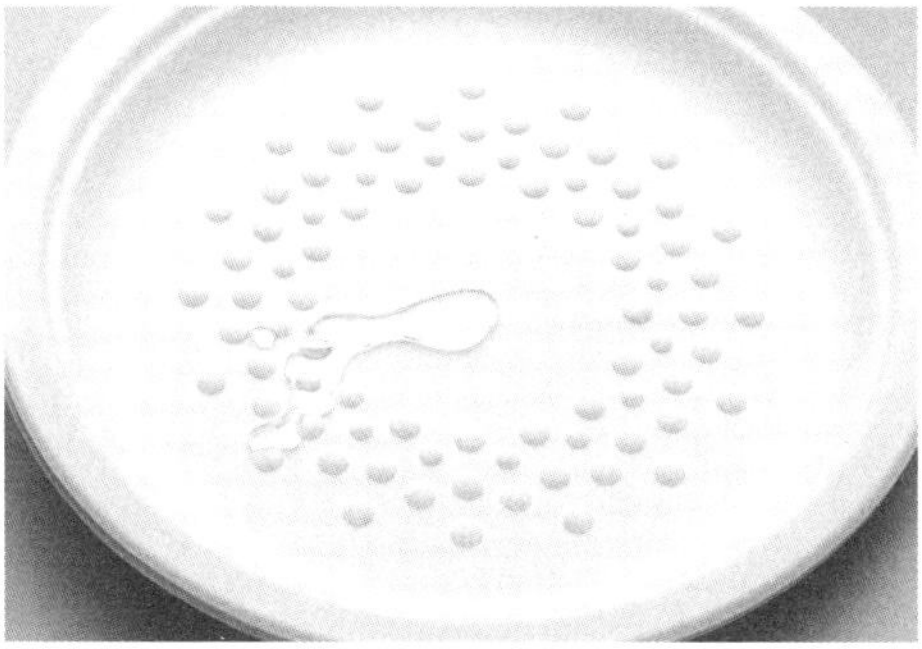

図4-3-6　21_21 DESIGN SIGHT 企画展『water』より takram「ふるまい」（撮影：望月孝）

(48) 東京・六本木にある「21_21 DESIGN SIGHT」の企画展『water』において、佐藤卓がディレクションを担当した。会期は、二〇〇七年一〇月五日〜二〇〇八年一月一四日であった。

(49) 佐藤卓（ディレクション）『21_21 DESIGN SIGHT・企画展・water・展覧会カタログ』21_21 DESIGN SIGHT、二〇〇七年、p.7

3・4・3　デザインと教育

佐藤卓は、『水』をテーマにしたデザイン実践により、人々の認識を環境問題にまで広げようとする試みを行っている[48]。そこでは環境問題に対するアプローチが、水をモチーフにした〝ハッピーなアプローチ〟としてデザインされる。『水を大切に』という教示的なスローガンを「知らせる」のではなく、水そのものに対する〈感覚〉を刺激し関心を高めることにより環境問題へのアプローチがなされるのである。例えば、超撥水処理が施された皿の上を水が動き回るように触れることにより、ふだん見慣れている水に対する〈イメージ〉からの異化作用によって、水が本来持っている「粘性」や「表面張力」といった性質を〈実感〉し、水に対する新たな〈イメージ〉が生成されるのである（**図4-3-6**）。

この展覧会のコンセプト・スーパーバイザーの竹村真一は、この試みを次のように意味付ける[49]。

デザインとは、このようにありふれた世界を新たな眼で発見する感性の「窓」をひらく営みだ。この世はこんなに驚きに満ちているのに、それに一度も気づかずに生きていくとしたら、それほどもったいないことはない。世界をみる『解像度』を高めていく回路を、学校も社会も提供してくれないなら、デザインという手段でそれをやるしかない。

竹村は、この実践をデザイン教育として意味付けているようにも見える。翻ってみれば、子どもたちは日々を生きる中で、この実践のような創造的な見方・とらえ方を行っている。流れゆく雲の形から様々な〈イメージ〉を次々につくりだす子どもたちの姿に、私たちはしばしば驚かされるし、先に紹介した『福井宝探し運動』における「宝」に対する〈イメージ〉もその一つであろう。こうしたプロセスに積極的に関与するのがデザインという行為であるとするならば、そこでデザイナーとユーザーとの関係は、先に大前の論を引いて考察したように、子どもと教師とが、〈いま―ここ〉の実感を連帯させながら〈答え〉を探していく関係にも似ている。〈感覚〉は、一人ひとりの人間に固有のものである。「どのように感じているか」は、いかなる社会においても、または教育においても規定され得ないのである（もちろんそれが制度的に抑圧されることはこれまでも度々あった）。そしてそうした〈感覚〉を通してつくりだされる〈イメージ〉もまた一人ひとりに個別のものである。

原はデザインをコミュニケーションとなぞらえて次のようにも述べている。[(50)]

コミュニケーションというのは、一方的に情報発信することだけではない。…中略…メッセージではなく空っぽの器を差し出し、むしろ受け手の側がそこに意味を盛りつけることでコミュニケーションが成立するという場合もある（**図4-3-7**）。

(50) 原研哉、前掲、p.112

図4-3-7　原研哉「EMPTINESSに基づくコミュニケーション」

これは「答えがない」中で、子どもと教師、子どもと子どもとが〈水平的〉ネットワークを形づくりながら、〈いま―ここ〉において〈答え〉を探し求めていく創造的な教育のあり様と一致する。竹村は、「親も学校も教えてくれないなら、「デザイン」という回路でそれを社会化していきたい。デザインとはモノの形や色の問題ではなく、世界の見方、新たな視点を提示する営み」であると述べている(51)。ここにおいて、現代社会において顕在化しつつあるデザインの本質と教育の目的とが接近しつつあることに疑いの余地はないと思われる。

(51)佐藤卓、前掲、p.75

3・5「子どものデザイン」の教育的可能性

これまでの考察を通して、「社会」とともに変容しつつある「教育」の目的と、その変容の中で顕在化しつつある「デザイン」の本質とが極めて接近していることを確認することができた。さらにそのようなデザインにおいては、〈感覚〉と〈イメージ〉という二つの相が重要な意味を持っていることが明らかになった。次に、それら〈感覚〉と〈イメージ〉の相が構造化されるところにある「子どものデザイン」の教育的可能性について考察を行う。

(52)斉藤孝・山下柚実『「五感力」を育てる』中公新書、二〇〇二年、pp.4～6

(53)山下柚実『五感生活術―眠った「私」を呼び覚ます―』文藝春秋、二〇〇二年、pp.177～208

3・5・1 〈感覚〉の重要性

斉藤孝は、現代において「この世界は確かにある」「他者は確実に存在している」「自分の身体は確かなものだ」といったような「現実感」、すなわちこれまでに繰り返し確認してきた〈いま―ここ〉に生きる実感が失われつつあるとして、人間の諸感覚を統合して現実をリアルなものとして感じ取る回路としての「五感力」の弱体化を危惧している(52)。同様に山下柚実は、かつて人々の暮らしは、五感や感覚を生き生きと働かせ、そこから様々なものを感じ取りながら営まれてきたものであるはずとしながらも、現代においては、利便性や快適性を徹底的に追求してきた結果、自分自身の感覚を十分に使って生きることを忘れはじめたのではないかと指摘している。そして自分の感覚で感じ取ることよりも、「情報」「価値」「流行」といった、いわば社会がつくりだした基準、あるいはイメージに当てはめて生活している実態を、五感をめぐる取材を通して明らかにしている。そしてその上で、五感を取り戻すための具体的なメソッドを提案している(53)。

このように、〈感覚〉は人間が自律した存在として生きる上で欠くことができないものであり、その〈感覚〉とは他でもない自分自身の五感を通して世界を実感することなのである。こうした考え方は、これまで見てきたようにデザインの実践においても主要な命題となっている。

3・5・2 〈感覚〉の共有

山下は、すべての人間には必ず五感センサーが全身にあるとしながらも、それが発揮された結果である〈感じ方〉は、一人ひとりに固有のものであるので、同一の経験における「感覚的共感」をメソッドを通して経験することで、自分なりの〈感じ方〉がなお一層研ぎ澄まされるとしている。[54] 同様に、原はアラン・フレッチャーの言葉を借りて、デザインには「感覚の平和を目指して世界を調停していく力」があるとしている。[55] 例えば「触る」という行為は人間にとって本質的なものであり、共通言語的なものであるという。「触って気持ちがいい」という〈感覚〉は、人間共通の財産であり、このことによって「感覚が平和になる」のである。阿部雅世はこの考え方に立ち、「私たちの手で、世の中は変えられる」として、デザインは私たちの生きている〈いま—ここ〉に存在するものであり、それを自覚化するときには〈感覚〉が出発点になっていると述べる。[56] つまり〈いま—ここ〉（ルーティンに追われる日常としてではなく、五感を通した生き生きとした実感）における新鮮な〈感覚〉を発揮することで、生きることを自覚することができ、またそれは生きること自体でもある。先に鷲

(54)山下柚実『子どもを育てる五感スクール—感覚を磨く25のメソッド—』東洋館出版社、二〇〇六年、p.20
(55)阿部雅世・原研哉『なぜデザインなのか』平凡社、二〇〇七年、p.251
(56)同、p.253

田の考察をふまえて論じたように、自分の〈感覚〉が共有されることによって自他の自覚化が促され、さらに自分が〈いま―ここ〉に生きる「物語」の更新も起こり得る。ここにデザインが果たすべき役割があるのだと考えられよう。

さらに阿部は「(子どもは)私たち大人よりも、もっといろんなことに気付いています。私たち大人が、子どもの目を借りて、一緒に問題を読み解いていく、そういう時間がつくれるならば、何かが少しは変わるかもしれません」として、子どもの〈感覚〉の持つ意義を訴えている。[57] つまりそこには「デザイナーとしての子ども」がいるということである。子どもの〈感覚〉は先掲した『福井宝探し運動』に象徴されるように、ものごとの意味や価値を見極める営為にも通じてゆく。このように、〈感覚〉の世界においては、親子関係、教師・生徒関係に逆転・平等の現象を引き起こすことも見逃せない。[58] ここにおいて、先掲した竹村の「世界をみる「解像度」を高めていく回路」が開かれていく過程に「子どものデザイン」の可能性を見ることができる。

(57) 同、p.262
(58) 山下柚実、前掲『子どもを育てる五感スクール―感覚を磨く25のメソッド―』、p.102

3・5・3 〈感覚〉から〈イメージ〉の「生成」へ

前項で見た原のデザイン論によれば、〈感覚〉の発揮から生み出され、他者と共有される「物語」とは、〈イメージ〉の生成へとつながっていくものである。〈イメージ〉とは、その語源を、ラテン語の「imago（像、写し、想念）」としており、現代においては、情緒を主にして内側の心が表現されたもの、創造性そのものであると定義されている。[59] このように見ると、〈イメージ〉とはモノではなくコトである。ただし〈イメージ〉は、人間の「体験」や「記憶」と強く結び付いている。[60] 例えば「雪」と言われても、雪を一度も見たことがない人には何ら具体的な〈イメージ〉は浮かんでこないし、雪は雪でも、東京に住んでいる人、スキー場の経営者、新潟の豪雪地帯に住む人にとっての「雪」とでは、雪に対する「実感」によってその〈イメージ〉も大きく異なってくる。つまり「過去の体験の中でその実物についてつくられているのがイメージ」なのである。[61] 岡野静二によるならば、〈イメージ〉は再生心像と予想心像とに分類される。[62] 再生心像とは対象の想起であり、予想心像は知覚されない出来事を想像することによって生まれるものである。これら二つは厳密に区別して生起するものではないが、イメージの起源は知覚ではなく内在化された「記憶」による模倣であると言える。[63] ならばここにおいてイメージとは、先に原が指摘したように、過去の体験を成り立たせている様々な〈感覚〉の「記憶」から生成されているものであると言えよう。

（59）岡野静二『イメージとは何か』相川書房、一九七七年、pp.9～31
（60）日本創造学会編『創造性研究８・創造的なイメージ』共立出版、一九九一年、p.39
（61）同、p.46
（62）岡野静二、前掲、p.61
（63）同、p.62

3・5・4 〈イメージ〉の「創造」

しかしながら私たちがこれまでデザインという営為の中に見てきた教育的可能性とは、そのような記憶による「模倣」としての〈イメージ〉ではなく、〈イメージ〉の「創造」にある。「創造」とは「新しい発想、または価値あるものを生み出すこと」である。(64) このことからも、〈イメージ〉の「創造」とは、岡野が現象学的な視座から、イメージを「外部に向かう志向性」としてとらえたように、人間がこれまでの体験における〈感覚〉を基にしながらも、価値あるものへと志向していく営みであると考えられる。(65) 苫米地英人によると、私たちがいま見ている世界は、〈感覚〉の記憶を利用することによって成り立っており、何を見るかという判断は昨日までの自分の記憶によって決定されているに過ぎないという。(66) すなわち、人間には過去の記憶により「コンフォート・ゾーン」が形成されており、そこから逸脱する新しい行動や考え方に対しては無意識のうちに排除を行っているのである。そこで人間が成長するためには、この「コンフォート・ゾーン」を自ら更新して、新たな生のリアリティーを構築していくこと、つまりは創造性が必要になる。(67) この指摘は、〈イメージ〉が記憶によって「生成」されるか、あるいは意欲を携えた「外部に向かう志向性」によって「創造」されるか、という意思決定が、人間が生きることと密接

(64) 日本創造学会編、前掲、p.35
(65) 岡野静二、前掲、p.23
(66) 苫米地英人『まずは親を超えなさい』フォレスト出版、二〇〇九年、pp.43～44
(67) 同、pp.70～73

に関係していくことを意味している。苫米地は、「コンフォート・ゾーン」の更新を促す重要なメカニズムとして、「イメージの再構成」を挙げている[68]。そしてその再構成がなされるには、イメージの「臨場感(Vividness)」が必要であり、その臨場感を得るための方策として、セルフエスティーム(Self-esteem・自尊感情)とセルフエフィカシー(Self-efficacy・自己効力感)を高めることを挙げている[69]。これを子どもに当てはめてみるならば、セルフエスティームとセルフエフィカシーを高めて臨場感を得る行為とは、子どもの造形活動に他ならない。子どもが、自らの〈感覚〉を通して形や色、材質といった造形要素と関わりあうことで、〈いま―ここ〉の臨場感を高め、〈イメージ〉を「創造」していくのである。

また苫米地は、そうした過去の記憶による「コンフォート・ゾーン」を子どもに堅持するよう関わる最も強力な存在が、「親」であり「教師」であるとして、それらを「ドリーム・キラー」と称している[70]。親や教師は、子どもの未来に対して、現在までの能力や自分の経験を基に客観的に評価を行い「適切な」意見を言う存在であるわけだが、こうした関係は創造的な教育関係であるとは言えないということになる。先に考察したように、現代においては、〈いま―ここ〉の実感を連帯させながらともに〈答え〉を探し求めていく関係性が求められている。ここから見出すことのできる教師の役割とは、子どもたちが〈感

(68)同、p.141
(69)同、pp.143～144
(70)同、pp.100～101

覚〉を働かせて〈いま―ここ〉の臨場感を高めながら〈イメージ〉を創造していく場と機会を、子どもと共有することなのである。

3・5・5　創造的な問題解決

先に〈イメージ〉の「創造」の重要性を明らかにしたが、これは何も夢想的・非現実的な世界を求めていくことを意味するのではない。むしろ子どもたちが生きている〈いま―ここ〉には、現実場面では解決できない「問い」が存在している。その「問い」にアプローチしていくには、子どもたち、ひいては子どもたちに関わる親や教師が、ともに過去の「コンフォート・ゾーン」からの脱却を求めて〈イメージ〉の再構成を志向する必要がある。ここにおいて、〈いま―ここ〉にある現実的な問題に対して創造的に解決の道をつくりだしていくところに「子どものデザイン」の教育的可能性が存在しているのではなかろうか。『ピタゴラ装置―連鎖反応的に動きを繋げる装置』を開発した佐藤雅彦は、自身が経てきた開発プロセスを次のように振り返っている[71]。

(71) 佐藤雅彦・内野真澄『ピタゴラ装置DVDブック』[2]、小学館、二〇〇七年、p.80

(72) 同、pp.80～81

現実は不自由です。想像やＣＧに比べたら、その点ではかないようがありません。ビー玉ひとつさえ、思うように坂道を転がってくれないのです。でも、そんな現実を乗り越え、勢いよく、不自由さをものともせず、物が無心につぎつぎ困難を乗り越えていく映像は、想像を凌駕する力にあふれていました。（傍点筆者）

さらにこの「想像を凌駕する力」について、次のように述べている[72]。

『想像の自由さ』が本当にその素晴らしさを発揮するのは、思い通りにならない現実からの逃避先が示されている時ではなく、『現実の不自由さ』を打破するパラダイムがその中に示された時だと思います。

ここで示されている「現実からの逃避先」とは、〈イメージ〉の世界そのものである。ただし佐藤は、その〈イメージ〉が、〈いま―ここ〉の問いに対して創造的に作用していくこと、つまりは創造的に問題解決していくプロセスにコミットしていくことが重要であると述べているのである。それが佐藤の言う「『現実の不自由さ』を打破するパラダイム」の構築につながるのである。〈イメージ〉が「現実」に対して創造的に作用していく効力こそ、「子どものデザイン」に内在する教育的価値であると考えられる。

第４節　子どものためのデザイン教育の原理創出へ

４・１「子どものデザイン」プロセス

本章では、現代に向けた「子どものデザイン」概念を検討することを通して、「子どものデザイン」が持つ教育的可能性の諸相について考察してきた。そして〈感覚〉と〈イメージ〉の相を導き出し、それらが子どもの生きる〈いま―ここ〉の「現実」に対して効力を持ち得る「創造的な問題解決」という可能性を見出した。本考察において、次の「子どものデザイン」概念は、現代社会においてもその教育的可能性を有するものとして確認することができる。

○「子どものデザイン」概念

［A］子どもの生活にあるもの
［B］子どもの感覚を発揮させるもの
［C］子どもの発達に即したもの
［D］子どもの本能的欲求に基づくもの
［E］造形によって可視化されるもの

［F］子どもの切実な必然性に結び付くもの
［G］創造的問題解決の能力を育てるもの

しかしながら、〈いま―ここ〉の「現実」においては、前節で指摘したような、社会、教育、そしてデザインの急激な変容が認められるので、子どものためのデザイン教育を実践するには、「子どもと大人」、「子どもと教師」、「子どもと世界」という関係性の編み直しが必要である。そのためには、前章でも指摘したように、「子どものデザイン」概念を、大人が主語となる「子どものためのデザイン／Design for Kids」から子どもが主語となる「子どもによるデザイン／Design by Kids」へとパラダイム・シフトすることが必要である。また「子どものデザイン」概念を教育の「実践」として具現化するには、子どもが行う造形活動プロセスに沿って以下のように再構成する必要がある。

まず、子どものためのデザイン教育の原点は、日々の生活（［A］）において能動的に生きる子ども（［D］）である。そのために教師はまず、目の前の子どもの生活のあり様をとらえた上で、学習内容（［B］［E］［F］［G］）を用意することになる。このことは、子どものためのデザイン教育のカリキュラム構成におけるスコープ（Scope）を構想することに該当する。そして子どものためのデザイン教育とは、デザインを通して子どもの成長・発達を促すものなので、発達

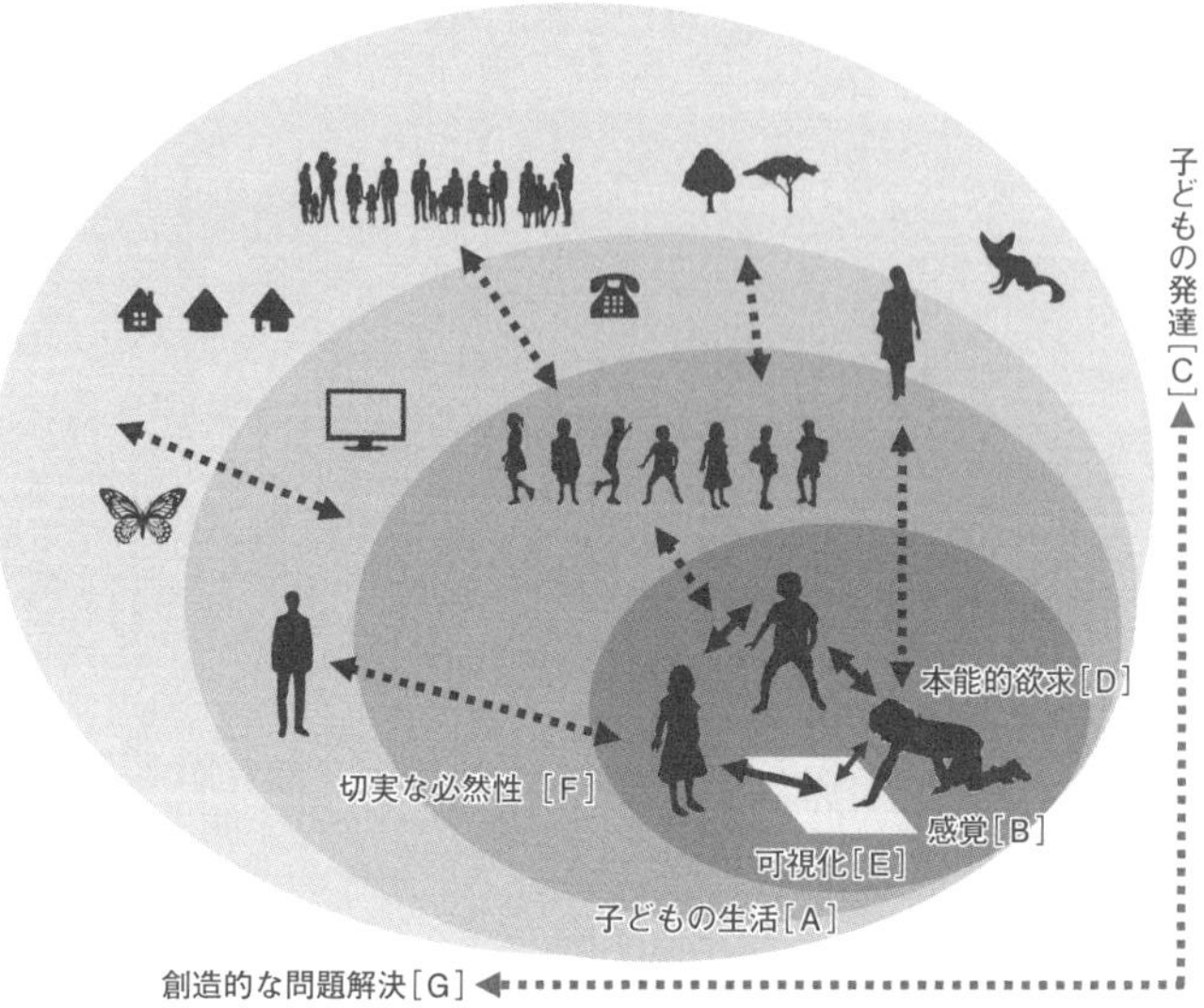

図4-4-1　「子どものデザイン」プロセスにおける関係性

（［C］）に即した学習内容が用意される。すなわちそれはシークエンス（Sequence）の構想である。子どものためのデザイン教育は、それらスコープとシークエンスに応じた学習指導（方法）が用意されることではじめて「実践」として具現化されることになる。

さらに「子どものデザイン」プロセスは、個の子どもの内に閉じられているものではない。佐藤卓は、デザインにできることとして、「可視化」、「既知の未知化」、「参加回路のデザイン」の三つを挙げている[73]。これを「子どものデザイン」プロセスになぞらえてみるならば次のようになる。日々の生活の中に〝あたりまえ〟にある「ひと・もの・こと」との「つながり」は、造形として「可視化」されることにより、実は〝有難い〟ものなのだと実感される。その実感は、「ひと・もの・こと」に対する切実で能動的なアプローチを生み出し、より多くの多様な「ひと・もの・こと」との協働的な問題解決の場面へと導いていく。

このように「子どものデザイン」プロセスにおいては、〈わたし〉という「子ども」を中心とした同心円状に必然的な「ひと・もの・こと」との関係性が生

（73）佐藤卓（監修）『21_21 DESIGN SIGHT・第二回企画展・water・展覧会カタログ』21_21 DESIGN SIGHT、二〇〇七年、p.7

起しているのである（図4-4-1）。

以上を整理すると、そのプロセスは以下のようになる。なお、このプロセスを「子どものデザイン」プロセスと呼ぶことにする。

○「子どものデザイン」プロセス

能動的存在である子ども（［D］）が、各発達の段階（［C］）において、自分の生活（［A］）における切実な問題（［F］）を発見し、感覚を働かせて（［B］）造形として可視化（［E］）しながら創造的・協働的に解決（［G］）していくプロセス。

この「子どものデザイン」プロセスは、子どものためのデザイン教育のカリキュラムを構想するマップ（見取り図）として機能するものである。

4・2　「子どものデザイン」プロセスの実践化

前節で掲げた「子どものデザイン」プロセスは、どのようにして教育実践として具現化されるのであろうか。ここで、その実践化のための要件について考察する。

（74）仙田満『子どもとあそび―環境建築家の眼―』岩波書店、一九九二年、p.78

仙田満は、子どもの遊びにまつわる次のようなエピソードを紹介している。(74)


道端に電信柱の丸太が転がっていた。

男の子が、その丸太にぴょんと飛び乗って、両手を広げてバランスをとりながら渡って行った。反対の方向から来た男の子も丸太の端に飛び乗り、前進してきた。

二人の男の子は丸太の中央で出会った。そして、落としっこをはじめた。男の子は片方の男の子を丸太から落とし、さらに進んで反対側の端にたどり着き、勝ち誇ったように気勢を上げた。落とされた男の子は反対の方にかけて行き、再び丸太に乗って中央に歩きはじめ、また落としっこを始めた。二人はくたびれるまで、いく度となく繰り返した。


私たち大人は、こうした子どもの姿を見るにつけ、子どもとは、用意された遊具がなくても遊びを創造する天才なのだと賞賛する。しかし仙田はこのエピソードに続けて、「子どもは天才か」という問題提起を行っている。そもそもそこに遊びが生まれる余裕のある気持ちと空間がなかったならば、ああした彼らの遊びは生まれ得なかったということの方がより重要であると指摘しているのである。つまり、子どもの無垢な創造性（大人のとらえるところによる）を発揮させるためには、大人が然るべき環境を用意してやる必要性があるのだ。

ここからわかることは、子どもが〈いま・ここ〉における「ひと・もの・こと」と切実につながり、そこから何らかの問題を発見し、行動するためには、大人（学校ならば教師）の存在が不可欠だということである。そしてそれは、私たち大人（教師）が「子どものデザイン」プロセスにどのように関わっていくべきなのかが問われているということでもある。その関わりとは、仙田が指摘するように、子どもの潜在的・顕在的な求めに応じた協働的な関わりであり、そうした「子どものデザイン」プロセスを実践化する子どもと大人（教師）による協働とは、次のような段階を経ると考えられる。(75)

(75)ここで示す見解は、筆者が所属し研究部長を務めた二〇一五（平成二七）年の研究部提案の内容を基に、本研究主題に合わせて論じ直したものである。基となった主張は以下を参照されたい。
・造形教育センター研究部「第六〇回造形教育センター夏の研究大会報告書」二〇一五年

図4-4-2　子どもの自然な遊び

① 子どものつながり
子どもが能動性に基づいて自分の生活における切実な問題（「ひと・もの・こと」）とつながる姿が出発点となる。

② 子どものつながりから意味や価値の発見
その「子どもがつながる」姿から、大人（教師）が、何らかの意味や価値を見出す。

③ 実践の創出
見出された意味や価値から、「子どものデザイン」の実践がつくりだされる。

以上のように「子どものデザイン」プロセスの実践化においては、子

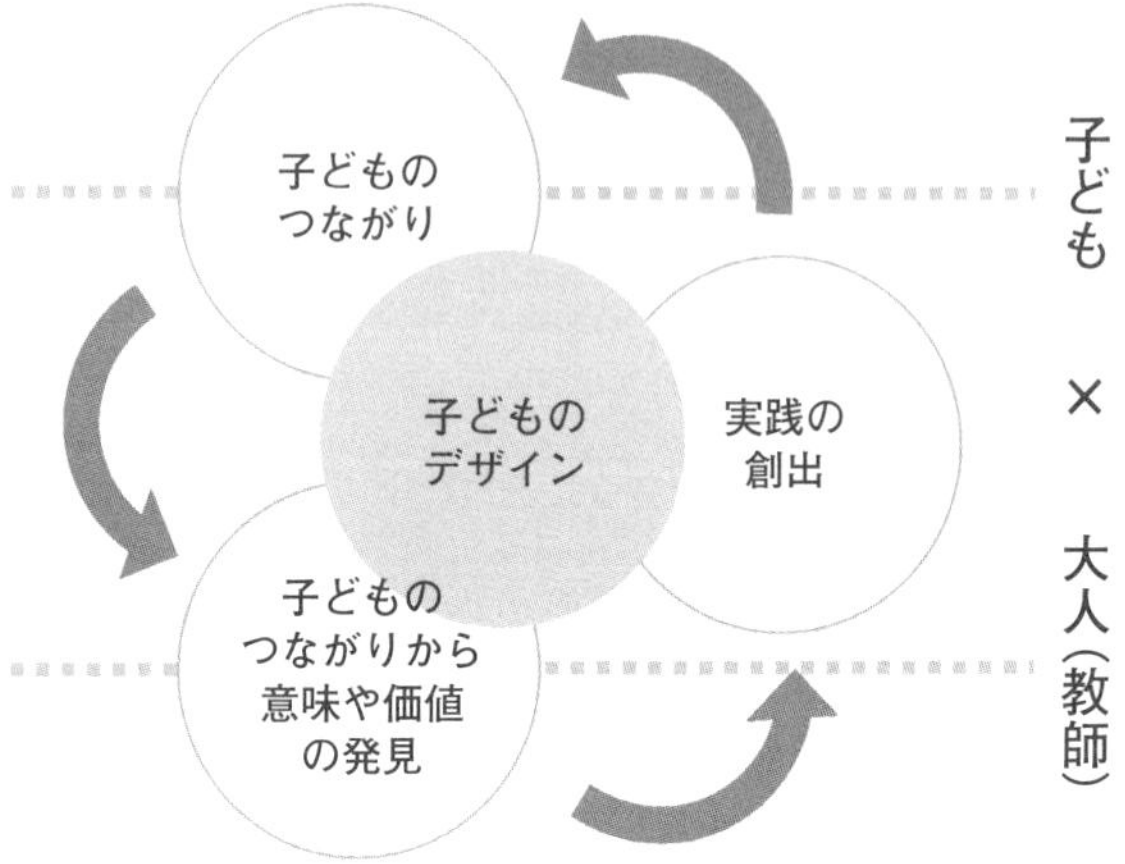

図４-４-３　「子どものデザイン」プロセスの実践化における子どもと大人の協働

どもが「ひと・もの・こと」とつながる姿から、大人（教師）が意味や価値を見出す営みが不可欠であり、そうした関係が、子どもと大人（教師）による協働のあり様である。それは、私たちに、フルッサーがポストモダン以降のデザインに意味付与した「投企／Project」を想起させる(76)。「子どものデザイン」プロセスとは、まさしく子どもと大人（教師）による協働のプロジェクトなのである。

４・３　図画工作・美術科教育と「子どものデザイン」

子どものためのデザイン教育は、その目標、内容ともに学校教育における図画工作・美術科とは別個に存在しているわけではなく、造形活動を通した人間形成にあることにおいては同期している。しかしながら、先掲した「子どものデザイン」プロセスにおける「関係性」、すなわち、子どもが「ひと・もの・こと」との切実な関係性に基づいて創造的に問題解決して

(76) ヴィレム・フルッサー、前掲書、pp.1～29

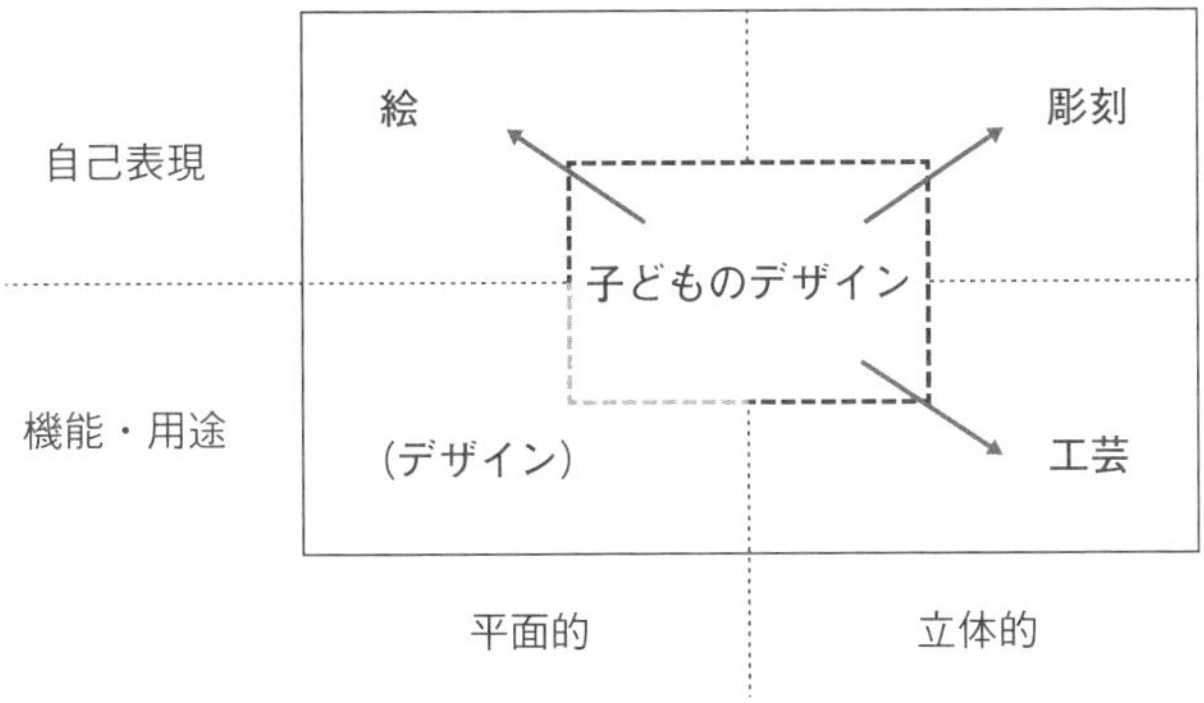

図4-4-4　図画工作・美術科の分野を越境する「子どものデザイン」

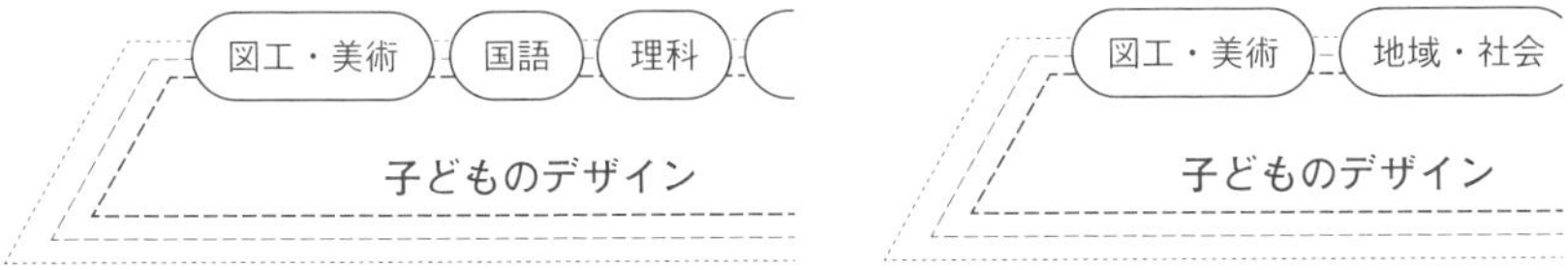

図4-4-5　図画工作・美術科を拡張する「子どものデザイン」

いくプロセスは、必ずしも図画工作・美術科の「デザイン」という一つの分野でなされるものではない。例えば、小学四年生の子どもが図画工作の時間に描いた絵の作品を家に持ち帰り、玄関に飾って家族に意見をもらったり、中学校三年生の子どもが美術の時間に共同制作した彫刻作品を卒業記念として学校内に展示したりすることなどが考えられる。このように、「子どものデザイン」プロセスは、造形教育の分野を「越境」する可能性を持っているのである（**図4-4-4**）。

さらに、これまでの考察において、「子どものデザイン」概念が、「デザイン」、そして「社会」との関係性に位置付くことを確認していることからもわかるように、その可能性は、造形教育の枠組み自体をも「拡張」させる（**図4-4-5**）。例えば、図画工作・美術科という教科と国語や社会などの他教科とを「競合」したり、図画工作・美術科と地域や社会とを「結合」したりする可能性を持っているのである。このように、「子どものデザイン」とは、図画工作・美術科という学校教育活動における様々な関係を「越境」「結合」することで、同時代社会の変容と連動した〝現代化〟を促すものなのである。

第2部　「子どものデザイン」の原理と実践

第5章　「子どものデザイン」の原理
第6章　「子どものデザイン」の実践
終　章　研究のまとめと残された課題

第5章　「子どものデザイン」の原理

第1節　概　観

本章では、前章までに措定された「子どものデザイン」プロセスから、子どものための デザイン教育の実践を構想するための原理を析出する。

「子どものデザイン」プロセスとは、「子どものデザイン」概念を、子どもが行う造形活動プロセスに沿って再構成したものである。

○「子どものデザイン」プロセス

能動的存在である子ども（[D]）が、各発達の段階（[C]）において、自分の生活（[A]）における切実な問題（[F]）を発見し、感覚を働かせて（[B]）造形として可視化（[E]）しながら創造的・協働的に解決していくプロセス（[G]）。

このプロセスから教育実践を構想するためには、そこに想定される教育の理念（目標）、学習の内容（Scope）、発達の段階（Sequence）、そして適した学習の方法を明らかにする必要がある。それらの「理念」「内容」「発達」「方法」は、上掲「子どものデザイン」プロセスと以下のように対応している。

能動的存在である子ども（「D」）が：子どものためのデザイン教育の「理念」
各発達の段階（「C」）において：子どものためのデザイン教育の「発達」
自分の生活（「A」）における：子どものためのデザイン教育の「内容」
切実な問題（「F」）を発見し：子どものためのデザイン教育の「内容」
感覚を働かせて（「B」）：子どものためのデザイン教育の「内容」
造形として可視化（「E」）しながら：子どものためのデザイン教育の「内容」
創造的・協働的に（「G」）：子どものためのデザイン教育の「内容」
解決していくプロセス：子どものためのデザイン教育の「方法」

これら「理念」「内容」「発達」そして「方法」は、「子どものデザイン」の原理である。これまでの知見にさらなる考察を加え、その論理性を強化しながら、第一に子どものためのデザイン教育の「理念」を確認し、第二にその実現のために必要となる「内容」を提示し、第三にそれらを適時に扱うための「発達」のあり様を明らかにし、第四に適切な「方法」について考察する。

第2節　理　念

　ここで言う「理念(Philosophy)」とは、子どものためのデザイン教育の存在目的であり、その具現における理想的な姿である。また「目標(Aim)」とは、目指すべき方向性を追い求めていく上での達成地点である。そしてそうした理想的姿であり達成地点である子どものためのデザイン教育の「理念・目標」とは、その「概念(Concept)」、すなわち「子どものデザイン」概念が理想としての「理念・目標」に向けて最高に高められたものであると考えられる。つまり、「子どものデザイン」プロセスが具現化された様態が、子どものためのデザイン教育の理念であり目標であると言える。ここにおいて言うまでもなく、この「子どものデザイン」プロセスとは、子どものためのデザイン教育を通して子どもがどのように育っていくことを求めるのかという、いわば育てたい子ども像を記したものであると言うこともできる。

　この「子どものデザイン」プロセスにおいて「子ども」とは、「能動的存在としての子ども」であると定義付けられている。いったいこの「能動的な存在」としての「子ども」とは、どのようなものなのだろうか、「子どものデザイン」の原理における「理念」を考えるにあたり、まずはこのことについて確

(1)フィリップ・アリエス『〈子供〉の誕生 アンシァン・レジーム期の子供と家族生活』みすず書房、一九六〇年、p.76
(2)ジャン・ジャック・ルソー『エミール または教育について』岩波文庫、一九六二年、p.126

認したい。

フィリップ・アリエスは、近代以降の家族の肖像画に注目し、中世ヨーロッパには〝子ども〟の概念はなく、一九世紀以降につくりだされたものであることを指摘している。(1)つまり近代以前において子どもは、〝小さいおとな〟として徒弟や奉公に参画することを通して、やがて〝おとな〟になっていくと考えられていたのである。それに対して近代以降においては、〝子ども〟という存在に対する関心が高まることにつれて、〝おとな〟と〝子ども〟が分離されるに至る。つまり〝子ども〟という枠組みができ上がるに従って〝おとな〟を相対化する意識が発生し、〝子ども〟の存在の特殊性に注目した新たな「まなざし」が発生したのである。

このことについて、「子どもの発見者」と言われるジャン・ジャック・ルソーは、かく述べている。(2)

子どもには子ども特有の考え方、感じ方があるのであって、それを尊重しなければならない。

この言説には、〝小さいおとな〟から〝おとなとは異なる独自の存在〟としての子どもの可能性が示されている。「子ども」という存在が、〝おとな〟のあり方、ひいては社会のあり方に対する新しい展望を提供する可能性を持っているのである。

　ここで提示されている子ども像とは、かねてから教育に存在するような単なる浪漫的な子ども讃歌に依るものではない。子どもの「純粋無垢」を賞賛するそうした立場においては、いつでも大人からの視角による子ども観が先行してきた。例えば、私たち大人にとっては他愛のない事象に対して、子どもが興味を示したり、そのよさや美しさに心奪われていたりする姿を見たならば、そばにいる大人は自分の心が洗われ、救われる思いがするかもしれない。しかし当の本人である子どもはそのようにふるまった自分自身をどのようにとらえているのであろうか。少なくとも大人が感じているように、自身の「純粋無垢さ」を自覚してはいないだろう。子どもは自身の感覚に基づいて生きているのであって、大人たちのために生きているのではない。つまり、子どもとは大人にとっての「救い」としての存在ではなく、さらには大人にとっての「希望」という存在からも解放された〈いま―ここ〉を、懸命に、時には同時代の社会状況において、時にはその悪しき影響にまみれたり穢れたりしながらも、自分自身がいかに心地よくいられるかを探究しつつ、タフに、したたかに生きている存在なのである。

　筆者の子どもの頃の遊びは、外遊び中心であった。特に記憶に残っているのは、当時、町の随所に見られた空き地や原っぱでの「秘密基地づくり」である。

木の幹の割れ方が具合のいい大木の根元に、同級生三人とつくったものだ。実は、そこでは以前誰かが同じように秘密基地をつくっていたようで、おそらく何人もの子どもたちによって受け継がれてきたスペースだったのだろう。かくしてよい場所を見つけた私たちは、より過ごしやすくするためには何が必要かを考え、話し合った。そして捨てられていた傘を組んで庇をつくったり、持ち込んだ駄菓子を食べるための机や椅子を、これまた近くにある廃棄物集積場から運び込んだりした。また、自宅からこっそり布団を持ってきて昼寝もした。ここで過ごす時間は、藪蚊に刺されたり、屋根が壊れやすかったりして苦労も多かったのであるが、とても魅力的だった。周囲を支配していた土の匂いや湿気、そして夕暮れになるとカーテンを下ろしたように包み込んでいった薄闇の紫色は、今もなお私の記憶に鮮明である。このように、子どもが行う遊びには、大人から見れば確かに「素朴」で「純粋」であるかもしれないが、同時に同時代社会と大人に対する「異議申し立て」を孕んでもいるのだ。

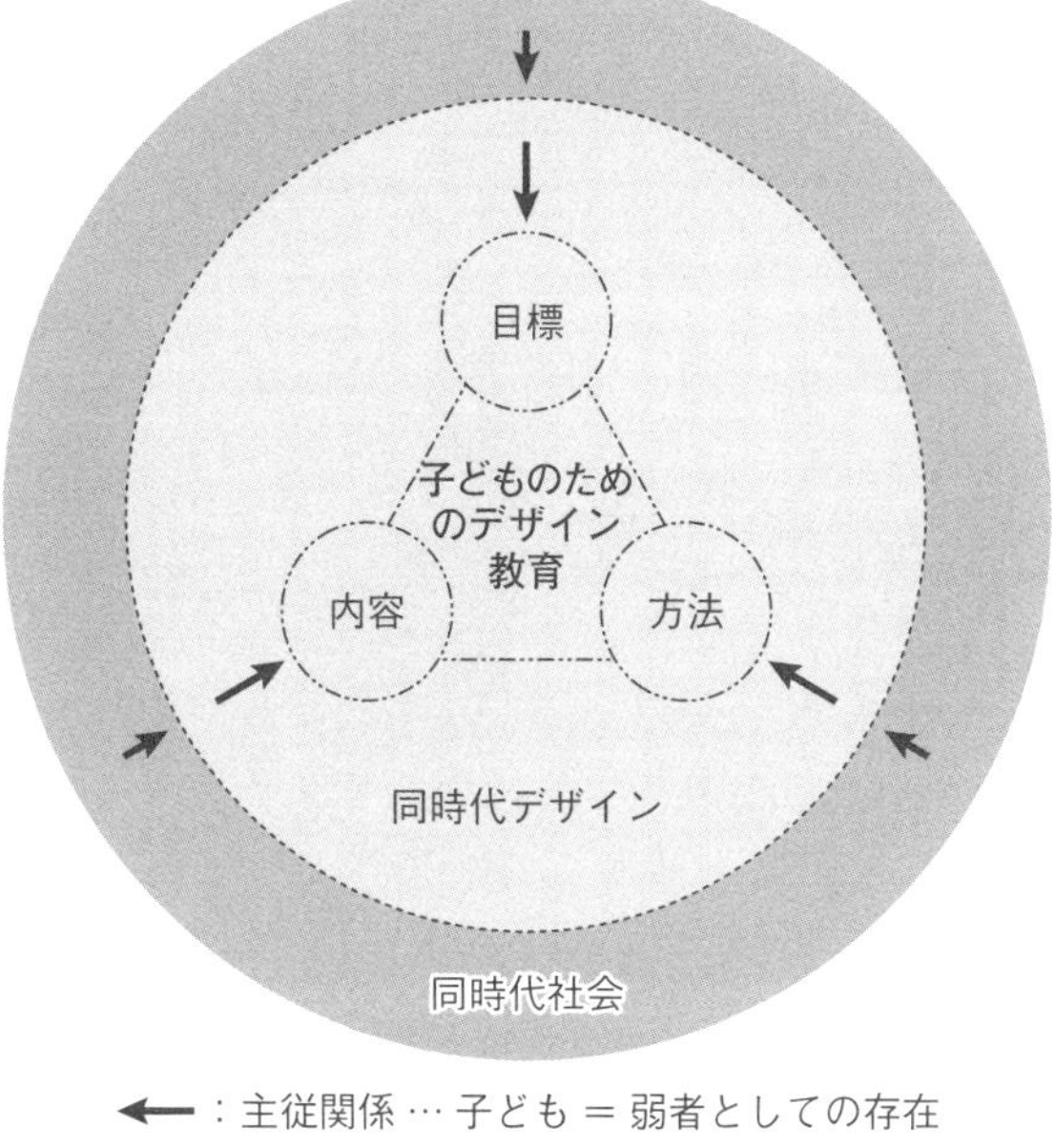

図5-2-1　「子どものためのデザイン教育」の現状
（図0-1-1の再掲）

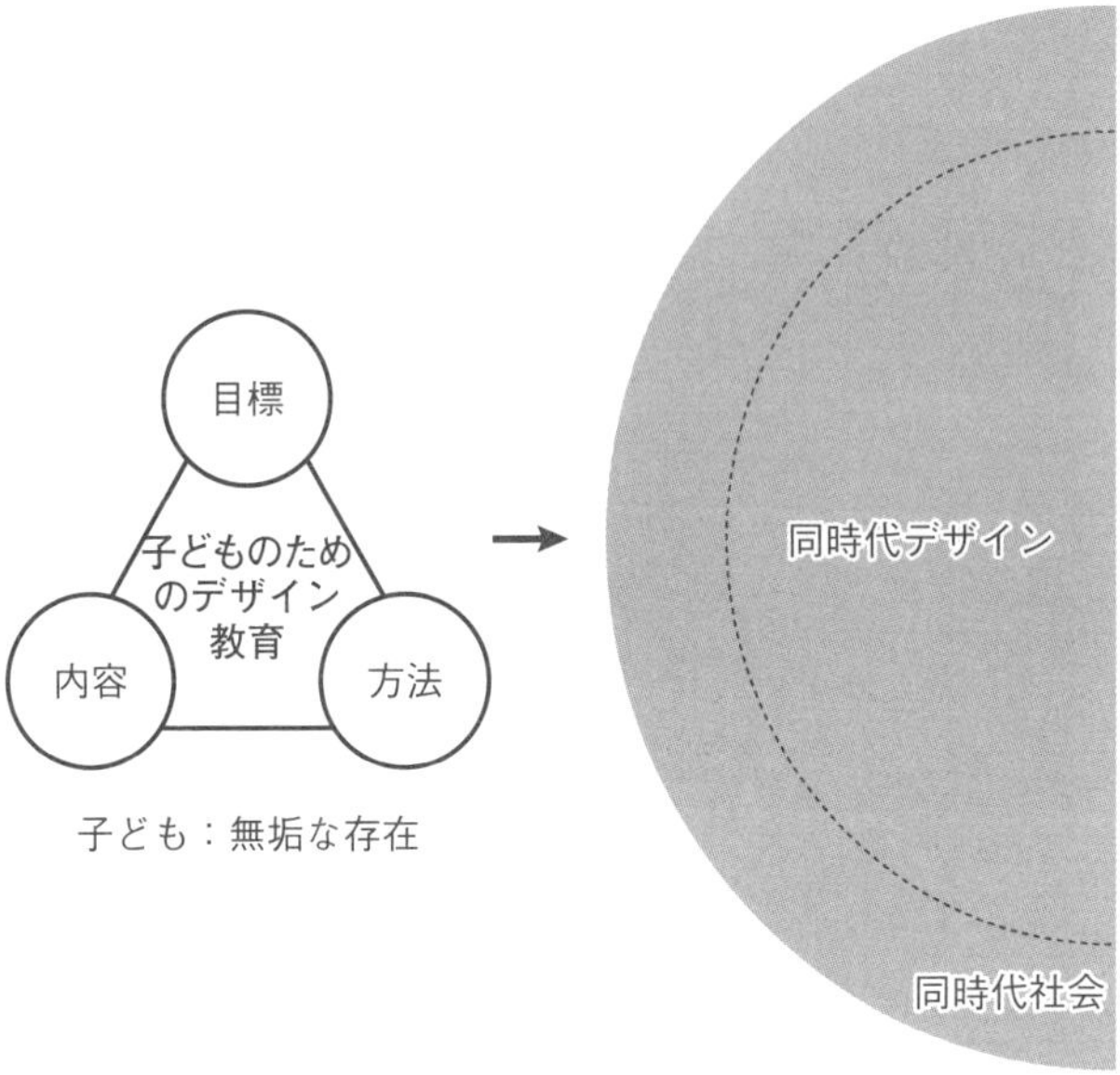

図5-2-2　浪漫的な「子どものためのデザイン教育」
（図0-2-1の再掲）

以上のように、同時代的な「デザイン」「社会」と結び付いた子どものためのデザイン教育においては、その子ども像を同時代における「弱者としての存在」（図5-2-1：図0-1-1の再掲）、あるいは社会の様相から切り離され隔離された「純粋無垢な存在」として想定してはいない（図5-2-2：図0-2-1の再掲）。そうではなく、〈いま―ここ〉の現実社会をタフにしたたかに生きる「アクチュアルな存在」としての子ども像を想定しているのである（図5-2-3：図0-2-2の再掲）。

ここにおいて、子どものためのデザイン教育においては、「デザイン」や「社会」に対するメタな問い、すなわち「なぜデザインするのか」ひいては「社会はどうあるべきか」といった本質的な問いに対する〝こたえ〟が創出される可能性を見出すことができる。それは、子どものためのデザイン教育を通して、子どもが「デザイン」ひいては「社会」のあり方をとらえ直し、それらとの関係を再構築するという可能性である。

以上のことから、これまでに明らかにしたように、子どものためのデザイン

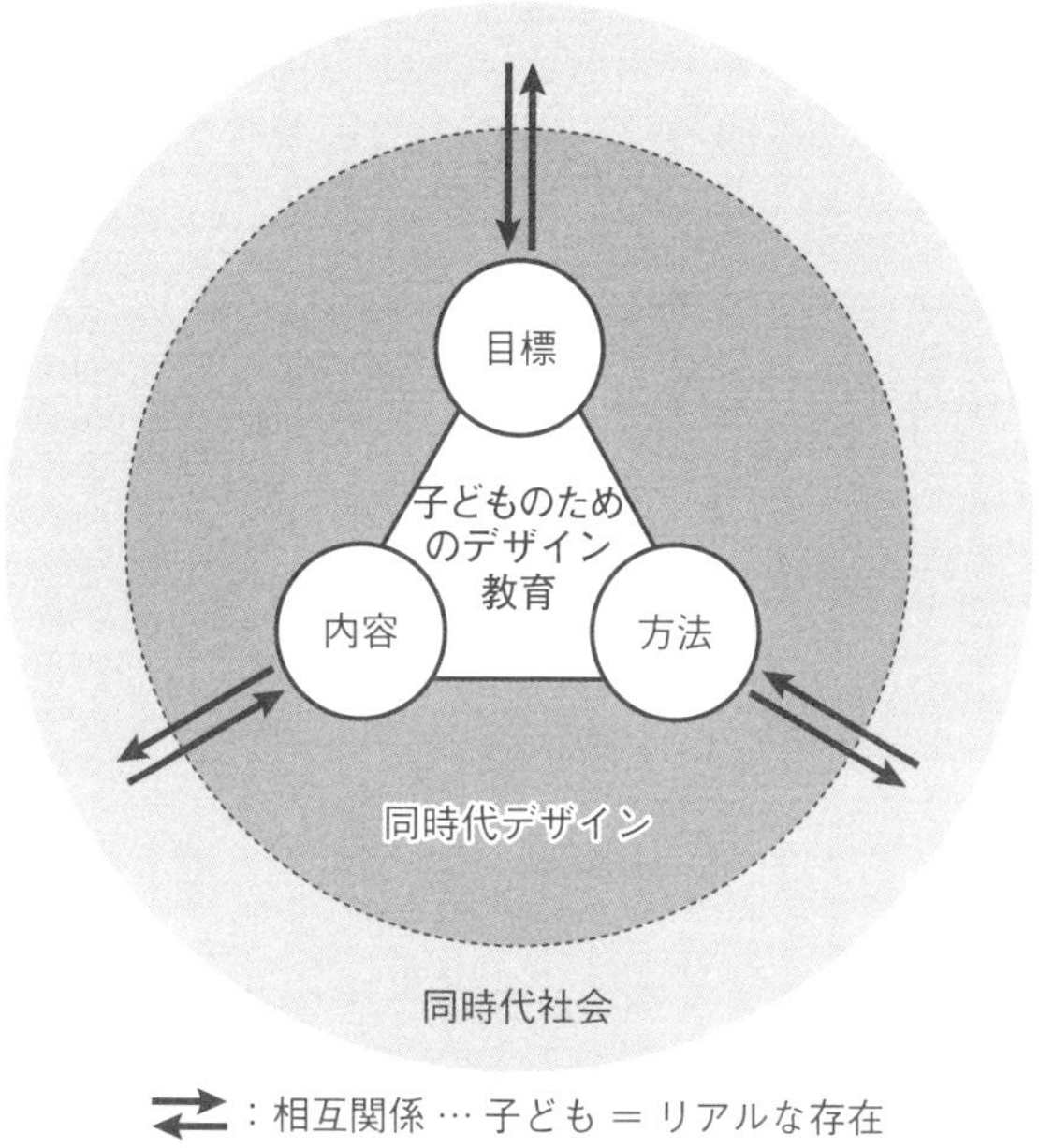

図5-2-3　求められる「子どものためのデザイン教育」（図0-2-2の再掲）

教育を成立させる要件としての「子どものデザイン」概念にある「子どものためのデザイン／Design for Kids」と「子どもによるデザイン／Design by Kids」という方向性のうち、とりわけ後者の方向性が重視されることとなる。つまり子どものためのデザイン教育（Design Education for Kids）は、「子どものデザイン」概念の検討を通して、子どもによるデザイン実践（Design Practice by Kids）の可能性へとパラダイム・シフトされる。これまで見てきたように、子どものためのデザイン教育の理念そして目標は、戦時統制下から戦後、そして高度成長期を経てバブル期に至る過程においては、いつでも社会に対して「従的」な関係を結んできたのであるが、これから求められるのは、「互恵的」、「相互啓発的」な関係を実現することである。必然的にその教育実践は、学校教育にとどまることのない、オルタナティブな実践をも包含しながら展開されていくことになるだろう。

　以上のように、アクチュアルでタフな子ども像に基づいて具現化される子どものためのデザイン教育の理念をまとめるならば、以下のようになる。

① 自律

　子どものためのデザイン教育は、子どもがデザインを通して社会の中でたくましく、したたかに生きていくことを促す。

② 感覚・イメージ

　子どものためのデザイン教育は、子どもが日々の生活における創造的なイメージ生成の場に立ち会うことを促す。

③ 協働

　子どものためのデザイン教育は、以上の営為を子どもが造形という手段によって可視化することで「ひと・もの・こと」と協働的に関わっていくことを促す。

第３節　内容論

前節で掲げた子どものためのデザイン教育の理念を実現するためには、どのような学習内容が用意されるべきなのであろうか。

「子どものデザイン」プロセスにおける「内容」とは、以下の通りである。

自分の生活（［A］）における　：子どものためのデザイン教育の「内容」
切実な問題（［F］）を発見し　：子どものためのデザイン教育の「内容」
感覚を働かせて（［B］）　：子どものためのデザイン教育の「内容」
造形として可視化（［E］）しながら：子どものためのデザイン教育の「内容」
創造的・協働的に（［G］）　：子どものためのデザイン教育の「内容」

［A］の「自分の生活」とは「子どもの生活」のことである。子どものためのデザイン教育は、この「子どもの生活」をステージとして展開されるので、子どものためのデザイン教育の内容を規定する上では重要な要因である。［F］の「切実な問題」とは、子どもが「感覚を働かせて（［B］）」自身の生活を見つめることから見出されるものである。したがって、そこには自身の生活を漫然

ととらえるのではなく、それに対して鋭敏な感覚を伴わせながらまなざしを向けることが必要となる。そして生活において見出された問題は、「造形として可視化（［E］）」されることで「創造的・協働的に（［G］）」解決していくプロセスを経ることになる。そこでの問題解決プロセスとは、「問題の設定―解決策の計画―解決策の実施―解決」という一方向的に固定化されたものではなく、そのプロセスにおける「ひと・もの・こと」との関係や状況に応じて再構成されるものであり、その結果、新たな関係や生活がつくりだされる契機をも含んでいる。

以上のことから、子どものためのデザイン教育の「内容」を以下の五つに分類・整理し、実践プログラムを開発するマトリクスにおけるスコープ（Scope）として位置付け、考察を加えることで論理性を強化してゆく。

（1）子どもの生活／Kids Life

「子どものデザイン」概念において、その学習のステージとなるのは、「子どもの生活」である。このステージは、同時代社会に規定されていると同時に、一人ひとりの子どもにとっての固有の世界のあり様でもある。それは彼／彼女らの感覚を中心に同心円状に拡張する世界のあり様であり、そこではあらゆる事物・事象が、切実な必然性を持って存在している。

（3）佐藤卓（監修）『21_21 DESIGN SIGHT・第二回企画展・water・展覧会カタログ』21_21 DESIGN SIGHT、二〇〇七年、p.7

（2） まなざし／Look

先掲の「子どもの生活」とは、子どもが生きる世界の投影でもある。竹村真一がデザインの役割を「世界を見る解像度を高める」ことにあると指摘としたように、そこで生きる子どもたちにとっては世界をとらえる「まなざし」の所在が重要である。[3] その「まなざし」とは、子どもが本能的欲求に基づき、自らの感覚（視覚に限らない全身感覚）を働かせて「ひと・もの・こと」をとらえようとする構えである。しかも時にその構えは、「ひと・もの・こと」に対する観念的な見方や考え方をとらえ直すことにつながり、本質的な問いを創出する洞察（Insight）にも通じている。こうして子どもたちの前に切実な必然性を帯びた問題が立ち上がってくるのである。

（3） つくりだす／Do it Yourself

生活における「ひと・もの・こと」を自分の感覚でとらえることから切実な問題を見出したならば、それに対して、自分の頭で考え、何よりもまずは行動することで自らつくり、つくりかえていこうとする創造的な問題解決が促される。それはまさにDo it Yourself（DiY）の精神に則った行動である。

（4）マーシャル・マクルーハン『人間拡張の原理』竹内書店、一九六七年

（4）ブリコラージュ／Bricolage

DiYの精神に則った創造的な問題解決は、あらかじめ想定された理念に基づいて、他の〝誰か（例えば教師）〟が行動を呼びかけるのにこたえるような受動的態度では実現し得ない。したがってその問題解決プロセスは、いわゆる近代的な意味での〝計画的〟であるとは必ずしも言い切れない。子どもたちが、その場にある、あるいは手に入るありあわせの断片だけを寄せ集め、それらで何ができるか試行錯誤しながら、当初の場とは異なる地平にある意味や価値を発見するという「ブリコラージュ（Bricolage）」の様相を呈することとなる。さらにその実践者であるブリコルール（Bricoleur）としての子どもは、マーシャル・マクルーハンが「メディアはメッセージである」と指摘したように、同時代社会において強大なパワーを有するメディア・情報と向き合うこととなる。(4)ここではそれらメディア・情報から逃避したり、隔離したり、それらを遮蔽したりするのではなく、それらから新しいイメージを創造し、それらとの新しい関係を〝したたかに〟構築することが求められる。

（5）協働的関係／Collaborative Relation

前述したような、同時代における強大なメディア・情報との関係性は、子どもと「ひと・もの・こと」との関係性を組み替えていくことにつながっていく。

すなわち、子どもと世界の結び付きや、子どもと子ども、子どもと大人の関係を更新する。そしてこうした関係の更新は、子どもの生活に影響を与え、さらには子どもの世界をとらえるまなざしをより新鮮なものにしていく。こうして子どもはDiYを実践していく主体者として育っていくのである。

3・1　子どもの生活／Kids Life

3・1・1　子どもの生活と地域社会

「子どもの生活」とは、子どもの視角から見れば、目の前の〈いま―ここ〉において生起する「ひと・もの・こと」とのつながりであるとともに、自身の感覚をその中に投影する対象であり、自身が生きる存在であることの証し、つまり生(いき)そのものである。そしてそのつながりの延長線上には、子ども自身が自覚的・無自覚的にとらえるところの「社会」がある。この見解は、社会の起源は人間の本性に求めることができることから本質的であると言えよう。さらに社会のとらえ方は、子どもの成長・発達によって異なってくるが、子どもと社会を切り結ぶ間には、「家族」や「友人」と言った集団が介在し、さらにそれらの集合組織として「地域」が位置付いている。つまり「子どもの生活」が、利益や機能を追求するためのゲゼルシャフト（Gesellschaft）へと拡張していく前提に、地縁、血縁や友情で結び付いたゲマインシャフト（Gemeinschaft）が存在しているということである。(5) そこでここでは、子どもが社会に対してコミットしていく過程に存在している「地域」との関係について考察することを通して、「子どもの生活」とはどのようなものかを明らかにしてゆきたい。

（5）フェルディナント・テンニース『ゲマインシャフトとゲゼルシャフト―純粋社会学の基本概念』（上）、岩波書店、一九五七年
（6）朝日新聞、二〇〇六年五月二五日（朝刊）

（1）地域をめぐる現状

「町自慢 あいさつ消えた」

これは、二〇〇六年に秋田県の児童が近所に住む別の児童の母親に殺害された事件を報道する新聞記事の見出しである。(6) この事件で、町からは「地域性」が一瞬にして崩れ去った。人口四、三〇〇人余りの小さなこの町では、知らない人にも挨拶する小中学生の姿が自慢だったという。しかしそうした子どもの姿は消え去り、かわって大人に対する子どもの不信感だけが残っているという。

かつて、「地域」という言葉から連想されるイメージとは、「親密」や「土着」といった〝ヴァナキュラ（Vernacular）〟な価値を意味するものであった。しかしながら現在、この町のように私たちの身近な地域は、そのあり様を急速に変貌させている。

「子どもの遊び場屋内へ」

(7)朝日新聞、二〇〇六年五月二四日(夕刊)

昨今、子どもたちが公園で不審者に声をかけられることなどが社会問題化する中、「近所の公園では子どもを一人で遊ばせられない」という親が急増してきているという。これは、それにこたえる形で遊具会社がプロデュースした屋内遊戯施設が、巷の大反響を呼んでいる様子を知らせる新聞記事の見出しである(7)。

かつては子どもの学習の場であり、遊びの場でもあった地域は、むしろ「危うい」、「注意を喚起すべき」対象へと変わってきているのである。いわば、子どもたちが地域の弱者的な存在となりつつあるこうした状況において、「子どもの生活」は「地域」とどのような関係を持っているのだろうか。

(2) 子どもの「原風景」としての地域

子どもの遊びとは、自分がそうせざるを得ない衝動に駆られる感覚に基づくものであり、そこでの体験は子どもの心に強く印象付けられているものである。さらにその印象から将来に渡るその子の〝考え方、価値観〟といった抽象的な概念を形づくる土台ともなっている。すなわちこの体験は子どもの原体験であり、その体験に関わる環境は原風景と言える。そしてその原風景こそが、子どもにとっての地域を想起させるのである。

仙田満は、今の子どもたちの遊び環境が決して恵まれてはいないことを指摘し、彼らのためにそれを整えていくことが大人の責務であると主張している。しかしながら同時に、大人の生活が変わることによって変わらざるを得ないものは確かに存在するとしながらも、子どもが子どもらしく変わらず求めるもの、好きなもの、遊ぶものもあるとして、今も昔も変わらない「あそびの原風景」を具体的に挙げ、その意義を述べている。(8) 仙田は、今の子どもたちには大人の干渉を受けない空間がほとんど残されておらず、このことは子どもの自立心を育む土壌を失うことを意味しており、緊急に改善を要することだと警鐘を鳴らしている。

このように子どもの視点から「地域」というものをとらえてみると、そこには彼らの成長に不可欠な「原風景」としての意味が含まれていることがわかる。そして、それが地域の持つべき本来的な教育的意義なのであり、「子どもの生活」を考える上で重視しなければならないことに我々は留意すべきである。

（8）仙田満『子どもとあそび―環境建築家の眼―』岩波書店、一九九二年、p.78

（9）住田正樹、高島秀樹、藤井美保『人間の発達と社会』福村出版、二〇〇〇年、pp.21〜24

（3）子どもの「社会化」を促す地域

①第一次集団としての地域

教育とは、個人を直接の対象としながらその活動を展開することによって、社会生活に対して一定の役割を果たしており、このことは教育の社会的機能と呼ばれている。(9) つまり教育の目的は、子どもの社会化にあるということである。

社会化とは、個人が他者との相互作用を通して、その社会の成員として、価値態度、技能、知識、動機などの集団的価値（文化）を習得し、一定の許容範囲内の思考、行動様式を形成していく過程である。つまり、個人と社会との相互作用過程に社会化は位置付いているのである。このことは個人の側から見れば、個人が他者から集団的価値（文化）を習得してパーソナリティーを発達させ、集団成員性を獲得していく過程として位置付くのに対して、社会の側から見れば、生物学的個体として新しく生まれてきた個人に対して、ある他者が集団的価値（文化）を伝達し、個人をその社会の一定の生活様式に適合させていく統制過程として位置付けられる。そしてそうした社会化における他者との相互作用は、次の二つの様式に分類される。一つは、他者との対面的な接触によってなされる直接的接触（Face-to-Face Interaction）であり、例として家族、仲間、学校、そして地域などが挙げられる。もう一つは、何らかの媒体（メディア）を通した接触である。社会学者であるクーリー（Cooley. C.H.）は、直接的接触による対面的集団を、「第一次集団（Primary Group）」と呼び、その集団は親密である上に、人格的関係が形づくられる中で、その成員が集団に固有の集団的価値（文化）と規範を内面化することを要求するものとして、教育の場において重要な意味を持つとした。つまり地域とはこの第一次集団に属するものであり、子どもの社会化にとって基礎的な役割を担っていることがわかる。

(10)福永安祥、高島秀樹『教育社会学』明星大学、一九九七年、pp.56〜59
(11)住田正樹、高島秀樹、藤井美保、前掲、p.18
(12)同、p.19

② 選択的他者とのインフォーマルな関係を持つ地域の意味

こうして、子どもの社会化は地域も含めた所属集団における直接的接触を通して行われる[(10)]。こうした所属集団は、社会化エイジェント(Socializing Agent)と呼ばれ、そこで子どもを社会化していくのはその集団内の成員であり、その社会化する主体と社会化される客体のことは、それぞれソーシャライザー(Socializer)、ソーシャライジー(Socializee)と呼ばれる[(11)]。さらにこの関係は、ソーシャライジーから見たソーシャライザーの性質から、次の二つの側面によって分類される。一つ目はソーシャライジーがソーシャライザーを選択することが不可能であるという拘束的他者、二つ目は選択可能である選択的他者という分類である。拘束的他者としては、例えば家庭における親などが挙げられ、選択的他者としては、子どもの遊び仲間や地域が挙げられる。またこの関係は、その発生に関わる様相から、自然発生的な関係としてのインフォーマルな関係、さらにあらかじめ規範や期待によって一定の方向付けがなされているフォーマルな関係とに分類することができる。

そして子どもの社会化形態は、以上の分類を二つの軸として組み合わせることで、次の四つに分類される(**図5-3-1**)[(12)]。それは拘束的他者とのインフォーマルな関係による社会化(Ⅰ)、選択的他者とのインフォーマルな関係による社会化(Ⅱ)、選択的他者とのフォーマルな関係による社会化(Ⅲ)、拘束的他者と

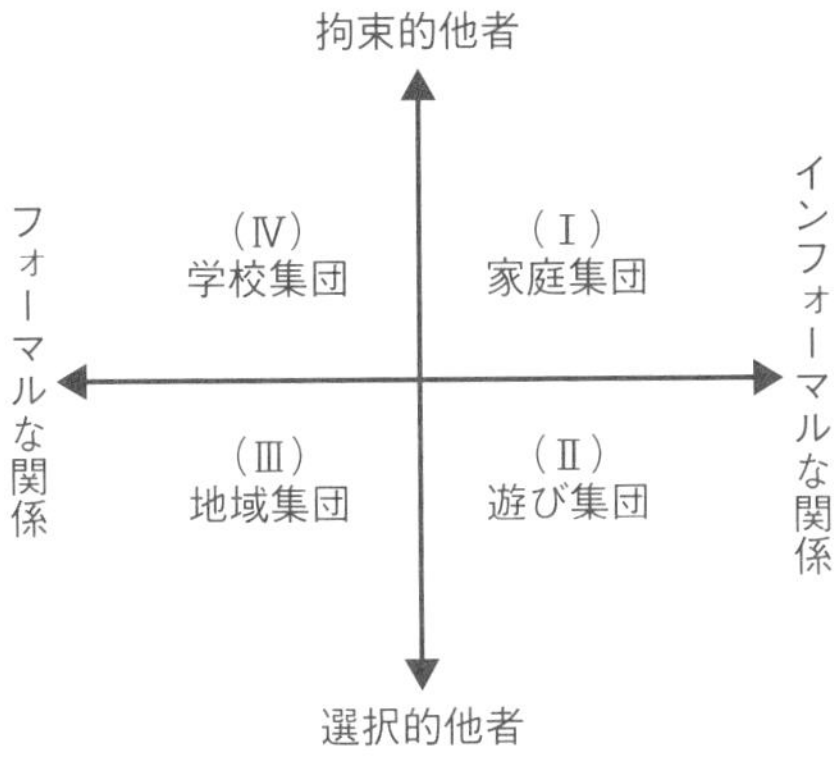

図5-3-1　子どもの社会化における「地域」の位置

のフォーマルな関係による社会化(Ⅳ)の四つである。この分類にはそれぞれ、(Ⅰ)家庭集団、(Ⅱ)遊び集団、(Ⅲ)地域集団、(Ⅳ)学校集団が当てはまり、その時間的順序性を考えると、子どもの社会化は、(Ⅰ)―(Ⅱ)―(Ⅲ)―(Ⅳ)という経緯を経て進行することになる。

このように子どもの社会化を促す地域は、その地域の大人によって特有の教育的方向付けがなされるものである一方で、実は子どもにとっては「選択自由」な存在なのである。私たちは、このことにも留意すべきである。つまり、子どもの視点から地域をとらえ直してみると、大人の視点では気が付かなかった新たな価値や意義を見出すことができると同時に、私たち大人が「子どもの生活」をとらえようとする時にも一考を促してくれるのである。

3・1・2　子どもの生活と仲間集団

ここまでにおいて、子どもの社会化を促す地域がその地域の大人によって特有の教育的方向付けがなされるものである一方で、子どもにとっては「選択自由」な存在であることが、「子どもの生活」をとらえる上で重要であることを指摘した。ここでは、ゲマインシャフト(Gemeinchaft)としての子どもたちの仲

（13）福永安祥、高島秀樹、前掲、p.79
（14）住田正樹、高島秀樹、藤井美保、前掲、p.61

間集団が、教育機能を持つ社会集団であることを明らかにした上で、現代においてはその機能が不全に陥っている問題状況を確認しておきたい。

（1）社会集団としての仲間集団

仲間集団の定義は、「地域社会など一定の基盤の上に、遊びを契機として、友達意識を持つことによって自然発生的に成立する、比較的同世代の成員による集団」である。(13) また仲間集団の多くは、親密な対面式（Face-to-Face）関係にある自覚的なインフォーマル・グループであり、そこで行われる活動は遊び主体であるので、遊戯集団の形をとると言ってもよい。そのような子どもの遊びを通した仲間集団は、社会集団として、次の三つの特徴を持っている。(14)

①　選択性

子どもの仲間集団は、自己の興味、関心に従った自由な選択をすることができる集団である。仲間集団は学校や家庭と違い、自己の興味、関心に従って自発的に形成される集団であり、それゆえ所属するメンバーに大きな教育的影響を持っている。

②　流動性

上記のように、子どもの仲間集団には選択性が存在している。それは、

(15) 同、p.62

そのメンバーの都合やその時々の関心によって、仲間が流動的になるということでもある。そのため子どもは、同時に複数の仲間集団に所属していることになる。

③ 対等性

子どもの仲間集団では家庭や学校と異なり、年齢や能力において多少の差はあるものの、同世代の子どもが構成メンバーとなるので、そこには［大人―子ども］関係という垂直な構造ではなく、水平な構造を呈している。

以上のような特徴とともに、子どもの仲間集団は集団が形成される目的によって、活動集団と交友集団とに分類されると言われている[15]。活動集団とは、ある特定の遊戯活動を目的にして形成された集団のことであり、例えば野球で遊ぶために形成された仲間集団がこれにあたる。対して交友集団とは、遊戯活動ではなく、メンバー同士の交流を目的として形成される集団であり、遊戯活動はその時に応じて変化していく。これら二つの仲間集団では、メンバー同士の関係のあり方が異なってくる。活動集団では、遊戯活動自体に関心があれば、そのメンバーは必ずしも仲のよい子ども同士であるとは限らない。反対に交友集団のメンバーは、遊戯活動そのものよりも仲間との交流を楽しもうとするの

(16)福永安祥、高島秀樹、同掲書、p.44
(17)同、p.78

で、必然的に仲のよい者だけで構成されることになる。

(2) 仲間集団の教育機能

社会集団として以上のような特徴を持つ子どもの仲間集団は、先述したように、子どもの社会化にとって基本的な集団である第一次集団(Primary Group)であるとされている。第一次集団とは、それが個人に対して社会の統一性についての最も初期の、そして最も完全な経験を与える集団であり、子どもの教育にとって不可欠な要素である。さらに仲間集団が第一次集団としての教育機能を発揮するには、その集団が単なる所属集団(Membership Group)ではなく、子どもにとっての準拠集団(Reference Group)足り得ている必要がある。所属集団とは、個人が実際に所属し、その一員として行動する集団のことであるが、準拠集団とは、単に所属するだけでなく、個人が意識の上で自分のものの考え方や判断の拠り所をそこに求めるような集団である。(16)

では第一次集団であり、準拠集団としての意味を持つと考えられる仲間集団には、具体的にどのような教育機能が有しているのかを見ていきたい。

まず、仲間集団において行われる活動が、遊戯中心であることに注目したい。G・H・ミードは、遊びの持つ最も中心的な機能を、子どもの自我(Self)の形成、つまりは社会化にあるとした。(17)そして、この自我は遊びを通じて他者と接触し、相互作用をする中で、他者の役割を取得することによって形成されていくとした。その遊びは遊戯とゲームに二分され、遊戯では子どもは母親や先生などのごっこ遊びの中で、その役割を果たし、ゲームでは野球などのように、規則に従い組織化された集団の中で役割を理解するようになるのである。このように、子どもは他人の集まりである仲間集団の中で、「他人性の存在」を経験するのである。その経験は、すでに準拠集団として子どもがその価値や規範を内面化している家族における経験と違い、それぞれで異なる価値や行動様式を持つ他人同士が集まる中で営まれるので、子どもは仲間集団の中での経験を通して現実の社会生活の縮図を認識することにもなるのである。そこで、子どもが仲間と楽しく遊ぶためには、お互いに「他人」の存在を認め、「他人の権利」を認めることが必要となる。こうした「他人性の存在」を理解する過程は、まさに子どもの社会化の過程であると言え、ここにおいて仲間集団の教育機能が明らかとなる。

さらに、その教育機能の内容を細かく見ていくと、次のようになる。(18)

①　社会的な行動様式の基礎を身に付けること

子どもは他人との出会いの中で、仲間集団において、集団の中における行動の仕方と人間関係のあり方を学ぶのである。

(18)同、p.82

②　個人の持つ価値を多様化すること

自己の価値観や行動様式を持つ他人と出会い、さらに遊びの楽しみを通してそれを容認するようになる。

③　パーソナリティーの形成作用

パーソナリティーは、個人が社会集団に所属する過程において形成される。子どもにとって、社会集団の中では出生後、比較的早い段階で参加する仲間集団は、子どものパーソナリティー形成に大きな影響力を持つ。

（3）現代における仲間集団の問題点

では、上述したような、遊びの活動を中心とした子どもの仲間集団は、現在、どのような状況であるのか考察してみたい。ここでは、以下の三つの視点から考えてみる。

①　子どもの生活の実態

現在における仲間集団を考えるにあたって、まずは子どもの生活実態がどのようになっているのかを明らかにしてみたい。

⑴　少子化

子どもの遊び環境を検証している仙田満が指摘しているように、子どもの遊びに影響を与えている要因の一つとして、少子化の傾向が挙げられる。[19]一九九

（19）仙田満、前掲、p.150

〇（平成二）年の一〇月一日の国勢調査によると、子ども（一四歳以下）の数は二二四九万人で、前年よりも四七万人も減少したことになっている。同時に女性一人あたりの平均出産数は一・五三人であり、きょうだいも少なくなる傾向にある。仲間集団への所属の第一歩として、かつてはきょうだい関係が有効に機能していたのに対して、少子化ときょうだいの減少によって、子どもの仲間集団への所属ができにくい状況が生じているのである。

(2)　生活（遊び）時間の変化

仙田は、同時に子どもの遊び時間の減少を指摘している。今も昔も子どもが自由な時間は、四～五時間とさほど変わらないが、子どもが遊んでいると自覚している時間が約半分と激減しているのである。これは、子どもの学習塾通いやけいこごとの多さを象徴している。さらに横浜での調査結果からは、一九七七年前後においては七〇％の子どもが遊び時間が少ないと言っていたのであるが、一九八九（平成元）年の調査では、少ないと答えた子どもは三五％に減り、五〇％の子どもはちょうどよいと答えていることが示されている。仙田は、このことが日本の子どもたちの遊びへの欲求そのものが、急速に失われてきている状況を表しているのではないかと懸念している[20]。

(3)　マス・メディアの台頭

上述したような遊び時間の減少とともに、現代社会におけるマス・メディア

(20)同、p.154

（21）同、p.148
（22）同、p.164

の台頭が、子どもの生活に大きく影響している。その代表として、テレビやテレビゲームが挙げられよう。こうしたマス・メディアは、子どもの外遊びの興味を減少させるなど、子どもの仲間集団の形成に大きな影響を与えている。

② 子どもの遊び空間

子どもの遊び空間は、都市化などの社会環境の要因と絡まりつつ、必然的に子どもの遊びへも影響を与えている。

仙田は、子どもは遊びの天才であるという考えを支持しながらも、そのためには子どもにとって遊ぶための気持ちの余裕や空間の余裕がなければならないと指摘する。[21] そして、その余裕のある気持ちと空間が、子どもが本来遊びに対して持っている才能を発揮させる前提であると訴えている。実際に現在の子どもたちの生活には、時間的に見ても気持ちの余裕があるとは言えない状況にあることはすでに述べた。では、空間的な環境についてはどうであろうか。仙田は、横浜における『あそび環境調査』を通して、一九五五（昭和三〇）年ごろの子どもたちと一九七五（昭和五〇）年ごろの子どもたちの遊び空間量を比較した。[22] それによると、一九五五（昭和三〇）年ごろの子どもたちが自宅から割合近い距離にたくさんの遊び空間を持っており、それらは相互に連係していたのに対して、一九七五（昭和五〇）年ごろになると、遊び空間が小さくなるだけでなく、それらがバラバラになってしまっていることが示された。さらに自然スペースに関しては、何と量的に八〇分の一という小ささになってしまっているのである。こうした傾向は、現在までにおいては、さらに加速化していることは容易に想像できる。

このような遊び空間の減少と変容は、否応なく子どもの遊びに変化をもたらし、さらにそのことは仲間集団のあり様へも多大な影響を与えているであろうことは明白である。

③ 仲間集団の変化

では実際に仲間集団には、どのような変化が見られるのであろうか。ここでは、「規模」、「成員」、「質」という三つの視点から検討する。

(1) 規模

先述したように、現代日本では少子化が進んでいる。さらに、数少ない子どもをよりよく育てようと学習塾やけいこごとに通わせる親が増えてきたことにより、子ども同士が都合の付く時間が減少し、仲間集団の小規模化が進むこととなった。仲間集団の小規模化が進むと、子どもの社会化にも影響を及ぼすことが考えられる。すでに述べたように、仲間集団は、他人性を理解し、容認する過程を通して、自己の持つ価値を多様化していく教育機能を有している。しかし、メンバーが少なくなることによって、他人性に関わる相互作用の幅が狭くなり、仲間集団の意義が薄れていくのである。

(2) 成員

少子化が進むことによって、仲間集団の成員にも変化があらわれる。きょうだいの多かった頃には、きょうだいを連れて遊びに参加することによって、自然に異年齢の仲間集団が構成されていた。しかしながら、現代ではそうした異年齢の仲間集団が減少してきているのである。このことは、子どもたちが地域で遊ぶ相手が同じ学校の友だちであるということであり、年齢の上で異質性が乏しく、しかも学級替えに伴って解体されやすいという凝集性も乏しい仲間集団となっていることを意味している。年齢の上で異質性が乏しいということは、リーダーシップとフォロワーシップについての学習に限界があるということであり、凝集性の低い仲間集団においては、大人からの自立という点で社会化を弱めることにもつながる。

(3) 質

子どもの仲間集団には、活動集団と交友集団とが存在することはすでに述べたが、今日では、活動集団よりも交友集団が増加している。(23) この原因としては、遊び空間の減少に伴って子どもの外遊びが減少し、集団的な遊びが行われなくなったことにより、テレビゲームなどの個人的な遊びに興ずるようになったことが挙げられる。さらに子ども同士の時間的な都合が付きにくい状況にあっては、遊び仲間は日頃から仲のよい友だちだけとなるので、交友集団が形成され

(23) 住田正樹、高島秀樹、藤井美保、前掲、p.71

やすいのである。この傾向は、子どもが仲間集団において対立や葛藤などの経験をする機会を減らすことにつながっており、つまるところ他人性を経験する機会を奪っているのである。

3・1・3　子どもの生活と社会

先に指摘した現代の子どもたちの仲間集団における教育機能不全の状態は、「子どもの生活」に大きな影響を及ぼしていることが考えられる。それではその状態に対して、どのような克服の見通しを持つことができるだろうか。

(1)　社会の真正さの規準

クロード・レヴィ＝ストロースは、社会人類学と文化人類学を比較し、そもそも「文化」の観念はイギリスが起源であり、その後の「自然」と「文化」の対置を生じさせたとして、社会人類学の限界を主張している。[24] さらには文化人類学が持つその非系統性が、「彼の研究の本当の対象は、しだいに従来以上のもの、つまり、世界を変えるものとしての人類と、その作業の過程で彼自身も変わるものとしての人類から成る解くことのできない組合せになりつつある」として、「人類学に固有の使命」として、「客観性」「全体性」「意味づけ」を挙

(24) クロード・レヴィ＝ストロース『構造人類学』みすず書房、一九七二年、p.396

げている。[25] ここではつまり、小田亮の言うところによる「社会の二つの存在様式の区別」が明らかになっている。[26] すなわちその区別とは「〈顔〉のみえる関係からなる小規模な真正な（本物の）社会の様式と、近代社会になって出現した、印刷物や放送メディアによる大規模な『非真正な（まがいものの）』社会の様式との区別」のことである。[27] レヴィ＝ストロースによると、この社会に対する「真正さの規準」とは、個人間での具体的関係の広がりと豊かさで測ることができるとしている。[28] それは、国家や市場、メディアなどに媒介された間接的なコミュニケーションと身体的な相互的・直接的なコミュニケーションという対比において、後者の持つ社会としての実感覚や具体性によって評価がなされるのである。小田は、これらの区分は社会の規模からというよりは、「社会の想像のしかた」から成立するのだと指摘している。[29] それは、社会というものをあたかも神の眼から一望したように、メディアなどの情報を通して全体から想像する仕方と、〈わたし〉と〈あなた〉という個別具体的な人と人との関係を延長していく先に境界のぼんやりとした社会の全体を想像する仕方の違いである。ここにおいて、社会の真正さとは、国民性や民族性などが語られることの前提となっている人口の規模で決まるのではなく、相互的な関係性に基づきながら身体性を発揮して関わっていく結び付きの中から立ち現れてくるものなのである。川田順造は、こうした社会の真正さについて、わかりやすい例を基に次の

(25)同、pp.403～407
(26)小田亮『レヴィ＝ストロース入門』ちくま新書、二〇〇〇年、p.26
(27)同、pp.26～27
(28)クロード・レヴィ＝ストロース、前掲、p.411
(29)小田亮、前掲、p.28

ように解説している。(30)

他者が個人であれば、職場の同僚として一〇年つきあうより、喧嘩、恋愛その他の特異な状況をとおして交わった数か月の方が、その他者をよりふかく知ることができることは多いし、集団なら、その成員全員にかんたんな質問票を配って回答を求めるより、その集団内部で、いろいろな意味で重要な何人かの人にじっくり話をきいた方が、その集団をある面ではよりふかく知ることになるだろう。その集団内部で一定の役割をもって働いたり、ある主張や運動のためにその集団のなかにとびこんだ人の方が、期間は短くても、単なる観察者としてながくいた人より、たとえ一面的ではあれ、その集団の本性を、よりふかく知ることもありうるのである。

(30) クロード・レヴィ＝ストロース、前掲、pp.430～431

(2)「子どもの生活」と社会

以上のようなレヴィ＝ストロースの言う「社会の真正さの規準」は、「子どもの生活」と社会の関係に当てはめて考察することができる。学校において子どもたちは、社会について、例えば教科の学習（教科書等のメディア）を通して、「神の眼から一望したように」とらえることが促される。たとえ緻密に学習したとしても、その社会の想像のしかたは全体的であり、その境界線ははっきりしたものであるかわりに、自身の身体性に訴えかけるものは少なく、実感する機会は限られている。それに対して、子どもたちが生活している学級教室や家庭において、〈顔〉の見える人との関係性は、やがては学級風土や家庭の雰囲気を形成するものとなる。ここにおいて、子どもが実感を伴いながら付き合うことになる生活におけるあらゆる営為は、自身を中心にしながら波紋状に拡大していく、輪郭線のはっきりしない社会のあり様〈わたし〉と〈家族〉の関係、〈家庭〉と〈学校〉の関係、〈学校〉と〈地域〉の関係、ひいては〈社会〉との関係の境界に対する意識はきわめて曖昧である)を「想像」させることとなる。ここでは子どもたちは社会を意識することはないが、レヴィ＝ストロースの言う「真正さ」、そして川田の援用した事例における「集団の本性をよりふかく知る」ことへとつながっているのである。

したがって、私たち大人が「子どもの生活」をとらえようとするならば、子どもたちの身体性を伴わせながら実感できるような場に立ち会い続けることが重要なのである。このことを通して、私たちはよりよく「子どもの生活」を知ることができると同時に、子どもたちが無意識に展望している社会のあり様を共視的に想像することができるのである。

3・2 まなざし／Look

3・2・1 図画工作・美術科の学習と子どもの「まなざし」

前項で理解したように、子どものためのデザイン教育を実践する上では、「子どもの生活」に対する深い理解が必要である。それには、子どもたちが日々の生活において感じ、見つめている事実から世界をとらえ直す必要がある。子どもたちは日々の生活の中であたりまえのようにとらえている「ひと・もの・こと」に対して能動的に関わっていき、日常に新鮮なイメージを投影し、新たな価値や意味を付与している。こうした資質・能力は、前項で示したレヴィ＝ストロースの「社会の想像のしかた」においても発揮される。また竹村真一が指摘した「世界をみる解像度を高める」ことのできる資質・能力として、子どものためのデザイン教育の内容の一つに位置付けることができる。例えばその内容は、図画工作・美術科の授業において次のように具現化する。

一一月下旬の図画工作の時間に、小学校二年生の子どもたちが『だいすき たからものばこ』という鑑賞活動に取り組んでいた。この活動では、小学校低学年の子どもたちにとっての鑑賞の対象が、作品のみならず、子どもたちを取り囲んでいるあらゆる形や色、材質であるととらえられた。子どもたちは、身の回り（学校、家庭）から自分が好きな形や色、材質を有したモノたちを収集し、各々が用意した箱＝「たからものばこ」に詰めていった。

子どもたちは、図工室にあった材料の端切れや校庭に落ちている自然材、家庭で見つけた身辺材などを箱に詰めていった。ある時、女児の三人が「先生、見て、見て」と缶の箱を授業者である私に差し出した。見ると、中に霜柱が入っていた。やがて溶けてなくなるだろうと思い、そのことを指摘しようとしたとき、ふと気付いたのであった。それは、その霜柱が、学校の校庭にその年初めてできた霜柱だと言うことである。子どもたちは、授業のねらいである「身の回りにある形や色などを味わうこと」に対して、季節の移り変わりという、生活実感に基づく、切実かつ鋭敏なとらえ方をしていたことになる。ここではむしろ、子どもにおとなが大切なことを教えられているのである。

このエピソードからは、図画工作科という教科の学習においても、子どもたちが何気ない日々の生活へと「まなざし」を向けていることを見て取ることができる。

ここで、子どものためのデザイン教育において培う資質・能力として「まなざし」を位置付けるならば、それは図画工作・美術科における鑑賞を中心にした活動で培うことができると考えられる。ただしそのためには「鑑賞」というものを子どもの「まなざし」の所在からとらえ直す必要がある。それは、図画工作・美術科における鑑賞学習の対象を「美術作品」のみならず、「子どもの生活」へと拡大することでもある。ここでの鑑賞活動とは、「見る」という近代以降優位とされてきた〝強迫観念〟から解放されたものでもある。すなわち、視覚のみならず、「触る」「動く」などの行為性はもちろん「関わる」「参加する」などといった関係性、さらには「笑う」「悲しむ」などの感情をも含んだ、身体が伴った活動である。つまり、生活主体としての子どもの実感からはじまる学習を構想することになろう。

もちろん、子どもは社会集団に生きていることから、文化という文脈の中で生きることからは免れない。そしてそれは、子どもが同時代に応じた意味や価値の要請に応じて生きていることをも意味している。しかしながら前節で考察したように、子どものためのデザイン教育における「子ども像」とは、社会の要請に対して受動的でなく、かつその要請から隔離された純粋無垢な像でもない、「いま―ここ」を生きる能動的な存在像なのである。この能動性は、子どものためのデザイン教育が、多様でおびただしい量の情報・メディアを携えている社会や文化と相対しながらも、子どもが育っていくために必要な現代的な教育機能として位置付くための根底原理なのである。

（31）文部科学省『小学校学習指導要領解説図画工作編』日本文教出版、二〇〇八年、p.3

3・2・2　鑑賞の再構造化による子どもの「まなざし／LOOK」の育成プロット

（1）表現と鑑賞の関係

「表現と鑑賞」、この両者の関係について、小学校図画工作科の学習指導要領の解説では次のように述べられている(31)。

> 表現と鑑賞はそれぞれに独立して働くものではなく、お互いに働きかけたり、働きかけられたりしながら、一体的に補い合って高まっていく活動である。

このように表現と鑑賞を、学習活動、すなわち子どもが「能力」を発揮する活動としてとらえるならば、それらは本来、一体的・相互作用的に成立しているものである。それをあえて二つの「領域」に分類しているのは、学習指導要領が、教師の〝ガイドライン〟として存在しているからに他ならない。

そもそもこの「領域」としての「表現と鑑賞」という二者の関係は、一九七七・一九七八（昭和五二・五三）年に改訂された学習指導要領ではじめて登場した。しかしながらそこでの鑑賞は「内容を精選するために、鑑賞を表現に関連させる」と明記されていることからもわかるように〝表現に付随したもの〟として位置付けられている。したがって「表現と鑑賞」という関係には、「主従」

が強く打ち出されていた[32]。その後、一九九八(平成一〇)年の改訂では、いわゆる「鑑賞の独立」が明記された[33]。その結果、多くの鑑賞題材が開発・実践され、先の〈主従〉関係が払拭されたかのようにも見えた。しかしながら、ここにおいても、その学習活動をどのように構想・実践すべきか(例えば、学校と美術館の連携・開発など)といった教師による指導的側面から論じられることが多く、その実践において、子どもがどのような「能力」を発揮しているのかについての実証的な論考は少なく、またそのことについて体系化されるには至っていない。

以上のことから、私たちが鑑賞の学習活動について考えるとき、その眼前には「領域」としての鑑賞なのか、「能力」としての鑑賞なのか、という混乱が回避しがたく横たわっている(**図5-3-2**)。こうした鑑賞をめぐる問題所在を基に、子どもが発揮する「能力」の視座から鑑賞をとらえ直すこととは、前章で指摘した、「子どものデザイン」プロセスが図画工作・美術科の一つの内容分野(例えば、デザインや鑑賞)だけに生起するものではなく、造形教育を構成する内容分野を「越境」するものであることを確認することでもある(前掲**図4-4-2**参照)。

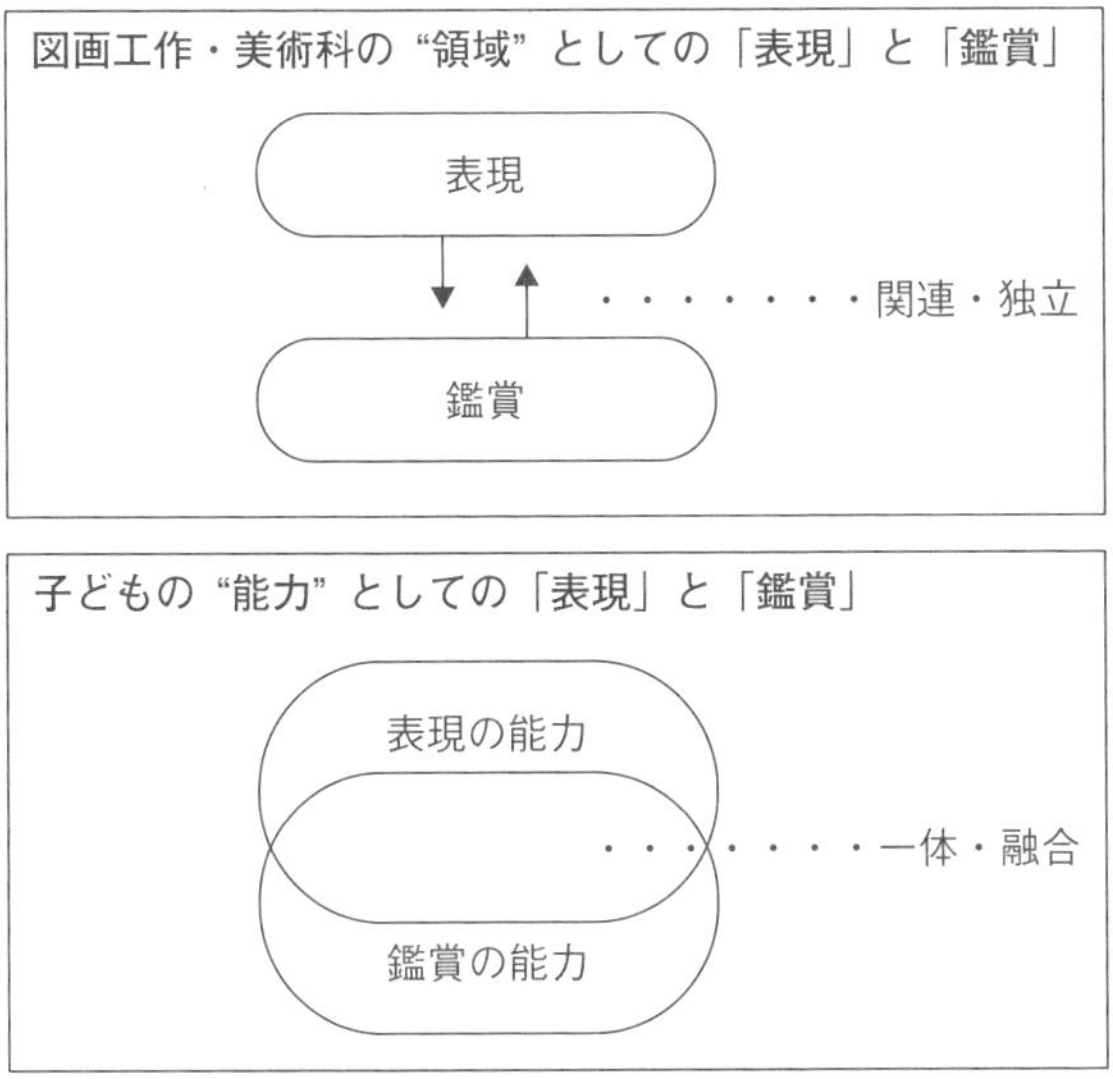

図5-3-2 〈表現と鑑賞〉の関係性

(32)金子一夫『美術科教育の方法論と歴史〔新訂増補〕』中央公論美術出版、二〇〇三年、p.229
(33)文部科学省『小学校学習指導要領』国立印刷局、一九九九年、p.76

そこで、子どもが発揮する「能力」として、図画工作・美術科の内容分野の基底に「まなざし／LOOK」を据えることから想起される鑑賞の学習活動を、子どもの姿から整理する。

（2）鑑賞の再構造化の試み

① 鑑賞における学習活動カテゴリーの析出

(1) 表現に埋め込まれた鑑賞

これまでも確認してきたように、子どもは表現を行いながら、常に鑑賞の能力を働かせている。よって、こうした能力の発揮が見られる学習活動カテゴリーを「表現に埋め込まれた鑑賞」として位置付ける。さらにこのカテゴリーには、次の二つの様態が考えられる。

○相互鑑賞　「A・表現」における学習活動のプロセスには、子ども同士がお互いの表現を味わうといった相互交流が見られる。この交流には、教師が意図的に学習活動として取り上げる場合と子どもたちが自然に行っている場合とがある（**図5－3－3**）。これらの活動はいずれも「相互鑑賞」として位置付けることができよう。

○自己鑑賞　子どもは、表現を行う過程においても絶えず鑑賞の能力を働かせている。例えば、彫刻刀で彫るときのサクッとした感触を味わいながら、自分

図5-3-3 相互鑑賞

図5-3-4 自己鑑賞

が次に行う表現の方向を見つけたり、木版画で試し刷りをしたものをじっと見つめて、次にどこをどのように彫ればよいかを決めたり、偶然生まれた絵の具のにじみによる色の美しさを自分の表現に生かしたりしている（図5-3-4）。ここにおいて、鑑賞の能力の十分な発揮が表現を支えていることがわかる。表現の能力には、自ずと鑑賞の能力が内在しているのであり、こうした活動を鑑賞の学習活動として位置付けることができる。教師は、子ども一人ひとりが自分の感覚を働かせながら表現を進めていくことができるように、集中して活動できるような学習環境を整えたり、材料や用具と存分に関わりあいながら表現できるようにしたりする必要があろう。

(2) 表現に接続する鑑賞

子どもたちは、鑑賞の学習活動において、表現と同様にイメージを創出したり価値付与を行ったりしている。よって美術作品などの鑑賞から表現へとつなげていくことによって、鑑賞

図5-3-5　表現に接続する鑑賞

の能力をより一層高めることができる。例えば、自分の好きな絵画作品を選び、それを立体的に表していく過程で鑑賞の能力を高めるような学習活動が考えられる(**図5-3-5**)。

(3)　独立した鑑賞

これまでに示した学習活動カテゴリーでは、その学習活動のねらいは表現に結び付いていくものとして設定されている。それに対して、鑑賞の能力の育成そのものにねらいが設定される学習活動カテゴリーも存在する。これが「独立した鑑賞」である。このカテゴリーは、その対象によってさらに次の二つに分類することができる。

○**美術作品の鑑賞**　この学習活動は、子どもにとって親しみやすい美術作品を対象にした鑑賞を通して、鑑賞の能力を育てようとするものである。例えば、教科書に掲載されている日本の「浮世絵」を鑑賞して、気付いたことを友人と話し合ったり、自分たちの生活の中にある日本の美術作品を探し出して紹介しあったりするような活動が考えられる。なおここには、作品そのものを対象にするだけでなく、製作(制作)の過程の鑑賞や、美術館との連携によるアートゲームの実践なども含まれる。

○**生活の鑑賞**　先に述べたように、子どもにとっては取り囲む環境すべてが鑑賞の対象であり、それらに対して子どもが能動的に働きかけることで、意味や価値を見つけ出すことのできるものである。小学校低学年の子どもには、自分が気に入った形や色の石を集めるなど、「みる・さわる」といった感覚自体が目的化されている行為をよく見かける。これは、子どもたちが環境に対する感覚を存分に発揮している状態を示している。小学校高学年の子どもや中学生は、何気ない風景の中に存在する、光のあたり方や気候の変化などによってもたらされる面白い〝みえかた〟に対して強い興味を持つ。ここにおいても、生活に関わる能動的感覚が意識化されている（**図5-3-6**）。このように、日々の生活に存在する対象に対する能動的な関わりを鑑賞の学習活動として位置付けることができるだろう。

図5-3-6　生活の鑑賞

(3) 鑑賞の再構造化による子どもの「まなざし／LOOK」育成プロット

以上の学習活動カテゴリーは、子どもの「まなざし／LOOK」の育成プロットでもある。その構造図を**図5-3-7**にまとめて示す。

3・3　つくりだす／Do it Yourself

前節では、生活における「ひと・もの・こと」を自分の感覚でとらえること

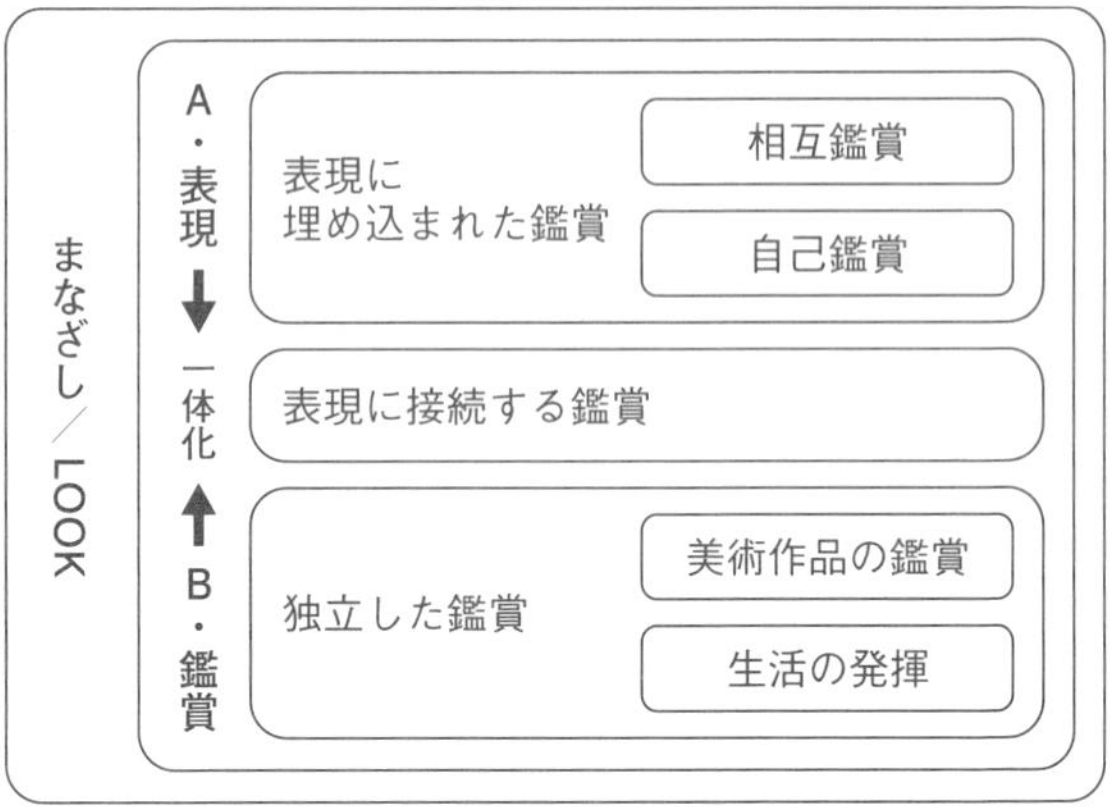

図5-3-7 「まなざし／LOOK」の育成プロット

から切実な問題を見出す営みとして、鑑賞を再構造化することから見えてくる「まなざし／LOOK」の育成の必要性を明らかにした。そしてその「まなざし／LOOK」を通して自身の生活から切実な問題が見出されたならば、それに対して自分の頭で考え、造形として可視化しながら生活をつくりかえていこうとする創造的な問題解決が促される。それはまさに「Do it Yourself(DiY)」の精神に則った行動である。

「DiY」とは、日本では「日曜大工」と同様な意味として馴染みの深い言葉である。この言葉の起源は、第二次世界大戦後のイギリスで、破壊された街を自分たちの手で復興させる国民運動がはじまった際に、そのスローガンとして生まれたとする説が有力である。やがてこの運動はヨーロッパ全土からアメリカへと広がりを見せた。なぜならば、ギー・ドゥボールが、現代社会を「スペクタクルの社会」と称したように、私たちの生活が、資本主義的な商品に囲まれるようになってからというもの、自分たちでモノを考えたり、自分たちで文化をつくりだしたりする機会を完全に奪われつつあるのではないかいう危機感に晒されたからである。[34] そこで、ある理念に基づいて〝誰かが〟行動を呼びかけるのに対してこたえるのではなく、自分の頭で考えて何よりもまずは行動することで自ら

(34) ギー・ドゥボール『スペクタクルの社会』筑摩書房、二〇〇三年、pp.14～30

の生活をつくっていこうとする精神として「DiY Ethic」が広がっていったのである。

「DiY」のこうした生い立ちからもわかるように、「DiY Ethic」には「子どものデザイン」プロセスを構成する「子どもの生活」「子どもの感覚」「切実な問題」「創造的・協働的な問題解決」といった要素が内包されている。確かに毛利嘉孝も「DiY Ethic」には次のような特性があると指摘している。[35]

- 自律：抵抗それ自体でなく、自律した活動を自分たちでつくっていくことを重視する。権力化に対するアンチテーゼ、不服従を原則とする。
- 享楽的：「楽しい」「嬉しい」という感覚が重要であるとする。理念や理想が先行するのではなく、今この一瞬一瞬をどのように生きるかを重視する。
- 禁欲的：上記享楽の追求のために他者を犠牲にしない。ここにはグローバリゼーションに対する拒絶も含まれている。
- 〈いま・ここで〉：未来の革命でなく、私たちが生きている日常生活の革命を目指す。
- メディアになる：メインストリームの文化を利用しつつ、こっそり自分たちの文化にしてしまうような斜の構えを持つ。
- 共有：「所有」概念が格差を生み出してきたという自覚のもと、文化の共

(35) 毛利嘉孝『はじめてのDiY―何でもお金で買えると思うなよ!』ブルース・インターアクションズ、二〇〇八年、pp.40～50

（36）毛利嘉孝、前掲、p.22
（37）同、p.67

有を目指す。

そして毛利は、「DiY Ethic」を実践する要点を次のように提起している[36]（（ⅰ）（ⅱ）は筆者が付した）。

目の前にある世界を当たり前として捉えるのではなく、疑ってみること（ⅰ）
自分自身のための、より楽しい、もう一つの世界を想像してみること（ⅱ）

このように「DiY Ethic」には、産業的価値に晒されたデザインのあり様を、生活の主体者である〈わたしたち〉に〝返却する〟契機を含んでいる。そしてそれは「子どものデザイン」のあり様と深く関わっている。毛利による要点のうち（ⅰ）は、先掲した子どものためのデザイン教育の内容であるところの、子どもの「まなざし／LOOK」と重なっているし、（ⅱ）は、同じく、現実社会に対してオルタナティブな「子どもの生活／Kids Life」と重なっている。

さらに両者の関連を示す興味深い事例を示そう。

まずここに示す文章は、毛利による二〇〇八（平成二〇）年における「DiY」に関する見解である[37]。

DiY の精神は、既製品として与えられている文化や情報に疑いをはさむことからはじまる。「こういう風に言われているけど、本当にそうなのかな?」

DiYとは、私たちの生活がメディアによって支配されていることをいったん認めつつ、何とかして、私たち自身のためのメディアを取り戻そうという試みなのだ。だから、DiYメディアをつくりだすことは、私たちのライフスタイルそのものを能動的に変えていくことを意味する。メディアからの情報を受取り続けている限り、どうしても私たちのライフスタイルは、何か外からの刺激に対する「反応」になってしまい、その「反応」は本来思考がもっている能動性を奪ってしまう。けれども、人間は何もインプットがないところからモノをつくりだすことはなかなかできないので、やはりいろんなところからインプットを探さなければならない。能動性とは、そうしたインプットを探そうという態度から生まれるものである。自分の目や耳で得た情報を、自分なりに編集していくこと。そうした作業を経て、DiYメディアは、DiYの倫理を獲得していくのである。

DiYメディアが、ライフスタイルの変革を必要とするのは、その能動性をどのように確保するのかということに関わっているからである。（傍線筆者）

続いて、以上の主張と比較しながら、次の文章を読んでいただきたい(38)。

今日の実際社会では、我々の生活に関するモノを自分の手でつくることはほとんどない。特に住居とか生活用品のほとんどはそれぞれの専門家の手によるか、機械の大量生産によっている。そしてそのことが、今日の我々に主体性を失わせている。我々は工場でデザインする職業、製作する職工、購買する消費者というように完全に分離され、自分たちと無関係の所でつくられた品物を、ただデパートにちょうどあったという理由で買ってきて使っている。もちろんそれぞれの人が好みにしたがって選択は

(38) 高橋正人編『デザイン教育の原理（デザイン教育大系）』第一巻、誠信書房、一九六七年、pp.28～29

するが、選択をする確実な根拠というものはほとんどなく、多くの場合、思いつきにすぎないのである。

　しかしデザインというものは、特定の職業の人間がやることではなく、全ての人間の生活における態度である。我々は生活の全てにわたって、生産をも含めて、自分の力でデザインするということが、本来の人間の姿であることに気付かねばならない。

　こういう意味では、例えばアメリカ・インディアンは、一人ひとりがデザイナーである。文明が進むとともにそのような能力が低下するというのはおかしい話である。すべての面にわたって進歩するのが本当であろう。

　このように生活のすべてにおいて、自分たちでデザインするという考え方が民主的な社会における基本的な態度である。そしてそれは、我々一人ひとりが自身の生活に対する主体性をもつということでもある。（傍線筆者）

　この文章は、毛利による主張の約四〇年前となる一九六七（昭和四二）年に、高橋正人が「子どものためのデザイン教育の意義」について論じたものである。傍線部を中心にその内容を比較してみると、「子どものデザイン」プロセスの構成要素である「自分の生活」「感覚」「切実な問題の発見」「創造的・協働的な問題解決」という観点で論旨が一致していることがわかる。同時にこのことはまた、半世紀近くの四〇年もの時を経ながらも、未だに同様なニーズが語られなければならない事態にあることをも露呈している。高橋が示したデザインを通した子どもに対する「願い」は、確かに「私たちの生活」、「主体性」、「自

図5-3-8 やってみながら、みんなで考える

（39）J・D・クランボルツ、A・S・レヴィン『その幸運は偶然ではないんです』ダイヤモンド社、二〇一二年、p.225

分でつくりだす」といった「DiY Ethic」の重要性を訴えているのであり、私たちはこのことにしっかりと目を向けていかなければならないだろう。

また、この「DiY Ethic」に基づいて行われる創造的問題解決とは、結果とプロセスがあらかじめ決められているものではなく、むしろ決められていると思い込んでいる事物・事象に対して、その都度働きかけながら次の一手を決めていくような、きわめて短いスパンでの問題解決が繰り返されていくものである。そのために次々と立ち現れる問題に対しては、全身の感覚で向き合うことで、当初構想した計画とは異なる手段を選択することもある。さらにその結果、当初の到達地点とは全く異なる景色の中を進んでいるということもあり得る。この自己内、あるいは集団内での「異質」な結果に対する価値付けこそが、正解のない問いに対する「こたえ」の創出という現代的な資質・能力の発揮のためには必要不可欠な実践の様態であると言える（図5-3-8）。このような計画のあり様について、昨今では現代社会をよりよく生きていくための考え方として、「Happenstance Approach」が注目されている。[39] それは「計画的偶然性理論（Planned Happenstance Theory）」に基づくものであり、「想定外の出来事を最大限に活用する」、「選択肢はいつでもオープン」、「結果が見えなくてもやってみる」、「間違いを活かす」「行動を起こして自分の運をつくりだす」といった原則を提案している。これらの原則を見ればわかるように、子どものためのデザイン教育で発揮され培われるべき子どもの資質・能力としての DiY Ethic における創造的な問題解決が、具体的で社会的な人間形成を指していることがわかるだろう。

3・4　ブリコラージュ／Bricolage

前項で挙げた「DiY Ethic」に則った創造的な問題解決においては、想定された理念に基づいて、他の〝誰か（例えば教師）〟による行動の呼びかけに対してこたえることを意味してはいない。したがってその問題解決プロセスは、先述の計画的偶然性理論（Planned Happenstance Theory）で説明されるように、いわゆる近代的な意味において〝計画的〟であるとは必ずしも言えない。なぜならば、そこで求められる資質・能力とは、切実な必然から生み出された問題に対するアプローチにおける試行錯誤的なプロセスにおいて獲得されるものであり、そのためには創造性が何よりも重視されるからである。したがって、子どもたちが、その場〈いま―ここ〉にある、あるいは手に入る断片（メディア）だけを寄せ集め、それらで何ができるか試行錯誤しながら、当初の場とは異質な地平にある意味や価値を発見していくことが求められることになる。

(40)クロード・レヴィ＝ストロース『野生の思考』みすず書房、一九七六年、p.23
(41)同、p.23

このような社会に生きるアクチュアルな子どもたちの姿は、レヴィ＝ストロースが提示した「ブリコルール・Bricoleur」としての姿であると言える。レヴィ＝ストロースは、それを「くろうととはちがって、ありあわせの道具材料を用いて自分の手でものを作る人」であると述べている。[40] さらにその活動形態は、「ブリコラージュ（Bricolage）」と呼ばれ、その動詞「ブリコレ（Bricoleur）」は、古くから非本来的な偶発運動を指すものである。もう少し、彼の言うブリコルールの意味を参照してみよう。[41]

器用人（ブリコルール）は、多種多様の仕事をやることができる。しかしながらエンジニアとはちがって、仕事の一つ一つについてその計画に即して考案され考案され、購入された材料や器具がなければ手が下せぬということはない。彼の使う資材の世界は閉じている。そして「もちあわせ」、すなわちそのときそのとき限られた道具と材料の集合で何とかするというのがゲームの規則である。しかも、もちあわせの道具や材料は雑多でまとまりがない。なぜなら、「もちあわせ」の内容構成は、目下の計画にも、またいかなる特定の計画にも無関係で、偶然の結果できたものだからである。すなわち、いろいろな機会にストックが更新され増加し、また前にものを作ったり壊したりしたときの残りもので維持されているのである。したがって器用人（ブリコルール）の使うものの集合は、ある一つの計画によって定義されるものではない。器用人（ブリコルール）の用いる資材集合は、単に資材性（潜在的有用性）のみによって定義される。器用人（ブリコルール）自身の言い方を借りて言い換えるならば、「まだ何かの役に立つ」という原則によって集められ保存された要素でできている。

（42）桐田敬介「『光の空間』における造形遊びのエピソード記述」大学美術教育学会（京都大会）概要集、二〇一三年、p.46

このように、先述したような「子どものデザイン」プロセスにおける計画——それは偶発的であるがゆえに創造的でもある——の意味とも重なっているのである。

また、このブリコラージュは、図画工作科の造形遊びにおける学習プロセスとも近似しているとも指摘されている。桐田敬介は「造形遊びは子どもたち自身が限られた材料や場所の潜在的有用性（『何かに使えそうだ』という資材性）を判断しながら、即興的に資材の組み合わせを組み替えていくことによって、創造的に造形的問題（アイデアが浮かばない、素材の制約、材料の組み合わせ方の問題など）を解決していく『ブリコラージュ的問題解決』である」として、造形遊びの授業実践のエピソード記述分析からそのことを実証的に説明しようと試みている。[42] ところで、この造形遊びが造形教育の歴史的変遷におけるその発生過程において、子どものためのデザイン教育と密接な関係を持ちながらその位置付けを獲得していったという史実は、第3章においてすでに明らかにした通りである。ここにおいて再びブリコラージュという概念を介して、さらにはその計画性において、「子どものデザイン」プロセスと造形遊びとが関連していること、ブリコラージュが「子どものデザイン」プロセスの原理として位置付いていることが明らかとなっている。

さらにレヴィ＝ストロースが先の文中で「エンジニア」と称したのは、「近

図5-3-9　ブリコラージュと造形遊び

代科学（正確には西洋近代に特殊な思考）」に基づく「エンジニア（技師）」のことである[43]。このエンジニアは、全体的な計画としての設計図に即して考案された、機能や用途が一義的に決められている「部品」を用いる[44]。対してブリコルールは、もとの計画から引き剝がされて一義的に決められた機能を失い、「まだ何かの役に立つ」という原則によって集められた「断片」を、その時々の状況的な目的に応じて用いるのである。この「エンジニア」を近代デザインの請負人であった専門職としてのデザイナーと考えてみるとまさしく当てはまり、先掲したパパネックが、「エンジニア」としてのデザイナーの仕事に対するアンチテーゼを、インドネシアの人々のために学生が開発したラジオを事例として主張したことを思い出させる。そこではインドネシアの人々が、デザイナーという一義的で固有性を失った設計の仕事に対して自らの感覚と彼らの日々の生活に散らばっている貝殻や布の切れ端などの「断片」によって装飾を施すというブリコラージュを実践するブリコルールとして描かれているのである[45]。

　このブリコルールが自らの実践の材料とする「断片」とは、「Odds and Ends」、すなわち「いろいろな出来事の残片や破片」であり、「ガラクタ」である。しかし、レヴィ＝ストロースの言う「ガラクタ」の意味するところは、実在的な意味よりももっと広いところにある。彼はブリコラージュ

(43)小田亮、前掲、p.136
(44)同、p.137
(45)第5章を参照されたい。

の概念を、美術のあり様に展開して考察している。彼によれば、美術作品とはすべて構造と出来事の統合によって成り立つとし、出来事とは偶然性の一つの様式でしかなく、その構造への統合（これは必然的と見なされる）が美的感動を生み出すのだとしている。(46) そしてその偶然性は、機会のレベル、制作のレベル、用途のレベルのどれかに位置するとされる。そうして「美術のタイプ」をそれぞれに対応するものであると位置付けている。「未開美術ないし原始美術」、「西洋美術」、「応用美術（工芸）」は、マチエール、モデル、使用者という相の相対的分量の違いによって決定するにすぎないので、それらの分節点にブリコラージュが存在することで、それらは統合され、超時代的な価値を獲得するのだと言う。ここにおいて、これまで繰り返し指摘してきた通り、「子どものデザイン」プロセスが、美術というものを教育内容とする図画工作・美術科の再構造化を促し、拡張する概念であることを確認することができよう。

またこの「断片」を、子どもの生活の中に存在するあらゆるモノたち―その意味文脈は、大人たちにとっては定められた解釈を強要されるものであるが、子どもにとっては「関係のない」場合が多い―へと広げてみると、子どもたちの生活全体がブリコラージュの対象となり得ることが予感できる。前節で指摘したような鑑賞の学習活動を、世界をとらえる「まなざし／LOOK」へと広げることによって、子どものためのデザイン教育を展望することができたように、

(46) 同、pp.33～34

（47）ミシェル・ド・セルトー『日常的実践のポイエティーク』国文社、一九八七年、pp.132〜133

ブリコラージュの対象となる「断片」を「子どもの生活全体に存在するもの」へと広げることによって、現実社会を生きる子どもたちにとって有意義な造形活動を想定することができるのではなかろうか。

ミシェル・ド・セルトーは、先住民であるインディオたちが植民地支配によって文化支配を受容する中の細かな「抵抗」に、ブリコラージュの戦術としての意味を見出している。[47] これは、若者たちによるサブ・カルチャーがカルチュラル・スタディーズを通して現在の消費社会に対する「抵抗」としてとらえられることと同様である。これは、先に挙げたDiY Ethicの現代社会における実践的な有効性が、ブリコラージュという概念によって説明されていることにもなるだろう。「子どものデザイン」プロセスにおけるブリコラージュには、子ども自身には自覚され得ないが、現代社会に対する「異議申立て」としてのフィードフォワード機能が包含されている。このことを「子どもの生活」に当てはめてみると、大人ではどうしようもない消費社会の絶大な力に対して、子どもたちが〈いま―ここ〉にある「ありあわせ」の「断片」から新たな意味や価値をつくりだしていくブリコラージュには、社会のあり様を新たに志向していこうとするオルタナティブな実践としての可能性が確かに存在している。そしてその可能性こそが子どものためのデザイン教育の原理なのである。

(48) ドゥー・ギーボール、前掲書、p.15

3・5　協働的関係／Collaborative Relation

3・5・1　求められる関係性

昨今の学校教育現場で、「いじめ」問題が深刻化し、その病理的現象の原因の一つとして子どもたちのコミュニケーション能力の欠如が挙げられるようになって久しい。しかし一方では、現在の子どもたちの物怖じしない社交性に富む面も指摘されているところである。では子どもたちに不足しているコミュニケーション能力とは、どのようなものなのだろうか。

子どもたちの様子を顧みると、「言葉や数値にならないこと、もの」への感受性が、経験的にも学習的にも不足しているように見受けられる。コミュニケーションを考えていく際には、そうしたノンバーバルな部分に注目していく必要があろう。また、強大なメディアが台頭する世界に生きようとする子どもたちにとっては、それを受容するだけでなく、それに対して「したたかに」関わっていくことが必要であることはすでに述べた。そしてそのためには、ドゥボールの言うところの「スペクタクルの社会」を「実効性を有するようになった一つの世界観(Weltanschauung)である」としてとらえ、是認することからはじめる必要がある(48)。すなわち主従的な関係ではなく、あらゆる異質な「ひと・

もの・こと」との関わりという協働的な関係性において、その関係性をつくりかえていくことを通してしか〈わたし〉という個人をとらえることができないということである。

以上のような協働的な関係性は、子どものためのデザイン教育においてはどのように育むことができるのだろうか。ここではその原理として、「子どものデザイン」プロセスにおける「感覚」と「造形としての可視化」が大きく作用する「造形によるコミュニケーション」の意義を提起してみたい。

3・5・2 造形によるコミュニケーション

(1) コミュニケーションの意味

「コミュニケーション／Communication」。もはや、この言葉を知らない子どもはいないだろう。子どもたちは自分たちの日常生活場面で、あたりまえのように「コミュニケーション」と言うものを自覚して生きているのである。一方、現代社会は情報化社会とも呼ばれるようになって久しいが、私たちの生活の中にもマス・コミュニケーションに代表されるような実に様々な情報、メッセージが流布している。かねてより世の中のそのような動きは『情報化の進展』と表現され、教育とは切っても切り離せない社会的要因の一つとして注視されてきた。そのような情報の氾濫の中に生きている現代人にとって情報の取捨選択は、欠くことのできない能力の一つであると言われ、これからの社会を生きていく子どもたちにとってはなおさらであることは言うまでもない。また、情報機器、情報通信ネットワークの進化と、その活用面から、よりグローバルな視野の元に情報を発信し、コミュニケートしていく姿勢も重要視されている。

しかし、これらの問題提起は主に情報の中でも〝通信〟的な側面に注目したものであり、より人間の実感に近いアナログなコミュニケーションを論じてはいない。本項では、子どもたちの日常生活場面に存在しているコミュニケーションを対象にする。

ところで、コミュニケーションという言葉は、その接頭語である［Com-］に元来「共通する」という意を持っている。(49)このコミュニケーションが持つ双方向性（＝インタラクティヴィティー）は、現代においては一般的なとらえになっている。テレビに代表されるように、情報の一方的な垂れ流しであった映像情報も、インターネットによって双方向のコミュニケーションが可能になった。(50)さらには、そうした双方向性は、かつて「新学力観」において指導の在り方が見直されたと言うように、学校教育現場でもすでに具現化している。かねてより指摘されてきた教師主導型の授業形態を改め、「教師―生徒」間のインタラクティヴな交流を中心にした授業形態への移行がそれである。

(49)藤澤英昭『デザイン・映像の造形心理』鳳山社、一九七八年、p.130

(50)藤澤英昭他『ヴィジュアル・コミュニケーション』ダゲィット社、一九七五年、pp.75～79

さて、遠藤邦武によると、コミュニケーションは、その対象によって次の四つに分類される[51]。

①自己伝達(Intro Personal Communication)。自分自身の内部との伝え合い。(例：手帳へのメモ書き、授業の自己評価カード)

②対人伝達(Inter Personal Communication)。一対一で話しをしたり、手紙を書いたりする。

③グループ間の交流伝達(Group System Communication)。お互いに認識されている数人、または多数の人のあいだでコミュニケーションする。(例：学級の授業、ミーティング)

④不特定多数の人間を対象とする伝達／マス・コミュニケーション(Social System Communication)。認識されない不特定多数に対する伝達。(例：テレビ、ポスター、ウェブ)

子どものためのデザイン教育の内容である「協働的関係／Collaborative Relation」において教育的に作用するコミュニケーションとは、子どもが「つくりだす」場面においては①、②、③が中心であるが、前述の「子どもの生活／Kids Life」「まなざし／Look」の対象としては④も包まれることになる。

(51)遠藤邦武『視覚伝達論』東京デザイナー学院出版局、一九七〇年、pp.9~10

（52）藤澤英昭他『ヴィジュアル・コミュニケーション』前掲、pp.9~10

（2）ヴィジュアル・コミュニケーションの意味

私たちの身の回りには、実に多くの形や色があふれている。そして、その形や色を利用した映像情報によるコミュニケーションの行為が社会全体を包括していると言っても過言ではない。先述したマス・コミを代表するテレビがそうであるし、現在、子どもたちにとって日常化している〝写メール〟や〝LINEスタンプ〟の交換行為なども、彼らなりの映像によるコミュニケーションの一つと言うことができるかもしれない。その他にも多数示すことができるように、前章で述べた情報化の進展に伴い、視覚領域の活性化、拡大化は加速度的に強まっている。藤澤英昭は、かねてより世界のそのような成り立ちを「映像優位の社会」と表現している[52]。それはマス・コミュニケーションの配下にあり、垂れ流しと言ってもよいほどの映像情報は、受け手のことなど考えてはくれない。それは私たちの生きる世界を一瞬にして包み込むメカニズムによって、強大な影響力を持って世界に君臨している。同氏はそのような現代におけるコミュニケーションの特徴として、以下の二つを挙げている。言語的情報から映像的情報への変化、そして知的に等質な社会の出現である。教育界においても、このようなヴィジュアル・コミュニケーションの存在を視野に入れる必要のあることは紛れもない事実である。

ヴィジュアル・コミュニケーションとは、一言で言えば形や色といった視覚

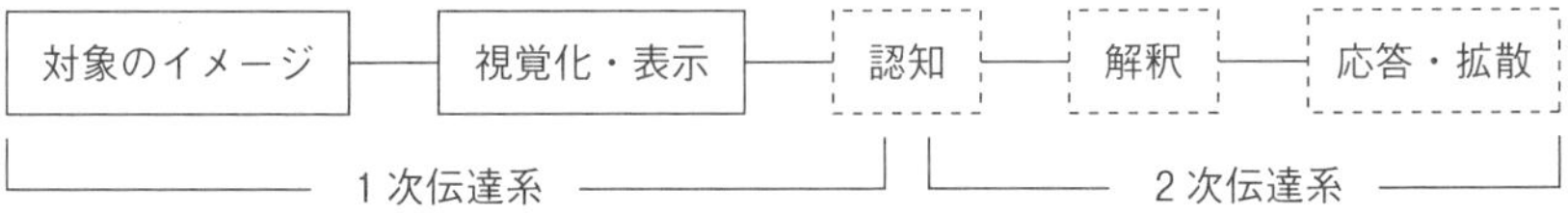

図5-3-10　ヴィジュアル・コミュニケーションにおける伝達過程

的な要素を介在する伝達行為であり、非言語的（ノンバーバル）なコミュニケーションの一つであると言うことができる。ゆえに言語的なコミュニケーションが文法という約束の持つ複雑さによって、その伝達に困難を生ずることが多いのに対して、ヴィジュアル・コミュニケーションは、伝達される内容と伝達される信号とが本質的に対応しているがゆえに、普遍的な性質を持っている。その特徴は、特に国際理解の基に言語の異なる民族間の交流では大きな可能性を持っていると言えるだろう。また同じ理由から、一度に伝達される情報の量と速さにおいても言語的なコミュニケーションに比べて優れており、有効であると言えるだろう。

しかしその反面、ヴィジュアル・コミュニケーションの伝達には受け手がその意味を解釈する段階において、不確実性を含んでもいる。それは、ヴィジュアル・コミュニケーションにおける伝達の過程を詳細に見ると明らかである（図5-3-10）。

その概略を流れに沿って見ると、ヴィジュアル・コミュニケーションは、まず発信者が何らかのイメージを視覚化することからはじまる。その行為によって情報イメージは表示され、受信者の視覚に晒される。受信者はその表示を視覚を通して認知するわけであるが、ここにおいて先に述べたようなヴィジュアル・コミュニケーションの有効性が発揮される。表示された信号が、即内容と

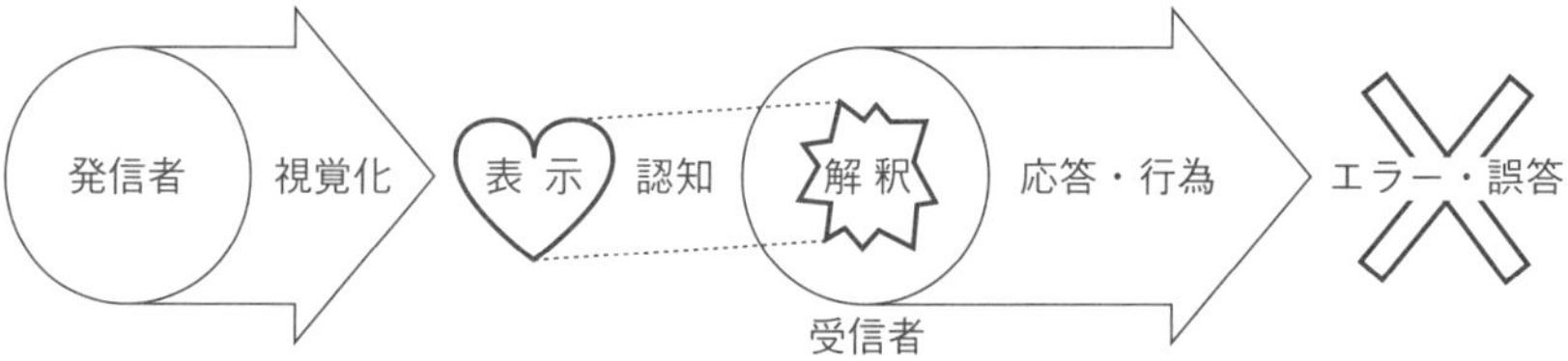

図5-3-11　ヴィジュアル・コミュニケーションにおけるエラー

図5-3-12　交通標識『カニ注意』
〈言語が添えられていなければ日本人でも意味解釈が曖昧になる〉

対応しているためである。ここまでの過程を一次伝達系という。ところがここから先の二次伝達系においては反対に欠点が生ずる。信号を認知した受信者は、自己の内面においてその信号の意味を翻訳する。しかしその翻訳は受信者のイメージに根拠が任されるため、非常に多義的な翻訳を許容する傾向がある。そのため、その応答は発信者にとっては必ずしも的を射たものとはならず、伝達の結果としてはエラーとなる場合があるのである（図5-3-11）。この二次伝達系の不確実性を緩和するためには、世の中にある交通標識や公共の場における諸表示のように、大衆が衆知となり得る広大なコードを確立することが必要である（図5-3-12）。

ここで、教育の話に戻ってみよう。先述したようなヴィジュアル・コミュニケーションの不確実性は、子どもにとってはなおさらである。すなわち、伝達者として図像の正確な反復表現が容易でなく、かつ受容者として記号化された図像の意味理解が未発達な小・中学生に対する造形学習においては、十分なヴィジュアル・コミュニケーションは成立し得ないことになる。このように、ヴイジュアルな要素を介したコミュニケーションを教育の中で考えていくときには、「伝達」の機能だけでとらえていくことは不可能であるし、意味がないと言うことができる。その見方からすると、前項で述べたコミュニケーションの持つ「共通する」という側面を中心に考えていく必要があると考えられるのである。

では、非言語的であり、形と色が介在するヴィジュアルなコミュニケーションを、「共通する」という意味において教育的に活用していくとはどのようなことなのであろうか。

（3）造形によるコミュニケーションの概念

非言語的であり、形や色が介在したコミュニケーションを教育的に活用するにあたり前提となることは、世の中で一般的に言われている伝達のみを目的とするヴィジュアル・コミュニケーションとの相違を明らかにしておくことである。まず、「ヴィジュアル」という概念を、ここでは子どもの造形活動全般に般化し、その名称を「造形によるコミュニケーション」と呼ぶことにする。ここでいう「造形」とは、授業などで形づくられる造形物や造形イメージのことであり、「造形による」という表現が意味することとは、造形物を引き金として生ずる言語活動のように、造形活動に付随して起こるコミュニケーション行為を指すのではなく、造形物が発しているイメージそのもののやりとりを意味している。

最初にとらえておくべきことは、「造形によるコミュニケーション」の概念を形成している核となる部分である。それは、先述したヴィジュアル・コミュニケーションの二次伝達系冒頭に発生するもの、つまり受信者による意味解釈の過程で発生する「エラー」である。この部分は、信号の受信者が発信者の信号に込めた意味を拡散的にとらえることから生ずるものである。ヴィジュアル・コミュニケーションでは、受信者の感受性に依存した解釈に基づいて発された「思いもよらぬ」応答に対してマイナス評価を与えた上で、エラーと見なしている。しかし、その「思いもよらぬ」応答がエラーとなり得るのは、コミュニケーションが「伝達」を目的にしているときである。ヴィジュアル・コミュニケーションは、言語的なコミュニケーションが抽象的概念による記号の正確な伝達を目的としているのに対して、感性的なイメージによる共有行為である。ゆえに言語的なコミュニケーションと同様な意義を与えることは意味のないことであろう。ここでは、「伝達」された後の「応答—再受信」の過程（フィードバック）までをも認識の範囲に入れたコミュニケーションを考える。つまり、「共有する」という意味を中軸に据えたコミュニケーション過程である。自分の発したメッセージが、相手にいかに正確に受けとめられるか、というこ

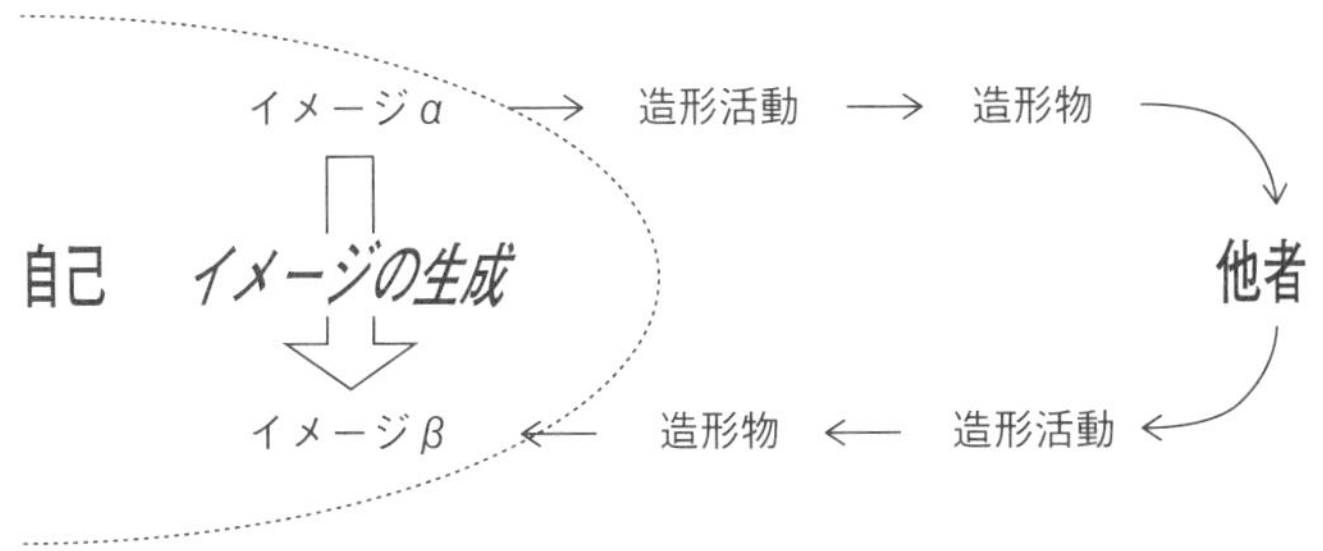

図5-3-13 「造形によるコミュニケーション」プロセスにおけるイメージ生成
〈まず、自己がその内部に持つイメージαを基に表現活動を行うことによって、造形物がつくられる。その造形物は、視覚を通して他者に認知されるが、その解釈は人によって様々である。さらにその解釈を基につくった他者の造形物を、自己が認知することによって、自己は新たなイメージβを生成する〉

とではなく、自分のメッセージに対して返された多義的な応答をいかに豊かにとらえることができるかという部分に意義を有しているのである。そして、そこで養われる力は、形や色（造形）から拡散的な意味をイメージすることができる力であり、また逆に自己のイメージと異なる他者のイメージから新しいイメージを生成し、それを自己発見に生かす力である（図5-3-13）。

このように、造形の持つ意味解釈の曖昧さをコミュニケーションにおいて教育的に満用することは、これまで文字文化に抑圧されてきた「感性」、「イメージ」と言ったものを、社会的に普遍な能力として回復させる教育機能として重要であると考えられる。

なお次章の実践研究においては、この「造形によるコミュニケーション」を学習課題とした中学校における教育実践を取り上げ、その教育的意義を具体的に検証している。

第4節　発達論

本節では、子どものためのデザイン教育における子どもの成長・発達について考察し、その内容編成のためのシークエンス(Sequence)を措定する。

「子どものデザイン」概念、そして「子どものデザイン」プロセスにおいては、「子どもの発達」をふまえる必要があることは先述した。このことは同時に、これまでの子どものためのデザイン教育においては、子どもの発達系統が不問のままに教材(題材)が実践され、さらにはカリキュラムが設定されてきたことを意味している。実際に日本では、いわゆる「題材主義」と言われるような状態が今日まで続いていることは、すでに指摘した通りである。またこうした状態は、子どものためのデザイン教育の発達に関する研究が十分になされていないことをも示している。ここにおいて、子どものためのデザイン教育を実践するために必要な原理として援用することのできる発達の具体的な道筋を明らかにする必要がある。

そこで本節では、次の手続きにより、子どものためのデザイン教育の発達プロセスを検討する。第一に、今の子どもの実践的な造形発達を示す手がかりとして、現行(平成二〇年告示)の学習指導要領(小学校図画工作、中学校美術)解説において、各学年段階（小学校は、第一・二学年、三・四学年、五・六学年、中学校は、第一学年、第二・三学年）における子どもの「一般的な発達の特徴」が述べられている箇所を抽出する。これは、現在の教育現場で援用されているものであるので妥当性を有していると判断できる。そしてその発達の特徴と「子どものデザイン」プロセスとを関連させて「デザイン発達の特徴」を整理して示す。第二に、テキサス大学で編纂された初等教育学校向けのデザイン学習に関する準教科書に示されている子どものデザイン能力の発達系統（『*Our Expanding Vision. Art Series Grades 1-8. Austin Texas*／初等学校在学八年間における一般的成長の特徴および子どもの学習経験の伸長と拡大』）を参照し整理する。子どものデザイン発達に関するまとまった見解は他に例を見ることができないので、参照に値すると判断する。以上二つの発達に関する知見の関連性の検討を行うことを通して、子どものためのデザイン教育のシークエンスを措定したい。

4・1　学習指導要領に見る発達過程

4・1・1　小学校図画工作科における発達過程

（1）第一・二学年（七〜八歳）

① この時期の子どもの一般的特徴

(1) 全身で関わる

低学年の子どもは、まわりの人、物、環境などに体ごと関わり全身で感じるなど、対象と一体になって活動する傾向がある。そのことが既成の概念にとらわれない子どもらしい想像力を働かせた発想を生み出し、この時期の子どもが持つ資質の魅力となっている。

(2) 刻々と変化する活動

造形活動においては、思い付いたことを意のままにかいたりつくったりする傾向が見られるとともに、つくりながら考えたり、結果にこだわらずに様々な方法を試したり、発想が次々と展開したりするなどの様子がある。活動と場、体験と感情などが密接に結び付いているため、友人の行動やその場の出来事に応じて次々と活動が変わることもある。

② この時期の子どものデザイン発達

(1)　全身の感覚で関わる

好きな形や色などを自ら選んだり、自分らしい表し方で表したりしながら、思いのままに活動を進めていく。また見ることを楽しむ際には、それを手にして触るなどするとともに、感じたことを友人と話すなどの機会を自然に持つようになる。さらに見るという行為にとどまらず、全身の感覚を働かせて対象と関わり、そこで得た喜びを他者に伝えようとするなどの活動を進んで行うようになる。

(2)　思いのままに

身近な材料の形や色などから思い付いて、体全体の感覚を働かせて材料を並べたり積んだりしながら、思いのままに表すことを楽しむことができるようになる。

(3)　試す

自分の表したいことを進んで見付け、その思いに沿って形や色、材料、用具などを選び、表し方をいろいろ試しながら自分の思いに合った表現をつくりだす喜びを味わうことができるようになる。

(2)　第三・四学年（九～一〇歳）

①　この時期の子どもの一般的特徴

(1) チャレンジ精神に富んでいる

いくつかの物事を関係付けて考えることができるようになり、いろいろな事柄について、自らいろいろ試みる中から自分の好きなことを選んで夢中に取り組むような積極的な傾向がある。

(2) 友人と関わり合うようになる

友人と関わり合いながら活動していくことを好み、友人のよさを自分の考えに取り入れたり、自分のしていることを友人に伝えたりするようになる。このように、他者との関わりの中で学習活動を進めていくようになる。

(3) 手の巧緻性の向上

手の働きが高まり、用具などを巧みに使うことができるようになる。この傾向と、(1)で挙げたようなチャレンジ精神とがあいまって、試行錯誤しながら自分らしい表現をつくりだそうとする。

② この時期の子どものデザイン発達

(1) 試行錯誤

材料や用具、そして表現の主題となるモノやコトと切実に触れ合うことができるようになる。そして自分の納得のいくまで試行錯誤するようになる。さらに表現及び鑑賞を通して友人と安心して関わることができるようになる。

(2) 手の巧緻性の向上

自分なりの夢や想像をめぐらすことを楽しむようになる。また手の巧緻性が高まり扱うことのできる用具の幅が広がるので、それを活用するようになる。このような思いと材料や用具との関わりの強まりは、形や色などの特徴に自分の興味や関心、想像したことなどを生かすことにつながる。

(3) 「みる」ことに価値付与する

この時期の子どもは、「みる」ことに高い関心を示す。ただしここでの「みる」とは、観察的、再現的なとらえ方をする様子というよりも、「みる」と同時に想像を広げて自分なりの意味や価値を見付けて楽しむような様子である。

(4) 生活の中の感情

自分の生活や人間関係の様子に即した対象に対して自分自身の感情やとらえ方から話し合うようになる。

(3) 第五・六学年（一一〜一二歳）

① この時期の子どもの一般的特徴

(1) 自分なりの見方や考え方の確立

この時期の子どもには、思春期に向けて心身の成長や変化が著しく現れると言われている。同時に、その子なりの価値観によるものの見方や考え方が強く現れるようになる。

(2)　客観的な見方や考え方の芽生え

自分が直接体験していないことに思いを巡らせたり、自分の行動や考えを様々な視点から検討したり、友人の立場になってその心情を思いはかったりするようになる。つまり第三者の立場から、自分に関係する物事について考えることができるようになるということである。

(3)　見通しを持つ

例えば、造形活動においては、筋道立てて表現したり、作品などを分析的に鑑賞したりできるようになる。また、自分の作品や発言を第三者的に振り返ったり、集団や社会などとの関係でとらえたりするようにもなる。このため、ある表現形式に対して苦手意識を持ったり、感じたことや考えたことについて話すことを躊躇したりすることもある。

②　この時期の子どものデザイン発達

(1)　自己評価観の確立

自分なりに納得のいく表現や鑑賞ができたり、作品を完成させたりしたときに充実感を感じるようになる。その一方で、友人の発言や反応が、時として学習意欲を左右することもある。そこで、周囲との関わりの中で安心して自分らしい活動を行うことが必要となる。

(2)　経験に基づく計画性

材料や対象などから、形や色、質感、奥行き、動きなどの特徴をとらえ、そこから想像力を働かせて自分なりの発想をしたり、自分の主題や用途などを表すための計画を立てたり、つくりながら順番や組み立て方を考えたりしながら、これまでの造形活動の経験を生かして表し方などを工夫するようになる。

(3) 文化への理解と批評

自分たちの作品や美術作品や暮らしの中にある作品からよさや美しさを感じ取り、これを自分自身で理解し、他者にそのことを伝えようとするようになる。さらに自分たちの作品や伝統的な作品などを大切にするようになる。

4・1・2 中学校美術科における発達過程

（1） 第一学年（一三歳）

① この時期の子どもの一般的特徴

(1) 身近な他者の意識

この時期の子どもは、個人としての感じ方や好みにとどまらず、学級や学校の中で友人と共通に感じる感覚を自覚するようになる。子どもの身の回りの具体的な出来事や場面、生活場面などの様子に目が向くようになる。

(2) 具体性と夢想性の二重性

自分の活動を、より具体的な状況をふまえてとらえるようになる。同時に自身の内面における想像世界が拡大し、それを大切にするようになる。

(3)　見通しを持つ

この時期の子どもは、小学校第五・六学年の段階よりもさらに見通しを持って自分の活動をとらえるようになる。それはある意味、自分の活動の意味について、客観的にとらえようとする傾向があるということでもある。

②　この時期の子どものデザイン発達

(1)　身近な他者の意識

先述した一般的特徴と同様である。子どもたちは身の回りの生活に目を向け、自分を含めた身近な相手を対象として活動に取り組むことに興味を持つようになる。こうした能力は、他教科や総合的な学習の時間などの発表や説明資料の作成の際にも役立つ。

(2)　造形の基本原理の理解

構成、配色、材料などに関する造形の基本原理や方法などを学びながら美的感覚を働かせるようになる。形のとらえ方、表し方、大まかな遠近感や簡単な立体感に対して興味を持つようになる。

(3)　手ごたえ(効力)の実感

自分の造形活動が、他(者)に対してどのような効力があるのかに関心を持つようになる。したがって、表現したものを基に他者と交流し合うことが大切となる。不特定多数の人々よりも身近な相手とする方が、発想や構想の場面でイメージをとらえやすく、さらに表現したものを直接見てもらって、その感想や評価などを受け取ることができるなどの利点がある。

(4) 慮る（おもんぱかる）

表現の動機となる自分の思いを大切にしながらも、他者や地域社会、自然への関心や理解を深めて発想や構想することが促される。身近な生活の範囲から、いつ、どこで、誰が使うかなど場面や状況をふまえ、自分を含めた身近な他者の気持ちを慮るようになる。

(5) 見通しを持つ

先述した一般的特徴と同様である。順序や見通しを考えるようになると同時に、反対に活動の過程で考えていた順序を意図的に変えることもある。そのことから、新しいものを考え出したりすることもある。

(6) 生活と造形への意識

私たちが、形や色彩、材料に囲まれて生活していることを意識し、生活の中の様々なものから、その形や色彩などを通してメッセージを受け取りながら生活していることを実感するようになる。そのことがひいては、美術文化や伝統に対する関心を高めることにつながっていく。

（2）第二・三学年（一四〜一五歳）

①　この時期の子どもの一般的特徴

(1)　自我意識の強化

心身の急速な発達に従い、自我意識が強まるとともに、人間としての生き方や価値観が形成されていく。物事の表象的な面だけでなく、本質や知的体系を見据えて価値をとらえようとするようになる。

(2)　論理的思考の伸長

論理的に物事を考えたり様々な観点を持って判断したりするようになる。また、抽象的な概念や言葉にも理解が深まる。

(3)　他者意識

社会的な関心が深化し、他者との関係性の中で、個性や自己の内面性に対する意識が高まってくる。その結果、他者を意識するあまり自己表現することに抵抗感を持つこともある。

(4)　社会への関心

伝える対象を自分の身近な存在に求めるだけでなく、社会的視野の広がりに合わせて、不特定の人々や社会そのものを想定することができるようになる。

②　この時期の子どものデザイン発達

(1)　独創性の芽生え

自我意識の強化にあいまって、自分の表現意図に合う独創的な表現を志向するようになる。これまでの様々な表現に関する経験を基に、より独自の表現を目指して多様な表現方法や表現技法について追求しようとする。

(2)　造形の基本原理の理解

第一学年から引き続き、形や色彩などに関する造形の基本原理に対する理解を求めるようになる。個人としての感じ方や好みにとどまらず、多くの人が共通に持つ感覚なども意識するようになる。

(3)　内面世界の拡充

美的な価値を生活の中で楽しみながら、感性と知性を働かせて心豊かな生活を築いていこうとする。対象の形や色彩などの特徴や印象などから内面や全体の感じ、価値や情緒などを感じ取り、外形には見えない本質的なよさや美しさなどもとらえようとする。

(4)　自立的な計画性

材料や用具の生かし方について、より総合的にとらえ、見通しを持ってつくり上げていくプロセスを重んじるようになる。

(5)　造形の日常化

日常生活のあらゆるところに美術が関わっていることを認識し、芸術や美的生活と生きることとの関わりを理解するようになる。なおその際、流行に流されず、美しいものやよいものを自分の価値基準で選ぶこともある。

(6)　社会参画

身の回りの出来事や身近な相手だけではなく、社会やより多くの他者に対する想像を広げるようになる。また身近な環境に目を向け、心安らぐ生活空間を具体的に求めたり、人間も自然という大きな環境の中で生きていることを自覚するようになる。

(7)　文化への理解

国際的な視点から美術文化を理解するとともに、アイヌや琉球の文化などの各地域の文化に存在する独自性にも着目し、日本文化の多様性について理解する。

(8)　表現の拡張

美術の表現の可能性を広げるために、写真・ビデオ・コンピュータ等の映像メディアや漫画やイラストレーション、図などの多様な表現方法を活用する。また地域の身近なものや伝統的なものにも目を向けるようになる。

4・2　"Our Expanding vision" に見る発達過程

4・2・1　"Our Expanding vision" について

周知の通り、アメリカの教育課程は、各州の教育庁の独自の編纂に委ねられており、教育課程（カリキュラム）の編成にあたっては、カリキュラム研究者を中心に、指導主事、校長、各教科の担当教諭などが、それぞれの立場から意見を交換し、適切な教育課程編成の基準を作成している。美術科教育に関しては、そうした各州における取り組みを、全米美術教育協会（The National Art Education Association：NAEA）が結束・調整する役割を果たしている。

そのような中で、テキサス州で編纂された初等教育におけるデザイン教育のための教育課程資料『*Our Expanding vision. Art Series Grades 1-8. Austin Texas*／初等学校在学八年間における一般的成長の特徴および子どもの学習経験の伸長と拡大』は注目に値する。[53] この資料はやや古いものではあるが、子どものデザイン発達に関するまとまった見解として貴重な資料である。また準教科書的な扱われ方ではあるが、全国的に任意に使用されていたものでもある。編纂は、テキサス大学の Kelly Fearing, Clyde Inez Martin, Evelyn Beard による。理念として「子どもの造形と創造」が掲げられており、初等教育学校に

（53）高橋正人編『デザイン教育の原理（デザイン教育大系）』第一巻、誠信書房、一九六七年、pp.89～90

おける六・七歳から一三・一四歳まで（日本の小学校第一学年から中学校第二学年までに相当）の発達過程と内容系統「初等学校在学八年間における一般的成長の特徴および子どもの学習経験の伸長と拡大」が提示されている。

以下、その概要を示す。

4・2・2 "*Our Expanding vision*" の基礎理念

基礎理念は、以下のように、子どもの造形に対する理解の重要性を促すものとなっている[54]。

> 子どもの造形は、自分の経験をもとに思考と感情を映す鏡となる。この反射は、子どもの経験とはどんなものかとか、子どもは両親や教師をどのように考え、どのように感じているかなど、子どもについてより多くのことを知ろうとする両親または教師にとって、非常に意義あるものとなる。

さらに「子どもの造形と創造」と称して、「教師の責任」「経験の内容」「理解」の項から目指すべき教育像をより具体的に提示している（表5-4-1）。

(54)同、p.110

表5-4-1 子どもの造形と創造

教師の責任	経験の内容	理解
教師の責任は、経験によって自然と人間にたいする理解を深めうるよう子どもを導き、造形活動を通じてアイデア表現の機会を子どもに与えることにある。	子どもの経験は現実的であり、また創造的でもある。 旅行 映画 書籍 テレビジョン ラジオ 回想される諸経験 学校へもってきた実物 写真 公開実演 造形活動の過程 用具・材料 美術品の複製 談話 美術品の原作 美術展覧会	子どもは自分の回りにある事物を 見たり 聞いたり 味わったり 十分な経験を通じて理解する。 また一方、彼は過去の経験を想像力によって新たに再構成するだろう。
	知的思考	

4・2・3　*〝Our Expanding vision〟*による初等学校在学八年間における一般的成長の特徴および子どもの学習経験の伸長と拡大

（1）児童―初期（第一・二学年：六、七～七、八歳）

表5-4-2　児童―初期（第一・二学年：六、七～七、八歳）における発達

児童―初期（第一・二学年）	手の活動とコミュニケーションの媒体	情緒的・知的経験	教師が特に留意すべき事項
一人の人間として自分自身を自覚することは、乳児の頃からめばえている。 彼が〝誰〟であり、〝何〟であり、また〝どこ〟にいるかを発見する。 自己と自分をとりまく人間や物にたいする意識の成長。 造形用具や材料が、彼の思考や感情を伝えるのに用いられることを学ぶ。 視覚的なシンボルによって、子どもの考えを表す多様な方法を試みる。	線描 各個人の絵 グループ製作による壁画 大きいクレヨン 大きい紙 彩画 各個人の絵 グループ製作による壁画 大きい筆 テンペラ絵の具 切りはなしと糊付け 印刷 ワックス・クレヨンの上にテンペラ 木版 木のブロックの上に厚紙	子どもは、 いろいろな造形の過程や材料を試みることによって、 子どもの身近にある物、人、行事などの経験を話すことによって、 他の人間や自然の造形を楽しむことによって、 探求する さわる 見る 味わう かぐ 聞く 話す 決定する 想像する 試みる	子どもたちが六歳で入学するときには、かなりの分別がつくようになっている。 創造的な表現の発達は、各個人を対象とするものでなければならない。 大多数の子どもたちは、アイディアを視覚的に表現する能力に進歩が見られるが、少数の子どもたちはなお、〝錯画期〟にある。 経験の動機付けは、子どもをとりまく世界との実際的な接触を意味するものでなければならない。

想像力はいつも手先の技巧をはるかに超越している。	織物 織機(Frame Room)と太い糸 簡単なスケッチ 太い糸と針 塑造 粘土 塩とでん粉 おがくず 紙 組みたて スクラップ・ピクチュア 人形芝居の舞台 家 廃材、厚紙、木片 金槌、釘 鋸、はさみ 糊、にかわ	発見する 発明する	経験は、触れる、見る、かぐ、味わう、聞くなどの機会が豊富でなければならない。 ある子どもたちは目に映ずるものを表現し、他の子どもたちは心に感ずることを表現する。

(2) 児童―中間期(第三・四学年:八、九～九、一〇歳)

表5-4-3 児童―中間期(第三・四学年:八、九～九、一〇歳)における発達

児童―中間期(第三・四学年)	手の活動とコミュニケーションの媒体		情緒的・知的経験	教師が特に留意すべき事項
魅惑的な世界と、視覚的シンボルによって自己表現の満足な方法を発見する。	線描 各個人の絵 グループ製作による壁画 大きいクレヨン		子どもは、 変化に富む造形用具や材料の利用によって、	子どもたちは自分の考えを描く。 子どもたちは、描くことよりも考えることに〝助け〟を必要とする。

人と物との関係を意識する。

絵画空間のデザインにおける人と物の相互関係にたいする潜在意識的な〝感情〟。

大きなチョーク
大きな紙

彩画
各個人の絵
グループ製作による壁画
フィンガーペインティング
大きな筆、大きな紙
テンペラ絵の具

織物
簡単な織物
綿糸
細長い布切れ
細長い紙片
ステッチ
バーラップ(Burlap)
ななこ織の綿布(Monks Cloth)

印刷
木片とゴム、リノリウム
糸巻きと棒
スポンジとステンシル
さつまいも
水溶性インク、テンペラ絵の具

塑造
製陶、彫刻
粘土
パピエ・マシエ
おがくず

平面および立体デザインの利用と観察

大人の作品を観察しつつ、子どもの個人的経験から主題に関する行事、もの、人をあつかうことによって、

想像する
視覚化する
探求する
仮装する
夢みる
発明する
推論する
配置する
選択する
決定する
熟慮する

子どもの作品は〝粗雑〟ではない。それは思考のシンボルである。

子どもに描かせる唯一の正しい方法は、自分自身の方法である。

芸術家の作品にふれることによって、子ども各自が自分自身の方法で製作したものを見るように、助けられなければならない。

子どもは物によって自己の経験を描き、形づくる。

子どもが造形を通して語ることのうちに、誠実な興味がなければならない。

大人の作品についての討論は、芸術家が描いた経験に関係がある。

すべての子どもは、同じ方法によっては刺戟されない。

	組みたて スクラップ・ピクチュア 建造物 人形芝居の舞台 はさみと糊、鋸、金槌、釘 廃材、厚紙、軽い木		子どもが成長しつつ変化をとげるように、子どもの描き方も経験が広まるにつれて変化する。 子どもが自分の作品に不満を感じるのは、彼らが主題を慎重に再吟味するため、助けを必要としているからである。

(3) 前思春期（第五・六学年：一〇、一一～一一、一二歳）

表5-4-4 前思春期（第五・六学年：一〇、一一～一一、一二歳）における発達

前思春期（第五・六学年）	手の活動とコミュニケーションの媒体	情緒的・知的経験	教師が特に留意すべき事項
彼をとりまく世界にたいする意識と、線、形状、色および地肌によってそれを語る方法について、意識的な評価を発展させる。 用具と材料をあつかう技法を深め、〝実物〟らしく見えるように表現する。 彼自身と同じ年令層での人間関係にたいする関心の高まり。	線描 各個人の絵 人物スケッチ グループ製作による壁画 文字とレイアウト 大きくてやわらかい鉛筆 大きいクレヨン 大きいチョーク 彩画 各個人の絵 グループ製作による壁画 水彩画用筆 溶かされたろう 水彩絵の具、テンペラ絵の	子どもは、 いろいろな過程において造形の用具や材料を試みることによって、 主題となる行事、もの、人および子どもの個人的経験をあつかうことによって、 芸術家や他の子どもの作品を観察することによって、 分析する 比較する 実験する	子どもが〝助け〟をもとめる時には、彼自身の見方で特徴ある視覚的形態を表現しうるように見、さわり、考える機会を与えなければならない。 観察と実習の豊かな経験は、彼自身の作品にたいする批判的な評価の段階を通じて子どもを導き、アイディアを表現する能力において自信をもたせることができる。 新しい、より多くの制作過程や用具や材料による実験は、この

具、油絵の具

印刷
シルク・スクリーン
繊維デザイン
木片とゴム、リノリウム
糸巻きと棒
厚紙によるステンシル
スポンジ、すりこみ刷毛
スプレイ・ガン（Spray Gun）

織物
織機—枠型、箱型
ティ・ディー（Tee-dee）
厚紙、麦わら、大きい針
ラフアイアとリード
綿糸、紐、自然繊維
バーラップ・ステッチ

塑造
製陶—ピンチ（Pinch）、コイル（Coil）、スラブ（Slab）
型どり、彫刻、粘土、木、石けん、石こう、針金、パピエ・マシエ

組みたて
人形劇の舞台装置
紙人形（Stiffed Paper Figure）
マスク・モザイク
はさみと糊、鋸、金槌、釘

平面および立体デザインの利用と観察

発見する
発明する
評価する
選定する
配置する
選択する
想像する
探求する

特別な発展期における自信の欠如に励みを与えることができる。

	廃材 コンストラクション・ペーパー(Construction Paper) カードボード、タグボード(Tagboard)、軽い木、ステイプル(Staple)		

(4)　思春期(第七・八学年：一二、一三～一三、一四歳)

表5-4-5　思春期(第七・八学年：一二、一三～一三、一四歳)における発達

思春期(第七・八学年)	手の活動とコミュニケーションの媒体	情緒的・知的経験	教師が特に留意すべき事項
子どもらしいもの――能力、制約、興味――と、大人の世界らしいものを発見する。 より多くの大人の行為を見ることによって、子どもから大人へと移行する。 より多くの複雑な造形の過程を利用したり観察する。 高められた子どもの知的・情緒的成熟について刺戟をもとめる。 同じ年令層の人達の意見にたい	線描 スケッチ、製図、イラストレーション デザイン、計画 漫画 レタリングとレイアウト 木炭、鉛筆、コンテ、ペン、インク 画用紙と厚紙 彩画 らくだ毛筆とぶた毛製の筆 テンペラ絵の具、油絵の具 墨、混合材料 印刷	子どもは、 いろいろな過程における造形用具や材料を用いることによって、 主題となる行事、もの、人および子どもの個人的経験をあつかうことによって、 芸術家や他の子どもの作品を観察することによって、 冒険する 鑑賞する 吟味する 評価する	多数の学生にとって、この段階は公式の造形訓練における終着点である。したがって、美術のプログラムは、楽しみと日常生活における実用的でバイタルな多くの効用について、一般的な理解を与えるべきである。 造形における経験は、楽しいものでなければならない。と同時に、子どもの高まった手の技巧と知的・情緒的成熟に適するものでなければならない。 子どもの想像力を刺戟するために、新しい材料と技術を探求す

して高まった関心と、他の人々との関係に敏感である。

ステンシル、版、スクリーンによる印刷
モノプリント
染色絵の具、印刷インク
和紙、布地

織物
リンネル糸用織機
四連織機
厚紙と枠型織機
ラフアイアとリード
ステッチ、バーラップ
ヤーンとウォープ(Warp)

塑造
製陶、彫刻
金属と木のボール
装身具、銅と銀
針金、粘土、木
石こう、紙、金属薄板

組みたて
マリオネット、影絵人形
舞台装置、模型
モザイク、モビール
コラージュ
装身具—はんだとほうろう
廃材

平面および立体デザインの利用と観察

調査する
解決する
選定する
実験する
比較する
決定する
創作する
観察する
想像する

る機会が与えられなければならない。

デザインの基礎を意識的に利用し、理解していなければならない。

造形活動は、助けが情緒的緊張をやわらげ、自信を強め、子どもの社会的適応によって価値をもつものでなければならない。

4・3 子どものためのデザイン教育の発達過程(シークエンスの措定)

前項までに示した、小学校図画工作科ならびに中学校美術科の学習指導要領解説に示されている小学校第一学年から中学校第三学年までの子どもの発達の特徴の要点と「子どものデザイン」プロセスとの関連において導出されたデザイン発達、ならびに『*Our Expanding vision. Art Series Grades 1-8. Austin Texas*』の要点との比較検討を通して、子どものためのデザイン教育のシークエンスを**表5-4-6**のように措定した。

なお、次章においてこのシークエンスを援用して開発する実践プログラムと日本の学校教育課程との整合性を持たせるために、各学校種における学年段階は図画工作・美術科の学習指導要領に準ずることとした。すなわち、小学校は二学年ごとにまとめ、中学校は第一学年と第二・三学年にまとめて示した。

表5-4-6　子どものためのデザイン教育のシークエンス(Sequence)

学校	学齢	子どもの一般的特徴	子どものデザイン発達
小学校 第1学年 第2学年	6・7 7・8	●全身で関わる ●刻々と変化する活動	○全身の感覚で関わる ○思いのままに ○試す
小学校 第3学年 第4学年	8・9 9・10	●チャレンジ精神に富んでいる ●友人と関わり合うようになる ●手の巧緻性の向上	○試行錯誤 ○手の巧緻性の向上 ○見ることで価値付与する ○生活の中の感情
小学校 第5学年 第6学年	10・11 11・12	●自分なりの見方や考え方の芽生え ●客観的な見方や考え方の芽生え ●見通しを持つ	○自己評価観の芽生え ○経験に基づく計画性 ○文化への理解と批評
中学校 第1学年	12・13	●身近な他者の意識 ●具体性と夢想性の二重性 ●見通しを持つ	○身近な他者の意識 ○造形の基本原理の理解 ○手ごたえ(効力)の実感 ○慮る ○見通しを持つ ○生活と造形への意識
中学校 第2学年 第3学年	13・14 14・15	●自我意識の強化 ●論理的思考の伸長 ●他者意識 ●社会への関心	○独創性の芽生え ○造形の基本原理の理解 ○内面世界の拡充 ○自立的な計画 ○造形の日常化 ○社会参画 ○文化への理解 ○表現の拡張

第５節　方法論

本節では、これまでに論じてきた子どものためのデザイン教育の理念、内容論、発達論を学習指導として実践するための「方法」について考察を行いたい。

子どものためのデザイン教育は、先述した通り、子どものいる場を越境して実践される。それは大きく、学校教育の教育課程における授業としての実践と、より広い場や機会における実践とに分類することができる。これらいずれの方法論においては当然、教授＝学習理論としての検討を必要とするが、イリイチが指摘したような「学校化（Schooled）」に孕む問題を鑑みるならば、その範疇にとどまらない考察もまた必要である。そこで本節では、授業実践における方法論として「子どもと教師の協働」を提示し、授業実践の限界を克服する方法論として「ワークショップ」の有効性を提示する。

5・1　子どもと教師の協働

5・1・1　問題の所在

近年の学校教育においては、「新しい学力観」に代表されるように「子ども中心主義」を志向する動向とともに、それを「学力低下」の名の下に批判する動向とが並立していることは周知の通りである。そうした最近の学校教育に対する論調は、学力問題をめぐって、学校、授業、ひいては教師のあり方までを再問する視座を含んでいるように見える。そこで求められている「子どもの主体的な学び」は、永く日本の教育実践の命題として位置付いている。この「子どもの主体的な学び」とは、子どものためのデザイン教育の根本理念である子どもの「自律性」が前提となることは容易に理解できる。子どもの「自律性」に基づく「子どもの主体的な学び」を学校の授業実践において具現化するには、教師主導ではなく、同時に単なる子ども中心でもない、子どもとともに「こたえ」を求めていくような役割を教師が果たす必要がある。

５・１・２ 目的と方法

まず、学校教育における授業実践を対象とし、そこでの「子どもの主体的な学び」の実現を妨げている原因が、教授理論における二元論にあることを明らかにする。そして「子どもの主体的な学び」が中心課題となっている「総合的な学習の時間」の授業実践を分析することを通して「子どもの主体的な学び」を実現するために必要な教師の方略と方策を明らかにする。さらに明らかになった教師の方略と方策を、実際の授業を観察、分析することを通して検討し、教育実践を構想するための単元構成のプロセス・モデルとして提示する。そしてそのモデルを授業実践において検討し、修正することによって、妥当性を高めていくと同時に、そのプロセスが授業改善にどのような意義を持つのかを検討する。最後に、子どもの「自律性」の基にした「子どもの主体的な学び」を子どものためのデザイン教育において実践するために必要な子どもと教師の関係論を提示する。

５・１・３ 子どもの主体的な学びの実現

そもそも、「子どもの主体的な学び」を実現する授業とは、どのようなものなのであろうか。奈須正裕は、本来最もその実現を標榜されるべき総合的な学習の時間の授業実践をめぐっては、「社会現実への対応」を中心に学習を構成する社会中心カリキュラムと、「子どもの求めの実現」を中心に構成する学習者中心カリキュラムとの、どちらを重視するか、もしくは優先させるか、という二元論が存在しているとし、それを克服する授業づくりを提案している(55)。

本項では、そのような二元論の根底をなしているのは、「授業をどう構成するか」という教育方法上における原理の分断、すなわち教授理論における二元論の存在であると考え、それを統合する実践原理を求めていく。

5・1・4　教授理論の検討

① 教授理論における二元論の存在

教授理論の系譜を概観すると、それぞれの教授理論を形成している背景には、教授＝学習に対する立場の相違のあることが浮かび上がってくる。

平沢茂は、教育に関する思想史には大きく二つの思想が対立的に流れていることに気付くとしている(56)。その一つは「注入」であり、もう一つは「開発」である。「注入」は、「被教育者に何かを教え込む」ことであり、「開発」は「学習者の可能性を引き出す」ことである。このように教授理論には、「教師中心」

(55)奈須正裕『総合学習を指導できる〝教師の力量〟』明治図書、二〇〇一年、p.21
(56)沼野一男他『教育の方法と技術』玉川大学出版部、一九九八年、p.42

「子ども中心」という二元論が存在している。その二元論が、授業実践へ大きな影響を与えているのである。

② 教授理論の一元化の試みと本研究への示唆

ここで細谷俊夫の教授理論に注目したい。細谷は、ヘルバルト派によって定式化された教師の視点に立った教授過程と、学習者の視点に立ったキルパトリックのプロジェクト・メソッドの学習過程を一元化してはじめて教授の正しい過程を考えることができるという立場をとっている。(57) つまり細谷の教授理論は、前項で問題にした教授理論における二元論を、教授および学習の過程において一元化する教授理論なのである。

細谷は、教授活動の方策(Tactics)は、寄木細工的に組み合わせることによって成り立つのではなく、その使用を意思決定する教師の方略(Strategy)によって支えられているとして、その「教授様式の運用のあり方」、すなわち運用の方略において、次の三つに分類することができるとしている。(58)

(1) 教材提示的教授

講義、展示などによって教材を提示し、生徒はそれを受け入れ反復し、記憶することが主となり、自主的思考の余地は少ない。

(2) 誘導的教授

(57) 細谷俊夫『教育方法』第四版、岩波書店、二〇〇〇年、pp.144~146
(58) 前掲、p.167

教師は生徒に教材をすべて提示するのではなく、生徒自身が学習のための活動にのめり込む。教師は生徒の思考を高めるための問答をしたりして、学習内容を生徒自身がある程度まで自主的に構成するのを援助する。教師は漸次、直接の指導を少なくしていく。

(3) 問題提起的教授

教師によって提起された問題を教師の指導を離れてその解決をはかり作業の過程を計画し、材料や道具を選択し、自力で結論を導き出し、自分の思考と活動を自ら検討し、訂正する。

5・1・5　実践事例集における教師の方略と方策の分析

① 分析方法

これまで論じてきたことを総合的な学習の時間の教育実践において検討する。文部省(当時)が発刊した『平成一一年度特色ある教育活動の展開のための実践事例集』の授業実践に見られる教授方策を、細谷の提示する「教授様式の運用のあり方」の視点から整理することにより、子どもの学習活動との関係における各事例の教授活動の特徴と、事例全般に通じる教授活動の傾向を明らかにす

表5-5-1 方策・tactics の分類表

教授様式の運用のあり方	方策・tactics	内容
教材提示的教授	講義＊○	体系的に整理されたものを、明瞭な言葉によって順を追って示す。指示する。
	展示＊○(提示)	教科書や教具、視覚的教材を提示すること、もしくはある環境を設定することによって講義を補助する。
	実演＊○	教師が実際に、実験や実演をやってみせて、事実、事象や操作、技法などについての情報を提示する。
	諮問的対話(発表)＊○	特定の学習行動の作為、または不作為を要求する(その応答)。
	反復的な生徒発表・実演＊○	教師の提示した内容を反復する形で行われる生徒の発表や実演。
誘導的教授	発見的対話(要約)＊○	子どもの自問自答を促す教師の問いかけと子どもの答え。
	生産的活動＊(生徒実習○)	図画工作などのように、教師によってある程度の方向付けがなされる中で行われる作業的活動。
	書物による作業○	学習に関連のある図書を選択し、間接的経験を通して知識の拡充を図る。
	表現○	ある程度指示的な文章的、描画的表現。
	実験＊(探索○)	対象を一定の目的を持って、順序立てて、知覚すること(目的を持って分析、総合、まとめをする)。
	観察＊(探索○)	条件を人為的に操作し、変化させて行う観察(目的を持って分析、総合、まとめをする)。
問題提起的教授	討議＊○	子どもが互いに意見を交わし、新しい知見を得ること。
	実験(探索○)	対象を一定の目的を持って、順序立てて、知覚すること(目的を持って分析、総合、まとめをする)。
	観察(探索○)	条件を人為的に操作し、変化させて行う観察(目的を持って分析、総合、まとめをする)。
	自学自習＊(自主的な生産的活動・練習○)	子どもが教師に頼らず自身の見通しを持って、自主的に学習すること。
	書物による作業○(読書＊)	学習に関連のある図書を選択し、間接的経験を通して知識の拡充を図る。
	表現○	自主的な文章的、描画的表現。

(註1)「方策・tactics」の各名称に付されている「＊」「○」の記号の意味は、次の通りである。
＊：細谷俊夫(1991)「教育方法」において紹介されていた方策
○：クライン、トマスシェフスキー(1967)「授業における陶冶と訓練の理論」において紹介されていた方策

(註2)それぞれの方策の「内容」は、上記2つの文献で紹介されている文章を参考に、場合によっては現代に適合する表現にしてまとめた。

(註3)「教授様式の運用の有り方」のカテゴリーをまたがっている方策(「書物による作業」「表現」「実験」「観察」「生産的活動」)については、実践事例における、その方策の前後の文脈において、どちらの運用に当てはまるかを解釈した。

(59)分析結果については、大泉義一「単元構成における子どもと教師の協働化に関する実践的研究―学問展開の複線化に対する教師の意思決定」明星大学大学院人文学研究科修士論文、二〇〇三年を参照されたい。

ることができると考えた。

そこで細谷の「教授様式の運用のあり方」を基軸にした分析カテゴリーシステム（表5-5-1）を作成し、それに従って各事例における教授活動の分析を試みた。(59)

② 分析結果からの考察

各実践事例の教授活動の特徴について分析と考察を進める中で明らかになってきた事例全般に通じる教授活動の傾向は以下の通りである。

(ア)　実践事例を支えている学習観、子ども観は学校によって若干の相違がある。

(イ)　一つの単元には、「教材提示的教授」、すなわち「教師中心」の教授活動と、「問題提起的教授」、すなわち「子ども中心」の教授活動とが、その教授＝学習過程に混在している。そしてその混在のあり様には、(1)で示した学習観、子ども観が反映している。

(ウ)　(ア)のような学習観、子ども観として、「子どもの主体性」を明確に主張している学校の実践事例では、「問題提起的教授」が、教授＝学習過程の中心を担っていると同時に、それと相互作用的な役割を持つ「教材提示的教授」の存在が認められる。

(エ)　一つの単元において「教材提示的教授」と「問題提起的教授」の関係が、(ウ)のような関係にあるとき、そこでは「誘導的教授」が、「子どもの求めや思い」(興味、関心)と「教師の願い」(教育内容、育てたい力(思考、認識面))とを結び付ける重要な役割を持っている。

(オ)　教師が(4)における「誘導的教授」、もしくは「問題提起的教授」を用いて授業を行う場合、そこには必然的に、教師が当初立てた指導計画とは異なる学習活動が必要となる場合がある。それはつまり、一つの単元に対して複数の学習展開が存在するという前提を示すものであり、学習展開に複線化の可能性があるということでもある。そしてその複線化は、教師が子どもとの臨床的な関係において次々に生起する学習場面に即して学習展開を練り直し続ける永続的な営みであり、そうしたいくつもの場面における教師の意思決定が重要な役割を果たしている。

③「子どもの主体的な学び」を実現するための学習展開の複線化と教師の意思決定

(1)　教師の意思決定に関する理論

前項で述べた「学習過程の複線化の可能性」を支えている教師の意思決定について、教師の単元構成に関する以下の理論から検討を行う。

(60)吉崎静夫『教師の意思決定と授業研究』ぎょうせい、一九九一年、p.4

(i)　吉崎静夫の意思決定理論

吉崎は教授過程の意思決定に関わる教師の役割として、「設計者(デザイナー)」「実施者(アクター)」「評価者(イバリュエイター)」の三つを挙げているが、「学習展開の複線化」に直接関わるのは、「設計者(デザイナー)」としての教師の役割に関わるものであり、単元の学習展開過程における展開の修正、創出、すなわち単元構成に関する授業設計に関わるものである(60)。

また吉崎によれば、アクターとしての教師、すなわち授業中の教師には、次の三つの授業力量が求められるとされている。第一に、授業における子どもの学習状態を正確に把握できる力量、つまり「子どもの見とり」に関する力量である。それは自分なりの方法を身に付けることが必要であるが、その第一歩は子どもの学習状況を類推するための手がかり(キュー)を収集する方法の獲得にある。第二に、授業の各場面において教授行動を適切に遂行できる力量である。これは、先述の事例集分析でも扱った、提示、説明、発問、板書といった教授方策を授業場面の状況に応じて適切に使い分ける意思決定ができることである。第三に、授業の各場面において、子どもの状態を推論しながら、当初の授業計画を修正すべきか否かを適切に意思決定できる力量が挙げられている。吉崎は教師が自らの立てた授業計画と授業実態とのあいだに「ずれ」が生じた場合に行う意思決定の中に、その授業のポイントとなる意思決定が存在するとしている。そのような意思決定場面は「山場」と呼ばれるが、そのような場面で、どのような意思決定を行うかによって、子どもの学習の様相も大きく変わってくるとして重視している[61]。

(ii)　水越敏行の授業設計モデル

従来から授業設計に関して規範的に扱われてきたラルフ・タイラー(Ralph Tyler)の授業設計モデルでは、教師が授業設計を行うにあたって、まずは目標の明確化からはじめることを奨励する直線型モデルであった。それに対して水越は、ジグザグ型設計モデルを提案した[62]。このモデルには、単元構成に関する教師の意思決定には、前に述べたような永続的な「単元構想の練り直し」が存在することになる。

(iii)　田中博之の授業デザイニング

田中は、単元構成を着想から学習の終了までを視野に入れた授業設計と考え、「授業デザイニング」という授業設計モデルを提唱している[63]。このモデルは、単元構成というものが、実践前の計画段階で終結するものではなく、むしろ実践過程における子どもとの関係性によって形成されるものであること、つまり単元構成の形成的側面を示している。

(2)　教師の意思決定に関する理論からの示唆

これまで見てきたように、教師の意思決定に関する理論には、本論で明らか

(61)同掲書、pp.47~50
(62)水越敏行他『なぜ授業を評価するか〈授業を改善する―授業の分析と評価―〉』(授業技術評価　第二巻)、ぎょうせい、一九八八年、pp.63~67
(63)水越敏行他『授業設計と展開の力量』(講座　教師の力量形成　第二巻)、ぎょうせい、一九八八年、p.36

になりつつある学習展開の複線化に対する教師の意思決定に関して示唆に富んでいるとともに、実践の視座から検討すべき点がいくつか存在している。ここでは、特に「即時的対応行動」と「遅延的対応行動」に関する意思決定過程に注目する。そこでは、教授ルーティンの許容範囲を越えた行動を子どもが行っている場合、教師はまず即時的対応が必要かどうかを判断し、必要ならば、新しいルーティンに基づいて行動することになるとしている。この場面では、即時的な意思決定を対象にしていることがわかる。さらに、その即時的な対応が必要でないと判断した場合には、遅延的対応、つまり授業終了後、または将来の授業設計（＝単元構成）における対応が必要であるかどうかを考慮することになるとしている。そこでは授業終了後に教師が新しい代替策を構想する可能性が示唆されているのであり、ここにおいて、新たな展開過程が創造される可能性がある。教師は、授業中に意思決定した事実を基に、その後の学習展開を修正するか否かを意思決定するのである。

このように、単元構成に関する意思決定は、一単位時間の授業の意思決定と一連のプロセスを形成していると考えられるのである。

(3)　単元構成に関する教師の意思決定

これまで行ってきた実践事例の分析、および教師の意思決定に関する理論的考察を通して、単元における学習展開に対する教師の意思決定には、次の三つ

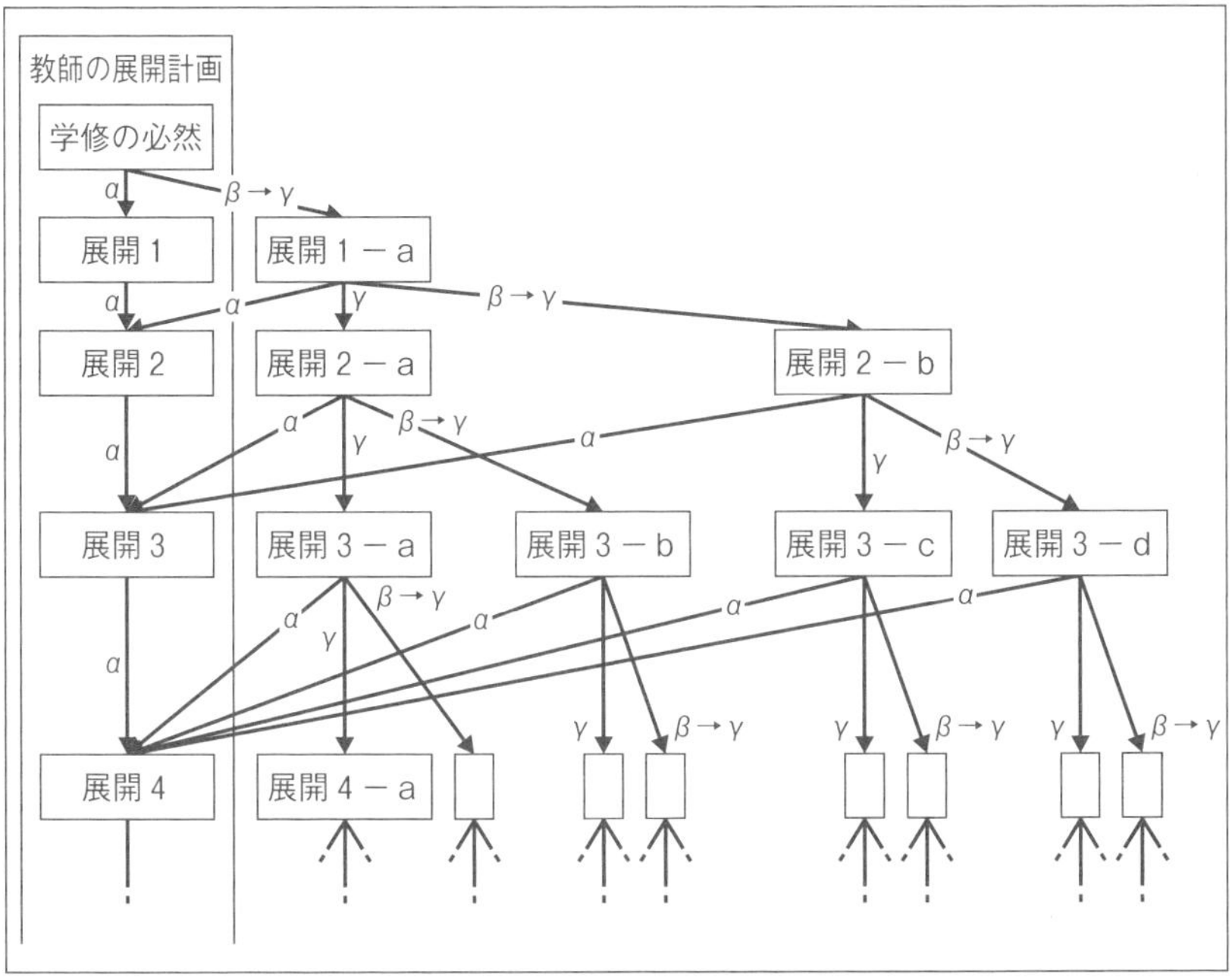

図 5-5-1　学習展開の複線化と教師の意思決定の関係

が存在しているのではないかという仮説を持つに至った。

α「展開計画を履行する」：教師が構想した当初の展開計画に、子どもの活動の方向性を引き寄せようとする意思決定。

β「展開計画を修正する」：教師が構想した当初の展開計画を、子どもの活動の様相に応じて修正しようとする意思決定。

γ「学習展開を創造する」：子どもの活動の様相に応じて、新しい学習過程を創っていこうとする意思決定。

そして、教師と子ども双方の視点が包括された教授＝学習過程、すなわち、「子どもの主体的な学びを実現する」ための教授＝学習過程には、上記のような教師の意思決定が存在しており、実際の学習展開は、これらの意思決定が相互に組み合わされて展開していくものであると考えられる。それらの意思決定と、それに伴う学習展開の複線化の関係を図で表すと、**図5-5-1**のように表すことができる。

5・1・6　授業観察による学習展開の複線化と教師の意思決定に関する検討

①　目的

授業を参与観察することを通して、前項で仮説として掲げた学習展開の複線化と教師の意思決定の内部プロセスを明らかにする。

②　方法

(1)　対象にした授業(単元)

『運動会をもりあげよう』(対象学級：O小学校三年一組・指導者：Y・T教諭)

(2)　授業観察について

授業における教師の方策を参与観察し、単元における教授活動を細谷の「教授様式の運用のあり方」を観点に据えた分析を行うことを通して、その傾向と特徴を明らかにした。観察作業では、ビデオによる記録とともに、目的を焦点化した記述式の記録をとった。また授業中、授業後に必要に応じて児童に対するインフォーマルな面接を実施した。さらに、担当教諭に対する面接による聞き取り調査を実施するとともに、対象学級の児童に対して、当単元の事後に質

(64) 上田薫『ずれによる創造』黎明書房、一九七三年、p.135

問紙調査を実施し、教師の教授活動に対する意識（受けとめ方）を明らかにした。

③ 結果と考察

(1) 教授活動の分析

授業観察を通した本単元の教授活動の分析は、**図5-5-2**のように授業記録を基に行った。

(2) 単元構成に見られる「学習展開の複線化」

まず本単元における展開計画と、実際の展開過程を比較検証してみたい。そしてその比較では上田薫の言う展開計画の破れに着目する。[64] それによって「学習展開の複線化」を焦点化することができると考えた。

すると展開計画の破れは、次のような状況のもとに現れていた。当初、教師は学級全員で協力して一つの大きな作品をつくることによって、本単元のねらいの一つである「力を合わせて」に到達させることができると考えていた。しかしながら、児童らが持つ個々の願いの強さから生じた発言をきっかけにして、子どもから出された複数のテーマに分かれたグループ活動としての展開へと修正していくことを意思決定した。そして結成されたグループでアイデアをより深め、彼らなりの見通しを持つことができるように、アイデア・スケッチをかかせた上でグループによる製作活動に入らせたのである。そうした計画の修正過程を「学習展開の複線化」として図示すると、**図5-5-3**のようになる。

授業記録【5月21日(火)　第1・2校時（8：45〜10：20)(4時間計画の1・2時間目)】

time	児童の学習活動	教師の授業活動	方策の種類	授業様式の運用のあり方
0：00		・諸連絡		教材提示的
2：58		・アートクイズ		
6：29		t01：今日はですね…盛り上		
6：35	c01：知ってる。2組が言ってた。	[板書]「運動会をもりあげよう」	展示(掲示)	
	(笑い)	t02：じゃ、「もりあげる」って、どういうことか知っているか？	発見的対話	誘導的
	c02：筋肉が盛り上がる。	t03：筋肉モリモリ……こういうことかい？		
	c03：笑い	[板書] 腕の絵を描く。		
	c04：楽しむ。	t04：どうぞ。		
		t05：楽しむ、楽しませる、なるほどね。		
	c05：飾り付けをする。	t06：飾り付けをする、なるほど。		
		[板書] 楽しむ　かざる		
		t07：他にあるかな。		
	c07：筋肉が盛り上がる。	t08：それもだから、普通じゃなくって、ぐーっと力が入るようなことを言うんだね。		
		t09：この場合は、筋肉が盛り上がるんじゃなくて、何が盛り上がるの。	発見的対話	
	c09：楽しさが盛り上がる。	t10：楽しさが盛り上がる。なるほどな。		
		t11：うん。雰囲気が盛り上がるんだな。		
8：27	c11：雰囲気が盛り上がる。	t12：条件があります。条件が。	講義	教材提示的
		[板書] じょうけん	展示(掲示)	
		t13：条件ってわかる。		
		t14：いくつかの約束がある、ということ、この中で考えてください。まず一番……。		
	c14：(スケッチ帳にメモする)	t15：運動会、やる場所はどこかな？		
	c15：校庭。	t16：だから、校舎の中を飾ったり、盛り上がったりしても意味がないんだね。	講義	
		t17：[板書しながら] 校庭からよく		
	c17：見える	t18：そう、見えるってことが大切なんだね。		
		t19：これを第一の条件にしてください。…ほとんど一日中校庭にいますから、校庭からよく見えるってことを条件にしてください。	講義	

図5-5-2　授業観察による教授活動の分析（部分）

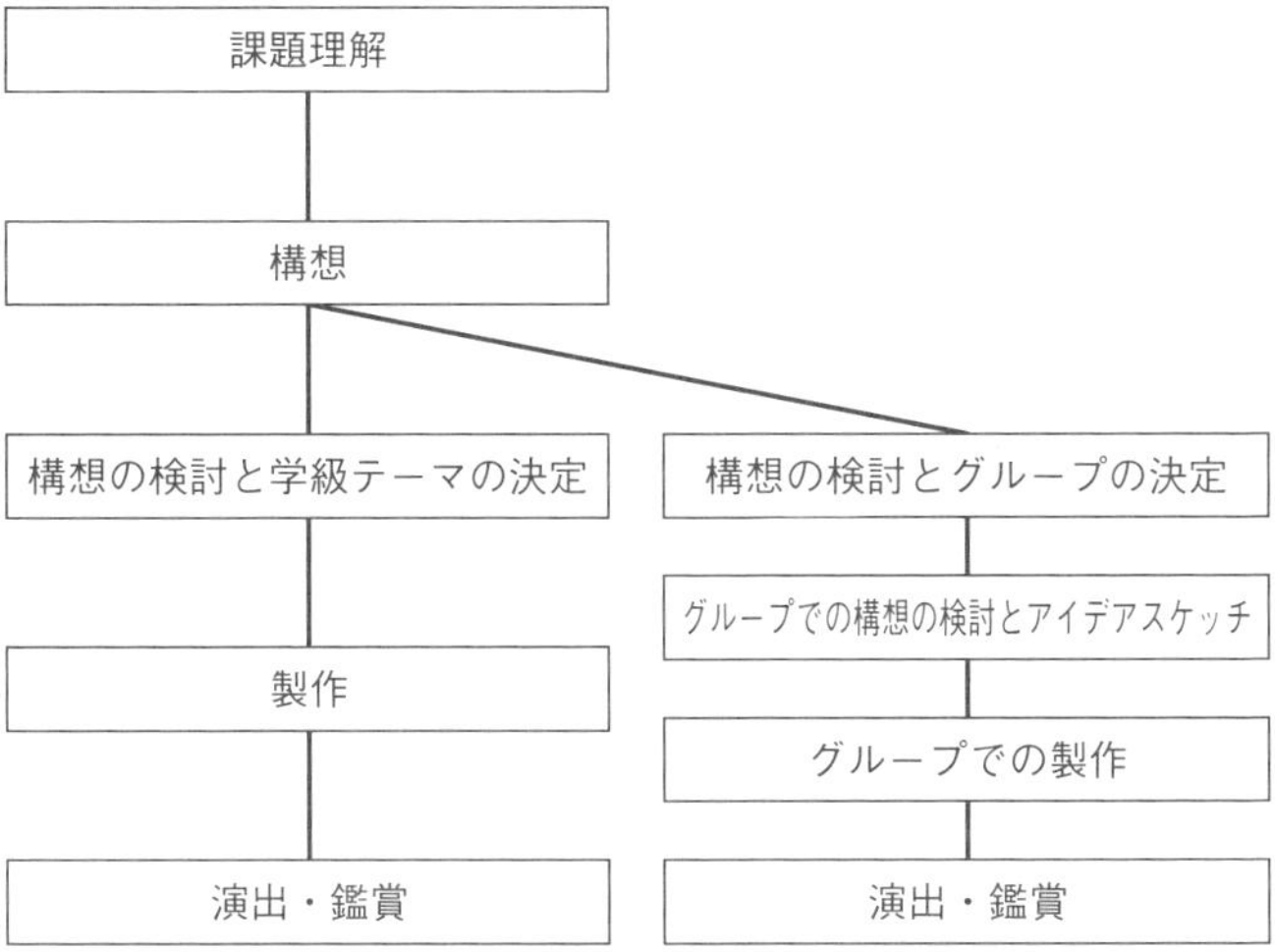

図5-5-3 単元『運動会をもりあげよう』における
学習展開の複線化の模式図

(3) 分析場面の抽出と考察

その複線化に関わり、教師の意思決定が、どのようになされたかを「学習展開の複線化」が見られた授業場面を授業記録から抽出し、その場面における教授活動が本単元の「学習展開の複線化」に対して、どのような役割を持つのか、児童の作文や作品、質問紙の内容を総合的に扱いながら分析を行った結果、以下に述べるような考察を導き出すことができた。

④ 単元構成における子どもと教師の協働化のプロセス・モデル

(1) 本単元における学習展開の複線化について

これまで見てきたように、本単元は、教師の課題提示からはじまった。しかし、その提示では「誘導的教授」が効果的に用いられることによって、絶えず「子どもからの視点」による省察を包含する教授活動となっており、その背景には、教師の教育観が存在している。そしてそうした教育観こそが、教師の立てた展開計画と目の前の子どもたちの活動様相との「ずれ」を認識するために不可欠であり、それに引き続く展開計画の破れ、すなわち学習展開の複線化を生じさせる要因にもなっているのである。

⑵「教師の意思決定」について

教師は、上記のような過程で学習展開の複線化を実行したが、それはどのような意思決定によるものなのだろうか。

教師は、「デザイナーとしての教師」として、展開計画を立案し、子どもの前に立った。しかしながら、それは子どもが学習活動を行っていくための前提に過ぎなかった。もし教師が、前章で掲げた意思決定のうち、「α：展開計画を履行する」のみの範疇で学習展開をとらえるならば、当初の展開計画通りに進められ、その過程では、「教材提示的教授」が多用されることになろう。そこでは多数決による決定や、教師による一方的な決定権の行使が用いられたかもしれない。しかしながら、教師の教育観は、そのように硬直したものではなかった。教師は、授業における子どもの求めに敏感に応答し、自らの単元に対する考え方を修正したのである。そして実際に、子どもたちの意見に耳を傾けつつ、さらに彼らの本心に迫ろうと、対話を進めていったのである。そこでは、「β：展開計画を修正する」意思決定が存在している。その授業後、教師はさらに、新たな学習展開を構想した。それが、グループ学習における「アイデア・スケッチによる構想の検討」であり、より細かく見れば「グループの活動場所の指定」である。それは、新たな学習展開をよりよく推し進めようとする、

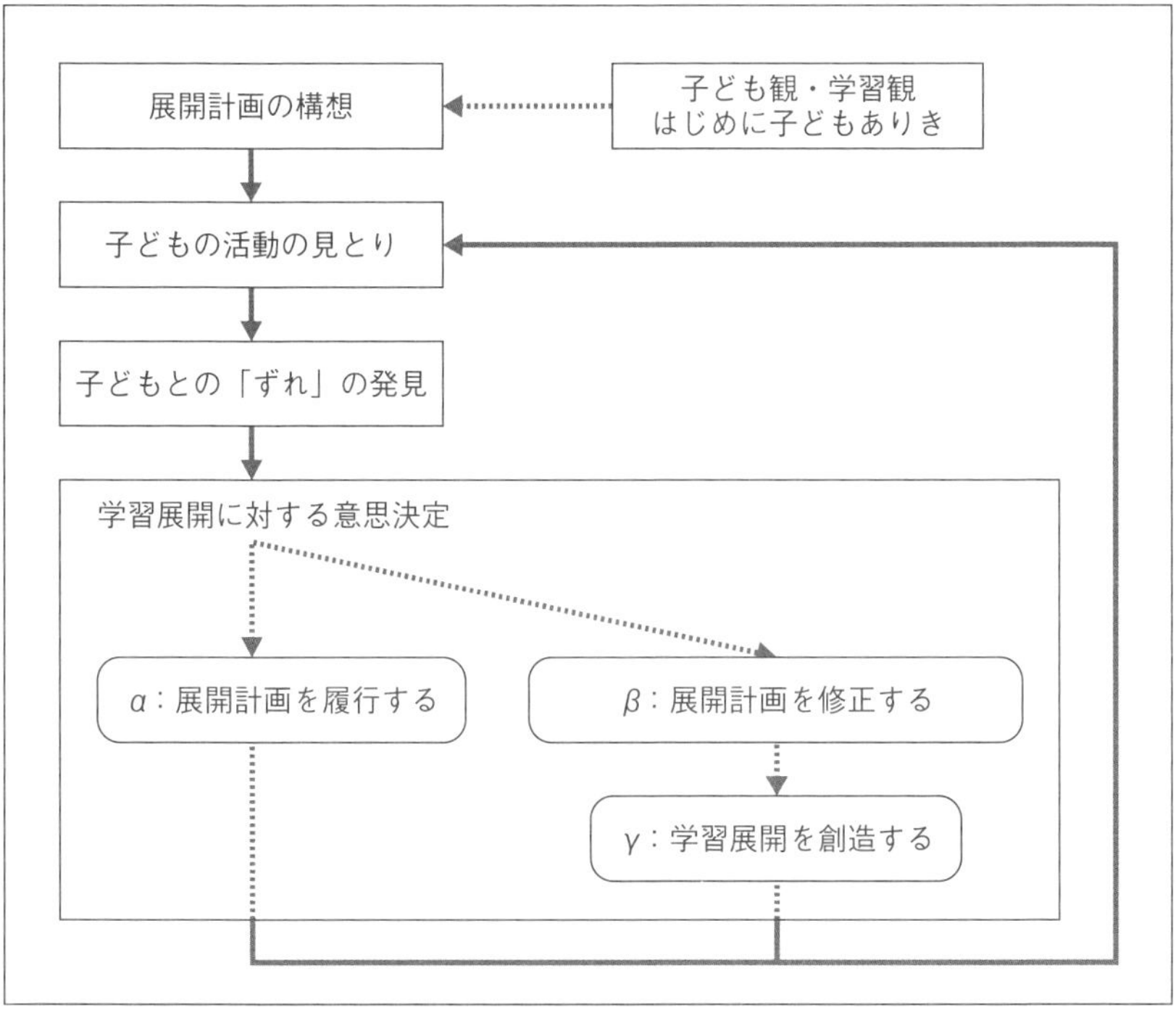

図 5-5-4 単元構成における子どもと教師の協働のプロセス・モデル

「γ：学習展開を創造する」意思決定に基づいていると言えよう。

(3) 単元構成における子どもと教師の協働化のプロセス・モデル

このように、教師は目の前の子どもとの関係によって絶えざる意思決定を行いながら、常に新しい学習展開をつくり上げていったと言える。そしてそれは、単元構成における子どもと教師の協働化（Collaboration）の営みとも言えるのではなかろうか。その営みとは、「はじめに子どもありき」の子ども観、教育観にはじまり、子どもの実態把握を経て意思決定を行い、結果としての学習展開の創造へと至る一連のプロセスであり、**図5-5-4**のようなプロセス・モデルとして示すことができる。

5・1・7　授業実践におけるモデルの妥当性の検証と考察

① 目的

これまでに明らかになった単元構成における子どもと教師の協働化に関するプロセス・モデルを授業実践において検討し、妥当性を高める。

② 方法

ここでの授業研究においては、対象授業が実践されたT小学校における学校研究との研究体制上の関連が次のように図られている[65]。

- 本授業研究の仮説であるプロセス・モデルを、学校研究（分科会）に提出する。
- そのプロセス・モデルを学校研究（分科会）の授業研究において検証、考察する。
- 学校研究（分科会）という共同協議による分析結果をプロセス・モデルの検証、考察に反映させる。

このように、本授業研究と学校研究は、相互補完的な関係を持って進められることになる。それにより、前項において示したプロセス・モデルの客観性を保持しつつ、妥当性を高めることができると考えた。

（65）国立大学附属小学校であるため、研究体制を整えることが可能である。

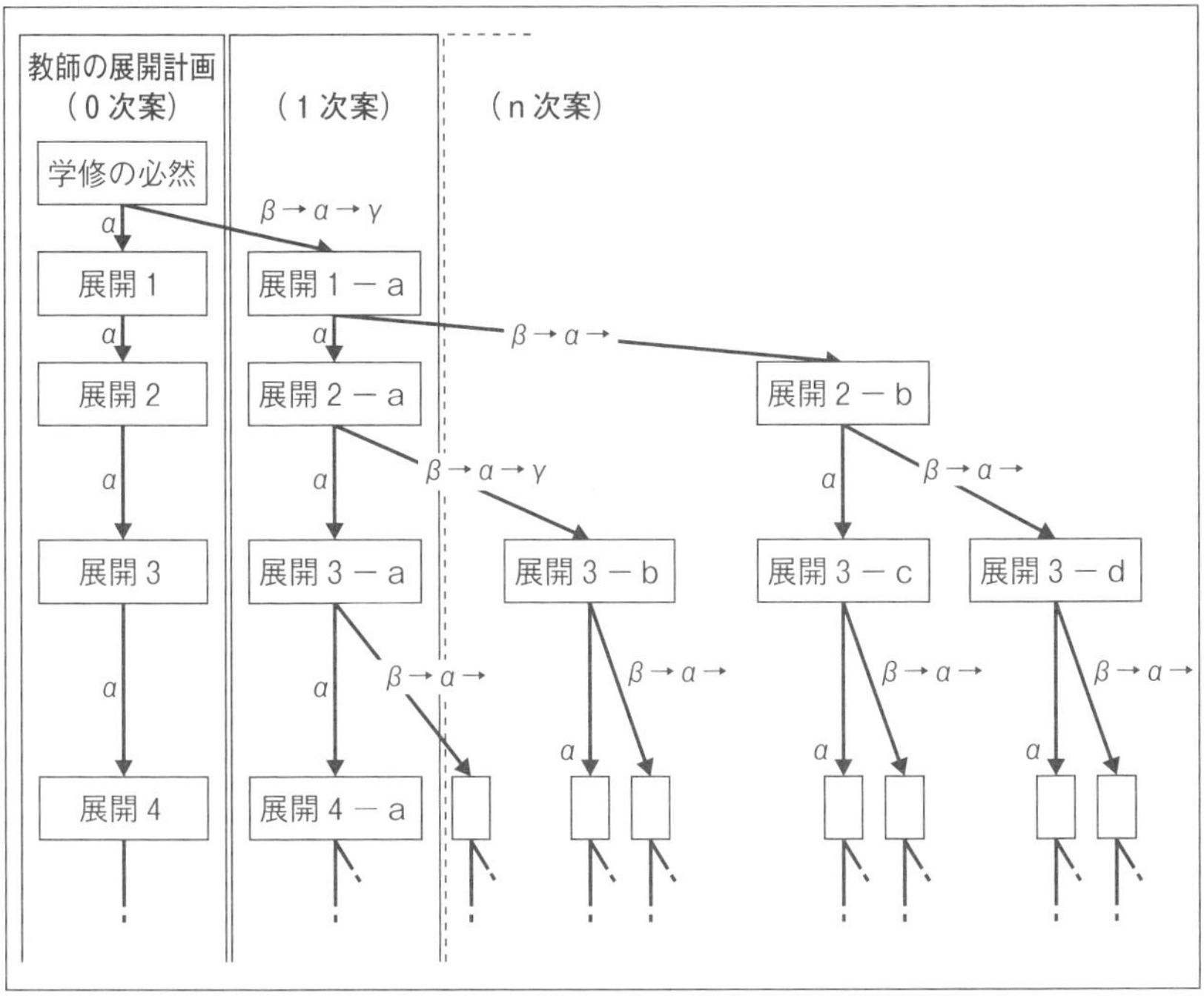

図5-5-5　学習展開の複線化と教師の意思決定の関係（修正版）

③　教師の「学習展開に対する意思決定」の修正

学校研究と関連させて進められた授業研究を通して、プロセス・モデルの「学習展開に関する意思決定」のうち、「α：展開計画を履行する」という意思決定の概念そのものを再規定する必要が生じてきた。

本授業研究において見られた「α：展開計画を履行する」意思決定に基づくと思われる「教材提示的教授」は、必ずしも教師の構想した展開計画へと子どもの活動を〝引き寄せよう〟とする意図を持つものではなく、あくまでも子どもが表出してきた彼らなりの学びの筋道を具体的に吟味したり、より強固な見通しを子どもに持たせたりするための〝教師の出〟や〝投げかけ〟として機能している。つまり、「α」の意思決定とは、教師の立てた展開計画に子どもの活動を従わせようとす

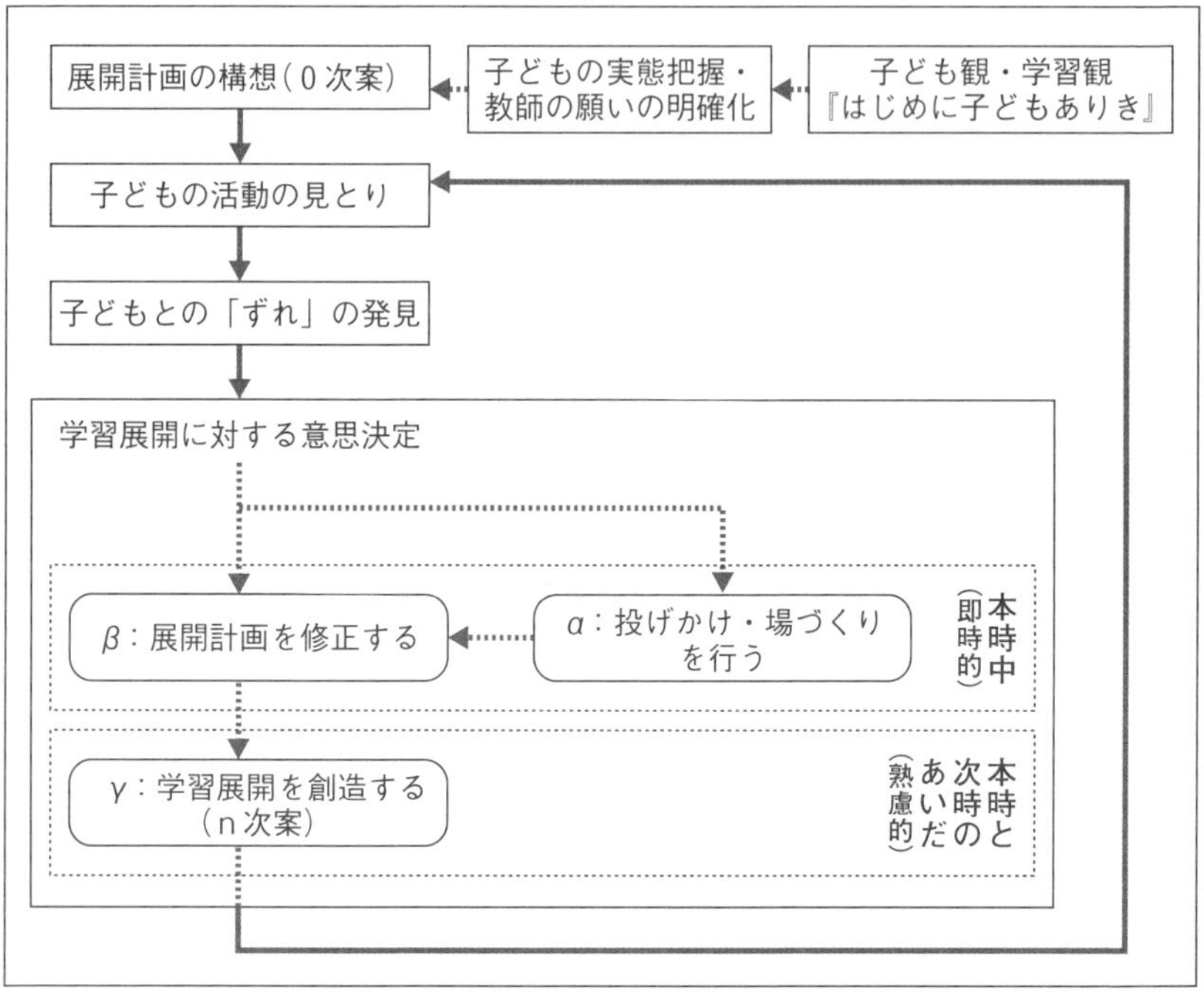

図5-5-6　単元構成における子どもと教師の協働の
プロセス・モデル（修正版）

るものではなく、むしろ子どもの学びの筋道に寄り添うために、今一度教師が持つ願いや構想を子どもに投げかけ、子どもと対話することで教師の願いそのものを再吟味してみようとする性質のものであることが明らかになった。ゆえにここで、先に規定した「α」意思決定の概念を、次のように再規定する。

α「投げかけ・場づくりを行う」…子どもの実態に対して、教師の願いや構想を投げかけようとする意思決定。

このような「α」の意思決定の再規定によって、必然的に「学習展開の複線化と教師の意思決定の関係」も修正が迫られることになった（**図5-5-5**）。

④プロセス・モデルの修正

「学習展開の複線化と教師の意思決定の関係」を修正したことにより、「単元構成における子どもと教師の協働化のプロセス・モデル」も以下の観点から図５－５－６のように修正した。

- 「展開計画の構想（０次案）」が行われるためには、教師によってその単元の学習対象（教材、活動方法等）に対する子どもの実態把握がなされている必要がある。同時に、その単元に対する教師の願い（ねらい、目標）が十分に明確化されている必要もある。ゆえに「展開計画の構想」の先駆プロセスとして、「子どもの実態把握・教師の願いの明確化」を挿入する。
- 「α：投げかけ・場づくりを行う」意思決定を、その概念の再規定に基づき、プロセス・モデルの中に位置付け直す。
- 本時中の即時的な意思決定と、本時と次時のあいだで行われる熟慮的な意思決定をプロセスに位置付ける。

５・１・８ 授業実践へのモデルの適用の意義に関する検証と考察

①目的

プロセス・モデルを教育実践（単元構成）に適用することの意義を検証し、考察を行う。

（66）本検証・考察を行ったとき、筆者は附属学校教諭として、教育実習生の指導を担当していた。
（67）古畑和孝他『社会心理学小辞典』有斐閣、一九九四年、p.3

②方法（アクション・リサーチ）

　ここでは、筆者がプロセス・モデルをはじめとする知見を拠り所にしながら教育実習生（以下、「実習生」と記す）が行う単元構成に対して指導、助言を行い、実習生が子どもにとってよりよい単元構成を目指していく過程を明らかにする。[66]それによって、プロセス・モデルを教育実践（単元構成）に適用することの意義を検証することができると考えた。このように研究者である筆者が実践者である実習生と協力して、基本的な研究的知見に基づきながら実践と検証を繰り返すことによって、一つの単元をつくっていくという過程は、アクション・リサーチの過程であるとも言える。

　アクション・リサーチ（Action Research）は、一九四〇年代にクルト・レヴィン（Kurt Lewin）によって提唱され、一九七〇年代から再びさかんに用いられるようになってきた研究方法であり、「現実の社会現象や問題を、ある目的に方向づけたり変革を試みたりするために、研究・実践・訓練の過程を相互補足的、相互循環的に体系づけた研究法」である。[67]つまり、基礎研究と、そこから引き出された知見の実践過程の相互のやりとりを強調する研究法なのである。

　それでは、アクション・リサーチとして具体的にどのような研究の手順を踏めばよいのであろうか。心理学におけるアクション・リサーチの過程と、本研究の手順を比較すると、**図5-5-7**のようになる。

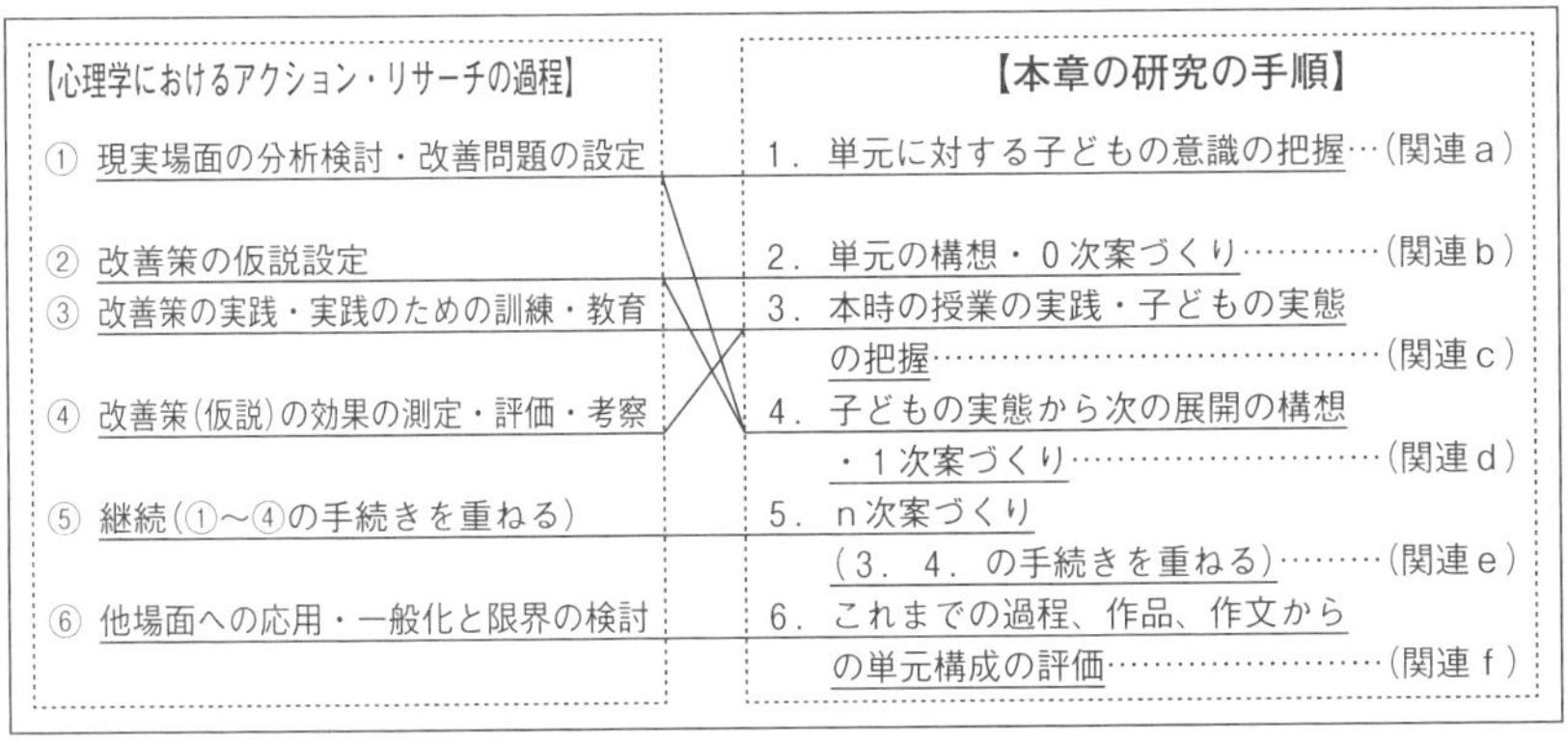

【心理学におけるアクション・リサーチの過程】	【本章の研究の手順】
① 現実場面の分析検討・改善問題の設定	1. 単元に対する子どもの意識の把握…（関連a）
② 改善策の仮説設定	2. 単元の構想・0次案づくり…………（関連b）
③ 改善策の実践・実践のための訓練・教育	3. 本時の授業の実践・子どもの実態の把握………………………（関連c）
④ 改善策（仮説）の効果の測定・評価・考察	4. 子どもの実態から次の展開の構想・1次案づくり………………（関連d）
⑤ 継続（①〜④の手続きを重ねる）	5. n次案づくり（3. 4. の手続きを重ねる）………（関連e）
⑥ 他場面への応用・一般化と限界の検討	6. これまでの過程、作品、作文からの単元構成の評価……………（関連f）

図5-5-7 心理学におけるアクション・リサーチの過程と本書の研究手順の比較

図中で示した二つの研究方法の関連（**関連a～f**）は、本項の研究活動が心理学におけるアクション・リサーチの過程と重複していることを示している。特に**関連f**に示されている単元構成の評価において、その単元構成に適用してきたプロセス・モデルの評価も同時になされることになる。つまり本項の目的であるプロセス・モデルを適用することの意義を検証することは、アクション・リサーチとしての手順を踏むことによって達成することができるのである。

③ 結果と考察

ここでは、**関連f**に示されている単元構成の評価の中でも、指導にあたった実習生の子ども観、教育観から、プロセス・モデルを授業実践に適用する意義を考察してみたい。

今回の単元構成を行ってみて感じたことやわかったことを、実習生にコメントしてもらっている。その中から実習生の子ども観、教育観をよく反映していると思われるものを以下に抽出してみた。

① 「単元構成」とは、子どもの求めていることを盛り込み、どのように活動したいかを子どもと話し合う中で構成されるべきものだと思います。「こう教師が決めたから、絶対この計画は崩せない！」という教師主導ではいけないと思いました。

②最初に指導案をつくった際、はっきり言って子どものことなど考えていない計画でした。ここが最大によくなかった点です。よかった点は、授業が進むにつれ、私なりに子どもの意見を大事にした授業を行えたところです。ある程度授業が進んだところで子どもたちと今後の見通しを立てた授業はよかったと思います。

③わかったことは、やる題材の選び方、つくり方によって子どもの授業に取り組む姿勢が変わってくるんだなあということです。

④一〇月二三日(第三次)の指導案を作成する際には、すでに教科書の目安の六時間を有に超していたので、さすがに自由にもある程度の締まりは付けた方がいいと考えたため、そのままやらせるのではなく、子どもたちと今後の見通しを立てようと考えていました。時間がある程度かかろうとも、できるだけ皆の意見を反映した見通しを立てたいと考えていました。

⑤『だんだんめいろ』の授業、および単元構成を行ってみて感じたことは、子どもたちは、こちらが思っているよりも自由な発想から『だんだんめいろ』をつくりだしていたことです。こちらが何でも枠にはめ込んでしまう授業では、子どもの自由な発想を抑制しかねないと思いました。子どもの発想は実に豊かであることに気付いたことが、子どもの見方で一番変わった点です。

⑥「教師」とは、子どものよいところ、よい発想をしっかり受けとめ、認めてあげることだと思います。そしてクラス全体に知らせることで、皆の学びに変えてあげる人材が「教師」であると思います。子どものしたことをすべて否定していく人は、「教師」とは言えないと思います。子どもの活動をしっかり観察でき、その時々で適切なアドバイスを行える人が「教師」だと思います。

以上のような実習生の言葉からは、「単元構成における子どもと教師の協働化のプロセス」が具現化されている様相が見られる。つまり、実習生と筆者によるアクション・リサーチが、プロセス・モデルの適用に即したものであったことが示されているのである。

そしてプロセス・モデルを単元構成に適用することによって、①・②・③のような単元構成に対する理解、④のような教師の立場に対する理解、そして⑤に表れている子ども理解の姿勢、⑥で表明されているような目指すべき教師像、教育観の確立が、実習生に促された。本単元構成に対するプロセス・モデルの適用は、実習生の教師としての子ども観、教育観を構築するベースとなり得るものなのである。そしてそれは筆者にとっても自分の教育観を再確認する機会でもあり、子どもと教師の関係を、そして授業というものを問い直す強さを持っていた。

子どもを学びの能動者であるととらえ、その主体性を尊重することと、教え、育てようとする教師の願いは何ら相反しない。そのことは、実習生と子どもたちの親密さと、実習生が本単元の展開計画を毎回綿密に用意してきたことを見れば理解できる。大切なことは、子ども観、教育観のような理念的なものと、教授の方策のような方法的なものが有機的に関連付けられることである。その意味において、本研究で明らかになったプロセス・モデルを授業実践に適用することによって、自己の授業実践における様々な方策を意思決定という視点から振り返ることができる。そしてその意思決定の根拠を探ることによって自己の子ども観、教育観を省察することができるのである。ここにおいて、プロセス・モデルを授業実践に適用することの意義を見出すことができる。

5・1・9「子どものデザイン」プロセスにおける「子どもと教師の協働」

本項においては、「子どもの主体的な学び」を実現する総合的な学習の時間における授業実践のあり方の検討を通して、子どものためのデザイン教育で目指す「自律性」といった理念をその教育実践において実現するための方法論として「子どもと教師の協働」という原理を見出した。

授業という営みは、佐藤学の言う「反省的実践(Reflective Practice)」であり、子どもとの関係なくしては成立し得ないものである(68)。教師が自らの実践を、子どもとの関係から省察し、絶えずよりよい価値を求めて更新していくことは、教師自身の見方・考え方をとらえ直すことを促すと言われるが、まさしくその営み自体が授業実践なのである。そして、そうした子どもと教師の関係性を根底に据えるためには、「はじめに子どもありき」という子ども観、教育観を持

(68)稲垣忠彦、佐藤学『授業研究入門』岩波書店、二〇〇一年、pp.85〜114

(69)新関伸也「『鑑賞』と『問題解決』を基軸としたデザイン教育：中学校デザイン学習試案」美術教育学会誌第二二号、二〇〇一年、p.200

つことが必要であり、それによって子どもと教師が協働して学びを創っていくことが可能となる。これは「正解のない問い」に対して、子どもと教師がともにアプローチしていくという、これからの教育に求められる態度であるとも言えるとともに、それをよりよく実現することは、これまでも見てきたように、子どものためのデザイン教育の重要な使命なのである。

新関伸也は、デザイン・プロセスにおける問題解決を基軸としたデザイン学習のあり方を論ずるにあたり、筆者と同様にその学習の場を広げ得る機会として総合的な学習の時間との関連を挙げている。そしてそこでの教師の指導のあり方を「学びの主体である児童・生徒をより意識し、教師が子どもと学びを共有し、発見する時間でもある。いわば『為すことによって学び、学びながら為す』ことで教師と子どもが一緒に考える学習である」と指摘している(69)。このように、総合的な学習の時間における子どもと教師の協働的な関係は、子どものためのデザイン教育における指導観と一致しているのである。

そしてその「協働」とは、子どもと教師がともにいるという形式的なものではなく、教師が指導者として子どもの学習に対する明確な見通しを持ちながらも、子どもとの関係性において、絶えず省察し更新していく営みのことである。「子どもの主体的な学び」を実現する子どものためのデザイン教育に求められるのは、教師が綿密に教材(題材)研究を行い、その学習活動を明確な見通しのもとに構成した上で、「いま―ここ」に生きる子どもの実態から「子どものデザイン」プロセスの協働化を図っていくことなのである。

5・2　ワークショップ

前項では、主に学校教育の授業実践における子どものためのデザイン教育の方法論として、「子どもと教師の協働」という考え方を提示した。本項では、学校教育を含みながらもより広い場で行われる実践の方法論として「ワークショップ」の可能性を検討したい。

まず、中野民雄をはじめとしたワークショップに関する基礎理論や、高橋陽一が指摘するワークショップが現代の学校教育に対して持つ意義から、子どものためのデザイン教育の方法論としてのワークショップの有効性を検討する。次に、その有効性を、造形活動を主な活動としているワークショップの実践と学校教育における授業実践との比較分析を通して実証的に明らかにする。

5・2・1　教育方法としてのワークショップの可能性

中野民夫によれば、ワークショップは「参加体験型グループ学習」として

「講義など一方的な知識伝達のスタイルではなく、参加者が自ら参加・体験して共同で何かを学びあったり創り出したりする学びと創造のスタイル」であるとされている。[70]このスタイルは、一六世紀頃の「作業場」「工房」としての意味に端を発し、近代以降においてはそれが「講習会」「実習」という意味を呈するようになり、現代においてはやがて「ワークショップとしか言い表せない」ものとして概念規定がなされるように至る。[71]この現代のワークショップには「参加」「体験」「相互作用」という三つの特徴があると言う。[72]ここまでの解説からも明らかなように、中野はワークショップに対して、何よりも方法論としての可能性と意味を見出しているのである。そしてワークショップの要点として、以下の五つを提示している。[73]

①　ワークショップに先生はいない
②　「お客さん」でいることはできない
③　初めから決まった答えなどない
④　頭が動き、体も動く
⑤　交流と笑いがある

このように、学校の授業に対して従来から聞かれるところの、「教師から子

(70)中野民夫『ワークショップ―新しい学びと創造の場』岩波書店、二〇〇一年、p.11
(71)同、p.10
(72)同、pp.132〜143
(73)同、pp.12〜13

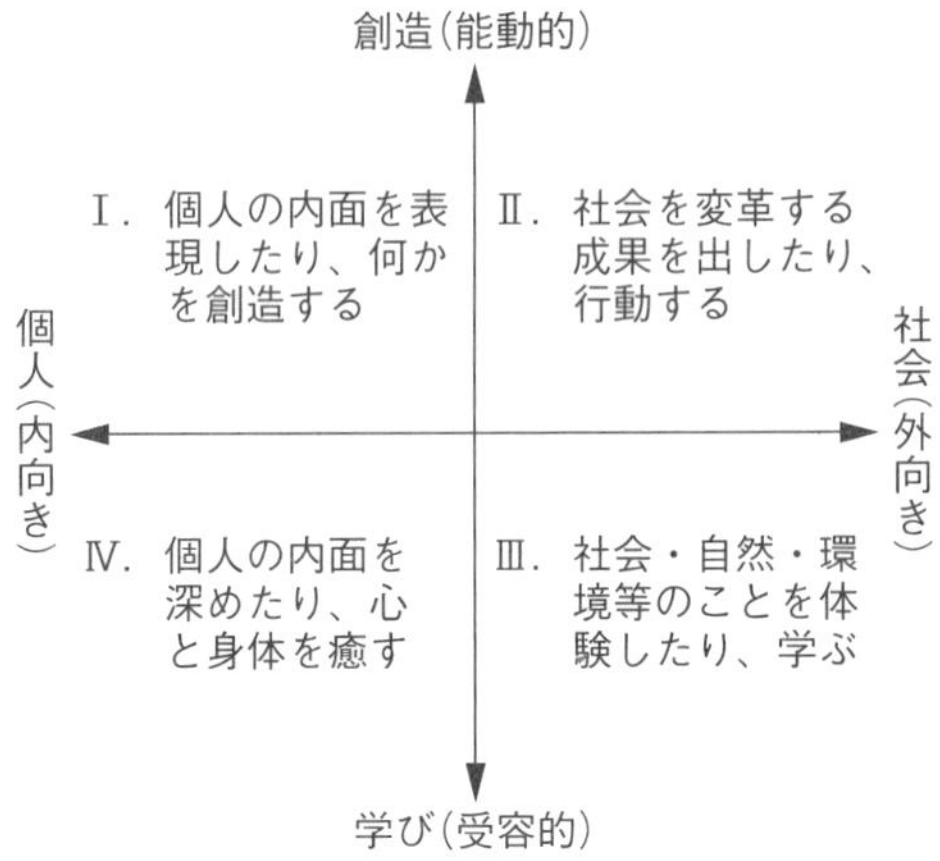

図5-5-8　ワークショップの分類
（中野、2001）

どもへ」という一方通行の伝達型の教育方法の限界、そしてそこに存在する教師の（自覚的・無自覚的）権力性、学習における答えの単一化と学校外におけるそれとの乖離などといった批判にこたえ得る可能性を有していることがわかる。確かに現代社会における問題、例えば環境問題や紛争問題、経済問題などには、唯一の解答などない状況であるので、大人であろうと子どもであろうと、ともに答えを探していくことにおいては、その役割は変わらないのである。ここで私たちは、一九六〇年代に環境問題を告発したアメリカの生物学者、レイチェル・カーソンの「知ることは感じることの半分も重要ではない」という言葉を想起せざるを得ない。現代的な問題に向き合うとは、それを理解するだけにとどまらずに、それに対して実感し、自律的に関心を寄せ、理解した上でアプローチしていくことが求められているのである。こうした時代において、ワークショップは新しい教育方法として注目されているのである。

もちろん現在行われているワークショップは、その内容や方向性によって、いくつかに分類することができる。中野は、ワークショップの内容を、個人的であるか社会的であるかという軸と、参加者が能動的に何かを創造していくか何かを受容し学習していくかという軸によって、「Ⅰ．個人の内面を表現した

(74)同、pp.18～19

り、何かを創造する」、「Ⅱ．社会を変革する成果を出したり、行動する」、「Ⅲ．社会・自然・環境等のことを体験したり、学ぶ」、「Ⅳ．個人の内面を深めたり、心と身体を癒す」という四つのカテゴリーに分類している[74](図5-5-8)。さらにそれぞれのカテゴリーには、「アート系」、「まちづくり系」、「社会変革系」、「自然・環境系」、「教育・学習系」、「精神世界系」といった内容系統があると整理して示している(図5-5-9)。

以上のように、中野の示すワークショップの要点は、本書でこれまで考察してきた「子どものデザイン」概念のあり様と重なっており、子どもの生活と社会の関わりを広く志向するという点において、子どものためのデザイン教育の方法論として示唆的である。

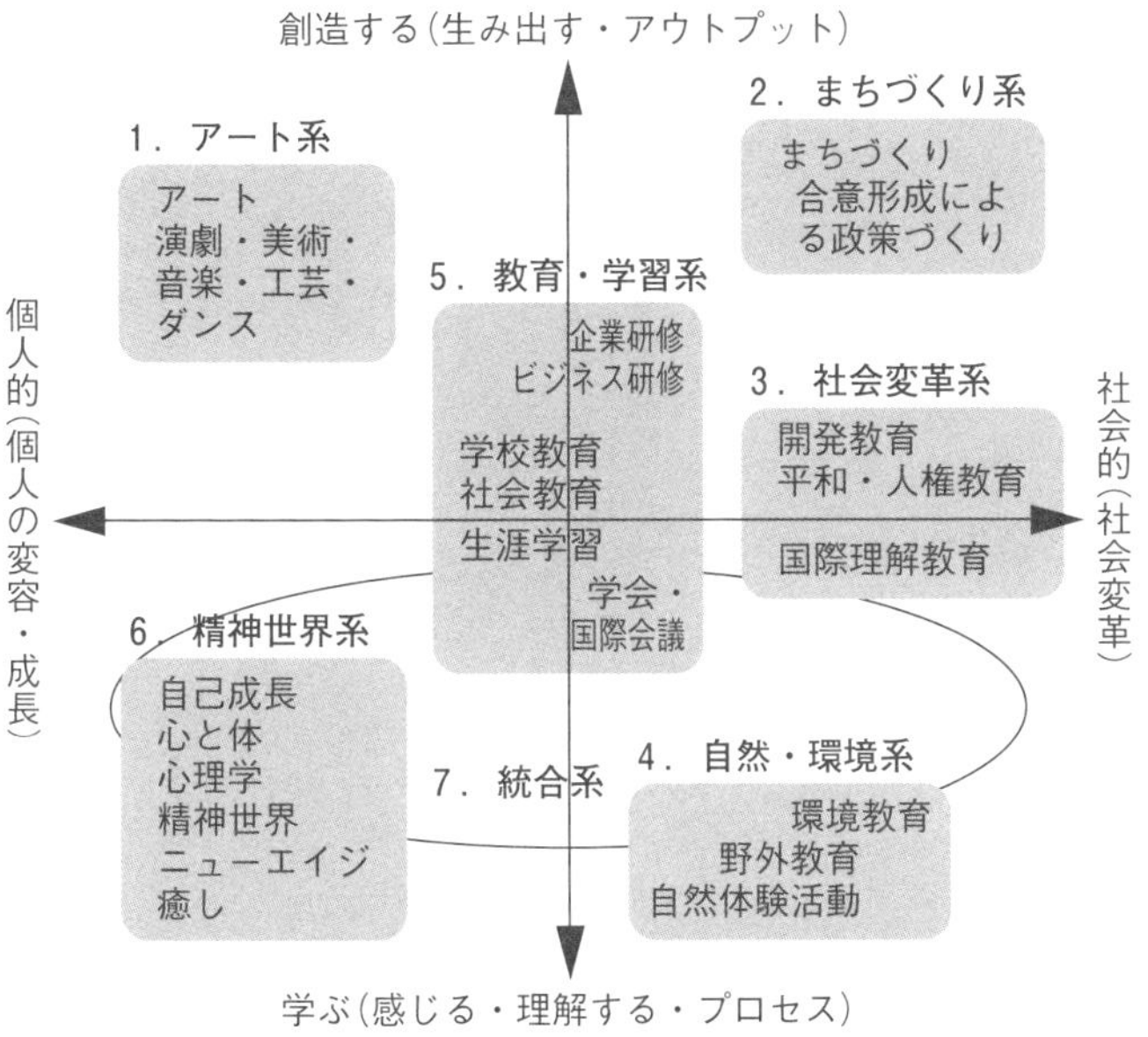

図5-5-9 ワークショップの種類(中野、2001)

5・2・2　反教化的教化としての意味

高橋陽一は、海後宗臣が『教育編成論』において提起した教育の三つの基本構造を紹介している[75]。第一に「陶冶」である（図5-5-10）。これは「教材」を介して「教師」と「生徒」が関わる様態を呈している。このモデルは、まさしく近代学校の典型的構造であり、「教材」という目的的な素材、そして［教師―生徒］関係という契約的関係は、現在の学校教育にも当てはまる事態であると言えよう。第二は「教化」である（図5-5-11）。ここでは、子どもは「媒介」に関わって学ぶこととなる。「媒介」とは、意図的・無意図的な素材の双方を含むものであり、そこに「人間」は直接いなくてもよく、背後で「媒介」をつくったり環境を整えたりしているなど、間接的に関わることで了解することができる。第三は「形成」である。これは、子ども同士の人間関係から学ぶ様態である（図5-5-12）。

これら三つの様態は、中野の示したワークショップの変遷過程に当てはめることができる。「陶冶」は、「講習会」「実習」であり、「教化」は「ワークショップ」であり、「形成」は「作業場」「工房」にそれぞれ該当する。高橋は、これらのうち「教化」が、近代

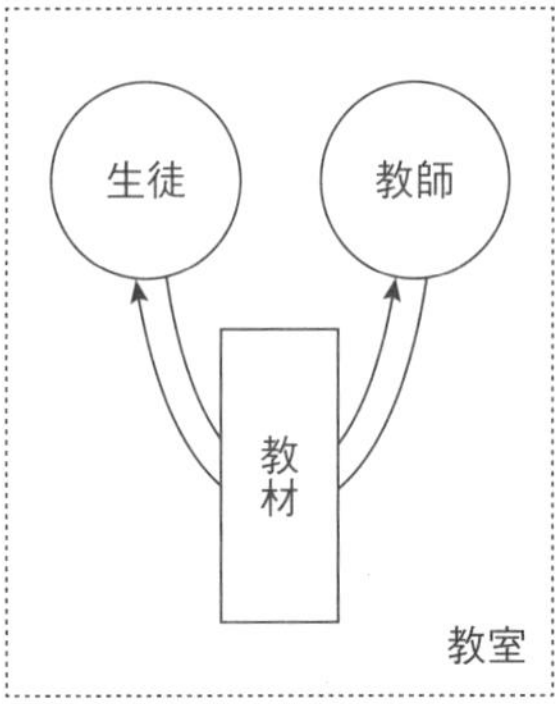

図5-5-10　陶冶
（高橋、2009）

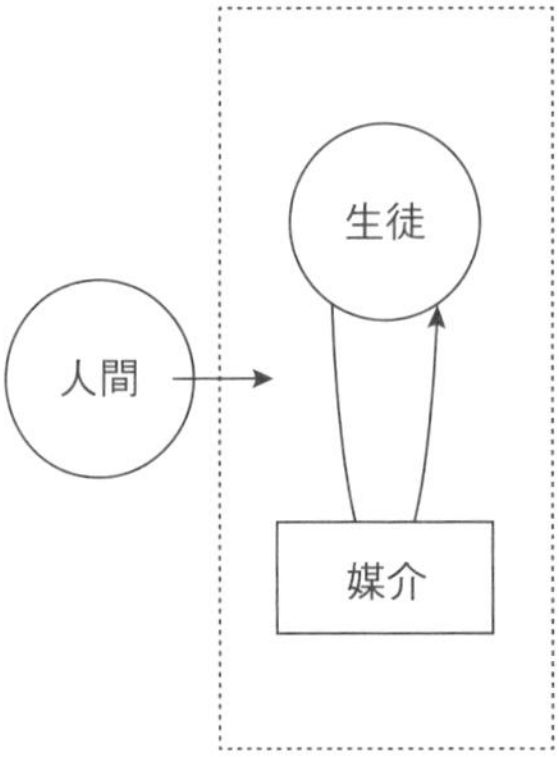

図5-5-11　教化
（高橋、2009）

（75）高橋陽一『美術と福祉とワークショップ』武蔵野美術大学出版、二〇〇九年、pp.67～68

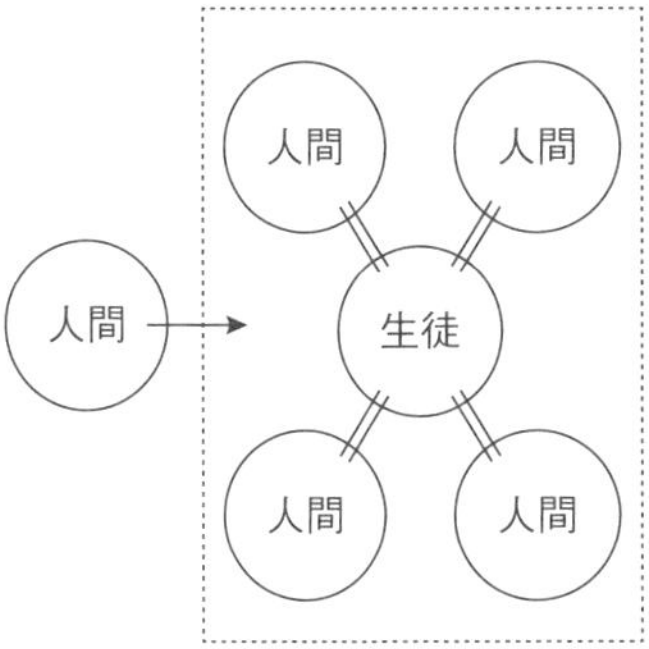

図5-5-12　形成（高橋、2009）

学校のあり様と決定的に相違しており、同時に美術の授業において実践可能な方法論であるとして注目している。ところでこの「教化」という言葉であるが、一般的には「教え導いて善に進ませること」を意味している。(76) つまりこの解釈によると、「教化」が教育において意味することは、〝教え込み／インドクトリネーション〟、すなわち狭義の注入という方法論のことなのである。

高橋は、「教化」の持つこうした意味の二重性、すなわち「教化α：媒介に関わって学ぶ」という意味と「教化β：教え込み」という意味に注目し、ワークショップを「反教化的教化」として意味付けている。ここでは、近代学校が孕む秩序付けとしての「教化β」に対して対抗するという意味での反教化という意味、そしてこれからの学校に求められる主体的な学びの様態の一つとして海後の言う「教化α」の意味を重ねているのである。

本書においては前節ですでに、イリイチの脱学校論で示されている学校化に対する機能として、子どものためのデザイン教育の持つ教育的可能性を論じている。このことと高橋の言う「反教化」という概念は、通底するものであると言えよう。

(76)『広辞苑・第五版』岩波書店、一九九八年、p.451

5・2・3　ファシリテータ

ここで挙げるファシリテータ(Facilitator)とは、ワークショップの企画・運営に当たる者のことである。これは、「Facilitate(動)：容易にする、促進する」、「Facile(形)：容易な」、「Facility(名)：施設、便宜」という意味からもわかるように、一言で訳せば、「促進者」となる。つまり、ワークショップの参加者が活動しやすくしてあげる人のことである。そして、小串里子は、ファシリテータに求められる資質能力とは、「子どもに対する理解」、「芸術行為の理解」、「包容力、総合的な力」等にあるとして、それらを整理すると、大きく次の二つの能力にまとめられるとしている(77)。

造形に関する専門的能力
人間や教育についての総合的能力

小串は、これらの能力は、そもそも学校の美術教師に求められている能力であることを指摘し、ファシリテータとしての美術教師像の重要性を訴えている。さらに高橋は、学校教育には教師による陶冶と秩序付け、すなわち教化が行われる閉鎖性を持っていると指摘し、これからは学校内で反教化的教化としてのワークショップを実践し、そこにおいてファシリテータとしての教師が、子ど

(77)高橋陽一、前掲書、pp.80〜84

もたちに自由な選択肢を提示することで、学校に解放性がもたらされるはずであると主張している。そして美術教師の養成課程において、造形ワークショップのファシリテータとしての資質能力を獲得させるべきであると提言している。ファシリテータとしての実践者の役割は、子どものためのデザイン教育の実践においても適用されるべき原理である。

5・2・4 ワークショップの可能性の実践検証

前項では、子どものためのデザイン教育の方法論としてのワークショップの有効性について、学校教育に導入することの意味、さらにはそれを企画・運営するファシリテータの役割と教師のあり方から検討した。本項では、その有効性について、造形ワークショップを対象とした実践研究を通して実証的に考察してみたい。

(1) 問題の所在

前項で述べたように、昨今においてはワークショップに関する議論が活発化している。そのことは、造形活動を主な活動内容としているワークショップ(以降、造形ワークショップと記す)についても同様である。例えば、造形ワーク

（78）高橋陽一編『造形ワークショップの広がり』武蔵野美術大学出版局、二〇一一年、p.3

ショップの意義に関しては、次のような主張がある。(78)

美術が限られた作家や愛好家だけのものではないという主張は、決して新しいものではない。しかし万人のための造形という流れは、学校で教師が指導する美術教育や、作家の作品を鑑賞する美術館などから始まったために、造形に主体的にかかわるという楽しみをすべての人が享受するには制約があった。ここで新たに登場したのが造形ワークショップである。

日本の図画工作・美術科教育は、公教育（小・中学校においては義務教育でさえある）としてすべての子どもたちが造形・美術との関わりを教育的に持つことを許したのであるが、反対に自由で束縛を持たない造形・美術の本来的なあり様とは乖離した限定的・目的的な教育内容を用意することに至っては、公教育という新たな制約を浮き彫りにした。こうした公教育が孕む問題から造形ワークショップの可能性が顕在化してきたのだとも言えるだろう。この「制約からの解放」という点においては、子どものためのデザイン教育が、学校教育における教育課程とより広い機会や場を越境した「子どもの生活」において展開される実践であることから、その方法論としてワークショップを位置付けることが有効であるように思われる。

それでは、造形ワークショップには、子どものためのデザイン教育の実践に対して、具体的にどのような有効性を持ち得るのであろうか。ここでは、図画工作・美術科の授業実践と造形ワークショップの実践を比較し、その差異、あるいは共通点を明らかにすることから、両者を越境して位置付いている子どものためのデザイン教育の方法論としてのワークショップの有効性を実証的に検討したい。

(2) 目 的

造形ワークショップ実践におけるファシリテーションの特徴を図画工作・美術科の授業実践との比較から明らかにすることを通して、子どものためのデザイン教育の方法論としてのワークショップの有効性について考察する。

(3) 方 法

① 教師、ファシリテータの発話分析

ここでは、造形ワークショップのファシリテータの発話を分析の対象とする。なぜならそれは、図画工作・美術科の授業実践と造形ワークショップ実践に共通して生起している行為だからである。そこで、図画工作・美術科の授業実践における教師の発話と造形ワークショップ実践におけるファシリテータの発話の構造を比較分析することを通して、ワークショップの有効性を明らかにする。

対象とする発話は、筆者がこれまでの研究において明らかにしている以下の分類に基づく発話とする。

(i) 図画工作・美術科の授業を構成する特徴的な発話「第三教育言語」

山下政俊は、授業の中で教師が子どもに働きかける言葉を「教育言語」と呼び、その機能と役割から「第一教育言語」と「第二教育言語」に区分している。[79]第一教育言語とは、授業における導入場面や学習の展開や転換の場面、学習の終末場面などの基本的な授業過程で必要となる子どもたちの学びと彼らとのコミュニケーションを直接リードする発話である。第二教育言語とは、第一教育言語によってもたらされた子どもたちの表現する学びのプロセスや成果をフォローしながらコミュニケーションを深める発話である。

そして実際の図画工作・美術科の授業分析からは、全体指導場面では授業のねらいに対して学習活動が適切に進行するように第一教育言語が多用され、個別指導場面では子どもが行っている表現活動をより促進させるような第二教育言語が巧みに挿入されていることが認められた。[80]さらにこの授業分析においては、第一・第二教育言語のどちらにも属さない以下のような発話の存在が明らかになった。[81]

t：これは、どうして塗っちゃったの?何となく?
c：色別にした方が……。
t：あ、色別にしたの?

(79) 山下政俊『学びをひらく第二教育言語の力―教育コミュニケーション技法の授業(二一世紀型授業づくり)』明治図書、二〇〇三年、pp.13～16

(80) 大泉義一「図画工作・美術科の授業における教師の発話に関する実践研究：図画工作・美術科の授業を構成する『第三教育言語』への着目」美術科教育学会誌第三三号、pp.69～76

(81) 大泉義一、同、pp.76～77

c：はい。赤、ピンク、青……。
t：あー、理解した。私は、やっと理解した。なるほど。色別にして、それをねらって取っていったんだな？
c：そうですね。
t：うん。そっか、そっか。あー。

こうした発話は、他の図画工作・美術科の授業においても同様に認められた。その特徴とは、教師の側が発話の前提に「答え」を想定しておらず、子どもの側にそれがあるので、教師がたずね教えてもらっているような状態にあることである。そこでこの発話を図画工作・美術科の授業において中心的な位置を占める発話として『子どもと同等の立場、あるいは逆転的な立場に基づく発話』として「第三教育言語」と規定した。

(ii)「第三教育言語」の様態

第三教育言語は、次のような様態を持つ(82)。第一に、すべて目の前の子どもの表現に対する「応答的な発話」である。しかもそれを発する教師自身が「働きかけ」として自覚化し得るものばかりではなく、無自覚的に「発してしまった」発話をも含んでいる。第二に、子どもの学習活動の状況に応じて、第一教育言語そして第二教育言語と相互に関係付けられている。第三に、教師の〝感情表出〟の手段でもあるがゆえに、それを生みだす元となっている教師自身の

(82)大泉義一、前掲、pp.79～81

パーソナリティとの緊密な関係を有している。

(iii)「第三教育言語」の考察

吉本隆明は、言葉で表現された文章や音声はすべからく「指示表出」と「自己表出」による織物であるとしている。(83) とりわけ自己表出においては、かかる発話は誰かに何かを伝える以前に自己が自己にもたらす意味を持つものとして、その中に言語としての“美”を見出している。この自己表出の考え方は、第三教育言語の様態である“感情表出”と近似している。ここにおいて、図画工作・美術科の授業において教師は、“何かを子どもに伝えようとする”以前に、子どもの表現に応答して“感じる”ことが何よりも重要であることが示唆される。(84) したがってその第三教育言語は、授業者の情感的態度の表現・表出である「周辺言語」とともに生起していることが重要となる。つまり、第三教育言語が「周辺言語」や「沈黙」による授業者の感情表出とともに位置付くことで、第一教育言語による教師（授業者）の指示的内容を子どもが受容する土壌を形成しているのである。(85)

以上のように、第三教育言語なる概念を中心としながら教師（授業者）の発話構造を分析することを通して、対象となる実践の特色が浮かび上がってくることになる。

② 対象となる造形ワークショップ実践（共同研究としての手続き）

(83) 吉本隆明『定本・言語にとって美とはなにか・I』角川ソフィア文庫、二〇一〇年、pp.28〜34

(84) 大泉義一、前掲、pp.80〜82

(85) 大泉義一「図画工作・美術科の授業における教師の発話に関する実践研究・II：教職キャリアと『第三教育言語』の関係から」美術科教育学会誌第三四号、pp.145〜146

図5-5-13 対象実践(「こども造形教室」)の様子

対象は、「深沢アート研究所」にその場を求めた(86)。なぜならば、そこで指導にあたっている山添joseph勇は、多様なワークショップ実践が一堂に会するイベント『ワークショップコレクション』における『第一回Kids Workshop Award』で最優秀賞を受賞するなど、日本の造形ワークショップ実践を牽引する先駆者であるとともに、子どもを対象にした造形教室(『こども造形教室』)を運営しているからである(図5-5-13)。この『こども造形教室』のうち、小学生を対象にして年間を通じて毎週二時間ずつ実施されているクラスの造形ワークショップ実践を研究対象とする。そしてその分析・考察において、ファシリテータである山添との意見交換(質問紙およびインタビュー)を行うこととした。

実践の観察においては、これまでの研究と同様、観察に先立って、ファシリテータである山添には、詳細な授業記録を取ること、記録の分析においては意見交換を行うことで共同研究者として役割を担ってもらうこと、そして研究成果を公開することについて事前に承諾を得た。同時に、実践にバイアスが生じることを避けるために、研究目的については実践後に知らせて承諾を得るようにした。

③ 対象となる造形ワークショップ実践

・日時：二〇一三年六月二一日(金)一七：〇〇～一八：五〇

(86)山添Joseph勇とカブによって、二〇〇三年にアートユニットとして設立。そのアートユニットの活動は、身近な素材や事柄をテーマにした美術作品の制作(インスタレーションや平面)と平行して、一九九八年からこども造形のアイデア制作やワークショップの企画・実施に取り組んでいる。その中で、東京都世田谷区深沢でのこども造形教室やアートイベントなど様々な現場で、毎日子どもと接しながら「こども」と「アート」と「つくる・発見・研究」について考察している。詳しくは、左記ホームページを参照のこと。
http://www.hukalabo.com
また、山添個人ホームページは左記参照のこと。
http://www.hukalabo.com/yama/
(87)「仮称」としてあるのは、「こども造形教室」では原則的に活動名を付さないからである。

・場所：深沢アート研究所
・対象：小学生クラス六名
・活動名：『ノートから』（仮称）(87)
・ファシリテータ：山添 joseph 勇、A氏（補助者）
・実践の展開：

(1) 活動の提案
「今日ノートをもったいない使い方をします」
（t5：実践者の発話から・図5-5-15参照）
(2) 材料となるノートの配布（図5-5-14）
(3) 子ども一人ひとりによるノートの使い方の追究活動
(4) 片付け
(5) ティータイム

図5-5-14　材料となったノート

④ 記録の方法

対象実践におけるファシリテータ（山添）の発話および行動をデジタルビデオカメラ（SONY DCR-SR100）とワイヤレスマイクロホン（SONY ECM-HW2）で記録した。そして上記音声記録を音声再生ソフト（Digital Voice Editor 3）を通して音質の調整と解析を行い、動画記録と照らし合わせながら筆記記録

time	Child	Facilitator
	（前略）	**（前略）**
1：36		（着席）
		t01：①それじゃあ、挨拶してはじめます。
		t02：①これから造形教室をはじめます、お願いします。
	（お辞儀）	（お辞儀）（積まれているノートを引き寄せる）
	c01：あ::、ノートがある。	
		（カッターでビニールの封を切る）
	c02：お::、何も絵書いたりできんだ↑お話し書くといい。お話し。	
	c03：ぼくの学校でも漫画描いている人いるよ↑	t03：①まだそんな考えなくていいよ。
	c04：あれも（開いたビニールを指さしながら）使えるよ。	
	c05：あれ（実践者があらかじめつくっておいたものを指さして）つくるんじゃない？それ。	（ビニールを捨てる）
	c06：あ::これこれこれ、好き。（モノを指さして）	
		t04：①えとー、一個質問します。
		t05：①今日ノートをもったいない使い方をします。
		t06：①（男児A指さして）言った通りです。
	c07：いえ::いh。	
		t07：①ちょっともったいないんだけど、一回ぐらいやってみようかな（1.5）と思ってやってみたら、意外と面白いから……。
2：28	c08：やった:::	
		t08：①んで、一個質問、どっちにしますか？おっきい方とちっちゃい方、どっちがいいか教えてください。
	c09：ちっちゃい！	
		t09：①はい、ちっちゃい方がいい。（渡す）
	c10：いえ::い！	
		t10：①どっち？＝
	c11：＝…（不明）…	
		t11：①じゃあちっちゃい。（机の上に投げて渡す）
	c12：〉ちっちゃい。〈	
		（投げて渡す）
2：40		t12：①ちっちゃい？
		（投げて渡す）
	c13：あ、せんせ:、全部使わなかったらもらってもいいの？	
		t13：①どれを？
	c14：これ↓これ絶対全部使うよ::。	
	c15：全部使うの？	t14：○…（不明）…。
		t15：①じゃ、はじまっはじまって、じゃあ何も説明してないけど、やってみましょうか。
2：54		t16：①じゃとりあえずどうぞ、はい、やってみてください。
	（後略）	**（後略）**

図5-5-15　発話のトランスクリプト（抜粋）

に変換した。なおその際、エスノメソドロジーの会話分析の方法を採用し、トランスクリプト（Transcript）として整理した（**図5-5-15**）。

⑤　分析の方法

事例の質的分析による「仮説生成的アプローチ」を採用した。すなわち、観察に基づいて作成されたトランスクリプトから、ファシリテータである山添の発話を「第一教育言語」「第二教育言語」「第三教育言語」、さらにはいずれにも分類できない「その他」に分類し、そこから対象実践における「第三教育言語」の出現様態を整理した。その上で筆者のこれまでの研究で得られた図画工作・美術科教育の授業実践における教師（授業者）の発話の出現様相と比較することで、そこに存在する対象実践に特有な発話様態を浮かび上がらせた。なお比較対象とした授業実践は、以前の研究で対象とした教職歴一〇年弱のM教諭による小学校図画工作科の授業実践と教職歴三〇年余のF教諭による中学校美術科の授業実践である。さらに記録を基にファシリテータである山添に対して質問紙調査とインタビュー調査を行い、実践中の発話がどのような意味（役割、意義）を有するのかについて意見交換を行った。

以上の分析作業を通して、対象実践に内包される「アブダクション・Abduction」としての造形ワークショップ実践に対する示唆を見出し、そこから子どものためのデザイン教育に対する有効性について考察を行った。

(3) 分析

① 発話の分類・整理

対象実践におけるファシリテータの発話を、「第一教育言語」「第二教育言語」「第三教育言語」「その他」に分類・整理した。まず、筆記記録された発話を一連の意味のつながりごとにまとめ、番号を付した。その結果、ファシリテータの発話総数は六三九、その発話に応答的な関係にあった子どもの発話総数は六八二であった。さらにソフトウェアを介した動画記録によってその文脈を確認しながら、「第一教育言語」による発話には「①」を、「第二教育言語」による発話には「②」を、そして「第三教育言語」による発話には「③」を、それぞれの文頭に付して分類した。またいずれにも分類し得ない発話(「その他」)には「○」を付した。なお、一つの発話に複数の教育言語カテゴリーを内包する場合は、複数のマーキング(例えば、「①③」と表記)を付した。

② 発話様態の分析と考察

以上の分類・整理を行い、小学校図画工作科、中学校美術科の授業実践における発話様態との比較分析を行った。

(1) 「第一教育言語」「第二教育言語」「第三教育言語」の出現割合の比較

対象実践においては、トランスクリプトによる発話の分類の結果、総発話数六三九のうち、第一教育言語は三七七、第二教育言語は五〇、第三教育言語は

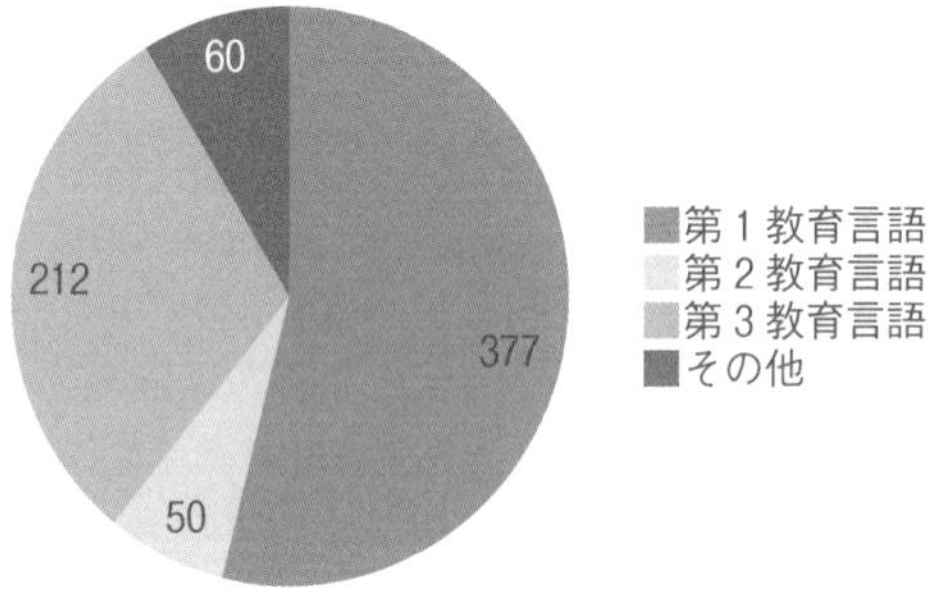

図5-5-16 「こども造形教室」における
発話の出現割合

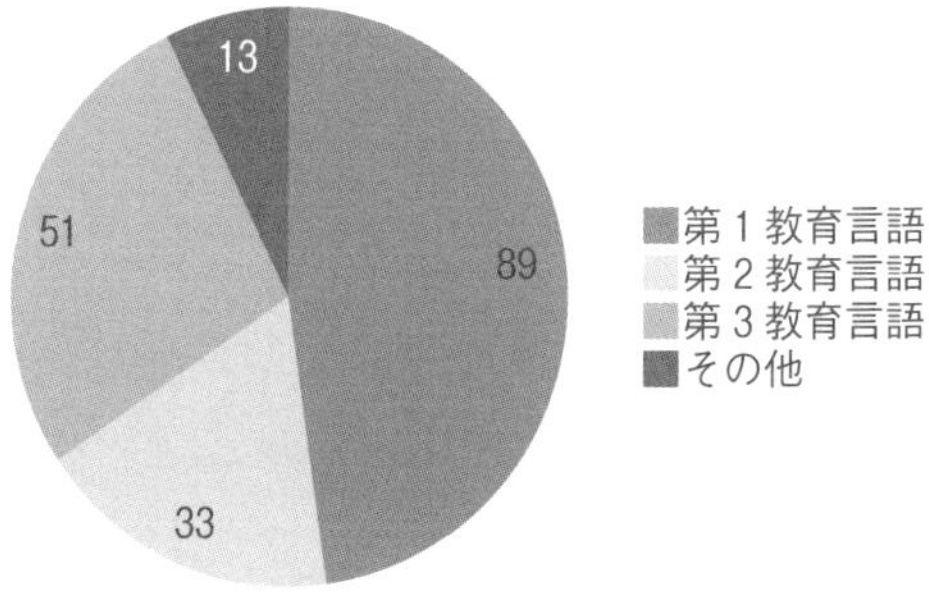

図5-5-17　小学校図画工作科授業における
発話の出現割合

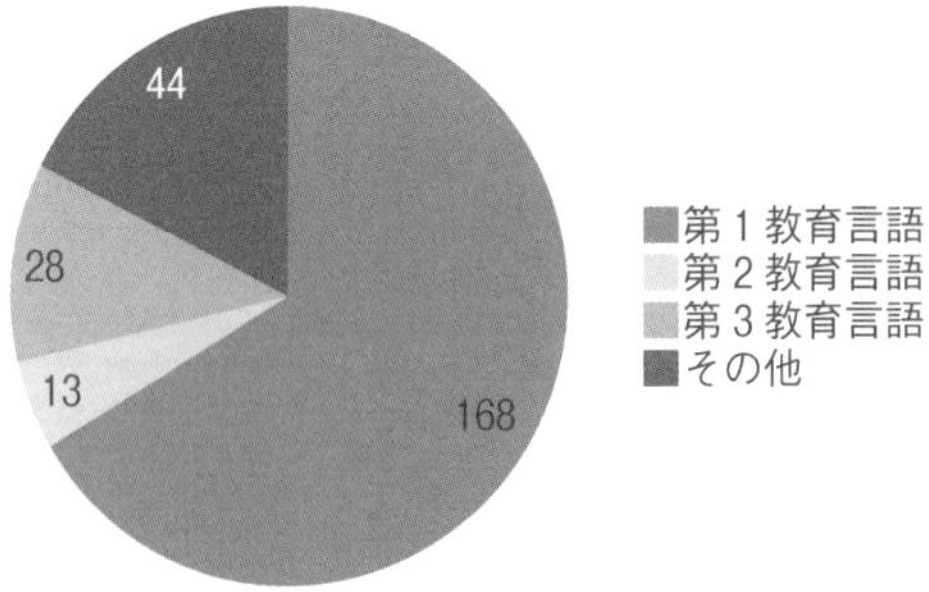

図5-5-18　中学校美術科授業における
発話の出現割合

二一二、その他は六〇であった。これらの出現状況を総発話数に対する割合で示したものが**図5-5-16**である。同様に図画工作・美術科の授業実践の結果を示したのが、**図5-5-17**、**図5-5-18**である。これらの比較からは、以下のような共通の傾向を認めることができる。すなわち、どの実践においても最も多い発話は第一教育言語であり、すべての発話の半数前後を占めている。次いで多いのが第三教育言語、そして第二教育言語である。このように、造形ワークショップ実践と学校教育課程内の図画工作・美術科教育の授業実践とのあいだ

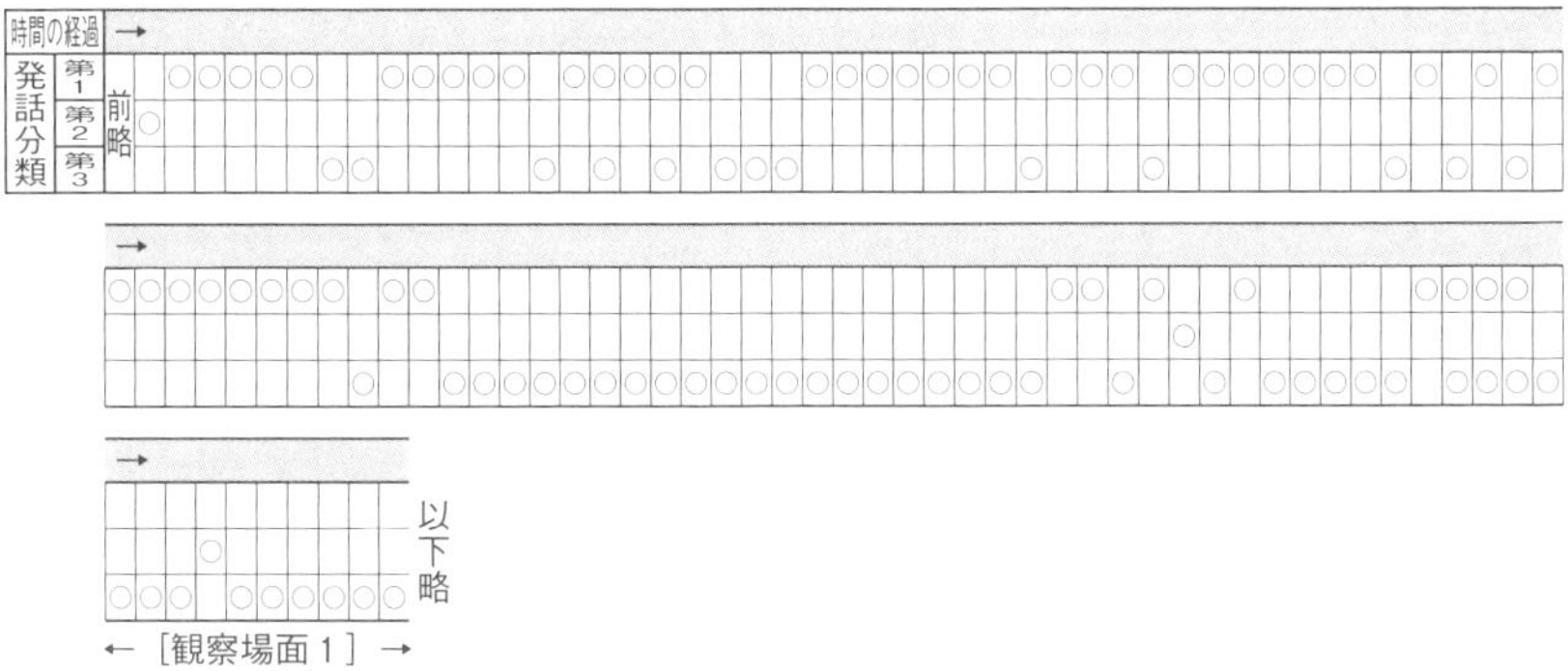

図5-5-19 発話の時系列出現分布（こども造形教室・個別指導場面・部分）

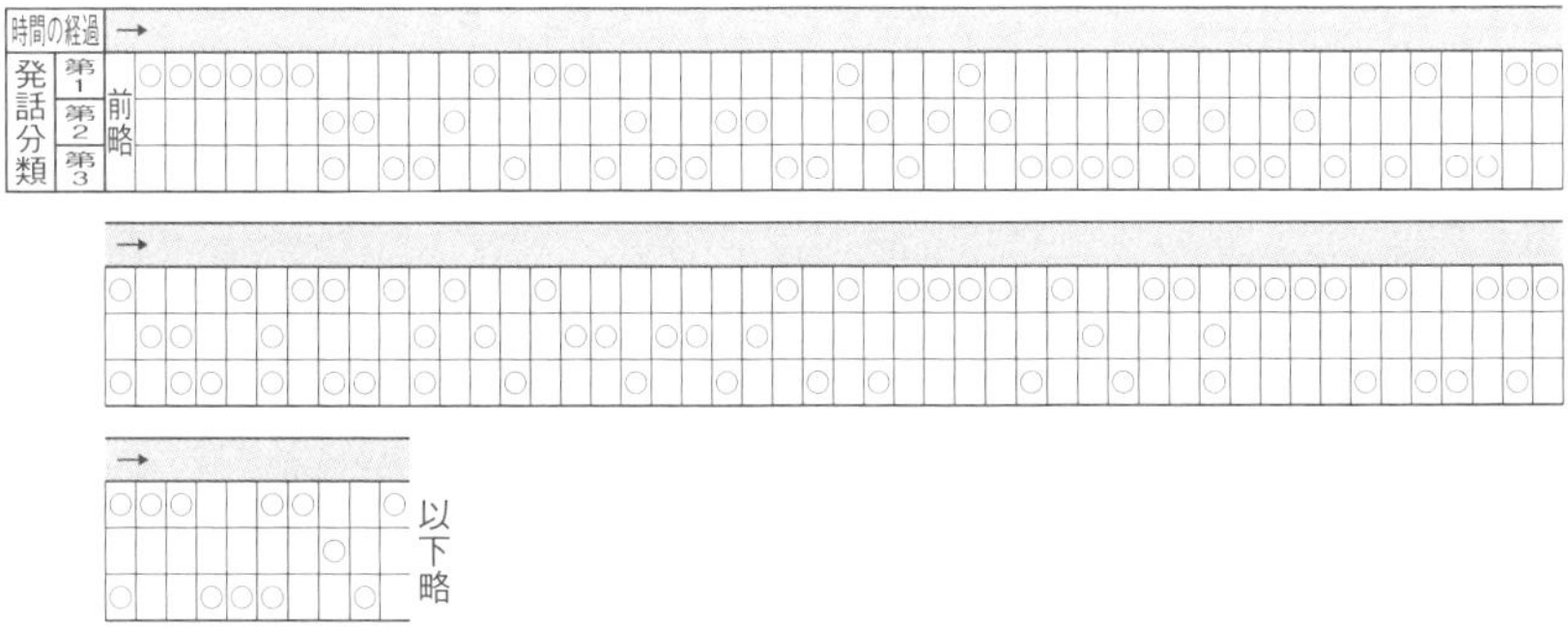

図5-5-20 発話の時系列出現分布（小学校図画工作科授業・個別指導場面・部分）

には特別な相違が認められなかった。ただし、対象実践の対象は小学生であるにもかかわらず、第二教育言語が中学校の授業実践とほぼ同割合で低い割合となっている。

(2) 発話の時系列出現分布の比較

次に、第三教育言語が頻繁に出現する個別指導場面の様相を比較する。**図5-5-19**は、対象造形ワークショップ実践において生起した発話が、分類カテゴリーごとにどのような順番でどのような頻度で出現したかを分布図として示したものである。**図5-5-20**は、同様に小学校図画工作科の授業実践について示したものである。これらの比較からは、小学校図画工作科の授業実践においては、第二教育言語と第三教育言語が全体的に散りばめられるように分布しているのに対して、対象造形ワークショップ実践においては個別指導場面にもかかわらずに第一教育言語と第三教育言語がそれぞれ連続的に分布している傾向が見て取れる。**図5-5-19**は、子どもたちが次々に思い付いたことを表出・表現している活動の後半である。そこでは第三教育言語が連続して生起しており、例えば以下のような場面が認められる（**図5-5-19**中に示した［観察場面1］の箇所に該当）。

［観察場面1］

c448：これ見て↑
t420：hhh:大胆だね。【第三教育言語】
t421：すげ::な、って思った。【第三教育言語】
t422：ノート、何もなくなったもん。【第三教育言語】
t423：すげ::、かっこいい。【第二教育言語】
c449：（がつくったものをいじって動かしている）
c450：（渡す）
c451：やってごらん↑
c452：こうやるとね＝
t424：＝動くんだ↑【第三教育言語】
t425：あ↑（動かしてみる）【第三教育言語】
t426：あ↑何だこれ↑hhh:::【第三教育言語】
t427：あれ↑それやばくない↑【第三教育言語】

図5-5-21　［観察場面1］において実践者と子どもとのあいだで共有された表現

c 453：ほら、ここが……
t 428：うん、うん。【第三教育言語】
c 454：ほら、動くんだよ。
t 429：何、この気持ち↑何、この感じ↑何これ↑hh【第三教育言語】
c 455：hhh::

この場面では、第三教育言語、すなわち子どもと同等の立場、あるいは逆転的な立場に基づく発話が、子どもの表現活動をさらに能動的なものへと強化する役割を有するものとして位置付いており、子どもの活動（図5-5-21）に対するファシリテータの情感的態度が伝わってくる。またこれら一連の発話は自己表出に基づくものであり、子どもの表現の豊かさ、面白さに情感的に共鳴しているファシリテータの態度をうかがうことができる。

(3) 特徴的な発話様態の抽出

次に、小学校図画工作科・中学校美術科の授業実践と比較して、対象造形ワークショップ実践に特徴的であると認められる発話様態を示している箇所を抽出し、質的に分析する。

(i) 敬体と常体の使い分け

以下は、対象実践の冒頭における全体指導場面である（図5-5-15に該当）。

［観察場面2］

t1：それじゃあ、挨拶してはじめます。【第一教育言語】

t2：これから造形教室をはじめます。お願いします。【第一教育言語】

（お辞儀）（積まれているノートを引き寄せる）

c1：あ::、ノートがある。

（カッターでビニールの封を切る）

c2：お::、何も絵書いたりできんだ↑お話し書くといい。お話し↑

c3：ぼくの学校でも漫画描いている人いるよ↑

t3：まだそんな考えなくていいよ。【第一教育言語】

（ビニールを捨てる）

c4：あれも（開けたビニールを指さしながら）使えるよ。

c5：あれ（山添があらかじめつくっておいたものを指さして）つくるんじゃない↑それ::

c6：あーこれ(h)これ(h)これ(h)、好き。（指さして）

t4：えと::、一個質問します。【第一教育言語】

t5：今日ノートをもったいない使い方をしますh【第一教育言語】

t6：（男児A指さして）言った通りですh【第一教育言語】

c7：いえ:::い↑

t7：ちょっともったいないんだけど、一回ぐらいやってみようかな(1)と思ってやってみたら、意外と面白いから=【第一教育言語】

c8：=やった::

t8：んで一個質問、どっちにしますか↑おっきい方とちっちゃい方、どっちがいいか教えてください。【第一教育言語】

以上のように、教室全体に向けた発話において敬体が中心的に用いられている。さらにそうした発話はすべて第一教育言語である。その後、子どもたちが個々に追究活動をはじめると、その個別指導においては常体による第二・第三教育言語が生起するようになる。対象実践では、この他にも遅れてきた二名の子どもたちを迎え入れ、活動の説明をする場面（〇九：〇六〜一〇：一五）があるが、この場面においてもやはり敬体を中心的に用いて説明を行っている。さらに終末場面（八六：四六〜八八：一二）においても、全体に伝達する内容に関しては敬体を用いている。ファシリテータである山添は、実践後のインタビューで、全体指導と個別指導の切り替えに対する意識が働いていたことを明らかにしている。その意識に基づいて第一・第二・第三教育言語の切り替えが行われているのである。こうした傾向は、小学校図画工作科・中学校美術科の授業実践と同様であった。

(ii)　自主性と主体性の要求

［観察場面3］

t15：じゃ、はじまっ＝はじまって、じゃあ何も説明してないけど、やってみましょうか↑【第一教育言語】

これは、冒頭の説明を終える場面におけるファシリテータの発話である。この発話の後に「t16：じゃとりあえずどうぞ＝はい、やってみてください。」という第一教育言語による指示的な発話によって子どもたちの追究活動が開始されている。ゆえに上掲した［観察場面3］の発話は、子どもたちに対する指示のための第一教育言語、すなわち授業における導入場面など授業過程で必要となる子どもたちの学びと彼らとのコミュニケーションを直接「リード」する言葉として機能している。ところが、この発話の中に「何も説明していないけど」という逆説的な表現が埋め込まれていることに注目する必要がある。このような指示的な発話に埋め込まれている逆説的な表現は、以下のように実践全体に渡って随所に出現している（波傍線で示す）。

［観察場面4］
c38：好きなようなやり方でもいい↑こうやって：
t35：あ、何にも、何にも決めてないので、どうぞ。【第一教育言語】

［観察場面5］
c62：これって、何個つくれるの↑
t60：まだあんま、決めてない。だいたい、もったいないからどうしようかなって思ってたくらいだし。【第一教育言語】

〔観察場面6〕
c90：どゆこと↑こういうこと↑
t89：いや、わかんない。あんまり説明もしてないから、何かクルクルってやれたらどうぞって感じです。【第一教育言語】

〔観察場面7〕
c120：できた…。
t110：そ＝そこからどうするか、全然決めてないので、はさみで切るのか、絵を描くのか(0.5)観覧車にするために切るのか(1)わかんないけど、自分で決めてください。【第一教育言語】

〔観察場面8〕
c209：いや…、切らなきゃだめなの↑
t183：いやいや…hh…、わかんないh…【第一教育言語・第三教育言語】

このように、山添は活動の見通しについて曖昧であることを繰り返し子どもたちに伝えているように見える。これは、小学校図画工作科、中学校美術科の授業実践において、学習の展開は子どもに委ね、一人ひとりの表現・鑑賞プロセスを重視することに該当するが、ここではさらに明確な物言いによって、自主性や主体性を子どもたちに要求しているのだと言えよう。

(iii)　失敗の推奨

［観察場面9］
t134：なに、あんたギザギザに切ってんの↑【第三教育言語】
t135：そういう勇気はすごいね、ほんとに。【第三教育言語】
c152：お金を無駄にする。
t137：いやいや、造形教室は失敗していいって言ってるから、いいんだと思うよ↑
【第一教育言語】
c153：失敗してる?
t138：いや、成功するかもしれない。【第一教育言語】
c154：ほら。
t139：まだよくわかんないhh::、わかんないけど、なんかすごい新しいと思うよ↑
【第三教育言語】

これは、自身の追究活動に対して自己評価ができずにいる子どもに対してファシリテータから発せられた発話と子どもの応答である。失敗するかもしれないと不安を抱いているように見える子どもに対して、ファシリテータは第一教育言語を用いて明確に「造形教室は失敗していい（t137）」場所であることを伝えている。さらに「成功するかもしれない（t138）」と続け、未だ見えてきていない可能性の在り処について暗示している。こうした失敗を推奨するような発話は、とりわけ活動の終盤において繰り返し出現している。

［観察場面10］
t445：うん、それは最高だよ：【第二教育言語】
c467：超大発見。
t446：いやいや…、それはそれでまたいいよ↑そこからボロボロになって失敗してもいいし、なんてのもいいですよ↑【第一教育言語】

ここでは、「最高だよ（t445）」と第二教育言語を用いて子どもの活動を賞賛しながらも、子どもが「超大発見（t467）」ととらえている状態にとどまることなく、さらに手を加え「ボロボロになって失敗してもいい（t446）」ということを第一教育言語を用いて指示的に推奨している。

［観察場面11］
t462：あと二〇分ぐらいで(2)そのまま、そのままやっててもいいし、もう一枚ノートほしい人はもらってもいいし(0.5)、今、成功しちゃったやつをもう一回壊しちゃってもいいし。【第一教育言語】
c545：やだ！これは絶対壊さない！ボワボワ：（つくったものの名前）
t463：それ一回壊してこれになったんだからね。h：うん。【第一教育言語】
t464：そうだよ、壊したから奇跡が起きてんだよ↑、それ。【第一教育言語】

ここでも、子どもたちが「成功しちゃったやつ（t462）」を「壊しちゃってもいい（t462）」ことを明確に第一教育言語によって全体に伝えている。そしてその根拠を、「絶対壊さない（t545）」と強く意思表明している子どもの成功も、実は一回壊したことによって得られたものであって、それにより「奇跡（t464）」が起きたことを説明することで明示している。

（4）子どものためのデザイン教育の方法論としてのワークショップの有効性

①発話構造モデルの創出

対象造形ワークショップ実践において見られた第三教育言語の様態は、**図5-5-19**と**図5-5-20**の比較、そして［観察場面1］で見たように、ファシリテータが自らの実践に対して持っている価値や意味の発露そのものなのである。すなわち、ファシリテータである山添が目指す、あるいは願う子どもの表現活動のあり様を、第三教育言語の生起の様態からうかがい知ることができるのではなかろうか。事実、山添は実践後に発話記録を見ながら、［観察場面1］における自身の意識を振り返り、この場面においては、第三教育言語による発話とともに子どもの〝気持ち〟に対して共鳴を寄せていたことを明かしている。また同時に、山添は共鳴したその子以外の子どもの目線や空気を最大限に意識しており、それが造形教室全体の雰囲気を形成する重要な要素であると述べている。山添は、美術家として、「こども造形教室」やアートイベントなど様々な現場で子どもと接しながら、「子ども」と「アート」と「つくる・発見・研究」に関する探求を行っている。つまり、山添にとっては、「こども造形教室」や造形ワークショップ実践自体がアート活動であり、そこでの時間・空間が作品なのである。山添によれば、毎回の造形教室においてこの「作品」へと必死に取り組み、未知の領域への挑戦を続けているのだという。ここにおいて、「こども造形教室」の実践は、純粋な美術作家としての活動でもあるのだ。

以上のように、第三教育言語にはファシリテータの実践に対する価値意識が反映されている。そして、さらにそこから第一教育言語のような活動そのものを推進する要素が構想され、実行されている。このことは先に挙げた［観察場面2］において、ファシリテータが全体指導場面で敬体を中心的に使い、常体中心である個別指導場面との切り替えを行っていることを指摘したが、このことについて山添は次のように解釈している。活動の冒頭と終末では、敬体を使って〝ルーティン〟を意図的につくっている。なぜならば、それにより「指導者」としての存在を消すことができ、一人ひとりの子どもの追究活動プロセスに対する意識や記憶（山添の言葉によると「体内や心への吸収」）を高めることが可能となるからである。敬体として発話化されている第一教育言語とは、授業過程で必要となる子どもたちの学びと彼らとのコミュニケーションを直接「リード」する言葉であるが、この場面においてはむしろ「リード」する意図性を受け手である子どもたちにとっての〝ルーティン〟として客体化することで、

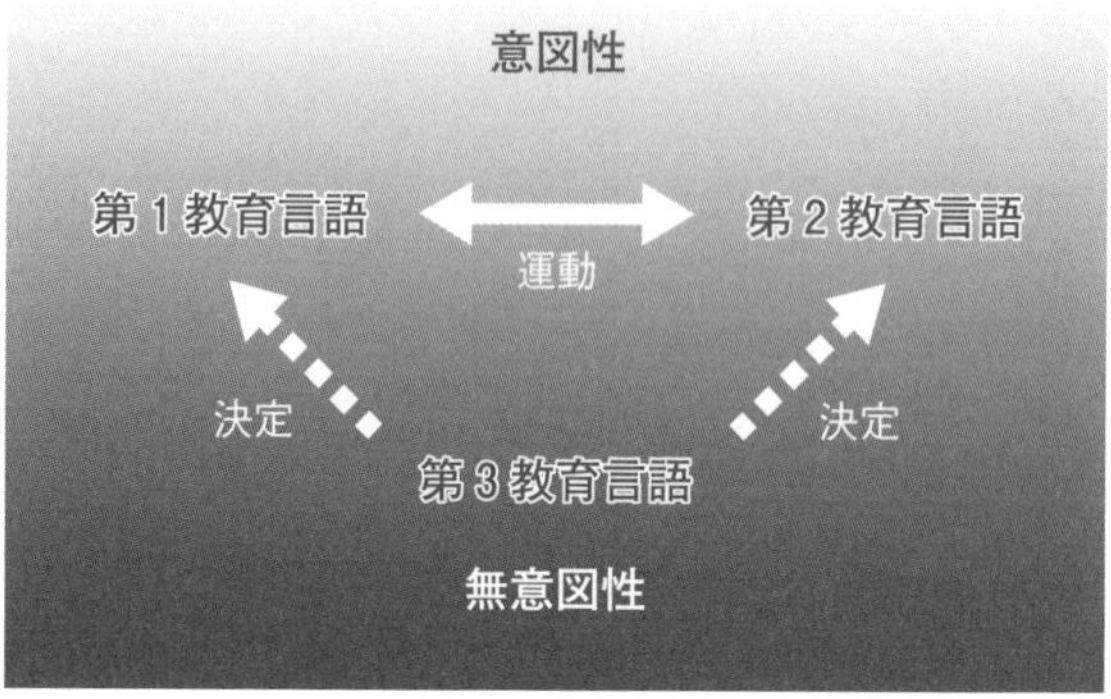

図5-5-22　教師の発話の類型とその意図性に基づく発話構造モデル

「指導者」としての権威を滅却するという目的を達成しているのである。これは学校教育という目的的な営みに対する絶妙なアンチとその活用であると言うこともできよう。

また［観察場面3］～［観察場面8］では、第一教育言語を用いた指示的な発話が行われているにもかかわらず、その内容は子どもにすべてを委ねるという「自主性・主体性の要求」を意味する内容になっていることをすでに指摘した。このことは、先述した山添の造形教室に対する価値意識、すなわち「つくる・発見・研究」という考え方と重なるのではなかろうか。つまり「つくる」「発見する」「研究する」のは、言うまでもなく子どもであると同時に、「発見させる」そして「つくらせる」「考えさせる」ことを要求するのは、ファシリテータである山添なのである。

このようにしてみると、対象実践における発話構造とは、第三教育言語が第一・第二教育言語と並列されて位置付けられるものではなく、ファシリテータが自らの実践に対して持っている信念と同義的な存在であり、それに基づいて第一・第二教育言語の機能を決定付けるような決定因としての位置付けにあると考えられる。その発話構造モデルは**図5-5-22**のように提示することができる。

(88)茂木健一郎『ひらめきの導火線：トヨタとノーベル賞』PHP研究所、二〇〇八年、p.140

② 日常性と非日常性を結ぶ方法論としてのワークショップ

この発話構造モデルは、もはや発話の構造にとどまらずに、実践の方法論の原理に対しても射程を置いている。対象実践においては、[観察場面9]〜[観察場面11]において、ファシリテータが一連の発話・対話を通して、子どもに失敗することを推奨している様子を明らかにした。ここでの第一教育言語による発話には、子どもがつくりだしたものや完成させたもの、成功したものに固執させないようにする意図が働いており、さらにはそれを「壊す」ことによって新たな発見(「奇跡(t464)」)へと誘っている。つまりは、失敗が成功につながることを暗示しているのであり、子どもたちにそのことを要求しているのである。この要求は、第一教育言語を用いた指示的な発話内容として提示されてはいるが、子どもの自主性と主体性の発揮を志向するものである。山添は、ファシリテータとしてのこうした意図が、自身の美術家としての思考からくるものであると分析している。山添によれば美術作品とは、作家と制作物(作品)と鑑賞者(他者)の距離感から形となり、時間(時代)によってその存在が変化するものである。一方、茂木健一郎は「ひらめき」とは〝ハッピーエンド〟でなく、〝オープンエンド〟を徹底することから生まれるものであると述べている。(88)この両者の考え方においては、今までにない全く新しい価値を創造する「革新(Innovation)」の存在を想起させる。「こども造形教室」では、この「革新」が

（89）高橋陽一『美術と福祉とワークショップ』同掲、pp.65～79
（90）中野民夫、前掲書、pp.166～169

重要な原理として働いており、そのための自主性や主体性の発揮が何よりも促されているのである。そしてその「革新」のための自主性や主体性の具現化に向けた特徴的な発話（「敬体と常体の使い分け」「自主性・主体性の要求」「失敗の推奨」）が、**図5－5－22**のような発話構造から生まれてきているのだと考えられよう。

　子どもの自主性・主体性を発揮させる学習のあり方としてのワークショップが、今後の教育において重要な役割を担う可能性のあることは、すでに述べた通りである。高橋陽一は、このワークショップを「反教化的教化」であると定義付けて[89]、この「反教化的教化」とは、学校教育の方法論として日常的になりがちな教授中心主義に対して、子どもの自主性・主体性を通して創造へと向かうための革新を促すファシリテーションでもあるのだ。一方で中野民夫は、ワークショップが「非日常」的な体験であるがゆえに、可能性とともに限界があると指摘している[90]。ワークショップで体験したことを日常の生活に生かすことは簡単ではないために、ワークショップに依存してしまう危険性があるというのである。それゆえにワークショップは一つの出発点であり、学びや創造の手段であり方法であるとしているのだ。子どものためのデザイン教育は、子どもの「いま・ここ」＝「生活」＝「日常」に立脚しながら創造的な問題解決を行うプロセスでもある。ここにおいて、「日常」と「非日常」は架橋される必要がある。「こども造形教室」の実践は、造形ワークショップの方法論を援用して子どもの自主性と主体性を促しながら、アートとしての創造性と革新を生み出す実践であり、注目すべきは、そうした創造性と革新が、決して非日常的な枠の中に閉じられていないことである。本実践で採用されていた材料は、子どもたちが日常的に触れたり使ったりしている「ノート」である。「こども造形教室」の実践は、この日常性を帯びた材料をいかに「革新」させることができるか、において造形ワークショップの限界に挑んでいると言えるのではなかろうか。以上のことをふまえるならば、小学校図画工作科、中学校美術科の授業実践においても、子どもたちの日常との整合性を持たせた材料(内容論)が用意され、その日常性をワークショップという方法論によって非日常的に革新するという子どものためのデザイン教育を構想することができるのではなかろうか。

第6章　「子どものデザイン」の実践

本章では、第一に、前章で明らかになった「子どものデザイン」の原理、すなわち「理念」、「内容(Scope)」、「発達(Sequence)」を軸にした、子どものためのデザイン教育のプログラム開発マトリクスを提示する。第二に、そのマトリクスから開発した子どものためのデザイン教育のプログラム事例を紹介する。第三に、開発したプログラムを対象にした実践検究を通して、「子どものデザイン」の持つ実践的意味について考察する。

第1節　プログラム開発マトリクス

1・1　プログラム開発マトリクス

プログラム開発マトリクスにおいて、「子どものデザイン」の「発達(Sequence)」は、小学校第一学年から中学校第三学年までの段階(その学年括りは前述したように学習指導要領に準拠させる)の縦軸で示される。対して「内容(Scope)」は、「子どもの生活／Kids Life」、「まなざし／Look」、「自身でつくりだす／Do it Yourself」、「ブリコラージュ／Bricolage」、「協働的関係／Collaborative Relation」の五つが横軸として並置される。そしてそれらの縦軸、横軸が交差するマトリクスにおいて、各発達の段階に応じた子どものためのデザイン教育の内容が示されることとなる。

さらに、子どものためのデザイン教育では、子どもの「自律性」が「理念」として位置付いていることから、その内容は、「子どもの姿」で示され、しかもその文体表現は「…したい／I want…」で表記される。

このことは、図画工作・美術科の授業実践に対して、次のような問題提起を孕んでもいる。現在、図画工作・美術科の学習評価においては、観点別学習状況の評価として、以下の四つの観点が位置付いている(1)。

(1)　造形(美術)に対する関心・意欲・態度
(2)　発想や構想の能力
(3)　創造的な技能
(4)　鑑賞の能力

このうち、(1)の「関心・意欲・態度」の観点は、子どもを対象にした評価というよりも、むしろその授業の実践者に向けられた評価であると考えられる。例えば、ある授業である子の「関心・意欲・態度」の評価が思わしくないのは、その姿を引き出し(Educate)得ていない実践者の指導に問題があるとの解釈が妥当であると思われるのだ。こうした事由からも、「自律性」を何よりも重視する子どものためのデザイン教育のプログラム開発マトリクスにおいては、上

(1) 文部科学省「児童生徒の学習評価の在り方について(報告)」左記ホームページを参照のこと。
http://www.mext.go.jp/b_menu/shingi/chukyo/chukyo3/004/gaiyou/attach/1292216.htm
(二〇一三年一一月一八日参照)

表6-1-1　子どものためのデザイン教育のプログラム開発マトリクス

SEQUENCE			SCOPE				
学校	学齢	子どものデザイン発達	Kids Life	Look	Do it Yourself	Bricolage	Collaborative Relation
小学校 1学年 2学年	6・7 7・8	○全身の感覚で関わる ○思いのままに ○試す	●身の回りの環境へ全身で関わりたい	●近づいたり触ったりしたい	●全身の感覚を働かせて活動し続けたい	●身の回りの環境から好きな素材を集めたい	●私が〈いま・ここ〉にいることを実感したい
小学校 3学年 4学年	8・9 9・10	○試行錯誤 ○手の巧緻性の向上 ○見ることで価値付与する ○生活の中の感情	●身の回りや環境に働きかけその変化を味わいたい	●見たり触ったりすることで変化させたい	●手で考えながら活動し続けたい	●身の回りの環境や素材を様々に操作したい	●私が他者との関係性の中にいることを実感したい
小学校 5学年 6学年	10・11 11・12	○自己評価観の芽生え ○経験に基づく計画性 ○文化への理解と批評	●身の回りの環境や地域に働きかけその効果を味わいたい	●自分なりによいもの、面白いもの、美しいものなどを見つけたい	●試しながらよりよい方法を見つけたい	●身の回りの環境や素材を組み合わせたい	●私が他者や地域との関係性の中にいることを実感したい
中学校 1学年	12・13	○身近な他社の意識 ○造形の基本原理の理解 ○手ごたえ(効力)の実感 ○慮る ○見通しを持つ ○生活と造形への意識	●他者や地域との関係性において手ごたえを得たい ●自分の生活をよりよくしたい	●見えるものから見えないものを想像したい ●ものの見方を変えてみたい	●生活の中の問題を解決するために活動したい ●偶然の出来事を活かして活動したい	●他者や生活の中の素材、問題に対する見方を変えたい ●そこから新しい意味をつくりだし他者に伝えたい	●私が他者や地域との関係性の中にいることを実感したい ●自己像を形成したい
中学校 2学年 3学年	13・14 14・15	○独創性の芽生え ○造形の基本原理の理解 ○内面世界の拡充 ○自立的な計画 ○造形の日常化 ○社会参画 ○文化への理解 ○表現の拡張	●他者、社会との関係性において自我を確認したい ●社会に対して主張したい	●見えないものの価値を探りたい ●生活や社会における事物・事象をクリティカルにとらえたい	●社会の問題を解決するために活動したい ●活動の過程でよりよい意味を見つけたい	●他者や社会にある素材、問題をクリティカルにとらえその価値を問い直したい ●そこから新しい意味をつくりだし社会に発信したい	●私が他者や社会との関係性の中にいることを実感したい ●自己像を獲得したい

述したような文章表記で示すことが妥当であると考えられる。

表6-1-1は、以上の考えに基づいて構成されたプログラム開発マトリクスである。ここに提示されている子どもの姿(内容)から、子どものためのデザイン教育の実践プログラムが開発されることになる。

1・2　実践の場

プログラム開発マトリクスに示されている子どもの姿(内容)は、学校教育課程とそれ以外の双方において認められるものである。つまり、子どものためのデザイン教育で具現化される子どもの姿は、学校の内外を「越境」するものである。

そこで、プログラムを開発する際には、それが学校で実践されるのか、地域の施設で実践されるのか、あるいは家庭で実践されるのか、というように、「実践の場」を想定することが必要である。その「実践の

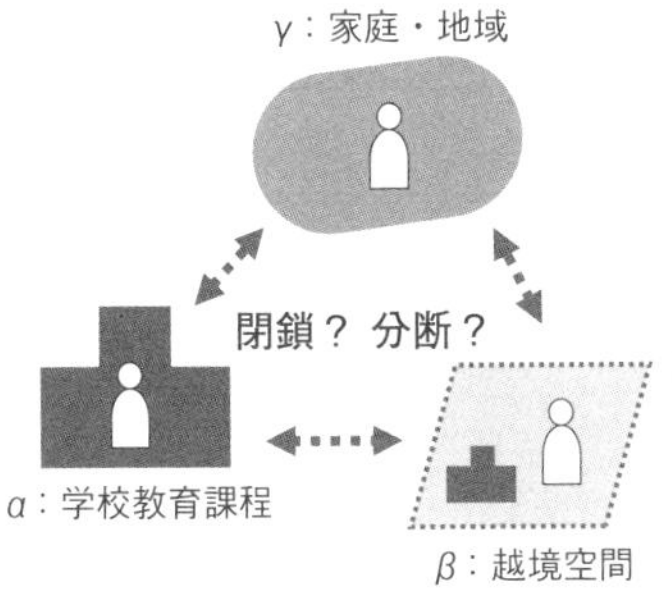

図6-1-1 地域コミュニティの現状

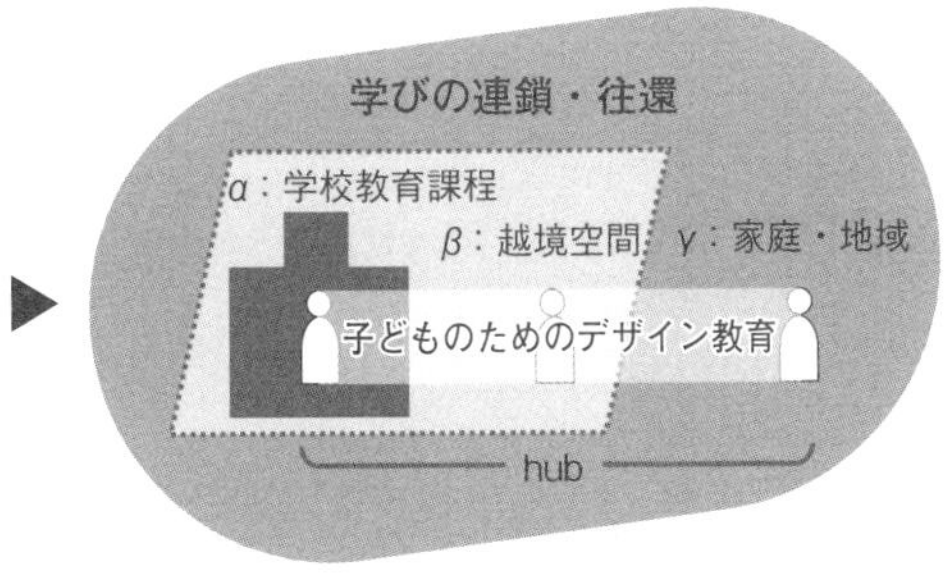

図6-1-2 子どものためのデザイン教育実践プログラムをハブとした地域コミュニティ

場」には、次の三つのカテゴリーが存在すると考えられる。

α 学校教育課程…学校教育課程内での学びの場（教科学習、特別活動など）

β 越境空間…学校と家庭・地域を越境する学びの場（総合的な学習の時間、放課後スクール、土曜学校、ＰＴＡ行事、学校と連携した学外での活動など）

γ 家庭・地域…家庭や地域の施設、空間における学びの場（家庭、美術館、公園、地域行事、商業施設、ボランティア施設など）

現在、青少年の健全育成のためには、学校と家庭・地域とがそれぞれの教育的役割を明確にした上で連携していくことを通して、地域コミュニティの教育力を発揮することが求められている。[2] しかしながら、その役割分担によって生じる閉鎖性や分断性など、その実現には多くの困難が存在していることも確かである（**図6-1-1**）。

そうした困難に対して、子どものためのデザイン教育のプログラムは、学校内外の教育実践に通底するワークショップを方法論としているので、上記三つの場を越境し結束する「ハブ（Hub）」としての役割を果たす。そのプログラムは、地域コミュニティにおける学びに連鎖や往還を生み出すことが期待できるのである（図6-1-2）。さらに開発されるプログラムにおいては、子どもが自身の感覚を存分に働かせ、自分の感じていることに自信を持つことによる自律性から、実感に根差した「ひと・もの・こと」との関係を創出する。子どものためのデザイン教育の実践は、子どもたちが自分の実感から〈いま―ここ〉や、他との〈関係〉、ひいては〈生活〉を新鮮にとらえ直すことで、地域コミュニティの成立に不可欠な「わたし」と「他」との協働を実現するのである。

(2)池田寛『地域の教育改革―学校と協働する教育コミュニティ』解放出版社、二〇〇〇年

第2節 プログラム開発とその事例

2・1 プログラムの開発

2・1・1 開発手順

子どものためのデザイン教育のプログラム開発マトリクスから、具体的な実践プログラムを開発する。その手順は以下の通りである。

(1) 対象とする子どもの発達の段階を設定

最初に、対象とする子どもの発達の段階を設定する。「プログラム開発マトリクス」の「子どものデザイン発達」を拠り所としながら「シークエンス」を決定することで、対象となる子どもに培う資質・能力を「スコープ」から参照する。

(2) 実践の場の設定

以下のカテゴリーから実践の場を設定する。

α　学校教育課程におけるプログラム
β　越境空間におけるプログラム
γ　家庭・地域におけるプログラム
αにおけるプログラムでは、図画工作・美術科をはじめとする各教科、領域の学習指導要領との関連を図るとともに、授業時数の設定、年間指導計画における位置付けを検討する。
βにおけるプログラムでは、学校教育課程と家庭・地域を越境し往還する学びの可能性を検討する。
γにおけるプログラムでは、地域、そして家庭との連携・協力を図る。

（3）活動内容の設定

スコープを参照しながら活動内容を構想・設定する。

（4）発展性の検討

開発されたプログラムの、他の場での実践の可能性や内容の発展性の可能性を検討する。

2・1・2 プログラム開発ワークシート

図6-2-1は、プログラム開発をサポートするワークシートである。

このワークシートは、子どものためのデザイン教育のプログラムを開発するためのサポートツールであると同時に、開発しつつあるプログラムを第三者に説明するためのツールでもある。したがって、記入の順番は必ずしも掲載順でなくてよく、むしろ開発そのものは先述した手順に則って進められていくことが望ましい。開発過程においては本ワークシートに記入した事項を基に、開発者や実践者、場合によっては依頼者とのあいだで、よりよい実践を展望して検討を行うことが重要である。

次項においては、子どものためのデザイン教育の実践の場である「学校教育課程（α）」、「越境空間（β）」、「家庭・地域（γ）」それぞれにおけるプログラム事例を紹介する。

■　プログラム名

■　実践開発マトリクスにおける位置付け

SEQUENCE			SCOPE				
学校	学齢	子どものデザイン発達	Kids Life	Look	Do it Yourself	Bricolage	Collaborative Relation
小学校 1学年 2学年	6・7 7・8	○全身の感覚で関わる ○思いのままに ○試す	●身の回りの環境へ全身で関わりたい	●近づいたり触ったりしたい	●全身の感覚を働かせて活動し続けたい	●身の回りの環境から好きな素材を集めたい	●私が〈いま・ここ〉にいることを実感したい
小学校 3学年 4学年	8・9 9・10	○試行錯誤 ○手の巧緻性の向上 ○見ることで価値付与する ○生活の中の感情	●身の回りや環境に働きかけその変化を味わいたい	●見たり触ったりすることで変化させたい	●手で考えながら活動し続けたい	●身の回りの環境や素材を様々に操作したい	●私が他者との関係性の中にいることを実感したい
小学校 5学年 6学年	10・11 11・12	○自己評価観の芽生え ○経験に基づく計画性 ○文化への理解と批評	●身の回りの環境や地域に働きかけその効果を味わいたい	●自分なりによいもの、面白いもの、美しいものなどを見つけたい	●試しながらよりよい方法を見つけたい	●身の回りの環境や素材を組み合わせたい	●私が他者や地域との関係性の中にいることを実感したい
中学校 1学年	12・13	○身近な他社の意識 ○造形の基本原理の理解 ○手ごたえ（効力）の実感 ○慮る ○見通しを持つ ○生活と造形への意識	●他者や地域との関係性において手ごたえを得たい ●自分の生活をよりよくしたい	●見えるものから見えないものを想像したい ●ものの見方を変えてみたい	●生活の中の問題を解決するために活動したい ●偶然の出来事を活かして活動したい	●他者や生活の中の素材、問題に対する見方を変えたい ●そこから新しい意味をつくりだし他者に伝えたい	●私が他者や地域との関係性の中にいることを実感したい ●自己像を形成したい
中学校 2学年 3学年	13・14 14・15	○独創性の芽生え ○造形の基本原理の理解 ○内面世界の拡充 ○自立的な計画 ○造形の日常化 ○社会参画 ○文化への理解 ○表現の拡張	●他者、社会との関係性において自我を確認したい ●社会に対して主張したい	●見えないものの価値を探りたい ●生活や社会における事物・事象をクリティカルにとらえたい	●社会の問題を解決するために活動したい ●活動の過程でよりよい意味を見つけたい	●他者や社会にある素材、問題をクリティカルにとらえその価値を問い直したい ●そこから新しい意味をつくりだし社会に発信したい	●私が他者や社会との関係性の中にいることを実感したい ●自己像を獲得したい

■　実践の場と対象

■　学校教育課題との関連

■　活動

1．活動時間

2．準備・設定

3．願う子どもの姿／学習のねらい

4．活動の展開

(1)

(2)

(3)

5．そのほか

図6-2-1　子どものためのデザイン教育のプログラム開発ワークシート

表6-2-1　プログラム開発マトリクス

SEQUENCE			SCOPE				
学校	学齢	子どものデザイン発達	Kids Life	Look	Do it Yourself	Bricolage	Collaborative Relation
小学校 1学年 2学年	6・7 7・8	○全身の感覚で関わる ○思いのままに ○試す	●身の回りの環境へ全身で関わりたい	●近づいたり触ったりしたい	●全身の感覚を働かせて活動し続けたい	●身の回りの環境から好きな素材を集めたい	●私が〈いま・ここ〉にいることを実感したい
小学校 3学年 4学年	8・9 9・10	○試行錯誤 ○手の巧緻性の向上 ○見ることで価値付与する ○生活の中の感情	●身の回りや環境に働きかけその変化を味わいたい	●見たり触ったりすることで変化させたい	●手で考えながら活動し続けたい	●身の回りの環境や素材を様々に操作したい	●私が他者との関係性の中にいることを実感したい
小学校 5学年 6学年	10・11 11・12	○自己評価観の芽生え ○経験に基づく計画性 ○文化への理解と批評	●身の回りの環境や地域に働きかけその効果を味わいたい	●自分なりによいもの、面白いもの、美しいものなどを見つけたい	●試しながらよりよい方法を見つけたい	●身の回りの環境や素材を組み合わせたい	●私が他者や地域との関係性の中にいることを実感したい
中学校 1学年	12・13	○身近な他社の意識 ○造形の基本原理の理解 ○手ごたえ(効力)の実感 ○慮る ○見通しを持つ ○生活と造形への意識	●他者や地域との関係性において手ごたえを得たい ●自分の生活をよりよくしたい	●見えるものから見えないものを想像したい ●ものの見方を変えてみたい	●生活の中の問題を解決するために活動したい ●偶然の出来事を活かして活動したい	●他者や生活の中の素材、問題に対する見方を変えたい ●そこから新しい意味をつくりだし他者に伝えたい	●私が他者や地域との関係性の中にいることを実感したい ●自己像を形成したい
中学校 2学年 3学年	13・14 14・15	○独創性の芽生え ○造形の基本原理の理解 ○内面世界の拡充 ○自立的な計画 ○造形の日常化 ○社会参画 ○文化への理解 ○表現の拡張	●他者、社会との関係性において自我を確認したい ●社会に対して主張したい	●見えないものの価値を探りたい ●生活や社会における事物・事象をクリティカルにとらえたい	●社会の問題を解決するために活動したい ●活動の過程でよりよい意味を見つけたい	●他者や社会にある素材、問題をクリティカルにとらえその価値を問い直したい ●そこから新しい意味をつくりだし社会に発信したい	●私が他者や社会との関係性の中にいることを実感したい ●自己像を獲得したい

2・2　プログラム事例

2・2・1　学校教育課程における プログラム(α)

■**プログラム名**

『なんのあな?どんなあな?』

■**プログラム開発マトリクスにおける位置付け**

表6-2-1参照(太枠部分)。

■**実践の場と対象**

学校教育課程(小学校第五・六学年、中学校第一学年)

■**学校教育課程との関連**

図画工作科　A表現(2)・B鑑賞(1)

美術科　A表現(2)(3)・B鑑賞(1)

■**活動**

1. 活動時間

二単位時間(九〇～一〇〇分間)

2. 準備・設定

□『あな』のシルエット図版と実際の写真など掲示物　□黒フェルトペン
□ＫＭＫケント紙はがき判　□カッターナイフ　□カッターマット
□色鉛筆

3．願う子どもの姿／学習のねらい

身の回りにある「あな」を探し出して、その形の面白さを楽しむとともに、その形から想像をすることを楽しむ。

4．活動の展開

(1)『あな』を探して……『なんのあな?』

●みなさんの身の回りには、いろんな『あな』がありますよね?

●例えば……これは『なんのあな』かわかりますか?

●実はこれです。

●他には……？

●私たちの身の回りには、いろいろな形の『あな』がかくれていそうですね。

●学校の中を探してみましょう。『なんのあな』があるかな?みんなで集めてみよう。

(2)〝ホールカード〟をつくって……『なんのあな?』

●方法

①見つけた『あな』とそのモノをケント紙カードにスケッチ

②『あな』をカッターで切り抜いて用紙のすみに記名し、裏にして置いておく

③（　）個以上みつけよう

●スケッチの線を切り抜く（カッターナイフの安全な使い方に留意

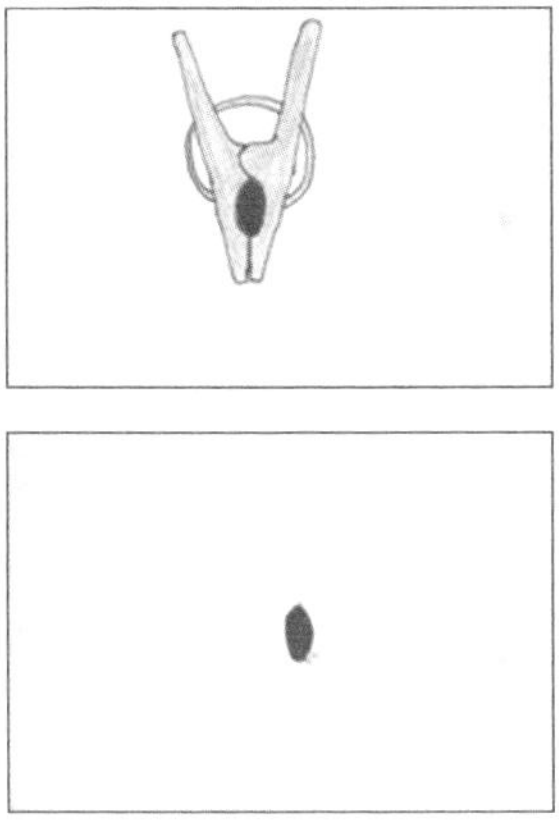

図6-2-2　6年児童作品

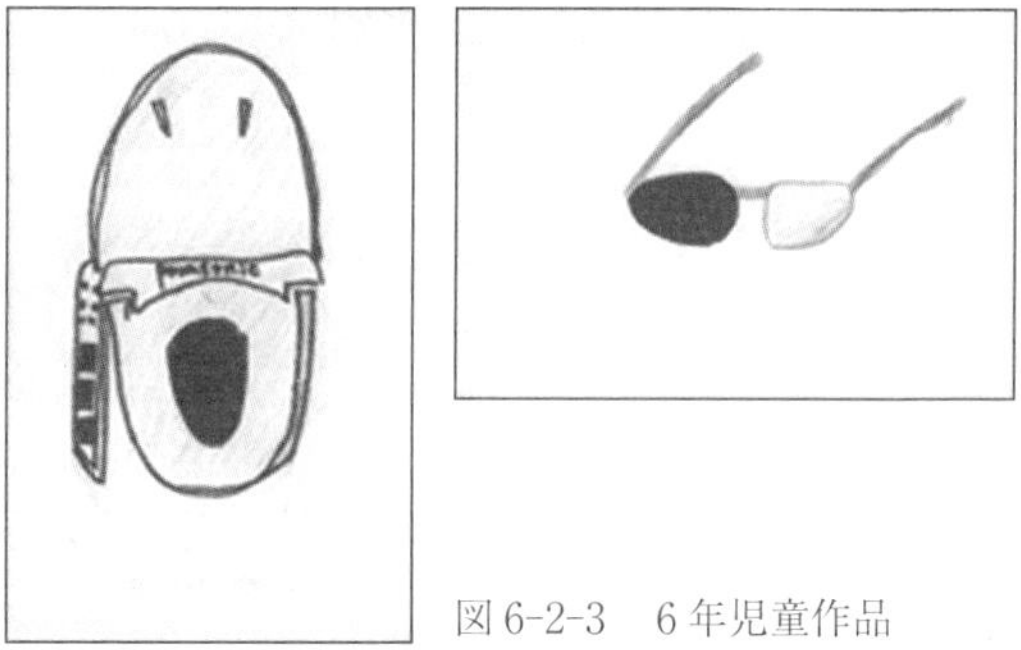

図6-2-3　6年児童作品

する）。

(3) 味わう・その1…『なんのあな？』

● いろいろ集まったね。友人が見つけたのは、『なんのあな』かな？想像してみよう。

● 方法

①グループ編成（4人程度）

②〝あなのカード〟を裏にして並べ、『なんのあな』か想像（予想）してみる

③『あな』の特徴から〝あなのカード〟を分類してみる。

④その他

(4) 『あな』から想像して…『どんなあな？』

● ではそれは『どんなあな』でしょうか？ここでは、その『あな』の形から想像したことを絵に表してみよう。

● 方法

①グループ内で〝あなのカード〟を交換する。

②『あな』の形から想像したことを、裏面にかく。

③用紙のすみに題名を書き、記名する。

(5) 味わう・その2…『なんのあな？どんなあな？』

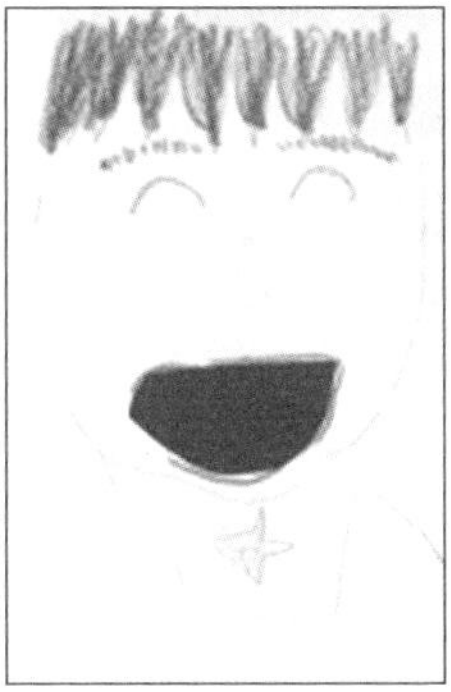

図6-2-4　6年児童作品

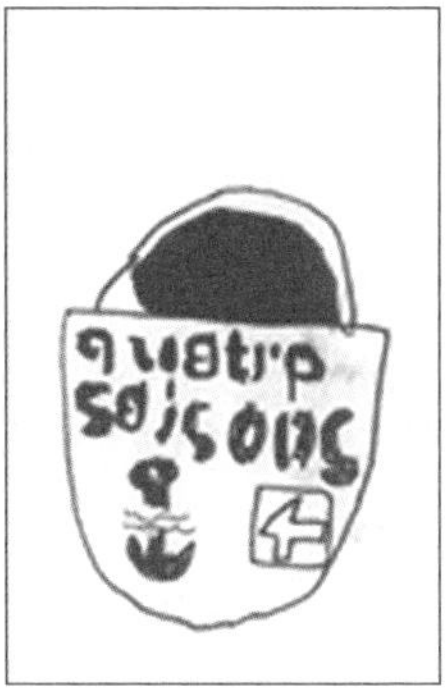

図6-2-5　1年児童作品

（交換して表裏それぞれに描画）

●さて、『どんなあな』になったかな？みんなで見せ合って楽しんでみよう。

●方法

①〝あなのカード〟の表面・裏面を比較しながら鑑賞する。

②表面（身の回り・生活）と裏面（友人の想像）とのギャップを楽しむ。

＝イメージによるコミュニケーションの面白さ・豊かさ

●身の回りには、新しい意味や価値が生まれる可能性が存在していることに気付き、普段から見ることを楽しむようになってほしい。

表6-2-2　プログラム開発マトリクス

SEQUENCE			SCOPE				
学校	学齢	子どものデザイン発達	Kids Life	Look	Do it Yourself	Bricolage	Collaborative Relation
小学校 1学年 2学年	6・7 7・8	○全身の感覚で関わる ○思いのままに ○試す	●身の回りの環境へ全身で関わりたい	●近づいたり触ったりしたい	●全身の感覚を働かせて活動し続けたい	●身の回りの環境から好きな素材を集めたい	●私が〈いま・ここ〉にいることを実感したい
小学校 3学年 4学年	8・9 9・10	○試行錯誤 ○手の巧緻性の向上 ○見ることで価値付与する ○生活の中の感情	●身の回りや環境に働きかけその変化を味わいたい	●見たり触ったりすることで変化させたい	●手で考えながら活動し続けたい	●身の回りの環境や素材を様々に操作したい	●私が他者との関係性の中にいることを実感したい
小学校 5学年 6学年	10・11 11・12	○自己評価観の芽生え ○経験に基づく計画性 ○文化への理解と批評	●身の回りの環境や地域に働きかけその効果を味わいたい	●自分なりによいもの、面白いもの、美しいものなどを見つけたい	●試しながらよりよい方法を見つけたい	●身の回りの環境や素材を組み合わせたい	●私が他者や地域との関係性の中にいることを実感したい
中学校 1学年	12・13	○身近な他社の意識 ○造形の基本原理の理解 ○手ごたえ（効力）の実感 ○慮る ○見通しを持つ ○生活と造形への意識	●他者や地域との関係性において手ごたえを得たい ●自分の生活をよりよくしたい	●見えるものから見えないものを想像したい ●ものの見方を変えてみたい	●生活の中の問題を解決するために活動したい ●偶然の出来事を活かして活動したい	●他者や生活の中の素材、問題に対する見方を変えたい ●そこから新しい意味をつくりだし他者に伝えたい	●私が他者や地域との関係性の中にいることを実感したい ●自己像を形成したい
中学校 2学年 3学年	13・14 14・15	○独創性の芽生え ○造形の基本原理の理解 ○内面世界の拡充 ○自立的な計画 ○造形の日常化 ○社会参画 ○文化への理解 ○表現の拡張	●他者、社会との関係性において自我を確認したい ●社会に対して主張したい	●見えないものの価値を探りたい ●生活や社会における事物・事象をクリティカルにとらえたい	●社会の問題を解決するために活動したい ●活動の過程でよりよい意味を見つけたい	●他者や社会にある素材、問題をクリティカルにとらえその価値を問い直したい ●そこから新しい意味をつくりだし社会に発信したい	●私が他者や社会との関係性の中にいることを実感したい ●自己像を獲得したい

2・2・2　越境空間におけるプログラム（β）

■**プログラム名**

『巡回型造形ワークショップ　―アートツール・キャラバン―』

■**プログラム開発マトリクスにおける位置付け**

表6-2-2参照（太枠部分）。

■**実践の場と対象**

学校、依頼を受けた施設（美術館、学童保育施設、商業施設、公園など）

幼児、小学校第一～六学年（保護者）

■**学校教育課程との関連**

図画工作科　A表現（1）（2）・B鑑賞（1）

総合的な学習の時間　学校行事

生活科（1）（6）（8）

■**活動**

1．活動時間

実践する場に応じて設定（四五分間～二時間程度）

2．準備・設定

□アートツール　□ファシリテータ

□ワークショップの場所（屋根付きスペース、晴天なら屋外も可）

□実施する『つくるプログラム』『つくりだすプログラム』で使用する材料・用具

3．願う子どもの姿／学習のねらい

「アートツール・キャラバン」とは、子どもの諸感覚（視覚・触覚・聴覚・嗅覚）を刺激して能動的で実験的な造形行為を促す〈アートツール〉を設置した〈あそび場〉であり、子どもたちがいる様々な場を訪問し、造形ワークショップを実践する。横浜国立大学美術教育ゼミナール（ＡＥゼミ）によるプロジェクトである。（ホームページ：http://www7b.biglobe.ne.jp/~oizumi-labo/）

4．活動の展開

(1)『アートツール・キャラバン』実施の依頼

メール、電話などによる依頼

(2)実施の時期、場、対象、内容の検討

実施場所に応じて、プログラムの開発・検討を行う。

(3)『アートツール・キャラバン』の実施

設営準備を経て開催する。

(4) アンケートの実施

参加者である子ども、その保護者、依頼主にアンケートを実施し、プログラム改善に生かす。

5. 実践事例『アートツール・キャラバン@川崎市市民ミュージアム二〇一二』

(1) 企画名

川崎市市民ミュージアム×横浜国立大学AEゼミ（大学連携プロジェクト）

アートツール・キャラバン―あそぼう・つくろう・アートのおもちゃ―

(2) 日時

二〇一二年一二月一五日(土)・一六日(日)

両日とも一四：〇〇～一六：〇〇

【あそぶゾーン・つくりだすゾーン（定員無し）】

一四：〇〇～一六：〇〇開放

【つくるゾーン（各回定員二〇名）】

①一四：〇〇～　②一四：四〇～　③一五：二〇～

(3) 場所

川崎市市民ミュージアム　逍遥展示空間

川崎市市民ミュージアムホームページ
：http://www.kawasaki-museum.jp/

(4) 対象
小学生、保護者同伴の幼児

(5) 参加費
無料

(6) 活動の意義(学生による提言)

「私たちが美術館で行う意味」を持つことは勿論必要ですが、それを考えるためにはまず「子どもたちが美術館で行う意味」を考えることも大切だと思っています。

子どもたちは、学校でのATC(アートツール・キャラバンの略称)には『いつもの場所で行われる、異色なこと(お祭りのようなもの)に参加する』、ワークショップ・キャラバンや商業施設でのATCには『お祭りや買い物のついでにアートでも遊ぶ』という意識で参加していたと思います。つまり、『遊びながら無意識に五感を働かせてアートをしている』でOKで、むしろそれがねらいだった感じがします。しかし、美術館のATCはそれとは違い、『アートをしに行くという気持ちで参加してもらうことができる』、あるいは『無意識にアーティストの顔をして(なろうとして)やってきてアーティストの目線で遊んでもらうことができる』のではないでしょうか。

今までは方法は【遊び】、目的は【諸器官(体)の発達】や【関係の構築】であり、【アート】は重奏低音に位置していたのに対し、今回は方法にも目的にも前面に【アート】を掲げることができる、あるいは掲げて然るべきなのではないかと思います。それは、子どもたちに限らず人は与えられた【場所】によって、ものの見方や気持ちの持ち方が変わるからです。私たちのアートツールも込められた願いは一つでも、置かれた【場所】によってその表情(在り方)は、遊具にも、教材にも、アートにも変わります。「子どもたちが美術館で行う意味」は、【自覚的にアーティストになって自由にアートを楽しみ、ますますアーティストになっていくこと】にあると言えるのではないでしょうか。

また【場所】と併せて【私たちの在り方】も子どもたちにアーティストの顔をしてもらうための要素になると思います。私たちが日頃からスタッフを「先生」ではなく「ファシリテータ」と呼ぶように、存在は黒子、アートをする・語る上では対等であり、子どもたちの内なる「アーティスト」を尊重し、伸ばすことを大切に考えたいなと考えています。せっかく「外部から来るキャラバン」と「外部から来る小さなアーティスト」が「美術館」という場所で出会うのですから、一緒に「アート」を楽しめたらと思います。

美術館の用意するワークショップはどうしても、「教えてもらう」という印象があります。それではアートをすることに楽しみや喜びを感じても、自分が「教えてもらう」という形は拭えないように思います。学芸員さんのワークショップと、私たちのキャラバンの差異はここに見出だせるようにも思います。そして、アートはよい意味で気軽にできること、楽しいことだと子どもたちが感じ、美術館や美術への敷居を低くすることも、私たちが美術館で教育普及活動に携わる意味になっていくのではないでしょうか。

(7) 活動内容

【〈あそぶプログラム+つくりだすプログラム〉：常時開放制】

● 人数制限を設けない。保護者は一緒に遊ぶか近くのベンチで待機。

● 交替でファシリテータを務める。

【受付：〈つくるプログラム〉は予約制】

○ 各回、開始時間四〇分前から予約開始。

○ 開始時間五分前集合。

○ 人員超過の場合は次の申込に来ていただく。そのあいだは〈あそぶプログラムで遊ぶ。

【〈つくるプログラム〉：四〇分間ターム・一五名入替制】

〈ミーティング〉 出あう 五分間

・お互いを知る。（自己紹介）

図6-2-6　アートツール・キャラバンの環境設定

・本ゾーンでの過ごし方を知る。
〈つくる〉　つくる　三〇分間
・アートツールのミニチュアを製作する。
〈フォローイング〉　ふりかえる　五分間
・感想を言う。付箋紙に書いて貼る（付箋は葉の形にし、幹の形の模造紙に貼る）。
・つくったものは家庭に持ち帰り、ワークショップの体験を生活に延長する。

(8)　環境設定

図6-2-6参照。

(9) AEゼミメンバーが開発したアートツールについて（一部）

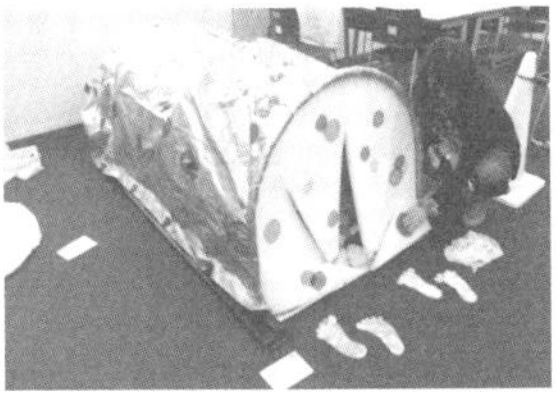

『きづきほらあな』
全身で感じながら「ほらあな」でなごもう。

『いろ　いろいろ』
スペース・デザイン。ATCで大切にした〈感覚〉と〈イメージ〉を形と色で表現。

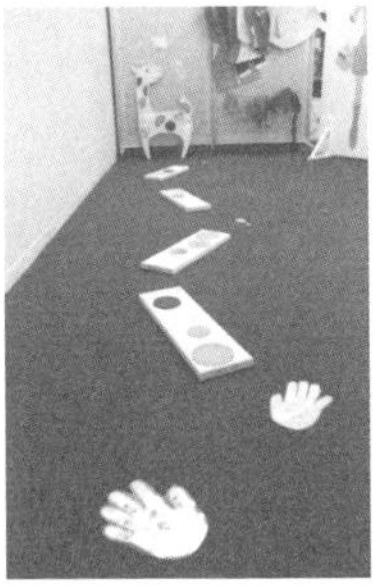

『さわる　さわる』
いろいろな触りごこち。お気に入りはどれ？

『つなげるモビール』
バランスをとりながら、自分の好きなモビール同士をつなげてみよう。

『スイッチ』
思う存分、スイッチを入れるのって楽しい！……何が起こるかな？

『きせかえ人形』
お気に入りの服に着替えて、いつもの自分から変身してみよう。

『なにがみえるかな？』
切り込みから中をのぞいて回してみると……。

『魔法の小箱』
身近にある形や色を、見方を変えて、さらに面白く見てみよう。

『マジックネジ』
クルクル回してつなげていこう。なにができるかな？

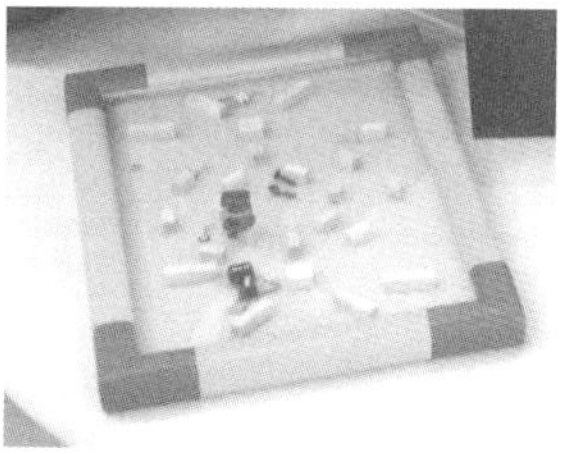

『マグネット』
マグネットの力で動かして遊ぼう。くっつくものとくっつかないものがあるんだね。

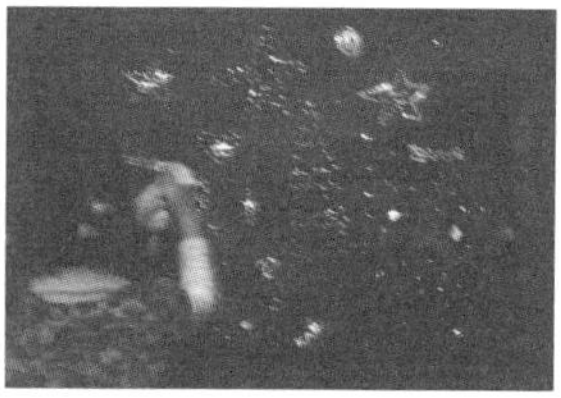

『光の点でえがこう』
暗闇に黒い紙。穴をあけてみるとそこから光が……、さあどうする？

『なんのたまご？』
見た目は「卵」。触ってみるとあれ・何の卵かな？

『水にえがく』
たった一滴垂らした色水の行方をじっと見つめて……。

『くるくる』
球を指で回して、いろいろな面の色の感じを楽しもう。

『声の色であそぼう』
見えない声が見えるようになると？いろいろな見え方を試してみよう。

『はさんでかざって』
スキマにはさみたくなっちゃうのは自然なこと？どんな風にはさむかな？

『なんのあな？』
スキマを組み合わせてできる穴はどんな穴？

『凸のかたち凹のかたち』
触って変化する形を、触ってじっくり味わう。ペアで変化させてもいいね。

表6-2-3　プログラム開発マトリクス

SEQUENCE			SCOPE				
学校	学齢	子どものデザイン発達	Kids Life	Look	Do it Yourself	Bricolage	Collaborative Relation
小学校 1学年 2学年	6・7 7・8	○全身の感覚で関わる ○思いのままに ○試す	●身の回りの環境へ全身で関わりたい	●近づいたり触ったりしたい	●全身の感覚を働かせて活動し続けたい	●身の回りの環境から好きな素材を集めたい	●私が〈いま・ここ〉にいることを実感したい
小学校 3学年 4学年	8・9 9・10	○試行錯誤 ○手の巧緻性の向上 ○見ることで価値付与する ○生活の中の感情	●身の回りや環境に働きかけその変化を味わいたい	●見たり触ったりすることで変化させたい	●手で考えながら活動し続けたい	●身の回りの環境や素材を様々に操作したい	●私が他者との関係性の中にいることを実感したい
小学校 5学年 6学年	10・11 11・12	○自己評価観の芽生え ○経験に基づく計画性 ○文化への理解と批評	●身の回りの環境や地域に働きかけその効果を味わいたい	●自分なりによいもの、面白いもの、美しいものなどを見つけたい	●試しながらよりよい方法を見つけたい	●身の回りの環境や素材を組み合わせたい	●私が他者や地域との関係性の中にいることを実感したい
中学校 1学年	12・13	○身近な他社の意識 ○造形の基本原理の理解 ○手ごたえ(効力)の実感 ○慮る ○見通しを持つ ○生活と造形への意識	●他者や地域との関係性において手ごたえを得たい ●自分の生活をよりよくしたい	●見えるものから見えないものを想像したい ●ものの見方を変えてみたい	●生活の中の問題を解決するために活動したい ●偶然の出来事を活かして活動したい	●他者や生活の中の素材、問題に対する見方を変えたい ●そこから新しい意味をつくりだし他者に伝えたい	●私が他者や地域との関係性の中にいることを実感したい ●自己像を形成したい
中学校 2学年 3学年	13・14 14・15	○独創性の芽生え ○造形の基本原理の理解 ○内面世界の拡充 ○自立的な計画 ○造形の日常化 ○社会参画 ○文化への理解 ○表現の拡張	●他者、社会との関係性において自我を確認したい ●社会に対して主張したい	●見えないものの価値を探りたい ●生活や社会における事物・事象をクリティカルにとらえたい	●社会の問題を解決するために活動したい ●活動の過程でよりよい意味を見つけたい	●他者や社会にある素材、問題をクリティカルにとらえその価値を問い直したい ●そこから新しい意味をつくりだし社会に発信したい	●私が他者や社会との関係性の中にいることを実感したい ●自己像を獲得したい

2・2・3　家庭・地域におけるプログラム(ゞ)

■プログラム名

『造形によるコミュニケーションゲーム　―アイスブレイク造形バージョン―』

■プログラム開発マトリクスにおける位置付け

表6-2-3参照(太枠部分)。

■実践の場と対象

家庭、地域の行事等

小学校第一～六学年、中学校第一～三学年、高校生、大人

■学校教育課程との関連

図画工作科　B鑑賞(1)　美術科　B鑑賞(1)

■活動

1. 活動時間

一〇分間～一時間程度

2. 準備・設定

□用紙　□ペン　□実物投影機　□プロジェクター
□各ゲームに応じた用具・材料

3．願う子どもの姿／学習のねらい

参加者同士の関係性を、造形によるコミュニケーションを通して短時間で変容させる。自己と他者の違いを面白がること、イメージの多答性、異質性が本プログラムの根本原理である。

4．活動の展開

(1)『カタビンゴ』（二〇〜三〇分間程度）

①参加者に共通の図形（以下「カタチ」と呼ぶ）が印刷された用紙を配布する。
・○や□などの幾何形体が印刷されたA5判程度の用紙を人数分用意しておく。
②「マスター」を一人決める。
③「マスター」はそのカタチを見て想像したことをかき足すなどして表現する。
・表現するものは、客観的な事物に限定する（オリジナルキャラはNG）。
・参加者には何を表現するかを明かさない。
・上手くかき表すことではなく、想像したことを伝えることが目的である。
④参加者は「マスター」が何を想像しているか、予想したことをかき足すな

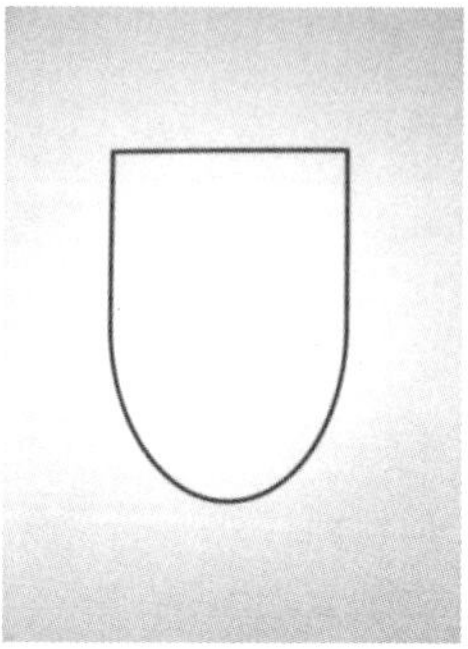
図6-2-9 「カタチ」

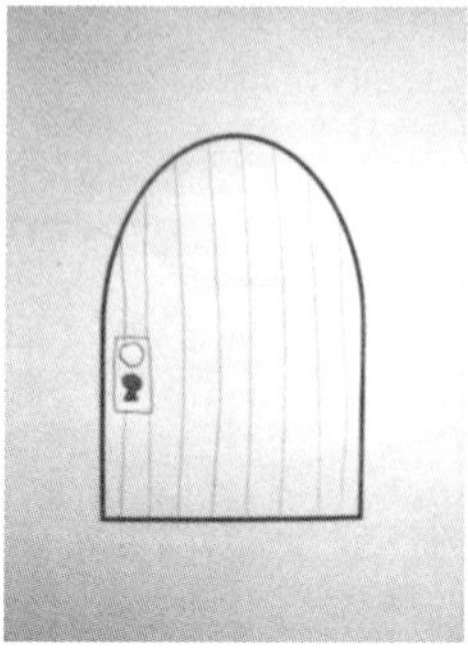
図6-2-8　マスターの「答え」

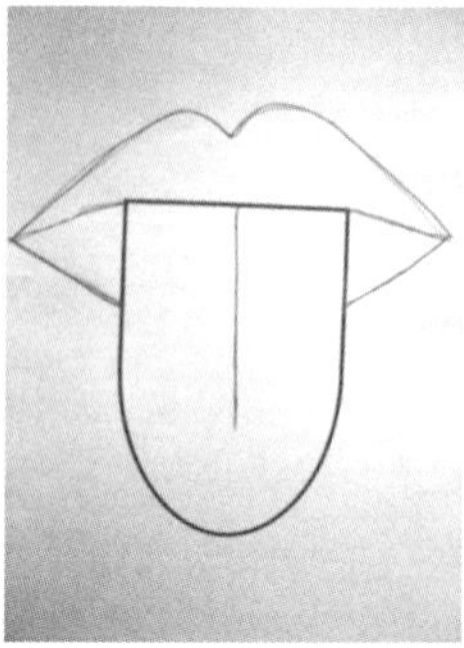
図6-2-7　ある参加者の「答え（誤答）」

どして表現する。

・時間制限を明示し、参加者全員が表現するようにする（1分以内にかくよう促すなど）

⑤参加者が予想（想像）した表現（④）を実物投影機で投影して参加者全員で鑑賞する。

⑥最後に「マスター」が想像した表現（③）を実物投影機で投影し、同じ想像をした（ビンゴだった）参加者がいるか確認する。

⑦このゲームで共有された関係性について振り返る。

・「マスター」の答えとの「合致」よりも面白い数多くの多様な「誤答」の存在に気付く。

(2)『カタシリトリ』（二〇～三〇分間）

①4～5人のグループを編成する。グループに枠が印刷された用紙を配布する。

・グループの編成はくじ引きで行う。

②スタートの「お題」を出す。

・「お題」は、実践の場にちなんでいて、且つ絵に表しやすいものにする。

③「お題」を基に、グループ内において絵でシリトリを行う。

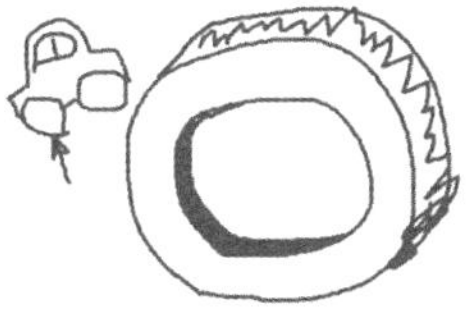

図6-2-10　参加者の「答え」

図6-2-11　参加者の「答え」

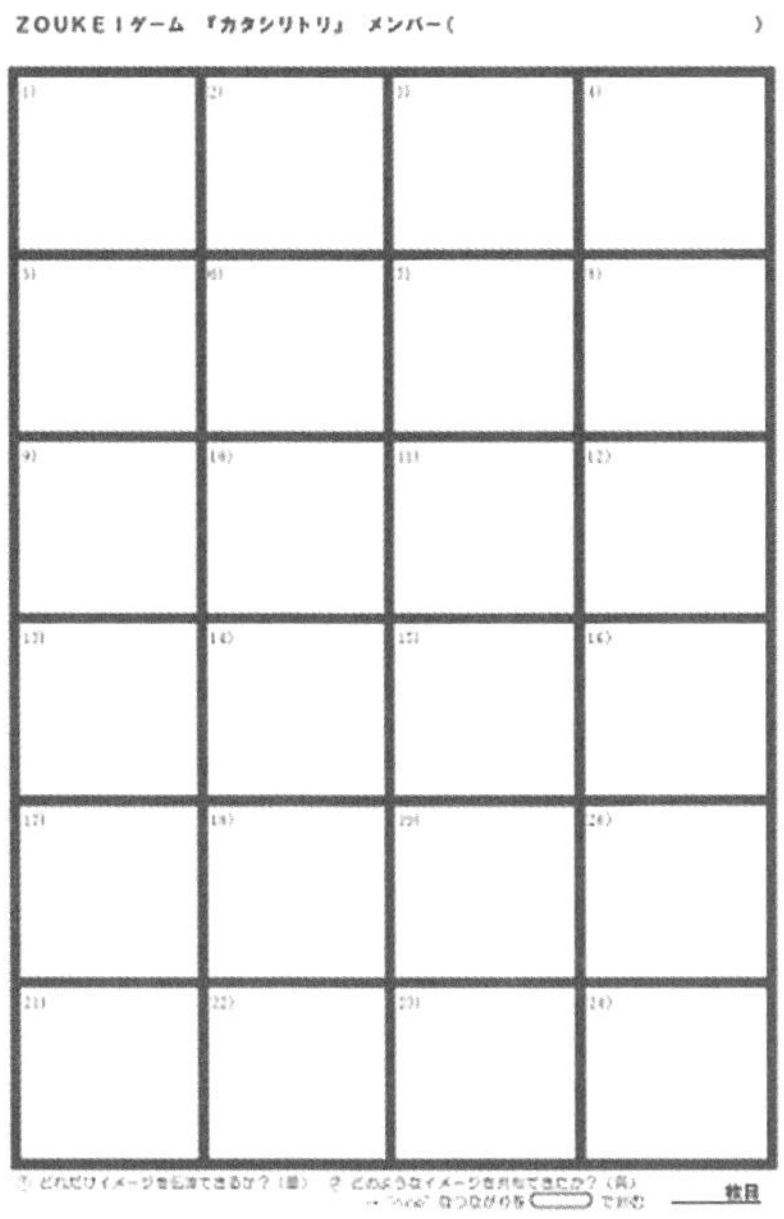

図6-2-12　枠が印刷された用紙

・発話は禁止、必要に応じて絵に言葉を添えることは許可する。

・絵を上手くかくことが目的ではなく、「より早く的確に」、そして「面白く」次の人につなげていくことが目的であることを確認する。

・後でお互いにシリトリの結果を見せ合うことを伝え、より〝面白いつながり〟を発想することも心がけさせる。

④実物投影機で各グループのシリトリの結果を発表する。

・「美しいつながり」、「驚きのつながり」、「まさかのつながり」など、様々なつながりの面白さに気付かせるようにしたい。

(3)『メモリー・スケッチ』(二〇～三〇分間)

①参加者は何名でもよい。A6判程度の用紙を配布する。

・用紙は、参加者の手持ちの紙や手帳でもよい。

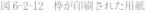

図6-2-13　参加者が想像した『ペコちゃん』

②出された「お題」を調べずに記憶だけでかいて表現する。

・「お題」の例
『ペコちゃん』、『スフィンクス』、『奈良の大仏』、『聖徳太子』、『Windows／Appleのマーク』等の普段見慣れているが、概念化しているビジュアルなものや実践の場に関連したビジュアルなもの。

・時間制限を明示し、参加者全員が思い切って表現してしまうようにする。

③参加者全員の表現を回収し、実物投影機で投影して鑑賞する。

・「正解」に近い「答え」もすごいかもしれないが、むしろ「正解」から離れた豊かな「よさ」があることを知る。

・私たちが、日々の生活の中でいかに見ているようで見えていないかを知る。

④場合によっては、お題を『ピクトコ』『騒々しい靴下』などにして、まったく根拠がなく実態もない「お題」を想像してかくことにしてもよい。

・この場合、参加者の思考は、想像から創造へと向かいつつあることになる。

(4)『ここにいる人、どんな人?』（四五～六〇分間）

①四～八人程度のグループを編成し、A6判程の用紙を配布する。

・用紙は付箋紙でもよい。

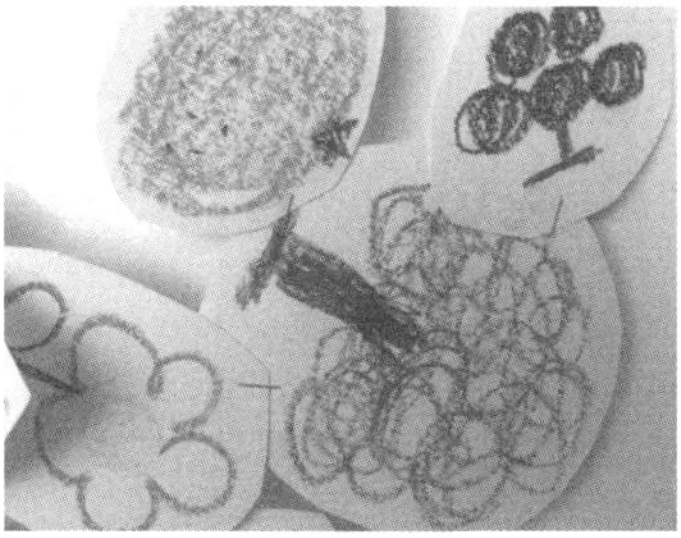

図6-2-14 『好きなもの』をつなげた例

図6-2-15 『好きなもの』

②用紙に「お題」の絵を描く。

• 上手くかくことが目的ではなく、思ったこと、感じたことを素直にそのまま他者に伝えることが目的であることを伝える。

• 「お題」の例

『好きな食べ物』、『好きな飲物』、『私の宝物』、『好きなキャラクター』、『自分が最も得意とする絵』など、その人の嗜好が出るようなお題がよい。

複数かいてよい。

③かいたものをグループの中央に集積していく。

④集まったものを、模造紙などに分類しながら整理する。

⑤分類の傾向から、自分たちのグループ・メンバーの特性を考える。

第３節　実践研究

前節で開発したプログラムのうち、学校教育課程におけるプログラム（α）と越境空間におけるプログラム（β）の実践研究を通して、「子どものデザイン」の持つ実践的意味について考察する。

３・１　学校教育課程における実践
中学校　美術科　第二学年
『○○くんの日常／○○さんの日常』

３・１・１　実践の位置付け

本プログラムが対象とするのは中学校二年生である。そこで、措定されるスコープおよびシークエンスは、**表６-３-１**の通りである（表中の太枠内が該当）。

表6-3-1 プログラム開発マトリクスにおける『○○くんの日常／○○さんの日常』の位置付け

SEQUENCE			SCOPE				
学校	学齢	子どものデザイン発達	Kids Life	Look	Do it Yourself	Bricolage	Collaborative Relation
小学校 1学年 2学年	6・7 7・8	○全身の感覚で関わる ○思いのままに ○試す	●身の回りの環境へ全身で関わりたい	●近づいたり触ったりしたい	●全身の感覚を働かせて活動し続けたい	●身の回りの環境から好きな素材を集めたい	●私が〈いま・ここ〉にいることを実感したい
小学校 3学年 4学年	8・9 9・10	○試行錯誤 ○手の巧緻性の向上 ○見ることで価値付与する ○生活の中の感情	●身の回りや環境に働きかけその変化を味わいたい	●見たり触ったりすることで変化させたい	●手で考えながら活動し続けたい	●身の回りの環境や素材を様々に操作したい	●私が他者との関係性の中にいることを実感したい
小学校 5学年 6学年	10・11 11・12	○自己評価観の芽生え ○経験に基づく計画性 ○文化への理解と批評	●身の回りの環境や地域に働きかけその効果を味わいたい	●自分なりによいもの、面白いもの、美しいものなどを見つけたい	●試しながらよりよい方法を見つけたい	●身の回りの環境や素材を組み合わせたい	●私が他者や地域との関係性の中にいることを実感したい
中学校 1学年	12・13	○身近な他社の意識 ○造形の基本原理の理解 ○手ごたえ（効力）の実感 ○慮る ○見通しを持つ ○生活と造形への意識	●他者や地域との関係性において手ごたえを得たい ●自分の生活をよりよくしたい	●見えるものから見えないものを想像したい ●ものの見方を変えてみたい	●生活の中の問題を解決するために活動したい ●偶然の出来事を活かして活動したい	●他者や生活の中の素材、問題に対する見方を変えたい ●そこから新しい意味をつくりだし他者に伝えたい	●私が他者や地域との関係性の中にいることを実感したい ●自己像を形成したい
中学校 2学年 3学年	13・14 14・15	○独創性の芽生え ○造形の基本原理の理解 ○内面世界の拡充 ○自立的な計画 ○造形の日常化 ○社会参画 ○文化への理解 ○表現の拡張	●他者、社会との関係性において自我を確認したい ●社会に対して主張したい	●見えないものの価値を探りたい ●生活や社会における事物・事象をクリティカルにとらえたい	●社会の問題を解決するために活動したい ●活動の過程でよりよい意味を見つけたい	●他者や社会にある素材、問題をクリティカルにとらえその価値を問い直したい ●そこから新しい意味をつくりだし社会に発信したい	●私が他者や社会との関係性の中にいることを実感したい ●自己像を獲得したい

3・1・2 題材名（対象学校種・学年）

『○○くんの日常／○○さんの日常 ―コミュニケーション・アート―』（中学校第二・三学年）

3・1・3 題材観

中学生の後期と言う発達の段階においては、物事を客観的な見方でとらえようとする傾向が一層強くなる。そしてそれは「自己の発見」に関しても当てはまり、周囲が自分のことをどのように見ているか、ということが子どもたちの最大の興味でもある。同時にそれは、彼らが社会性を身に付けていく成育過程にあることを示している。そのような発達の段階にいる中学生に自己発見を積極的に行わせるためには、他者とのコミュニケーション活動が有効であると考えた。さらに本題材ではその制作過程に、美術科が関わる「形」「色」「材質」といった「造形」によるコミュニケーションを設定し、一面的、概念的ではない認識を促すようにするために以下のような題材構成を採用している。まず、生徒同士がお互いに収集したり制作したりした造形物を交換しやすくするように、作品の構造をいくつかの部分から構成されるようにした。具体的に言えば、作品の土台となるフレーム、装飾となる日用品とドローイングからなる構造である。そしてその表現様式は、とかく写実的、表層的な見方にとらわれがちな中学生の概念を払拭するために、抽象表現やアッセンブラージュを採用した。このことにより、内面に迫った表現が可能となり、「上手・下手」という固定観念にとらわれずに、作品に込められた作者の思いやメッセージの感受を容易にすることができる。そしてそのことが、造形によるコミュニケーションで生ずる豊かで多様なイメージのやりとりに対して効果的なのではないかと考えた。

3・1・4　学習目標

①身の回りにあるモノを収集することによって、自分の日常を振り返る。
②友人の造形物から、今まで気付かなかった友人のよさや個性に気付く。
③友人が自分を表現してくれた造形物から、新しい自己像を発見する。

④自分のやりたい表現にふさわしい方法を工夫しながら制作する。

3・1・5 学習の展開

表6-3-2参照。

3・1・6 本題材に設定した「造形によるコミュニケーション」の持つ教育的意義に対する検証・考察

(1) 検証の目的

本題材においては、先述した「造形によるコミュニケーション」を設定している。「造形によるコミュニケーション」とは、前章で提示した子どものためのデザイン教育の内容である「協働的関係/Collaborative Relation」を具現化する考え方である。本項では、その教育的意義について、本題材の実践研究を通して検証する。

表6-3-2　学習の展開

学習の流れ	学習の活動	指導上の留意点
●事前学習（3週間）	①自分の日常を取り囲むモノを収集	・自分の日常を構成しているささやかなモノたちの存在に気付かせる。
●制作グループの編成	②作品を制作しあう者をパートナーにする。	・気の合う者同士が望ましいが、今後の制作活動を見通させて構成させる。
●視覚によるコミュニケーションの紹介	③言葉、文字以外にも、コミュニケーションが存在することを知る。	・交通標識、輸血相関図などを紹介する ・視覚を使ったゲームを楽しむ。 （カタシリトリ・伝形ゲーム…）
●制作のねらいと工程の理解	④造形によるコミュニケーション過程の理解。	・参考作品を提示しイメージをわかせる。 ・アッセンブラージュ技法を理解させる。
●作品フレームの制作	⑤自分自身の持ち味にぴったりしたカタチを棒材によって表現する。	・幾何形態や抽象形態によって、自分らしさを追求させる。 ・平面か、立体かを選択させる。
●ドローイングによる感情表現	⑥設定されたいくつかのテーマで、自分の気持ちをドローイングする。	・「喜」「怒」などのテーマを設定し、自由にドローイングで表現させる。 ・様々な描画材、描画用紙を用意する。
●造形物交換	⑦①、⑤、⑥を交換する。	・その造形物に関する情報も交換させる。
●表現の構想	⑧美術鑑賞や制作シートの活用によって、表現のイメージを練る。	・現代美術に見られる技法を紹介する。 （アッセンブラージュ、コラージュ…） ・テーマをもたせ、表現を工夫させる。
●造形によるコミュニケーションを交えた制作活動	⑨友だちの個性や持ち味をイメージしながら、フレームにモノやドローイングを構成していく。	・絶えず材料や友だちとコミュニケーションをとらせ、内面表現の深化を図らせる。 ・全体の構成美に留意させる。 ・友だちに合った配色効果を考えさせる。
●完成作品の鑑賞と自己評価	⑩パートナー同士で完成作品を鑑賞し合うことを通して、自分の新たなる持ち味を見い出す。	・友だちが表現した作品（＝客観的な自分像）を介してコミュニケーションさせ、そこから発見したことを記録させる。 ・作品から感じとった、言葉になりにくい印象も大切にさせる。

造形によるコミュニケーションの流れ

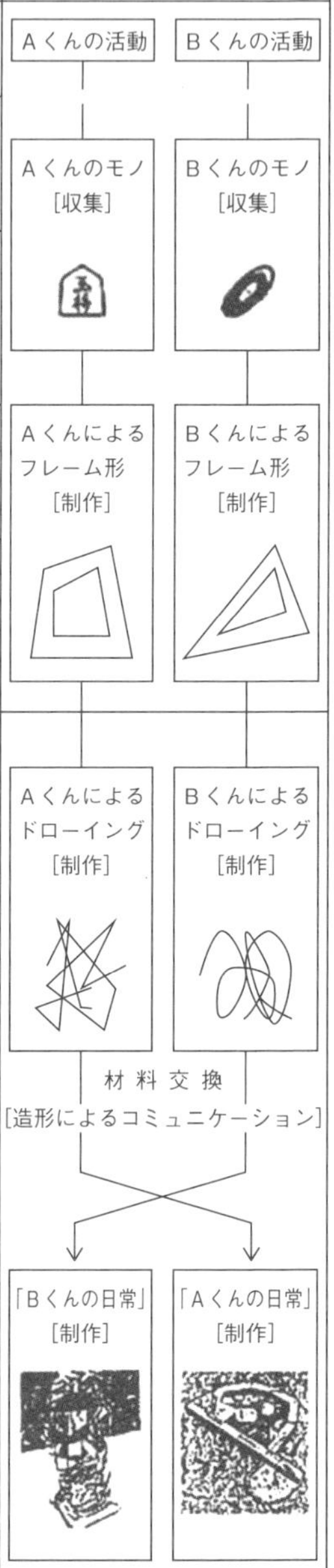

（２）検証の方法（対象：二年一組男子一六名・女子一六名・計三二名）

検証には、無意図的な生徒の記述による質問紙データを用いた質的なアプローチを採用した。

【事前調査１】

①自分が表現するパートナーを決定させた。

②子どもに色コンテと紙片を与え、無意図的に一〇枚程のドローイングを行なわせた。制限時間は五分で、まわりの人間には見せないよう指示した。また、裏面には小さく名前を記入させた。それを回収し、アンケートの台紙に五枚並べて裏の名前が見えないように貼布し、それぞれア～オの記号を付けた。その際、中の一枚は誰がかいたものなのかが教師にわかるよう別紙に記録しておき、後の四枚をランダムに貼布し学級の生徒全員分を作成した。さらに同じものを二組つくり、それぞれ事前、事後の調査用にした（**図６‐３‐１**）。

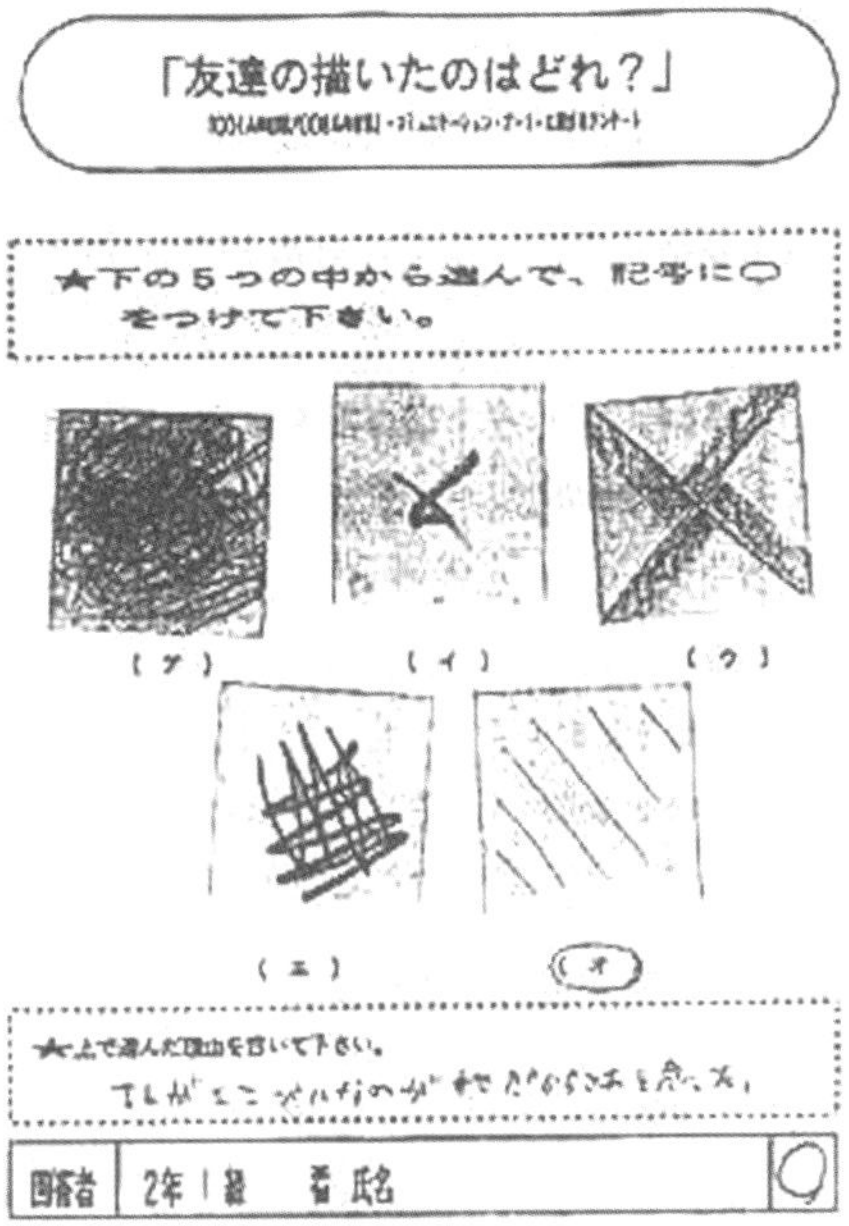

図6-3-1　事前調査１の調査用紙

③それぞれの子どものパートナーがかいたドローイングが入っているアンケートを配布した（「**表６‐３‐２**　学習の展開」に示されている例で言

うならば、Aくんには B くんのかいたドローイングが一枚含まれているアンケート用紙を配布することになる。Bくんには、その逆が適用される）。

④配布されたアンケートに貼布されている五枚のドローイングの中から、自分のパートナーがかいたと思われるものを選んでもらった。また、その選択に際して何か根拠があったら記入してもらうようにした。なお、その作業中には、一切相談してはいけないことを指示した。

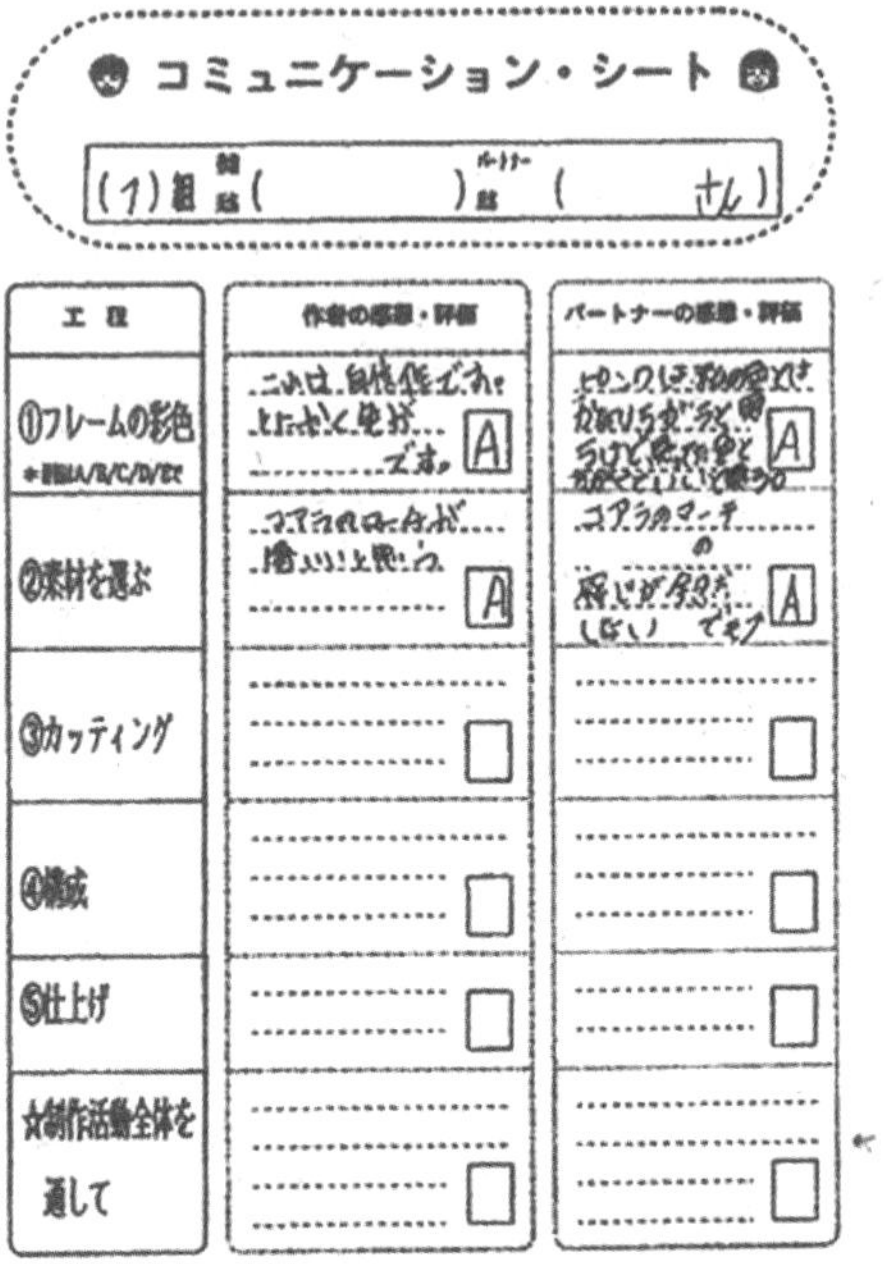

図6-3-2　コミュニケーション・シート

【事前調査2】

自分が表現するパートナーについての自由作文、『○○くん／○○さんについて』を行った。所定の作文用紙を配布し、八分間で行った。ここでも指示は控え、気軽に取り組ませた。ただし、私語、パートナーなどとの相談は禁止した。

【過程調査】

制作過程において、パートナー間でお互いの制作活動に対してコメントと評価をさせた（『コミュニケーション・シート』に記入…図6-3-2）。

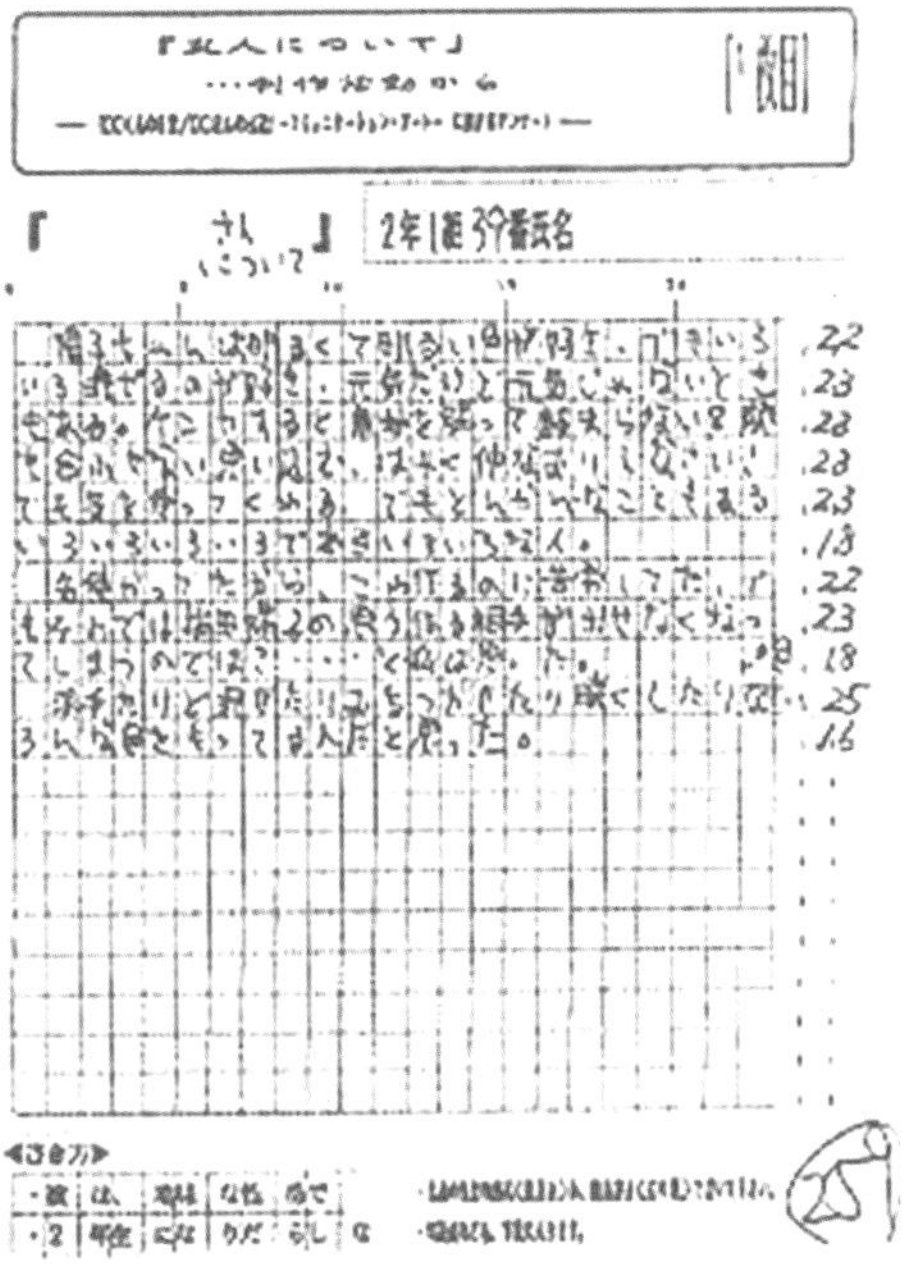

図6-3-3　事後調査2の調査用紙

【事後調査1】

授業の実践後、【事前調査1】①～④と同じ調査を、同条件で実施した。

【事後調査2】

自分の作品と表現活動を振り返って、自分のパートナーについての自由作文、『○○くん／○○さんについて』を書いてもらった。所定の作文用紙を配布し、八分間で行った。指示は控え、気軽に取り組ませた。私語、パートナーとの相談は禁止した（図6-3-3）。

以上の手順によって得られた調査結果を、研究の主旨に沿って以下のように比較、検証してみた。

(a)【事前調査1】と【事後調査1】において抽出した回答の根拠を比較する。

(b)【事前調査2】と【事後調査2】において抽出した作文内容を比較する。

(c)【過程調査】で見られる言語によるコミュニケーションの内容を分析する。

（3）結果と考察

①

(a)【事前調査1】と【事後調査1】において抽出した回答の根拠の比較（表

表6-3-3 【事前調査１】と【事前調査２】において抽出した回答の根拠の比較

抽出生徒	事前調査（回答の正誤）	事前調査（選択の根拠）	事後調査（回答の正誤）	事後調査（選択の根拠）
女子A	誤答	何となく。	正答	○○さんがシンプルなのが好きだから、コレと思った。
女子B	正答	かわいいから、パッと見てこれだって思っただけ。	正答	かわいらしいから！ハート→○○ちゃんだと思った。
男子A	誤答	○○くんだから。	正答	ちょっと単純だから。
女子C	正答	○○ちゃんらしいから。	正答	この線は○○ちゃんだー！と思った！
男子B	正答	○○が書きそうだし、うまい。	誤答	○○の髪のウェーブに似て……

6-3-3）

子どもたちは、友人のかいたドローイングを選択するとき、どのようなことを根拠にするのだろうか。抽出生徒が事前、事後で回答している文章内容の変容から探ってみる。その際念頭におきたいことは、選択の根拠を明確な言語で記している生徒（『何となく』、『○○っぽいから』などのような感覚論は除く）は、事前調査と事後調査ではほぼ同数であり、有意な差は認められなかったことである。このことからもわかるように、言語に置き換えることのできる能力が子どもの選択に影響を与えてはいないことがわかる。その意味において以下に示す検証作業は、言語以外のイメージのやりとりをテーマにしている本研究の意図からは脱してはいないのである。

女子Aは、事前では『何となく』選んだものが誤答であった。事後では、その根拠を友人の「好み」という性格的な部分に着目して選択し、正答となっている。彼女は当初、造形に対して何の手がかりもない状態であったが、授業後には造形の持つ内面的なイメージを思索の内に入れることができたようである。女子Bも、事前、事後ともに正答しているが、授業前は完全に直観的な回答をしており、基本的には女子Aと同じ状態にあったと言える。しかし、授業後には友人のイメージを象徴するカタチを獲得することができた。これはビジュアル・コミュニケーションにおけるコードの確立と類似している現象である。男子Ａは、女子Ａと同様に、友人の内面的な部分に注目できるようになったことを示している。女子Ｃは、事前、事後ともに正答しているが、授業後にはかかれた対象そのものからメッセージを読み取ろうとしていることがわかる。そう言った姿勢は、漫然と眺めているだけでは読み取ることのできない造形美術における作品鑑賞の基本と言えるものである。男子Ｂは、事前で正答しているにもかかわらず、事後では誤答である。同時にその根拠は意味上の転換を見せている。授業前には、自分の直感と友人が日頃の授業で見せる描画の再現能力を基に判断しているが、誤答した際の根拠は、そう言ったこととは全く関係がなく、友人の外見からイメージをふくらませている。これは誤った根拠であったわけで、伝達の効率上はエラーであると言えるが、一緒に生活する友人をどうとらえるか、という点では、能力的なとらえ方である事前の根拠よりも、事後の根拠の方が教育的には豊かなものであると言えるだろう。

以上のことから、授業における造形によるコミュニケーションが、子どもたちに与えた影響を考察してみる。まず、形や色、材質と言った造形の持つイメージが触媒として機能することにより、子どもたちが造形物から発せられるものに対して敏感になったことである。そしてそれは読み取りの正確さというよりも、読み取ろうとする積極性に大きな意味を持っており、言語のように物

表6-3-4　パートナーに関する自由作文の内容比較

	事前調査2 ──→	事後調査2
男子A	彼はやさしいです。 彼は○○くんと□□くんとなかがいいようです。	彼はめんどくさがりです。 彼はタバスコが好きなんだそうです。
女子A	○○ちゃんはほわほわしてていつもニコニコのほがらかな女の子。…何よりも長野博ラブラブファイヤーで燃えてる彼女がこの人を好きなことは有名。はまりすぎてとろけてる。そーゆーところがおもしろくて人気者。	○○ちゃんは、明るくて明るい色が好き。…元気そうだけど元気じゃないときもある。いろいろ気を使ってくれる。でも鈍感なこともある。いろいろいろいろで本当にいろいろな人。…派手だけど、混ぜたり落ち着かせたり、暗くしたりした色など、いろんな色を持っている人だと思った。
女子B	○○は、スポーツOKで、スタイルOKで、顔もOKで、なんでもこいって感じの人だと思う。明るいし、クラスの人気者だと思う。	○○さんは、顔OK、スタイルOK、なんでもOKで、なんでもこいって感じの人。おまけに運動しんけいがOKだけど、最近こんじょうなし△△のなかまいりっぽくなってきている。今、□□のことで頭がいっぱいらしい。…けど、悩んでることがあるらしい。

事の意味を一面的にとらえることとは違い、その意味を拡散的に、そして良心的にとらえることを可能にした結果、自分なりの美的価値に対して確固たる判断基準を持つ自信を生み出したのである。

では本検証で見出されたような影響が、子どもに実際どのような教育的効果を及ぼしたのか、以後の(b)(c)の調査によって明らかにしたい。

②(b)【事前調査2】と【事後調査2】において抽出した作文内容の比較（表6-3-4）

ここでは、抽出生徒を対象に、【事前調査2】と【事後調査2】で行った友人に関する作文の内容とその質の変容を検証していく。表6-3-4は、全文からその一部を抜き出したものである。

男子Aは、学級の中でも特におとなしい生徒であり、友人との会話も少ないようである。今回、うまく関係をつくることができるかどうか不安であったが、友人の誘いもあって六名のグループに属して制作していた。彼の事後の作文量は減少しているが、

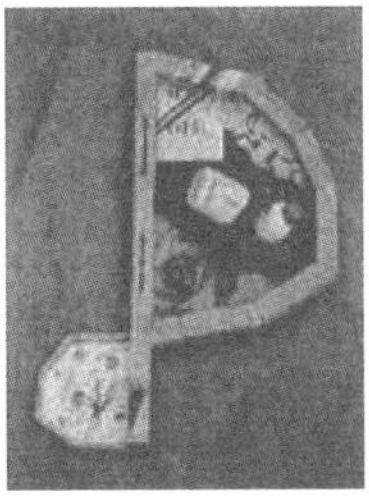

図6-3-4 男子A

図6-3-5 女子A

日頃から寡黙な彼にとっては、造形という非言語的なコミュニケーションを仲介として、それまでパートナーと触れ合うことのなかった個人的な部分を知る機会を得たと言えるのではなかろうか（**図6-3-4**）。

女子Aは学級でもリーダー格の生徒で、人望も厚い。授業では、友人と楽しそうに学習していた。彼女の作文からは、事前の段階では普段の会話調に自分のパートナーを説明していたのに対して、事後では造形要素の一つである「色」によって、とらえにくいパートナーの内面を表現しようと試みている。この抽象化は、もちろん彼女のつくった作品にも表れている（**図6-3-5**）。

女子Bは、事前、事後で同じ内容を重複して書いた。その重複した内容を見ると、学級の中におけるパートナーの一般的な観点、印象（『スポーツOK』『スタイルOK』『顔OK』『クラスの人気者』）が記されている。これらは、いわば学級内の誰しもが言うことのできる内容であると言える。それに対して、事後に付け加えられている事項（『なかまいり』『□□のこと』『悩み』）は、パートナーにしかわかり得ない、きわめて個人的なものと言える。こうして見ると今回の授業は、子ども同士の単純な親交にも影響を与えていることがわかる。他にも、このように親交が深まった見方で善かれている作文がいくつも見られた。

③（c）**【過程調査】**で見られる言語によるコミュニケーションの内容の検証（**図6-3-6**）

作者の感想・評価(A/B/C/D/E)	パートナーの感想・評価(A/B/C/D/E)
(1) 生徒a → 生徒b	
bさんて感じに色がぬれたと思う。 評価B	しましまがすごくいい。私はこんなカンジなのかと思った。 評価A
(2) 生徒b → 生徒a	
私は、Aさんをよくイメージできてると思う。 評価B	自分のイメージに近い色をぬってくれたので、うれしい！ 評価B
(3) 生徒c → 生徒d	
ちょっと違う感じになった？dちゃんらしくないかも…。 評価B	ムラサキは、私の色じゃないと思うけど、すごくきれいな色。 評価A
(4) 生徒e → 生徒f	
これは、自信作です。とにかく色がfです。 評価A	ピンクは私の色とはかなりちがうと思うけど、思ってた色とちがくて(ちがって)いいと思う。 評価A
(5) 生徒g → 生徒h	
はでだけどおちついてると、私は思って作った。 評価A	私は、こんなんなんだねーって思った。 評価A
(6) 生徒i → 生徒j	
小さい木の所が、やりすぎて少しきたなくなってしまった。 評価B	自分のかくれた所を表してくれた。すごくいいと思う。 評価A

図6-3-6　パートナーの表現に対する相互評価

パートナーがつくったフレームに自ら彩色を施した際に、彩色者とそのフレームの作者であるパートナーとのあいだで感想や意見、評価の交換(言語記述によるコミュニケーション)を行った。

(1)と(2)の子どもは二人組のパートナー同士であり、コミュニケーションの形態も必然的に発信＝受信のやりとりとなる。その子どものあいだでは、お互いの欲した造形表現(ここでは色や模様の持つ効果)が一致しており、表現された子どもも共感を持って受けとめていることがわかる。制作中の会話などによると、生徒bの方がやや自己のイメージと違ったようであるが、友人の表現を「よい」ものとして受けとめ、自己発見の要素(『しましま』)としている。(3)では、表現者の生徒cに自信がないこともあろうが、パートナーの生徒dは、『ムラサキ』に対して違和感を表明している。ただし、色自体は『きれい』としており、内心でどうとらえていくかが重要であろう。(4)では、(3)と同様に、自己と他者のイメージの違いを表明しているが、生徒fははっきりと『違っていい』としている。この子どものあいだでは制作中、非常に親密で生き生きとした会話がなされていた。そのため反対に、くい違いに対しておもしろさやコミュニケーションのきっかけを見出すことができていたのであろう。(5)と(6)には、造形によるコミュニケーションの受信者の客観的姿勢が表れている。自己表現の領域だけでは決して表れてこない姿勢であると言える。

(4)「造形によるコミュニケーション」から示唆される「協働的関係／Collaborative Relation」

以上のように、本題材に設定した「造形によるコミュニケーション」においては、前章で提示した「子どものデザイン」の内容における「協働的関係／Collaborative Relation」として、以下のような教育的意義を見出すことができる。

①コミュニケーションを活発にする

造形という物質を介したコミュニケーションは、リラックスした印象を与える。言語による伝達が、そのイメージの信号化に多くの規制を強いるのに対して、造形によるコミュニケーションでは造形したものが即信号となるので、子どもが内面に抱えているイメージを表出、発信しやすい。反対に、受信に関しても言葉のように時間の経過に縛られることがないので、自己の内でイメージをじっくりとふくらませることができる。

②　身の回りの事物・事象や造形を、単なる物質としてではなく、何らかのメッセージが込められた情報ソースとしてとらえさせる

とかく再現的な理解とその表象に目を奪われがちな現代の子どもたちに対して、可視化された造形の持つ本来の意義を取り戻すことができる。技能的な巧拙という観点だけで造形を眺めるのではなく、その表現・表象に込められたメッセージを積極的に読み取ろうとする能動的な姿勢を育む。

③　多様なものの見方を許容する

人間観を含めて様々な物事を、数値や言語による一面的なとらえ方でなく、自己のイメージに反映させることを通して、多様で豊かなとらえ方をすることができる。そのような拡散的思考は、創造性につながるものである。

④　客観的な自己理解につながり、社会性を育む

自己の表現を他者に投げかけ、拡散的な他者のイメージをフィードバックしてもらうことにより、客観的な自己像の獲得に助力を与える。

表6-3-5 プログラム開発マトリクスにおける『アートツール・キャラバン』の位置付け（再掲）

SEQUENCE			SCOPE				
学校	学齢	子どものデザイン発達	Kids Life	Look	Do it Yourself	Bricolage	Collaborative Relation
小学校 1学年 2学年	6・7 7・8	○全身の感覚で関わる ○思いのままに ○試す	●身の回りの環境へ全身で関わりたい	●近づいたり触ったりしたい	●全身の感覚を働かせて活動し続けたい	●身の回りの環境から好きな素材を集めたい	●私が〈いま・ここ〉にいることを実感したい
小学校 3学年 4学年	8・9 9・10	○試行錯誤 ○手の巧緻性の向上 ○見ることで価値付与する ○生活の中の感情	●身の回りや環境に働きかけその変化を味わいたい	●見たり触ったりすることで変化させたい	●手で考えながら活動し続けたい	●身の回りの環境や素材を様々に操作したい	●私が他者との関係性の中にいることを実感したい
小学校 5学年 6学年	10・11 11・12	○自己評価観の芽生え ○経験に基づく計画性 ○文化への理解と批評	●身の回りの環境や地域に働きかけその効果を味わいたい	●自分なりによいもの、面白いもの、美しいものなどを見つけたい	●試しながらよりよい方法を見つけたい	●身の回りの環境や素材を組み合わせたい	●私が他者や地域との関係性の中にいることを実感したい
中学校 1学年	12・13	○身近な他社の意識 ○造形の基本原理の理解 ○手ごたえ（効力）の実感 ○慮る ○見通しを持つ ○生活と造形への意識	●他者や地域との関係性において手ごたえを得たい ●自分の生活をよりよくしたい	●見えるものから見えないものを想像したい ●ものの見方を変えてみたい	●生活の中の問題を解決するために活動したい ●偶然の出来事を活かして活動したい	●他者や生活の中の素材、問題に対する見方を変えたい ●そこから新しい意味をつくりだし他者に伝えたい	●私が他者や地域との関係性の中にいることを実感したい ●自己像を形成したい
中学校 2学年 3学年	13・14 14・15	○独創性の芽生え ○造形の基本原理の理解 ○内面世界の拡充 ○自立的な計画 ○造形の日常化 ○社会参画 ○文化への理解 ○表現の拡張	●他者、社会との関係性において自我を確認したい ●社会に対して主張したい	●見えないものの価値を探りたい ●生活や社会における事物・事象をクリティカルにとらえたい	●社会の問題を解決するために活動したい ●活動の過程でよりよい意味を見つけたい	●他者や社会にある素材、問題をクリティカルにとらえその価値を問い直したい ●そこから新しい意味をつくりだし社会に発信したい	●私が他者や社会との関係性の中にいることを実感したい ●自己像を獲得したい

3・2 越境空間における実践（β）巡回型ワークショップ『アートツール・キャラバン』

3・2・1 実践の位置付け

本プログラムが対象とする子どもは、小学年を中心としながら、さらに幼児、中学校一年生も対応可能と想定している。そこで措定されるスコープおよびシークエンスは、**表6-3-5**（再掲）の通りである（表中の太枠内が該当）。

『アートツール・キャラバン』は、前章でも紹介した通り、いくつかの造形ワークショップ・プログラムの集合体である。ゆえに下記マトリクスでの位置付けは、その集合体としての位置付けを示している。

（3）本プロジェクトは、第五回（二〇一一年）キッズデザイン賞（フューチャー・アクション部門）を受賞している。詳しくは左記の大泉研究室ホームページを参照のこと。
http://www7b.biglobe.ne.jp/~oizumi-labo/
（二〇一三年一一月一一日参照）

3・2・2　『アートツール・キャラバン』とは

『アートツール・キャラバン』は、二〇一〇（平成二二）年度から二〇一二（平成二四）年度にかけて、科学研究費補助金（基盤研究（C）・課題番号21530920）の助成を受けて取り組まれた『造形実験装置による巡回式ワークショップ・プログラムの開発研究』において実践された造形ワークショップ・プログラムであり、研究助成期間を終えた現在も継続中の実践プロジェクトである(3)。

その概要は次の通りである。まず学校や地域施設、地域イベントや美術館などを巡回して造形ワークショップを実践する『アートツール・キャラバン』のための教具装置群、すなわち「アートツール」を創案・製作し、それらによって環境構成された実践プログラムを開発する。このプログラムにおいては、参加する子どもたちが「アートツール」で遊ぶことを通して、自らの感覚を発揮し創造心を奮い立たせることが企図されている。さらに『アートツール・キャラバン』の実践を展開し、それに参加する子どもたちの活動様相を分析・考察することにより、ワークショップ実践の教育的意義を子どもの視点から検討することを目指すというものである（図6-3-7）。

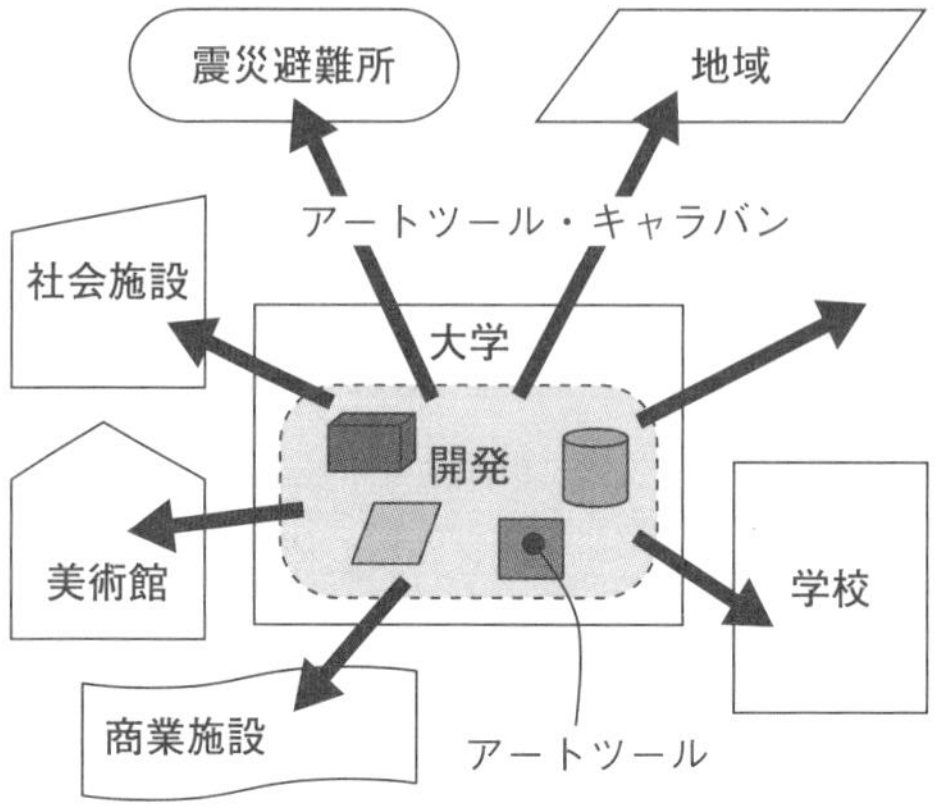

図6-3-7　『アートツール・キャラバン』のイメージ

このように『アートツール・キャラバン』とは、子どもが感覚を働かせて遊ぶことから、能動的で協働的な表現活動を生み出す〈あそび場〉であるとも言える。さらにその〈あそび場〉では、次の二つのプログラムが展開されている。

『あそぶプログラム』（図6-3-8）

…「アートツール」で感覚を働かせて遊ぶ

『つくりだすプログラム』（図6-3-9）

…自分の実感に自信を持った協同的な表現活動の展開

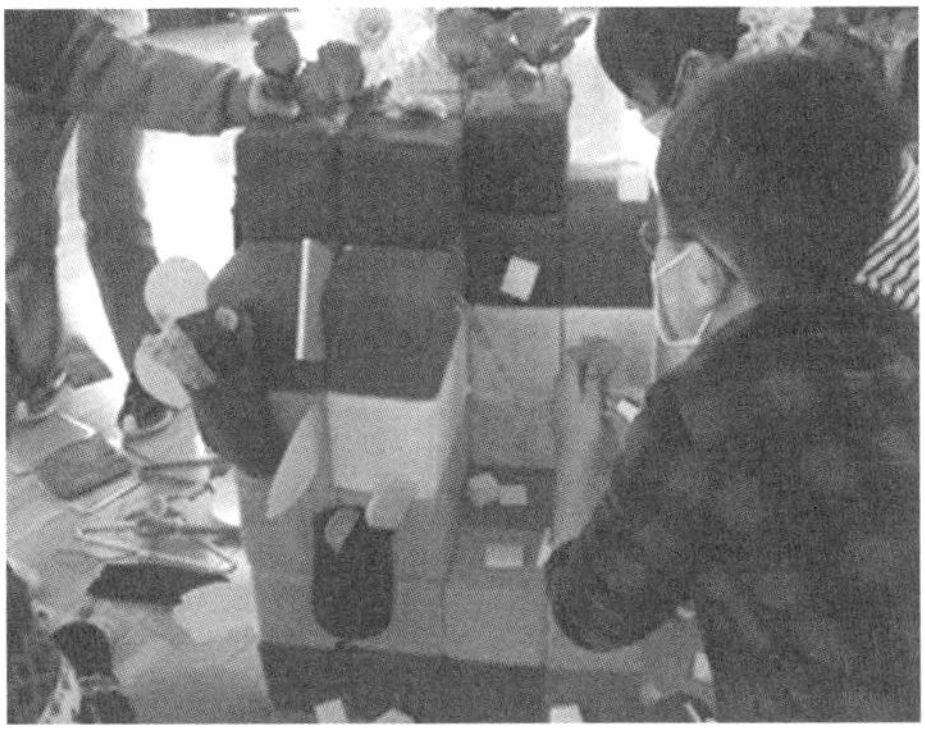

図6-3-8 あそぶプログラム（南三陸町立入谷小学校（東日本大震災被災地）にて）

図6-3-9 つくりだすプログラム（川崎市市民ミュージアムにて）

これらのプログラムを通して、自分の実感から〈いま―ここ〉の場や他との〈関係〉、つまりは自身の生活を新鮮にとらえ直すことを目指す。そして、そうした場を子どもたちがいる様々な場所（公園、商業施設、美術館、学校、東日本大震災の避難所など）を巡回して提供するプロジェクトなのである。

3・2・3　『アートツール・キャラバン』の軌跡(二〇一〇(平成二二)年〜二〇一二(平成二四)年)

二〇一〇(平成二二)年から二〇一二(平成二四)年にかけての『アートツール・キャラバン』の実践の軌跡は、次の通りである。

(二〇一〇(平成二二)年)

① 2／26・27
ワークショップイベント：『ワークショップ・コレクション二〇一〇』
② 6／10　学校教育課程：神奈川県茅ケ崎市立茅ヶ崎小学校
③ 6／10　美術館：神奈川県立近代美術館葉山
④ 8／14　文化施設：横浜市民ギャラリーあざみ野
⑤ 11／6
学校行事：横浜国立大学附属鎌倉小学校『鎌倉なんとかナーレ』
⑥ 12／12　商業施設：TRESSA 横浜
⑦ 12／13　学校教育課程：横浜市立駒岡小学校

(二〇一一(平成二三)年)

⑧ 2／26・27
ワークショップイベント：『ワークショップ・コレクション二〇一一』

表6-3-6　実践群の位置付け

実践	エントリー形態	位置付け
①⑧	申込み	イベント
④	申込み	展覧会
②⑦⑭	依頼	授業・保育
③⑥⑫⑬⑮⑯	依頼	共同企画
⑤⑩⑪	依頼	学校行事
⑨⑮	申込み・依頼	震災被災者支援

⑨　4／24　東日本大震災避難所：川崎市とどろきアリーナ
⑩　6／25　学校行事：横浜市立坂本小学校『なかよし学校』
⑪　9／11　学校行事：神奈川県立上溝南高等学校『上南祭』
⑫　11／12　博物館：川崎市市民ミュージアム
（二〇一二（平成二四）年）
⑬　1／22　商業施設：TRESSA横浜
⑭　3／2　東日本大震災被災地支援：宮城県南三陸町立入谷小学校
⑮　9／5・10／11・12／21　商業施設：横浜高島屋キッズクラブ
⑯　12／15・16　博物館：川崎市市民ミュージアム

3・2・4　実践の場とその位置付け

上掲実践群は、そのエントリーにおいて、実践主体（ゼミナール）が申込んで実践を行う場合と、クライアント（実践の場）からの依頼を受けて行う場合とがある。したがって同一のワークショップ・プログラムであっても、その位置付けは実践の場によって異なってくる。その位置付けから先掲した実践群を分類してみると、**表6-3-6**のようになる。

こうしてみると、造形ワークショップのプログラムが実践の場に応じて、様々な役割（意義）を担ってきたことがわかる。すなわち、『アートツール・キャラバン』というワークショップ・プロジェクトは、学校教育課程に限らず、博物館・美術館、社会文化施設、そして商業施設や東日本大震災の避難所や被災地と言った、様々な子どもの生活の場を「越境」する造形教育実践なのである。

3・2・5　成果と課題

これまでの実践を通して明らかになった、本プロジェクトにおける現段階での成果と課題は以下の通りである。

①子どものためのデザイン教育としての意義

内容面については、「まなざし／Look」、「つくりだす／Do it Yourself」、「ブリコラージュ／Bricolage」に関して、本実践における能動的な子どもの姿や一緒に関わる保護者の積極的な様子から、その具現化を認めることができる。ただし対象となる子どもが、幼児（保育園・幼稚園）から児童（小学校）という年齢に偏っており、例えば中学生以上の子どもたちに対して、いかなる活動・機会を用意できるかが課題となっている。また「子どもの生活／Kids Life」に関しては、ワークショップ実践の持つ「一回性」に限界があることを痛感している。その点においては、継続的に子どもの成長・発達に関わることができる学校教育課程との連携が不可欠であることがあらためて明らかになった。

また方法面については、学校教育機関のみならず、企業や社会文化施設などとの協働による教育実践が実現しており、教育の機会・場を学校教育課程に限定せずに「社会化」を目指す子どものためのデザイン教育としての実践の可能性が示されている。子どものためのデザイン教育の実践においては、とりわけ保護者や地域との関わりの中で実践が進められることが重要であることはすでに述べたが、その方策の具体を見出すことができた。同時に先述したように、学校教育課程との連動が不可欠であることを再確認することとなった。

②指導者育成に関して

表6-3-6で見たような『アートツール・キャラバン』の実践を通した「越境」には、プロジェクト・スタッフとして参画する学生、とりわけ教職志望学生にとっては、イリイチの言う「学校化(Schooled)」から解放された実践知を獲得する機会としての意味合いを持っている。学校教師に求められる教育実践のマネジメントには、教育以外の異業種との協働がより一層必要となるであろう。そうした協働的なマネジメントの経験を通して、今後どのような人材が育っていくかに関心が持たれるところである。

終章　研究のまとめと残された課題

第1節　研究の成果

本書は、これまでの学術研究において、あまり注目されてこなかった子どものためのデザイン教育の変遷を辿ることから、その実践原理としての「子どものデザイン」概念を明らかにし、それを実践に適用したプログラムを開発し、実践検証することを通して今後における子どものためのデザイン教育のあり方を展望するものであった。本書は、主に小・中学校における教育を対象とした、いわゆる教科教育学分野を主たる対象とした研究書であるわけだが、本巻頭で述べたように、この分野においては、これまでに「児童画」や「絵画・彫刻」といった美術領域を扱う研究は充実していると言える一方で、「デザイン」や「工作・工芸」領域に関するそれは十分であるとは言えない状況にある。さらに「デザイン」領域に関して言うならば、その制作や技法に関する研究成果は多数存在するが、専門教育を含めその教育のあり方や教育実践を主題にした研究は未だに体系化されていない現状にある。子どものためのデザイン教育に関するこうした状況から、本書はその先駆的な知見を提供するものであると位置付けることができるのではなかろうか。

本書は、日本における子どものためのデザイン教育の歴史的変遷を追う第1部と、その変遷過程から原理を導出し、実践について論じる第2部から成る。そして、それら二つの部を通した以下六つの章から構成されている。

序章では、はじめに本書におけるデザインのとらえを、現代において子どもたちが生き育っていく上で必要不可欠な「能力観」であるとした上で、本書で対象にするデザイン教育を次のように定義した。すなわち、現在行われているデザイン教育を俯瞰し、その目的と実践の場から分類する作業から輪郭を描き出すことで、普通教育、とりわけ小・中学校における図画工作・美術科教育を中心としながらも、今後の教育のあり様を展望する過程において見出される必然性からは、幼児とその保護者をも対象にした学校教育課程外におけるデザイン教育の機会も対象にした。次に、その「子どものためのデザイン教育」を成り立たせる「目標」、「内容」、「方法」の要素が、同時代における「デザイン」から規定され、さらにそれを包摂している同時代における「社会」から規定されているというような〝主従関係〟にあり、「子どものため」という意味が、同時代における社会要請に基づいた教授的意味を帯びている現状にあることを指摘した。さらに現代における「子ども」と「デザイン」を結び付けている方向性には、「子どものためのデザイン／Design for Kids」と「子どもによるデザイン／Design by Kids」があり、前者の方向性に偏重した要因を探ることから、「子どもによるデザイン」の方向性とその展望を提案することを目的本書の研究とした。そしてそのための研究方法とは、子どものためのデザイン教育の歴史的変遷過程における省察から浮上してくるアブダクションとしての「子どものデザイン」概念に対する分析・考察であることを示した。

第1章では、日本における子どものためのデザイン教育が、その発端において省察のまなざしを内包していたことを明らかにした。昭和初期における構成教育運動に見る萌芽、続く戦時統制下における体制強化との共鳴、そして戦後の無教科書時期における戦時の反省をふまえた新しい教育への志向を確認し、子どものためのデザイン教育が、その出発点においては、「子どものため」という理念を謳いながらも、それが実践的には同時代的な社会のあり様のために目的的に利用されていたことを明らかにし、その省察として生まれてきた〝オルタナティブ〟な子どものためのデザイン教育に対する可能性を提起した。

第2章では、昭和三三年版学習指導要領に「デザイン」が位置付いた経緯を俯瞰する作業を通して、デザイン教育がデザイナーという専門家のためでなく、万人のためのものとして位置付けるために「子どものデザイン」概念が提示されるに至ったいきさつを明らかにした。しかしながらその「子どものデザイン」概念が、どのようにして今ある社会へと連関していくのか、といった関係的視点の欠如において、「子ども／大人」という二元論が存在していたことも指摘した。これはまさに、本書の主題にもなっている「子どものデザイン」概念における「子どものためのデザイン／Design for Kids」の方向性と「子どもによるデザイン／Design by Kids」という二元的側面とも重なるものである。さらに同時期の教育界において噴出していた「デザイン教育批判」の言説を分析し、その批判に対抗するための「子どものデザイン」概念の意味を検討した。その結果、「子どものデザイン」概念とは、以下の七つの構成要素から規定されるとした。それらは「[A]子どもの生活にあるもの」、「[B]子どもの感覚を発揮させるもの」、「[C]子どもの発達に即したもの」、「[D]子どもの本能的欲求に基づくもの」、「[E]造形によって可視化されるもの」、「[F]子どもの切実な必然性に結び付くもの」「[G]創造的な問題解決の能力を育てるもの」である。そしてこの「子どものデザイン」概念を子どものためのデザイン教育に対する省察ツールとして用いて、そのあり方を展望していくことの有効性を見出した。

第3章では、これまでに析出した「子どものデザイン」概念が、その後のデザインや社会の変化に応じてどのような様相を呈しているのかを検討した。同時代におけるデザイン界は、一九五一（昭和二六）年に設立された日本宣伝美術会（ＪＡＡＣ）が、その活動の一環として作品公募をはじめ、新人の登竜門として機能していたことからもわかるように、時代のあり様を映し出す大衆の憧れの象徴であった。そこでは、バウハウスから輸入された専門的な造形理論に基づいた高い「造形性」に基づく作家性を帯びた仕事が社会との強い結び付きをつくりだしていた。そうした状況の中で子どものためのデザイン教育研究を牽引していた造形教育センターの研究活動には、「造形理論」と「子どもの論理」のあいだに、あるディレンマを抱えていたのである。そしてそれを止揚する契機としての「デザインの芽」、「造形遊び」そして「子どもの生活」という考え方の重要性を主張した。

第4章では、現代に至るまでの社会の進展やそれに伴う教育に対する要請、そしてデザインの省察と変容の様相から、人間を中心に据えた現代デザイン（ＨＣＤ：Human Centered Design）の実践の方向性が、子どものためのデザイン教育の目指す方向性と同期していることを明らかにし、その可能性について提起した。それは、〈いま―ここ〉で感覚を働かせ、イメージを生成させながら、現実に対して創造的に問題解決を図っていくという能力が現代社会に対して持つ可能性であり、「子どものためのデザイン／Design for Kids」から「子どもによるデザイン／Design by Kids」へと解釈し直すことでもあると主張した。また「子どものデザイン」概念を教育の実践として具現化するためには、子どもが行う造形活動プロセスに沿った「子どものデザイン」プロセスとして再構成する必要があるとし、さらにそのプロセスは、個の子どもの内に閉じられているものではなく、「子ども」を中心とした必然的な「ひと・もの・こと」との関係性が生起しているとした。その「子どものデザイン」プロセスは次のような規定となる。「能動的存在である子ども（［D］）が、各発達の段階（［C］）において、自分の生活（［A］）における切実な問題（［F］）を発見し、感覚を働かせて（［B］）造形として可視化（［E］）しながら創造的・協働的に解決（［G］）していくプロセス」このプロセスの主語は子どもであるが、これを実践化する際には「子ども」と「大人（教師）」による協働のプロジェクトとして位置付ける必要があるとした。

第5章では、第4章までに規定された「子どものデザイン」プロセスとそこから導き出された子どものためのデザイン教育の教育的可能性をふまえ、それを実践するための原理を整理して提示した。第一に「理念」を明らかにし、第二にその実現のために必要となる「内容」を提示し、第三にそれらを適時に扱うための「発達」のあり様を明らかにし、第四に適切な「方法」について考察した。さらには、子どものためのデザイン教育の具体的な実践プログラムを開発するためのマトリクスを構想した。その「理念」は次の三つにまとめられた。…「①自律性：子どもがデザインを通して社会の中でたくましく、したたかに生きていくことを促す」「②感覚・イメージ：子どもが日々の生活における創造的なイメージ生成の場に立ち会うことを促す」「③協働性：営為を子どもが造形という手段によって可視化することで他・他者と関わっていくことを促す」である。さらに「内容」を次の五つのスコープ(Scope)として示した。…「(1)子どもの生活／Kids Life」「(2)まなざし／Look」「(3)つくりだす／Do it Yourself」「(4)ブリコラージュ／Bricolage」「(5)協働的関係／Collaborative Relation」である。そして「発達」については、現行(平成二〇年告示)学習指導要領(小学校図画工作、中学校美術)解説に示されている各学年の発達の特徴と、アメリカの初等教育学校向けの準教科書に示されている『*Our Expanding vision. Art Series Grades 1-8. Austin Texas*』との関連性からシークエンス(Sequence)を措定した。「方法」については、子どもと教師の関係における協働の必要性と授業の限界を克服する教育方法としてのワークショップの可能性を検討した。

第6章では、子どものためのデザイン教育の実践プログラムを開発するための開発マトリクスと、その開発手順を提示した。そして実践の場として想定される「学校教育課程」、「越境空間」、「家庭・地域」のカテゴリーごとのプログラム事例を示した。さらに学校教育課程における『○○くんの日常／○○さんの日常』の授業実践と、越境空間における『アートツール・キャラバン』の造形ワークショップを対象にした実践研究を通して、その教育的意義と可能性を検討した。

以上、本書では、日本の子どもたちが戦後普通教育においてすべからく学んできたはずの「デザイン」が、その安定的な社会的位置にもかかわらずにその教育的意義に関しては極めて不安定なまま現在に至っている状況を鑑み、その原因を「子どものデザイン」概念の歴史的変遷の中に見出し、その概念に包含される省察的な意味から展望を導出し、具体的な実践を提案した。

そもそも現代においては「デザイン」という概念自体がますます拡大し多様化しているわけであり、したがってその教育的意義の不安定さはより強化されているはずである。しかしながら本書においては、その不安定がゆえに摑み得た子どものためのデザイン教育の教育的意義とは、未来に向けた可能性であると言うことができ、最終的には図画工作・美術科という教科の範疇にとどまらない教育実践を展望することとなった。このことはむしろ、デザインがあらゆる関係性の中に成立するという自明の論理を教育実践において具現化しているものであると考えられる。

第2節　残された課題と今後の展望

繰り返すが、本書は大きく次の二つの研究の柱から構成されている。第一に、子どものためのデザイン教育の歴史的変遷を分析することから見えてくるアブダクションとしての原理に関する理論的研究であり、第二に、それを具体的な実践プログラムとして提示する開発的研究である。

前者において課題とされることは当然のことながら、その妥当性を確保するための論理の深化と実証性である。これは研究活動のいわば〝垂直〟軸であると言えよう（図7-2-1）。ここにおいて、導出された原理について、一つひとつ熟考を重ねることと同時に、より多角的・学際的な視点から検討を重ね、重厚な理論として鍛えていかなければならないことが要請されている。さらには後述するように、実践を通した研究との往還による考察も必要であろう。

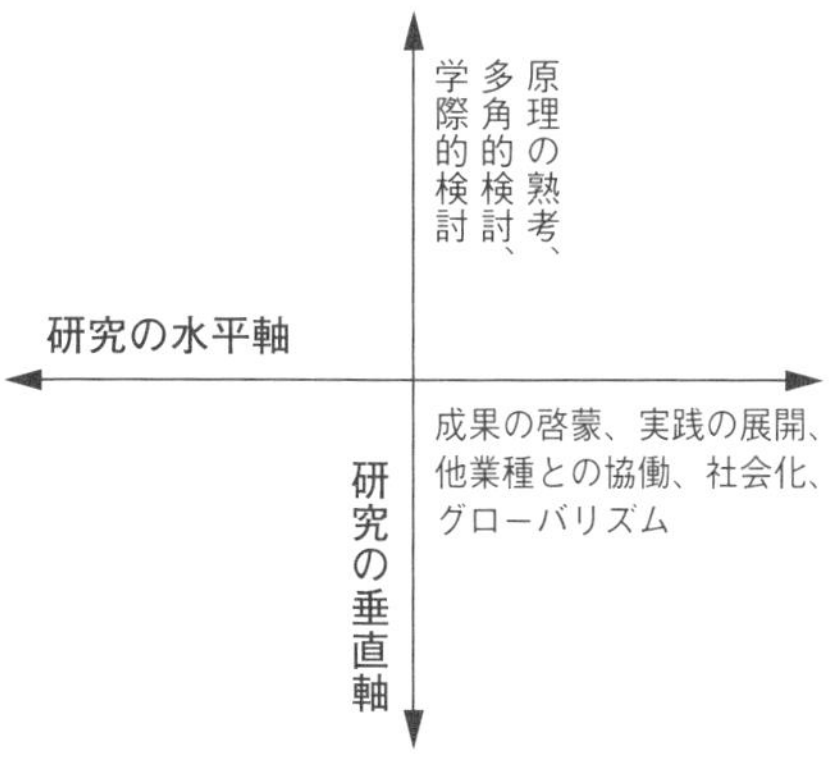

図7-2-1　本研究の課題

後者においても、上述したような〝垂直〟軸に基づいた強化が必要とされる。とりわけ開発された個々の実践プログラムが単発的であり、相互の関係を体系的に説明しているとは言えないので、開発されたプログラム全体の体系を成す構造を説明した上で、個々の実践プログラムの位置付けを明確化していくことが必須である。また開発された実践プログラムは、教育の現場において実践されなければ実体化しない。それゆえに研究活動の〝水平〟軸として、より多くの現場で実践を行うとともに、その現場において改善が加えられてゆくことが求められる。このためには、現場との連携が必要であるし、またより多くの現場に受け入れられるようにするには、本書の研究成果に基づいた啓蒙も必要であろう。そこでは前述したように、図画工作・美術科という教科教育の範疇にとどまらない啓蒙活動を必要とする。今後の社会においては、本書の冒頭で挙げたような「子ども」と「デザイン」を結び付ける動きがさらに活発になると思われる。したがって、学校教育課程と家庭・地域とを越境する実践の展開が求められることは必然である。

　またそうした同時代的な社会との関係を学習の前提とする上では、シチズンシップ教育に対する寄与も重要であると思われる。小玉重夫は、昨今日本に広がりつつあるシチズンシップ教育について、「ともすればボランティア活動に励むだけのような、国家に都合の良い『品行方正な市民』にとどまってしまう可能性」について注意を喚起した上で、「目的は自立した市民を育てること。国家や社会に批判的な目を向けられる素養や判断力を身につけることが大事(傍点筆者)」であると指摘している。[1]ここにおいて、本書で主張した子どものためのデザイン教育が、「自律性」、「感覚」、「協働性」をその理念としており、

(1)「社会の一員 自覚促す」『朝日新聞』二〇一四年一月一〇日朝刊、p. 35、教育面

何よりも「大人（教師）」の視角からの「子どものためのデザイン／Design for Kids」から、子どもが主体となる「子どもによるデザイン／Design by Kids」へのパラダイム転換が図られることにおいて、シチズンシップ教育と方向を一にしていることがわかるだろう。さらにはシチズンシップ教育が目指す多文化共生に向けて、今後見通される急激な国際化の進展に合わせた国際的な視点からの検討も欠かせない。

以上、本書の主張は、未だ仮説的な範疇にあり、研究の成果よりもむしろ今後取り組むべき課題ばかりが目の前に立ち現れている。ゆえに今、筆を置くということがまた新たな出発でもあることを自覚している。本書のサブタイトルとして掲げた「変遷と展望」が、今この瞬間においても生起し変容を続けているのだという事実を自覚し、「子ども」「デザイン」「教育」を見つめ続けていきたい。

第３節　これからのデザイン、これからの教育

３・１　再び、デザインとは

本書は、教科教育としての図画工作・美術科教育を対象にするとともに、デザイン分野を対象にした論考である。そのため、必然的に「デザインとはなにか」という、現代においても決して統一された見解を得られていない問いを包含している。その問いに対しては、「子どものデザイン」概念によって筆者なりの見解を示意したつもりではあるが、今一度、その概念と、その前提となっている「デザイン」のあり様とを相対化しておく必要がありそうである。ここで、本書で提示した「子どものデザイン」概念に比較的近い、あるいは参考となると思われる「デザインとはなにか」に対するいくつかの所論を提示してみよう。

・高橋正人

人間生活にとって、より本質的な、それなくしては人間生活あるいは人間の文化は存在しないような意味　（『デザイン教育の原理』一九六九）

・ピーター・グリーン

すべての人に関わる人間的な活動であり、問題や諸要求を明確にし、よく考えて、

どれを優先させるかを決めるプロセス　（『デザイン教育』一九七九）
・クラウス・クリッペンドルフ
物の意味を与えること　（『意味論的転回』二〇〇九）
・ポール・ランド
形と中身の関係　（『ポール・ランド、デザインの授業』二〇〇八）
・ヴィレム・フルッサー
技術と芸術の間の内的なつながり―すべての文化の背後にあるもの
（技術によって自然を策略にはめ、人工的なものを通して自然的なものを上回り、我々自身にほかならない神がそこから降臨してくるような機械を組み立てること…自然に制約された哺乳動物である我々を、自由な芸術家に変える）　（『デザインの小さな哲学』二〇〇九）
・佐野寛
計画し持続可能な発展を実現していく行為　（『二一世紀的生活』一九九六）
・ヴィクター・パパネック
意味ある秩序状態をつくり出すために意識的に努力すること　（『生きのびるためのデザイン』一九七四）
・原研哉
形や素材の斬新さで驚かせるのではなく、平凡に見える生活の隙間からしなやかで驚くべき発想を次々に取り出す独創性　（『デザインのデザイン』二〇〇三）
・竹村真一
ありふれた世界を新たな眼で発見する感性の「窓」をひらく営み
モノの形や色の問題ではなく、世界の見方、新たな視点を提示する営み　（『water』二〇〇七）

・深澤直人

誰もが共有できる感覚をかたちに変換して提示する営み　（『THE OUTLINE』二〇〇九）

以上のデザイン概念は、いずれもすべての人間を対象にし、彼／彼女らの生活に関わるものとして「デザイン」が位置付けられている。このことをふまえて、「デザインはだれのものか」という問いについて考えてみる。すると、かつてはデザイナーという専門人が、その造形能力によって人々の生活を提案し、ユーザーである大衆は、その提案を享受するという主従的関係であったのに対して、上掲したデザイン概念からは、デザインのユーザーである大衆がよりよく生活しようとする意思に対して、デザイナーがその眼と造形能力によって、人々の生活に必要な「道具」を見出しつくる、という互恵的な関係が顕在化する。つまり、ここでの両者は相互参画的であり代替可能的な関係にあるのだ。これはまさしく、ユーザーがすなわちデザイナーでもあるという時代の到来を予感させるものであり、子どものためのデザイン教育において重視される〈DiY Ethic〉に基づいた万人によるデザイン実践が望まれることになるだろう。

3・2　デザイン、デザイン教育、そして教育

先述したデザインユーザーとデザイナーの関係は、子どもと教師の関係に重ねて考察することもできる。第1章において提示した戦時統制下における日本の造形教育、とりわけ構成・デザイン教育が、子どもの造形に対する興味・関心を「利用」して戦時体制と共鳴し、その体制強化に加担していた事実を思い出してみよう。例えば、当時の教科書には、**図7-3-1**のような教材が掲載されている。このような教材が、日々の教育活動に導入され、「誠実に」指導されていた事実から、私たちは目を背けてはならない。また、当時の子どもたちは自らの「つくりたい」という興味・関心を伴わせながら嬉々としてこの教材を受け入れ、製作に取り組んでいたことを。

このように、教育実践においては、教師の倫理観を鑑みることを避けては通れない。それは誠実さでもあるわけだが、同時にそれは歴史的に見ても極めて危ういものなのである。したがって、先に見たデザインにおけるデザイナーとユーザーの相互参画的・代替可能的な関係とは、子どもと教師の関係にも当てはまるのではなかろうか。

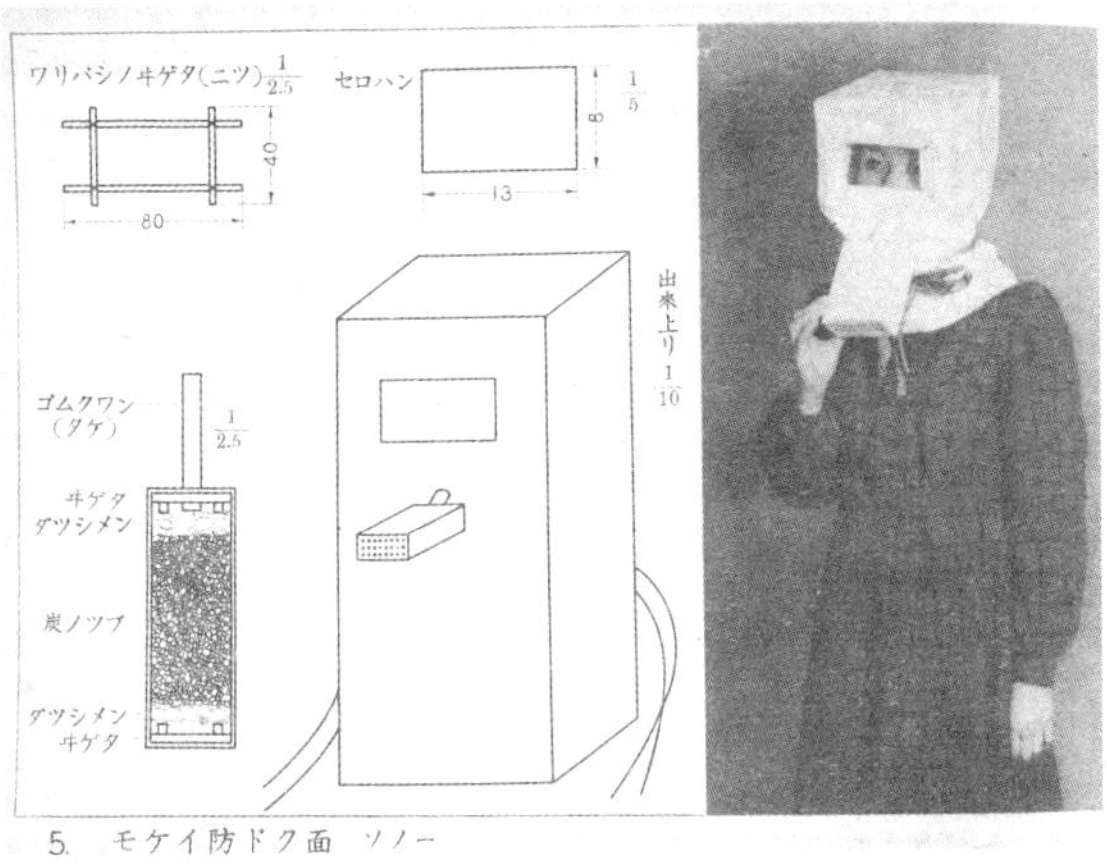

図7-3-1 『初等科工作二・女子用』一九四三年

本書で繰り返し述べてきたように、「子どものデザイン」概念には、次の二つの方向性がある。一つは「子どもによるデザイン／Design by Kids」である。この「子どもがデザインする」営みとは、子どもが、自分が生きている毎日において、新鮮な感じ方や見方を見出し、そこから新たな意味をつくりだし、他者と共有する営みである。そしてもう一つは「子どものためのデザイン／Design for Kids」である。この「子どものためにデザインする」とは、「子どもがデザインする」営みのために、大人が子どもたちとともに生活における新鮮な感じ方や見方を見出し、そこから新たな意味をつくりだし、共有する営みであると解釈することができる。

このように、「子どもによるデザイン」と（大人による）「子どものためのデザイン」は、ともに共振関係にある。ここにおいて、「デザインとはなにか」「デザインとはだれのものか」という問いについて、「子どものデザイン」概念を通して考察を行うこととは、デザインのあり方のみならず、デザイン教育のあり方、そして子どもと教師の関係性のあり方までも視野に入れた「こたえ」を探ることに他ならない。

さらに思い切って言ってしまうならば、現代において「デザインすること」、「デザイン教育すること」「教育すること」は、極めて同義的な関係にあるのではなかろうか。このことは、先行き不透明であると言われる現代に生きている私たちが漠然と抱いている「これから、どのように歩んでいけばよいのか?」という命題に対して、ほのかな希望らしき指標を指し示しているのではないかとさえ思えるのである。

文献一覧

【引用文献】

本論文で引用した文献の一覧を記載する。
各章ごとに新出の文献のみを記載している。

序　章

日本デザイン学会編『デザイン事典』朝倉書店、二〇〇三年
松上茂『デザインによる教育』美術出版社、一九六二年
日本デザイン学会『デザイン事典』朝倉書店、二〇〇三年
電通デザイニング研究会『デザイニング―新しい発想と方法論』電通出版、一九九一年
水越敏行他『授業設計と展開の力量〈講座　教師の力量形成　第二巻〉』ぎょうせい、一九八八年
佐野寛『二一世紀的生活』三五館、一九九六年
山本哲士『デザインとしての文化技術』文化科学高等研究院、一九九三年
原研哉『デザインのデザイン』岩波書店、二〇〇三年
深澤直人『デザインの輪郭』ＴＯＴＯ出版、二〇一〇年
山崎和彦「特集『ヒューマンセンタードデザイン（ＨＣＤ）』」日本デザイン学会誌デザイン学研究特集号第一八巻二号、二〇一一年
蓮池公威、田丸恵理子、戸崎幹夫、富士ゼロックス株式会社ヒューマンインターフェ

イスデザイン開発部「HCDの実践とエスノグラフィックアプローチ」日本デザイン学会誌デザイン学研究特集号第一八巻二号、二〇一一年
Michael Kroeger『ポール・ランド デザインの授業』BNN、二〇〇八年
文部科学省『幼稚園教育要領』フレーベル館、二〇〇八年
文部科学省『小学校学習指導要領』東京書籍、二〇〇八年
文部科学省『中学校学習指導要領』東山書房、二〇〇八年
文部科学省『中学校学習指導要領解説美術編』日本文教出版、二〇〇八年
日本児童美術研究会『図画工作 3・4下』日本文教出版、二〇一一年
小泉薫「中学校美術科におけるデザイン教育の歴史と方法論に関する研究」群馬大学大学院教育学研究科修士論文、二〇〇七年
田浦俊春「オーガナイズドセッションの開催主旨」日本デザイン学会誌デザイン学研究特集号第一八巻一号、二〇一一年
ヴィクター・パパネック『生きのびるためのデザイン』晶文社、一九七四年
クロード・レヴィ＝ストロース『野生の思考』みすず書房、一九七六年

第1章

高山正喜久監修『デザイン教育大事典』鳳山社、一九八九年
川喜田煉一朗、武井勝雄『構成教育体系』学校美術協会、一九三五年
中村亨『日本美術教育の変遷―教科書・文献にみる体系―』日本文教出版、一九七九年
図画工作研究所『芸能科図画工作重要問題解説』図画工作株式会社、一九四一年
吉田秀雄記念事業財団『広告は語る―アド・ミュージアム東京収蔵作品集』財団法人

吉田秀雄記念事業財団、二〇〇五年
竹原あき子・森山明子『日本デザイン史』美術出版社、二〇〇三年
長田謙一・樋田豊郎・森仁史『近代日本デザイン史』美学出版、二〇〇六年
秋山正美『小学生新聞に見る戦時下の子供たち・第三巻』日本図書センター、一九九四年
上甲二郎『芸能科圖画工作授業細案・初一後期用』明治図書、一九四二年
神奈川県師範学校附属國民學校『國防強化と藝能科教育』神奈川県師範学校附属國民學校、一九四三年
図画工作研究所『図画工作　第一五巻・第四号・三月臨時号　―芸能科工作の實践体系と設備規格―』図画工作株式会社、一九四一年
岩崎由紀夫「戦後図画工作科における『無教科書時期』の一考察」『美術科教育学会誌』第一〇号、一九八九年
品川区教育委員会『品川区指導室集録』一九九一年
東京都立教育研究所『戦後東京都教育史・中巻・学校教育編』一九七二年
品川区教育委員会『品川区教育のあゆみ・昭和二〇年~四六年』一九八五年
東京都品川区立原小学校創立三十周年事業実行委員会『創立三十周年記念誌』一九五三年
東俊二『わが校の美術教育―東京・原小学校の場合―』美術出版社、一九五三年
東京都図画工作研究会『創立六〇周年記念誌』二〇〇九年
苅谷剛彦、西研『考え合う技術』筑摩書房、二〇〇五年

第2章

『国際デザインコミッティー』パンフレット、一九六〇年
勝見勝「デザイン運動と日本」『勝見勝著作集・2・デザイン運動』講談社、一九八六年
「ニュース・展覧会・図書」『工芸ニュースVol.28・四号』工業技術院産業工芸試験所、一九六〇年
「ワルター・グロピウスを桑沢デザイン研究所に迎えて」『KDニュース一七号』KD技術研究会、一九五四年
『造形教育センター発足式への案内状』一九五五年
勝見勝「工業デザイン―この未知なるもの―」『リビングデザイン季刊夏号No.4』一九五八年
文部省『小学校学習指導要領(第二章・第六節・図画工作)』文部時報別冊、一九五八年
文部省『中学校学習指導要領(第二章・第六節・美術)』明治図書、一九五八年
『造形教育センターニュース第一〇号』一九五八年
「造形教育センター五〇年略年表」『造形教育センター五〇年史』二〇〇五年
小関利雄「センターは技術主義か」『造形教育センターニュース第一三号』一九五九年
米倉正弘「造形教育センターの研究はかく進められている」『造形教育センターニュース第一三号』一九五九年
久里英人「デザイン教育はこれでよいか」『美育文化Vol.10・No.7』一九六〇年
間所春『こどものための構成教育』造形芸術研究会、一九五五年

間所春『こどもの眼とデザイン』造形社、一九六三年
西光寺亨「小學校におけるデザイン教育—現場學習をとおして—」『美育文化』美育文化協会、一九五三年
勝見勝、武井勝男、山口正城、藤沢典明、熊本高工、水谷武彦「座談会・バウハウスと構成教育」『美育文化』美育文化協会、一九五四年
「特集　造形教育センター春の研究会—産業デザインと造形教育—」『美育文化』美育文化協会、一九五六年
造形教育センター研究部「センター批判」『造形教育センターニュース第一五号』一九五六年
熊本高工「現代美術と子どものデザイン」『美育文化』美育文化協会、一九五八年
小関利雄「新しい美術教育としてのデザインの基礎練習」『美育文化』美育文化協会、一九五九年
高橋正人「デザイン教育の理念」『デザイン教育の原理』誠信書房、一九六七年
筒井茂雄「美術教育におけるデザインの位置」『美育文化』美育文化協会、一九五九年
林健造「デザイン教育のマンネリズム」『美育文化』美育文化協会、一九六一年
米倉正弘「デザイン教育必要論」『美育文化』美育文化協会、一九六二年
佐口七朗「デザイン教育必要論」『美育文化』一九六二年
佐藤諒「子どもの機能的デザイン」『美育文化』美育文化協会、一九六三年
藤澤英昭「普通教育におけるデザイン教育の問題点」『デザイン学研究特集号 vol.4 no.2』日本デザイン学会、一九九六年
金子一夫『美術科教育の方法論と歴史（新訂増補）』中央公論美術出版、二〇〇三年

第3章

春日明夫、小林貴史『桑沢学園と造形教育運動─普通教育における造形ムーブメントの変遷─』桑沢文庫、二〇一〇年
新関伸也「間所春による『まよいみち』とデザイン教育」『美術教育学』第二九号、二〇〇八年
竹原あき子、森山明子監修『日本デザイン史』美術出版、二〇〇三年
内田繁『戦後日本デザイン史』みすず書房、二〇一一年
長田謙一、樋田豊郎、森仁史編『近代日本デザイン史』美学出版、二〇〇六年
社団法人日本美術教育連合『日本美術教育総鑑 戦後編』日本文教出版、一九六六年
造形教育センター研究部『造形教育センターニュース第二三号』一九六五年
大泉義一「図画工作科の教科構造に関する一考察─『造形遊び』導入以前の学習指導要領における内容構成の成立過程から─」『美術教育学』第三〇号、二〇〇九年
「長期企画委員会」『造形教育センターニュース第四〇号』一九七〇年
平田智久『夏の展覧会（造形教育センター創立二〇周年記念子どもの造形展）記録』一九七五年
宇田秀士「文部省・文部科学省 小学校学習指導要領 図画工作編「造形遊び」に対する〈批判的論述〉の考察─〝彫琢作業〟をふまえた「造形遊び」に向けて─」『美術科教育学会誌』第二九号、二〇〇八年
大泉義一「『子どもとつくるカリキュラム』の実践的研究」『美術科教育学会誌』第二六号、二〇〇五年
竹内博編『美術教育を学ぶ人のために』世界思想社、一九九五年
武藤智子、金子一夫「「造形遊び」の発生についての歴史的研究（1）─教育課程の改

善、及び造形教育センター──」『茨城大学教育学部紀要（教育科学）』第五三号、二〇〇三年
中央教育審議会教育課程部会初等中等教育分科会芸術専門部会第四期第一回（平成一九年七月一九日）議事録資料一四
金子一夫『美術科教育の方法論と歴史（新訂増補）』中央公論美術出版、二〇〇三年
文部省『小学校学習指導要領解説 図画工作編』日本文教出版、一九九九年
倉田三郎編『日本美術教育の変遷─教科書・文献にみる体系─』日本文教出版、一九七九年
文部省『小学校学習指導要領 図画工作科編（試案）』中央書籍、一九五一年
宮脇理編『小学校図画工作科教育の研究』建帛社、一九九四年
文部省『小学校図画工作指導書』日本文教出版、一九六〇年
文部省『小学校学習指導要領』一九六八年
文部省『構成学習における指導内容の範囲と系列─図画工作実験学校の研究報告─（初等教育研究資料第二五集）』東洋館出版社、一九六一年
熊本高工『図画工作科の系統的指導計画』明治図書、一九六〇年
文部科学省『小学校学習指導要領解説 図画工作編』日本文教出版、二〇〇八年
松本格之祐、宮坂元裕『人気教師の体育・図工の仕事術46』黎明書房、二〇〇七年
宮坂元裕「研究テーマについて」『造形教育センターニュース第七三号』一九八二年
造形教育センター編『造形教育の理念』サクラクレパス出版部、一九八五年
高山正喜久「これからのデザイン教育」『美育文化』美育文化協会、一九九〇年
郡山正「現代デザイン教育者にせまってくるアンビバレンツな問題─造形教育の七つのスネーアー─」『現代 造形・美術の展望─真鍋一男退官記念論集─』新曜社、一九

九二年

第4章

ヴィクター・パパネック『生きのびるためのデザイン』晶文社、一九七四年
佐野寛『二一世紀的生活』三五館、一九九六年
『広辞苑・第六版』岩波書店、二〇〇七年
山本哲士『デザインとしての文化技術』文化科学高等研究院出版局、一九九三年
苅谷剛彦・西研『考えあう技術―教育と社会を哲学する』ちくま新書、二〇〇五年
高祖岩三郎『新しいアナキズムの系譜学』河出書房新社、二〇〇九年
朝日新聞、二〇〇九年六月一一日夕刊
鷲田清一『じぶん・この不思議な存在』講談社、一九九六年
住田正樹・高島秀樹・藤井美保『人間の発達と社会』福村出版、一九九九年
イヴァン・イリイチ『脱学校の社会』東洋・小澤周三訳、東京創元社、一九七七年
内田樹『下流志向―学ばない子どもたち 働かない若者たち―』講談社、二〇〇七年
大前研一「日本の教育を壊滅させた二つの元凶」『PRESIDENT』プレジデント社
原研哉『デザインのデザイン』岩波書店、二〇〇三年
原研哉ゼミ『Ex-formation 四万十川』中央公論新社、二〇〇五年
武蔵野美術大学『Ex-formation resort』中央公論新社、二〇〇六年
武蔵野美術大学『Ex-formation 皺』中央公論新社、二〇〇七年
原研哉／武蔵野美術大学『Ex-formation 植物』平凡社、二〇〇八年
後藤武・佐々木正人・深澤直人『デザインの生態学』東京書籍、二〇〇四年
佐藤卓（監修）『21_21 DESIGN SIGHT・第二回企画展・water・展覧会カタログ』

21_21 DESIGN SIGHT、二〇〇七年
斉藤孝・山下柚実『「五感力」を育てる』中公新書、二〇〇二年
山下柚実『五感生活術―眠った「私」を呼び覚ます―』文藝春秋、二〇〇二年
山下柚実『子どもを育てる五感スクール―感覚を磨く25のメソッド―』東洋館出版社、二〇〇六年
阿部雅世・原研哉『なぜデザインなのか』平凡社、二〇〇七年
岡野静二『イメージとは何か』相川書房、一九七七年
日本創造学会編『創造性研究8・創造的なイメージ』共立出版、一九九一年
苫米地英人『まずは親を超えなさい』フォレスト出版、二〇〇九年
佐藤雅彦・内野真澄『ピタゴラ装置ＤＶＤブック［2］』小学館、二〇〇七年

第５章

フィリップ・アリエス『〈子供〉の誕生 アンシァン・レジーム期の子供と家族生活』みすず書房、一九六〇年
ジャン・ジャック・ルソー『エミール または教育について』岩波文庫、一七六二年
マーシャル・マクルーハン『人間拡張の原理』竹内書店、一九六七年
フェルディナント・テンニース『ゲマインシャフトとゲゼルシャフト―純粋社会学の基本概念〈上〉』岩波書店、一九五七年
朝日新聞、二〇〇六年五月二五日(朝刊)
朝日新聞、二〇〇六年五月二四日(夕刊)
仙田満『子どもとあそび』岩波書店、一九九二年
住田正樹、高島秀樹、藤井美保『人間の発達と社会』福村出版、二〇〇〇年

福永安祥、高島秀樹『教育社会学』明星大学、一九九七年
クロード・レヴィ＝ストロース『構造人類学』みすず書房、一九七二年
小田亮『レヴィ＝ストロース入門』ちくま新書、二〇〇〇年
文部科学省『小学校学習指導要領』国立印刷局、一九九九年
ルドルフ・アルンハイム、波多野完治・関計夫訳『美術と視覚』美術出版社、一九六三年
篠原智明『トランスエスティティーク—芸術の交通論—』岩波書店、一九九二年
大泉義一「造形によるコミュニケーションのもつ教育的意義：鑑賞学習に対する提言」美術教育学第二四号、二〇〇三年
藤澤英昭『デザイン・映像の造形心理』鳳山社、一九七八年
大泉義一編『小学校教育課程講座・図画工作』ぎょうせい、二〇〇八年
ギー・ドゥボール『スペクタクルの社会』筑摩書房、二〇〇三年
毛利嘉孝『はじめてのDiY—何でもお金で買えると思うなよ！』ブルース・インターアクションズ、二〇〇八年
高橋正人編『デザイン教育の原理 デザイン教育大系第一巻』誠信書房、一九六七年
J・D・クランボルツ、A・S・レヴィン『その幸運は偶然ではないんです』ダイヤモンド社、二〇一二年
クロード・レヴィ＝ストロース『野生の思考』みすず書房、一九七六年
桐田敬介「『光の空間』における造形遊びのエピソード記述」大学美術教育学会(京都大会)概要集、二〇一三年
ミシェル・ド・セルトー『日常的実践のポイエティーク』国文社、一九八七年
藤澤英昭『デザイン・映像の造形心理』鳳山社、一九七八年

藤澤英昭他『ヴィジュアル・コミュニケーション』ダゲィット社、一九七五年
遠藤邦武『視覚伝達論』東京デザイナー学院出版局、一九七〇年
奈須正裕『総合学習を指導できる〝教師の力量〟』明治図書、二〇〇一年
沼野一男他『教育の方法と技術』玉川大学出版部、一九九八年
細谷俊夫『教育方法　第四版』岩波書店、二〇〇〇年
吉崎静夫『教師の意思決定と授業研究』ぎょうせい、一九九一年
水越敏行他『なぜ授業を評価するか〈授業を改善する—授業の分析と評価—〉〈授業技術評価第二巻〉』ぎょうせい、一九八八年
水越敏行他『授業設計と展開の力量〈講座　教師の力量形成　第二巻〉』ぎょうせい、一九八八年
上田薫『ずれによる創造』黎明書房、一九七三年
古畑和孝他『社会心理学小辞典』有斐閣、一九九四年
稲垣忠彦、佐藤学『授業研究入門』岩波書店、二〇〇一年
新関伸也「『鑑賞』と『問題解決』を基軸としたデザイン教育：中学校デザイン学習試案」美術教育学会誌第二二号、二〇〇一年
中野民夫『ワークショップ—新しい学びと創造の場』岩波書店、二〇〇一年
高橋陽一『美術と福祉とワークショップ』武蔵野美術大学出版、二〇〇九年
『広辞苑・第五版』岩波書店、一九九八年
山下政俊『学びをひらく第二教育言語の力—教育コミュニケーション技法の授業（二一世紀型授業づくり）』明治図書、二〇〇三年
吉本隆明『定本・言語にとって美とはなにか・I』角川ソフィア文庫、二〇一〇年
大泉義一「図画工作・美術科の授業における教師の発話に関する実践研究：図画工

作・美術科の授業を構成する『第二教育言語』への着目」美術科教育学会誌第三三号
大泉義一「図画工作・美術科の授業における教師の発話に関する実践研究・Ⅱ：教職キャリアと『第三教育言語』の関係から」美術科教育学会誌第三四号
高橋陽一編『造形ワークショップの広がり』武蔵野美術大学出版局、二〇一一年
茂木健一郎『ひらめきの導火線：トヨタとノーベル賞』ＰＨＰ研究所、二〇〇八年
岡本太郎『今日の芸術：時代を創造するものは誰か』光文社、一九五四年
高橋正人編『デザイン教育の原理（デザイン教育大系）』誠信書房、一九六七年

第6章

池田寛『地域の教育改革―学校と協働する教育コミュニティ』解放出版社、二〇〇〇年

【参考文献】

本論文で参考にした文献の一覧を記載する。

天久聖一『こどもの発想。』アスペクト、二〇一一年
板野八束『近代日本のデザイン文化史 1968-1926』フィルムアート社、一九九二年
伊藤俊治編『しあわせなデザイン』求龍堂、二〇〇四年
ウィルヘルク・ヴィオラ『チゼックの美術教育』黎明書房、一九九九年
ヴィレム・フルッサー『デザインの小さな哲学』鹿島出版社、二〇〇九年
上野俊哉、毛利嘉孝『実践カルチュラル・スタディーズ』筑摩書房、二〇〇二年
上野俊哉、毛利嘉孝『カルチュラル・スタディーズ入門』筑摩書房、二〇〇〇年
栄久庵祥二『デザイン史とは何か―モノ文化の構造と生成―』技報堂出版、一九九八年
エレン・ラプトン他『なぜデザインが必要なのか　世界を変えるイノベーションの最前線』英治出版、二〇一二年
奥出直人、後藤武『デザイン言語―感覚と論理を結ぶ思考法』慶應義塾大学出版、二〇〇五年
春日明夫『玩具創作の研究―造形教育の歴史と理論を探る―』日本文教出版、二〇〇七年
勝見勝『現代デザイン入門』鹿島出版社、一九六五年

亀喜信『ハンナ・アレント―伝えることの人間学』世界思想社、二〇一〇年
川喜田煉七郎『構作技術大系』圖畫工作株式會社、一九四二年
姜尚中編『ポストコロニアリズム』作品社、二〇〇一年
菊池信義『みんなの「生きる」をデザインしよう』理想社、二〇〇七年
キッズデザイン協議会『キッズデザインコンセプトブック二〇一一』キッズデザイン協議会、二〇一一年
九州大学 大学院芸術工学研究室『デザイン教育のススメ～体験・実践型コミュニケーションを学ぶ～』花書院、二〇一二年
クラウス・クリッペンドルフ『意味論的転回 デザインの新しい基礎理論』星雲社、二〇〇九年
黒川伊保子『日本語はなぜ美しいのか』集英社、二〇〇七年
後藤武、佐々木正人、深澤直人『デザインの生態学 新しいデザインの教科書』東京書籍、二〇〇四年
小林重順『造形構成の心理』ダヴィッド社、一九七八年
西條剛央『構造構成主義とは何か 次世代人間科学の原理』北大路書房、二〇〇五年
西條剛央、京極真、池田清彦『構造構成主義研究1 現代思想のレボリューション』北大路書房、二〇〇七年
佐藤卓 企画『ほしいも学校』有限責任事業組合 ほしいも学校、二〇一〇年
佐藤雅彦『属性 Attribute』求龍堂、二〇一〇年
佐藤雅彦、菅俊一、石川将也『差分 Differnce』美術出版社、二〇〇八年
ジーン・レイヴ、エティエンヌ・ウェンガー『状況に埋め込まれた学習―正統的周辺参加―』産業図書、一九九三年

シム・ヴァンダーリン、スチュアート・コーワン『エコロジカル・デザイン』ビオシティ、一九九七年
ジャン・ジャック・ルソー『エミール』玉川大学出版部、一九八三年
シンシア・スミス編『世界を変えるデザイン　ものづくりには夢がある』英治出版、二〇〇九年
造形教育センター編『造形教育の理念』サクラクレパス出版部、一九八五年
造形教育センター編『一問一答　造形教育の方法』明治図書、一九七〇年
高橋直裕編『美術館のワークショップ　世田谷美術館二五年間の軌跡』武蔵野美術大学出版、二〇一一年
高橋正人、川村浩章『現代圖画工作科教育』同學社、一九五一年
田中浩也、門田和雄編『FABに何が可能か　「つくりながら生きる」二一世紀の野生の思考』フィルムアート社、二〇一三年
棚橋弘季『デザイン思考の仕事術　ひらめきを計画的に生み出す』日本実業出版社、二〇〇九年
靍田栄作『からだと環境を守る暮らしのアイデア』ジャパン・タイムズ、一九九六年
デーヴィッド・パイ『デザインとはどういうものか』美術出版社、一九六七年
東京都図工研究会『創立四十周年記念誌　都図研の歩み』東京都図工研究会、一九八七年
ドナルド・A／ノーマン『誰のためのデザイン?‐認知科学者のデザイン言論』新曜社、一九九〇年
ハーバード・リード『インダストリアル・デザイン』みすず書房、一九五七年
パウル・クレー『造形思考(上・下)』新曜社、一九七三年

原研哉『日本のデザイン―美意識がつくる未来』岩波書店、二〇一一年
原研哉、阿部雅世『なぜデザインなのか。』平凡社、二〇〇七年
ハル・フォスター『デザインと犯罪』平凡社、二〇一一年
ハンナ・アレント『人間の条件』筑摩書房、一九九四年
平野啓一郎『私とは何か―「個人」から「分人」へ』講談社、二〇一二年
深澤直人『デザインの輪郭』TOTO出版、二〇〇五年
福井昭雄『造形遊び―その指導と展開―』東京書籍、一九七九年
船木亨『メルロ・ポンティ入門』筑摩書房、二〇〇〇年
本明寛『改訂　造形心理学入門』美術出版社、一九八八年
マリア・モンテッソーリ『子どもの発見』国土社、一九七一年
宮脇理編著『現代美術教育論』建帛社、一九八五年
向井周太郎『生とデザイン―かたちの詩学Ⅰ』中央公論新社、二〇〇八年
茂木一司編『協同と表現のワークショップ―学びのための環境のデザイン』東信社、二〇一〇年
本橋哲也『ポストコロニアリズム』岩波書店、二〇〇五年
山形寛『日本美術教育史』黎明書房、一九六七年
山口正巳『中学校美術　デザイン教育入門』明治図書、一九九二年
山本哲士『学校の幻想　幻想の学校―教育のない世界』新曜社、一九八五年
横山貞子『日用品としての芸術　使う人の立場から』晶文社、一九七九年
ルドルフ・アルンハイム『美術と視覚　美と創造の心理学（上・下）』美術出版社、一九六四年
レイチェル・カーソン『沈黙の春』新曜社、一九七四年

レイモンド・ローウィー『口紅から機関車へ（上・下）』学風書院、一九五三年
脇田玲、奥出直人『デザイン言語2.0―インタラクションの思考法』慶應義塾大学出版、二〇〇六年
鷲田清一『ちぐはぐな身体―ファッションって何？』筑摩書房、二〇〇五年
O・F・ボルノウ『教育を支えるもの』黎明書房、一九八九年
OWP/P Architects *The Third Teacher* ABRAMS 二〇一〇年

おわりに

本書は、学位請求論文「『子どものデザイン』の原理と実践―我国における子どものためのデザイン教育の変遷から展望へ―」(平成二五(二〇一三)年一二月、東京学芸大学連合学校大学院に提出、翌二六(二〇一四)年二月、博士(教育学)の学位取得)を再構成し、大幅な加筆・修正を加え、出版に際しては標題も改めたものである。

本書の内容は、学会誌への投稿論文と新たに書き下ろした内容、そして日々の私の研究活動における論考を合わせてまとめ上げたものである。学位論文、そして本書を編纂するにあたっては、実に多くの方々の恩恵に預かることとなった。ここに深い感謝の念を表したいと思う。

学位論文の主査を務めていただいた小野康男先生は、博士号取得の意向をお伝えした際に、私の話しをいつもと変わらぬあたたかいご様子で受けとめてくださった。その姿は、今でもはっきり覚えている。そして研究者としてまだまだ未熟である私からの突然の申し出に対するその寛容な態度は、私に大いなる勇気と意欲を与えてくれた。その後も、学部長職におかれ、ご多忙であるにもかかわらず、幾度となく丁寧なご指導を賜ることができた。学位論文として必要な論理追究の深化に対する考え方、とかく拡散しがちであった私の論旨に対して、首尾一貫した論旨構築の重要性について、熱意を持ってご指導いただいたのである。先生からは、学者としての、そして教育者としての人間の存在感について、その魅力とともに教えをいただいた。副査を務めていただいた山田一美先生は、当時、附属学校の校長職、そして連合博士課程の講座主任、学界での要職をお務めになられるご多忙の中でも、学位論文の進捗を気にしていただき、美術科教育の視座から的確なご指導をいただいてきた。小澤基弘先生には、いろいろな場面でお会いするたびに、幾度となく激励を頂戴し、勇気を得ることができた。また学位論文執筆の要点を具体的に教えていただいた。池内慈朗先生には、研究者としての姿勢に憧れ、先生の足元にも及ばないながらも、私が学位論文をまとめるきっかけをつくっていただいた。そしていつもお会いする度にあたたかく激励してくださった。有元典文先生は、いつも興味を持って接してくださった。先生の鋭い視角からのご指摘によって新たな論理を獲得することができた。先生との対話は、とても刺激的であった。以上の学位論文の審査委員の先生方には、契約的でない、奉仕的なお立場から関わっていただいたにもかかわらずに、あたたかいご指導とご支援を頂戴したのである。私は本当に幸せ者だと思う。

さらに、こうした契約的でない、奉仕的なお立場からご指導いただいた方々は、より広範に渡っている。春日明夫先生には、公私に渡り親身にご助言をいただいてきた。私は二〇代半ばから、先生の実践者、研究者、そして人間として常に向上しようとする背中を追いかけてきた。ここに学位論文、そして本書をまとめることで、一つのご恩に報いることができたのなら幸いである。また本書の主題となっている子どものためのデザイン教育に関する知見は、その多くを造形教育センターの研究成果に依拠している。私自身も会員として所属している当研究会の諸先輩方、そして研究でご一緒した方々に深い敬意を表する。特に平成二五（二〇一三）年九月から平成二七（二〇一五）年八月までのあいだ、当研究会の研究部長を二カ年の任期で務めさせていただき、そのあいだには当研究会の創立六〇周年に立ち会う機会に恵まれ、より多くの方との出会いを持つことができたことも有難く思う。これからも一会員として微力ながら恩返しができればと思っている。

本書に掲載されているいくつかの研究活動においては、様々な方のご協力により成果を得ることができた。第1章第2節の研究内容は、旭博史先生とのフィールドワークによる共同研究によるものである。先生の鋭い洞察から、歴史研究の面白さと奥深さを学んだ。第3章第3節では、平田智久先生からの史料提供がなければ解明できなかった知見に満ちている。第5章第4節の研究内容は、山添joseph勇氏との共同研究によるものである。氏の魅力に溢れ、子どもとの絶対的信頼に基づいた堅牢かつ柔和な実践からは、多くの可能性を示唆していただいた。また第6章第2節における「アートツール・キャラバン」の実践は、私が主宰するAEゼミ（Art Education Seminar）のメンバーの力で具現化されたものである。考えてみれば、本ゼミも単位取得などの契約関係を抜きにした多くの学生メンバーの参画によって運営されてきたものである。若い世代のこうした原動力からは、いつも学ばせていただいている。ここに深く感謝申し上げたいし、これからも一緒に切磋琢磨していけたらと願う。

私の現在の職場である、横浜国立大学美術教育講座の先生方には、学位論文の作成や本書の編纂のみならず、日頃より私の無謀ぶりに寛容なご対応をいただいている。近くにいる方々の何気ないお心遣いが、様々なことを可能にしていることを痛感している。この場を借りて深い感謝の念を表したい。

本書の出版にあたっては、日本文教出版株式会社の佐々木秀樹代表取締役社長に快く承諾いただき深く感謝申し上げたい。また遅々として進まない私の仕事に辛抱強くお付き合いいただき、いつも明確な教示をいただいた園田洋介編集部長にも深く心より御礼申し上げる次第である。

先述したように、私の研究履歴は、契約的でない、奉仕的な人々のご支援によってなりたっている。その最たる支援者は、他でもない家族である。かつて私が社会人学生として記した修士論文の謝辞に記したことに、当時二歳であった長男、寛太への思いがあった。それは、私が机に向かっている最中には決して話しかけず、椅子から立ち上がった瞬間に「パパ！」と叫んで走り寄ってきた健気さに対してであった。時を経て博士の学位論文の作成において、次男、徹平、長女、はなが絶えず私に問いかけていた「父ちゃん、春になればいっぱい遊べるね」という言葉を今後も胸にとどめ、感謝したいと思う。そして、そのような失格的な父親であり夫に対して、文句も言わずに前に進むように勇気を与え続けてくれた妻、あゆみに感謝をしつつ、一度筆を置くこととしたい。

平成二八年九月二十四日　　虫の音を聴きながら

大泉義一

著者紹介

大泉　義一（おおいずみ　よしいち）

博士（教育学）。東京都公立中学校教諭、東京学芸大学附属竹早小学校文部科学教官教諭、北海道教育大学助教授を経て、現在、横浜国立大学教育人間科学部准教授。兼任として、東京学芸大学大学院連合学校教育学研究科（博士課程）准教授。

専門は美術科教育・デザイン教育、教育方法学。平成20年告示『小学校学習指導要領・図画工作』作成協力者。美術科教育学会理事。

ゼミ生らと展開している子どものためのデザイン教育実践としての巡回型造形ワークショップ・プログラム『アートツール・キャラバン』が第5回キッズデザイン賞（フューチャーアクション部門）受賞。平成24年度美術科教育学会賞（美術教育学賞）受賞。

研究室 Web サイト　http://www7b.biglobe.ne.jp/~oizumi-labo/

主な著書

『小学校教育課程講座・図画工作』（編著、ぎょうせい）
『新版・造形教育実践全集―子どもの表現と鑑賞の活動Ⅲ―』（共著）、2004年、日本教育図書センター
『形・色・イメージ＋これからの図画工作』（共著）、2009年、日本文教出版　など

子《こ》どものデザイン―その原理《げんり》と実践《じっせん》

2017年（平成29年）1月20日　初版発行

編著者　大泉《おおいずみ》　義一《よしいち》
発行者　佐々木秀樹
発行所　日本文教出版株式会社
　　　　http://www.nichibun-g.co.jp/
　　　　〒558-0041　大阪市住吉区南住吉4-7-5　TEL：06-6692-1261

紙面デザイン　河北印刷株式会社
表紙デザイン　エス・イー・シー株式会社

印刷・製本　河北印刷株式会社

ISBN978-4-536-60095-8

人　名

数字・アルファベット

あ

か

さ

語　句

さ

ま